# 탈경계 사유와 서사의 윤리

## 한국문학과 이주

이화학술총서

# 탈경계 사유와 서사의 윤리

연남경 지음

## 한국문학과 이주

이화여자대학교출판문화원

## | 책머리에 |

지구촌이라는 정겨운 말이 유행하던 때가 있었다. 왜 그랬는지 그 단어를 들을 때마다 원본 없는 가상실재인 디즈니랜드처럼 놀이동산의 신나는 페스티벌이 연상되곤 했다. 적어도 '지구' 뒤에 붙어 있는 접미사 '촌'은 교통, 통신, 정보 기술의 발달이 가져올 낙관적 미래를 반영했던 것 같다. 단순히 물리적으로 상호 가까워진 지구라는 의미를 넘어 정겹고 인심 좋은 작은 공동체를 뜻하는 말로 들리기 때문이다. 그런데 세계 구석구석의 소식까지 실시간으로 접할 수 있는 시대가 도래했음에도 나의 머릿속에 선험적으로 자리 잡았던 공동체로서의 지구촌 소식은 아직 들은 적이 없다. 정보화 시대로 접어들며 잠시 유행했던 신조어 지구촌이야말로 한 번도 실재한 적 없는 시뮬라크르로서의 가상현실(Hyper Reality)인지 모른다.

이제 뉴스는 지구촌의 이미지 대신 오히려 난민, 테러, 분쟁 지역의 비참한 소식들을 매일 전달해준다. 우리는 모닝커피를 마시며 지구의 주변부에서 발생하는 타인의 고통을 맞닥뜨린다. 나와는 무관한 일이라는 듯이, 어쩌면 저들의 고통이 나와는 영원히 무관하기를 바라며. 그러나 수전 손택은 미디어의 발달로 인해 날로 스펙터클을 더해가는 타인의 고통에 관한 소식을 지구 이쪽에서 편안히 구경하는 삶에 문제를 제기한다. 이제 지구는 월드와이드웹(www)으로만 연결된 것이 아니기 때문이다. 다국적 기업의 자본이 국경을 자유자재로 넘나들듯 노동력도 국경을 넘는다. 이때 차이점은 노동의 이주는 자본만큼 자유롭지 않다는 점이다. 그들은 국경을 넘는 순간 다른 국가의 법에 포섭/배제된다. 부유한 국가의 자본(기업)이 가난한 나라의 국민(사람)을 지배하고 착취하는 것이 지구화가 가져온 실제 상황이라 할 때, 지금 내가 누리는 부와 안락함이 타인의 가난과 고통과 무관하다고 어느 누구도 자신 있게 말할 수 없다. 지나치게 낮은 값에 지불되는 노동력이라든지 국가와 인종, 민족 등 동질성의 기준에 부합하지 못하여 소속을 갖지 못하는 이방인들의 곤궁하고 고통받는 일상에 연루되지 않은 경우는 드물기 때문이다. 따라서 그들의 고통을 상기할 것, 그들의 고통 앞에 손 내밀 것, 그들의 고통이 있었다는 소재(所在)를 기억할 것이 요구된다.

이 책의 목적은 한국문학을 관통하는 '이주' 현상을 구심점으로 삼아, 이주의 존재론에서 비롯되는 탈경계의 사유와 그를 재현하고 기억하는 서사의 윤리를 찾는 데 있다. 먼저 근현대 문학에서 이주로 인한 인간 정체성의 변화 양상과 그로 인해 새롭게 등장하는 주체와 사유에 관해 연구한다. 다음으로는 이주라는 사건과 이방인의 존재가 어떻게 재현되는지, 다시 말해 한국문학의 표현 방식에 어떤 변화를 추동했는지에 대해 살펴본다. 요컨대, 이주를 둘러싼 문학의 윤리를 고찰하는 데 있어 주제적 접근과 표현의 차원을 긴밀하게 검토함으로써 우리 시대 문학의 존재가치를 증명해보고자 한다.

## 한국문학을 관통하는 중요한 현상: 이주

한국 근현대 문학은 일제강점기 때부터 현재 글로벌 시대의 이주까지도 주목하고 있다. 식민지 시기에 일본, 간도, 만주로, 더 멀리는 연해주, 하와이, 멕시코로 건너간 유민이 한민족 디아스포라의 이민 1세대를 형성하고 있으며, 냉전체제에서 비롯한 한국전쟁은 민족의 대이동을 야기했을 뿐 아니라 분단 현실은 수많은 실향민을 낳았다. 그리고 지구화와 더불어 본격적인 이주의 시대가 도래했다. 중국 조선족 동포 등 디아스포라 후손의 귀환, 피부색이 짙은 이주노동자, 외국인 신부들이 국내로 유입되고 있으며, 탈북자들은 국제 난민으로 떠도는 중이다. 현재 한국을 둘러싼 이주 현상은 통시적으로는 한민족 디아스포라의 역사와 맞닿아 있고, 공시적으로는 범지구적 자본주의와 폐쇄적 국가주의의 상충이 빚어내는 지대에서 발생하고 있다. 물론 이는 자본에 의해 양극화된 이주 현상과 밀접하다. 이처럼 통시적으로 공시적으로 한국인의 중요한 삶의 모습이자 문학의 주제가 되어온 이주 현상과 이주민, 이주의 존재론과 그에서 비롯된 탈경계의 사유를 연결되는 연구 주제로 삼고 논구할 필요가 있다.

한국인들은 격동기의 역사를 살아냈고, 계속된 이주는 바람 잘 날 없던 삶의 질곡을 증명해주는 현상이다. 그리고 각 시기마다의 이주 현상을 담아온 문학작품은 중요한 역사에 대한 개별화된 기록이자 해석이다. 이 책에서 다루고 있는 자본에 의한 이주, 냉전체제와 한국전쟁에 의한 피란과 실향, 식민지 시기 만주에서의 무장 항일 투쟁은 이주를 추동한 중요한 사건들이다. 그리고 이 사건들에 대응하는 문학적 방식을 탐구할 필요성이 제기된다. 이에 첫째, 글로벌 시대의 이주와 관련하여 지구지역화(glocal) 현상과 난민의 형상들, 이방인의 도래와 환대의 문제, 이주민과 탈경계의 사유를 논하고, 둘째, 한국전쟁에서 비롯된 이주와 관련해서는 월남 작가 최인훈을 중심으로 망명과 유랑의 상상력과 경계적 존재론에 관해 살펴보았다. 셋째, 디아스포라의 역사와 관련해서는 식민지 시기 만주, 해방공간의 제주, 베트남전쟁, 가속화되는 탈북 등에서 비롯한 상흔의 경험과 외상 기억에 관해 고찰했다.

## 이방인의 사유에서 비롯하는 문학의 윤리

루카치가 근대는 하늘의 총총한 별빛이 사라진 총체성 상실의 시대이며, 소설이야말로 그 상실의 경험을 내용으로 한다고 말했듯이 우리 시대의 문학은 근본적으로 선험적인 좌표를 상실한 떠돌이의 양식이다. 프로이트는 고향 상실(homelessness), 즉 실향의 감각을 문학의 근본 조건으로 설정했고, 들뢰즈와 가타리는 카프카 연구를 통해 소수적인 문학을 소개한 바 있다. 소수적인 문학이란, 거대한(기성의) 문학 안에서 만들어지는 문학의 혁명적 조건을 뜻한다. 이제 작가들은 단순히 글을 쓰는 자가 아니며, 어떻게 자신의 언어에서 유목민, 이주민, 집시가 될 것인가를 고민해야 하는 사람들이다. 신형철은 『몰락의 에티카』에서 문학의 언어는 이방인의 언어, 비-언어라야 하며, 문학은 시스템을 다시 부팅하는 리셋 버튼이라 했다. 이상 문학의 본질과 문학의 언어에 관한 진지한 고민의 흔적을 일별한 이유는 이러한 사유들이 공통적으로 이주와 그로 인한 이방인의 존재론, 나아가 문학의 태도와 역할에 대해 말하고 있기 때문이다. 그렇다면 제도 안에 있으면서 제도 밖을 꿈꾸는 작가들은 모두 떠돌이이며, 이방인이며, 혁명가인 셈이다.

이주 현상은 격변기의 사회, 역사와 연동되어 있으므로 기존 체제의 정당성을 의심해보게 하며, 이주에서 비롯된 유랑과 망명의 상상력, 경계 사유와 탈경계 사유는 기존 체제 외부 혹은 경계에 위치함으로써 기존 체제의 한계를 목도하게 하고 기성의 지식과 법에서 벗어나는 계기를 마련해준다. 이주는 명백한 역사적 실체이고 현상이자, 이주민의 형상과 이방인의 사유는 문학의 근원적 상상력과 긴밀하다는 점에서 바우만이 말한 '새로운 세계적 무질서' 시대에 직면해 이주를 주제로 삼는 문학을 전면적으로 살피는 일은 시급하다. 나아가 외부의 좌표가 사라진 시대에 문학의 언어로 내면의 좌표 회복을 꿈꾼다는 점에서 윤리적이다. 문학의 윤리라는 측면에서 이 책은 글로벌 시대의 이주와 관련하여 한국인 작가/이주민 인물의 이분법이라는 문제와 재현의 윤리를 다루고, 한국전쟁에서 비롯된 이주와 관련해서는 남/북을 넘어선 제3의 사유, 체제에 불화하는 글쓰기의 윤리를 다루며, 디아스포라의 역사와 관련해서는 야만의 시대가 남긴 상흔을 기억하는 문학의 방식과 망각을 불허하는 기억의 윤리를 다루고 있다. 이렇게 이주와 윤리가 한국문학과 만나서 책의 세 부분을 이루게 되었다.

**제1부 글로컬 시대의 탈경계 사유와 재현의 윤리**에서는 범지구적 자본주의 세계체제에서의 이주 현상을 재현하고 있는 한국문학을 여러 각도에서 분석한다. 돈을 벌기 위해 한국을 찾아온 이주노동자, 농촌 총각 장가보내기 프로젝트로 유입된 외국인 신부, 한국의 경제적 위상이 높아지며 모국으로 귀환하는 조선족 동포들, 그리고 국내로 유입되거나 국제 난민으로 떠도는 탈북자들이 최근 한국소설에 자주 등장하는 이주민들이다. 소설은 현실의 거울이라는 오래된 비유처럼 한국소설의 최근 경향은 한국의 이주민 증가 현실과 밀접한 관련이 있다. 문학에서 이들의 등장이 잦아진 또 다른 이유는 이들이 한국사회로 유입되면서 한국사회 내부에서 타자화되는 특수한 집단이기 때문이다. 소위 '이주의 시대'라 불리는 지금은 지구화라는 시대적 흐름 속에서 이주 문제가 지구공동체의 보편적 의제가 되었음을 뜻하는데, 21세기 지구화 현상은 통합시키는 정도만큼 분화시키는 것, 이동성이 양극화된 현상으로 이해된

다. 다시 말해 이동이 자유로운 자본이 전 지구를 시장으로 주변부 국가의 노동자를 착취하는 것이 가능해진, 부의 양극화가 가속화된 시대이다. 이러한 세계적 통치체제는 약소국의 소외로 나타나며, 약소국 국민들은 국경을 넘어 돈이 있는 곳으로 이주 중인 것이다. 그러나 이들은 국경을 넘어 다른 국가(강대국)에 도착하여 이방인이 되는 순간 민족국가의 통치체제에 포섭/배제된다.

이와 관련하여 자본주의 세계체제와 민족국가의 작동방식 사이에서 문제시되는 주체들인 이주노동자, 결혼이민자, 다문화 2, 3세대에 주목하고, 법의 이중성으로 인해 환대받지 못하는 이방인의 정체성이 갖는 정치적 계기를 발견한다. 한편 한국인 작가가 이주민을 재현한다는 일이 갖는 근원적 한계, 즉 연민과 동정을 조장하는 서사로 귀결된다는 문제에 봉착하여 네팔이 한국문학에서 표상되는 방식을 서사의 욕망을 통해 살펴보고, '이주의 여성화' 현상과 더불어 젠더적 소외까지 중첩된 이주여성과 탈북여성이 한국문학에서 재현되는 방식을 점검하고 그 한계와 가능성을 모색한다. 이처럼 한국문학에 등장한 이주민은 기존 지식체계의 경계를 허물고 그 경계를 이동시킨다는 점에서 탈경계적 사유를 추동한다. 또한 정주민/이주민, 가해자/피해자의 이분법을 반성하는 데에서 비롯된 여러 서사적 시도는 이주민 재현의 행위가 근본적으로 윤리적인 것임을 입증한다.

**제2부 이념의 시대, 경계지식인 최인훈과 불화의 윤리**에서는 냉전체제에서 해방공간의 혼란, 한국전쟁의 발발, 피란민과 실향민의 양산이라는 근현대사의 굵직한 사건들 한가운데에서 역사의 질곡을 체험한 작가 최인훈의 작품세계를 조명한다. 최인훈은 한국전쟁 당시 월남한 피란민 작가이다. 주요 작품들이 역사적 상황에서 자유로울 수 없는 개인

과 관련되며 기성의 어느 집단에도 소속감을 갖지 못한 경계인으로서의 자의식에서 비롯된다. 남과 북 어디에도 온전히 소속되지 못한 경계인으로서 작가 최인훈은 자신의 정체성에서 길어올린 문제의식을 평생의 화두로 삼는다. 개인적으로는 북한의 사회주의체제와 불화한 체험, 정치적 추방에 해당하는 이주의 경험을 바탕으로 하며, 역사적으로는 분단 이후 실향민들의 뿌리 뽑힌 삶의 기원과 분단국가에서 약소국 국민으로 살아야 하는 이유를 끈질기게 묻는다. 최인훈의 화두는 개인과 역사(정치)가 맞뚫린다는 점에서 개인사는 민족사가 되고 현실과 마주했던 '씨애질'의 기록은 개인의 '어질머리'를 풀어가는 과정으로 수렴된다. 또한 초기작 『광장』에서 제출되었던 화두가 최근작 『화두』에서 해명되는 방식으로 일관된 작가의식과 작품 간 치밀한 상호 텍스트 양상을 보인다. 최인훈은 고향이 환기하는 기왕의 헤게모니를 갖지 않은 자이자, 집단에의 소속이 주는 안정성을 자발적으로 이탈한 자로서 한국문학사에 예외적 자리를 마련한다.

이처럼 경계지식인 최인훈은 분단, 피란, 디아스포라와 같은 어휘를 동원하며 개인의 삶이 시대와 정치에 종속적이었음을 밝히는 데 천착함으로써 자신이 살아가며 작품을 쓰는 1960-70년대 한국적 현실에 대한 문제적인 작품들을 남겼다. 『총독의 소리』는 냉전체제의 기원과 데탕트 모드의 변동양상에 대한 대응의 방식으로 화자와 청자만 남은 파격의 형식과 감각의 불일치를 구현했으며, 한국전쟁을 형상화한 일련의 소설들은 반복 등장하는 실재의 잉여가 상실한 개인의 자리를 채움으로써 전쟁의 실체와 대면하고자 한다. 소설, 희곡뿐만 아니라 다수의 문학론(산문)을 통해 최인훈은 근본적으로 문학을 통한 현실 참여의 입장을 견지한다. 그의 문학은 관념적이고 난해하다는 꼬리표가 붙어있는 형식실험장과 같으나 이는 문학의 자율성과 타율성을 동시에 견지하는 미학적 정치성에서 비롯된 것이다. 즉 최인훈은 작품의 감성을 재배치하고, 진리에의 충실성을 견지하는 방식으로 자신의 문학에서 혁명을 꿈꾸며 불화의 윤리를 실천한다.

**제3부 디아스포라의 역사, 외상 사건과 기억의 윤리**에서는 식민 지배와 전쟁, 제노사이드가 난무했던 야만의 20세기를 기억하는 문학의 방식을 다룬다. 아스만은 2차대전 때의 파괴와 망각의 재난만큼 활성화된 기억은 없을 것이라 했다. 예술은 특별한 기억의 순간에 발생하며, 상흔을 토대로 하는 파괴는 중요한 기억의 주제가 된다는 점에서 파괴와 기억의 관련성에 주목할 필요가 있다. 최근 기억 담론이 대두되고 있는 이유는 경험 기억이 빠르게 소멸되고 있다는 점과 무관하지 않다. 이는 가치 있는 기억의 소멸에 대한 위기의식이자 망각의 정치학을 경계하기 위함이다.

그런 의미에서 식민지 말기 만주 태항산에서의 국제공산당 조선의용군 활동을 기록한 조선족 작가 김학철 작품의 문학사적 의미를 재평가하고, 해방공간의 좌우 대립과 반공주의 시국에서 빚어진 제주 4·3을 21세기적 비전으로 새롭게 해석하려는 이청준의 시도에 주목한다. 홀로코스트와 베트남전쟁의 상흔으로 여전히 고통 받는 이방인을 대면하는 젊은 한국작가들의 자의식을 따라가며, 탈북여성의 자전적 글쓰기에 아로새겨진 증상과 서발터니티의 흔적을 통해 그들의 목소리에 귀를 기울이고자 했다. 20세기의 경험기억이 소멸해가는 오늘날, 공식기억이나 반(反)담론으로서의 역사와 달리 대항-기억으로서 상흔의 경험을 기록하는 문학은 윤리적이다. 아울러 '생존자는 희생자를 기억해야 한다'는 명제에 충실하기 위해 고통의 단독성은 보존하되, 망각을 불허하는 기억의 윤리는 이들의 문학 안에서 면면히 이어진다.

지난 몇 년간 붙들고 고심하던 문제들을 한 권의 책 안에 담았다. 그렇다고 해서 이주와 관련하여 설정한 문제들이 모두 해명된 것이 아니며, 여전히 현재 진행 중인 문제들이 해결될 리도 만무하다. 이 책의 언어가 성기고 주제가 거칠고 심지어 필자의 손길이 섬세하지 못하다 하더라도 독자들에게 진정성만큼은 전달되기를 바라는 마음에서 군더더기를 몇 자 보태본다.

'한국문학과 이주'를 연구하는 일은 주제의 특성상 국제적이다. 인물들은 국경을 넘고, 사유는 경계를 넘고, 한국문학은 세계의 담론과 소통한다. 본격화되었다는 이주의 시대가 난민과 테러의 시대로 변화하고 있는 국면이다. 그렇기에 더욱더 이 책이 지향하는 이주 문학의 탈경계적 사유와 서사 윤리를 통해 전면적인 재사유가 가능해지기를 꿈꿔본다. 진정한 세계화란 문학을 통해 '초민족적·초국가적 읽기 능력(trans-national literacy)'(스피박)을 함양할 때 가능하다. 이 책이 이러한 차원에서의 세계화를 진작하는 데 기여하는 바가 있기를 바란다. 더 쉽게 말하면 이런 것이다. 서로 가까워지기는커녕 오히려 양극화가 빚어지고 갈등과 분쟁이 가속화되는 지구의 현재를 반성하고, 더불어 사는 공동체로서의 지구촌을 추구하자는 것이다. 그것이 이 책에서 다루는 문학의 윤리고 한국문학의 존재가치다.

2017년 가을의 끝자락에

저자 연남경

| 차례 |

# 1부

# 글로컬 시대의 탈경계 사유와 재현의 윤리

수백만의 피난민, 유랑자, 강제이주자, 추방당한 사람, 자신의 나라로 돌아갈 권리를 빼앗긴 사람, 자신이 거주하는 나라에서 시민권을 박탈당한 사람들이 겪고 있는 비참함과 고통, 그리고 재앙들을 망각할 권리가 작가에게는 없다.

—마흐무드 다르위시, 「유랑에 대하여」

# 1장

# 2000년대 한국소설의 이주민 재현 양상

## – 전 지구화, 민족국가, 이주민의 관계를 중심으로

## 1. 양극화된 세계: '지구지역화'

우리 시대 소설들은 외국인노동자, 결혼이민자, 다문화 2세대, 탈북자 등 새로운 이주민의 삶을 담아내고 있으며, 이미 본격화된 다문화사회가 맞닥뜨린 여러 문제들에 직면하여 이를 형상화해내고 있다. 이때 다문화사회로의 진입과 새로운 이주민의 출현은 세계적 이주 현상의 일환으로 이해해야 한다. 소위 세계화란 전 지구적 자본의 자유로운 이동과 그에 따른 노동력의 이동을 의미한다. 돈을 좇아 이동하는 가난한 국가의 사람들은 국경의 통제와 불법체류의 문제에 노출되어 있다. 자본의 이동은 가속화되고 자유로운 반면, 노동력의 이동은 국경이라는 높은 장벽에 막혀 있기 때문이다. 전 지구적 자본주의화로 인해 이미 세계는 '이주의 시대'[1]로 접어들었음에도 불구하고 그들을 불법으로 규정하는 민족국가의 틀은 여전히 공고하다. 이러한 세계화의 이중성은 '국가 없음'[2]의 상태에 놓인 수많은 불법체류자와 이방인의 문제를 야기하며, 이는 최근 한국소설의 중요한 의제로 자리 잡고 있는 것이다.

최근 한국에서의 이주 현상을 다룬 소설이 증가하면서 그에 관한 연구도 활발히 이루어졌다. 우선 이주소설에 대한 전반적인 소개 및 유형화 작업이 이루어져왔다. 우한용은 현재 다문화사회 현상을 다룬 소설의 특수성에 의미를 부여했고,[3] 송현호는 다문화사회를 대비하는 데 있어 바람직한 서사 유형을 제안했으며,[4] 「코끼리」, 「이무기 사냥꾼」, 『잘 가라, 서커스』 등 작품의 의미를 파악하는 작업을 이어왔다.[5] 최병우는 이주민의 유형에 따라 이주노동자를 다룬 소설, 조선족을 다룬 소설, 결혼이주여성들을 다룬 소설, 북한 이탈주민을 다룬 소설로 분류하고 있다.[6] 한편 이주민 주체에 관한 연구도 큰 비중을 차지한다. 이미림은 이주소설에 나타난 이주노동자의 재현 양상, 다문화 2세대 주체와 관련한 다문화 성장소설의 관점에서의 점검 등 이주민 주체별 연구를 진행해왔으며,[7] 김세령은 조선족 이주민 주체가 몇 가지로 정형화되어 나타나는

1 오경석, 「어떤 다문화주의인가?: 다문화사회 논의에 관한 비판적 조망」, 『한국에서의 다문화주의』, 한울, 2007, 22쪽.

2 주해연은 주디스 버틀러, 가야트리 스피박의 대담에서 'stateless(국가가 없는 상태를 뜻하는 무국적, 무국가성, 국가 부재 등으로 번역되기도 한다)'를 '국가 없음'이라는 용어로 번역하고 있으며, 이 글에서는 역자의 용어를 사용하기로 한다. '국가 없음'이란 20세기에 특정한 형태로 발흥한 민족국가의 정치구조 문제를 지적한 아렌트의 용어로, 민족국가라는 형태, 즉 국가의 설립 자체가 민족적 소수집단을 지속적으로 추방하고 그들의 권리를 박탈하는 '국가 없음'의 상태를 구축하는 것에 의존한다는 논리에서 기인한다(주디스 버틀러·가야트리 스피박, 『누가 민족국가를 노래하는가』, 주해연 옮김, 산책자, 2008, 17-38쪽).

3 우한용, 「21세기 한국사회의 다양성과 소설적 전망」, 『현대소설연구』 40, 2009.

4 송현호, 「다문화 사회의 서사 유형과 서사 전략에 관한 연구」, 『현대소설연구』 44, 2010.

5 송현호, 「「코끼리」에 나타난 이주 담론의 인문학적 연구」, 『현대소설연구』 42, 2009; 「「이무기 사냥꾼」에 나타난 이주 담론의 인문학적 연구」, 『한중인문학연구』 29, 2010; 「『잘 가라, 서커스』에 나타난 이주 담론의 인문학적 연구」, 『현대소설연구』 45, 2010.

6 최병우, 「한국현대소설에 나타난 이주의 인간학」, 『현대소설연구』 51, 2012.

한계를 지적하고 있다.[8] 또한 최근에는 이주민 재현 양상에 대한 다각적인 검토가 이어지면서 다문화 소설에 대한 의의 및 한계를 밝히는 평가 작업이 이루어지고 있다. 오윤호는 외국인 이주자에 대한 형상화가 한국작가에 의해 이루어지고 있다는 점에서 연민과 동정을 조장하는 서사로 남게 되는 한계를 지적한다.[9] 문재원은 이주공간이 서사화되는 과정에서 주변부 공간으로 파악된다는 점에서 이분법의 한계를 지니고 있음을 밝히고 있다.[10] 복도훈은 희생자로서의 이주민 타자와 그에 연민을 갖는 나르시시스트의 한국인 인물의 이분법이 최근 이주소설의 한계라고 지적한다.[11] 이경재는 한국인과 이주민의 관계 양상에 대해 이주민의 타자화, 이주민의 한국인화, 한국인과 이주민의 연대 가능성, 이주민의 고유성과 보편성 인정의 네 가지로 정리하고 있다.[12] 이와 같이 최근 이주 현상을 다룬 소설과 관련한 선행연구를 몇 가지로 나누어 검토해본 결과 작품 수에 비해 무척 활발하게 이루어진 연구 동향은 작가와 연구자들의 진지한 동시대적 고민의 공유에서 비롯된 현상이라 여겨진다. 이때 이주 현상은 비단 한국 내부의 문제가 아니라 범지구적 현상의 일환이라는 점을 간과해서는 안 된다는 점에서 세계체제와 관련한 이해의 시각이 확보되어야 한다.

그를 위해 21세기 지구화 현상에 관해 살펴볼 필요가 있다. 변화하는

7 이미림, 「2000년대 다문화소설에 나타난 이주노동자의 재현 양상」, 『우리문학연구』 35, 2012; 「다문화성장소설연구」, 『현대소설연구』 51, 2012.

8 김세령, 「2000년대 이후 한국 소설에 재현된 조선족 이주민」, 『우리문학연구』 37, 2012.

9 오윤호, 「디아스포라의 플롯: 2000년대 소설에 형상화된 다문화 사회의 외국인 이주자」, 『시학과 언어학』 17, 2009.

10 문재원, 「이주의 서사와 로컬리티」, 『한국문학논총』 54, 2010.

11 복도훈, 「연대의 환상, 적대의 현실」, 『문학동네』 49, 2006.

12 이경재, 「2000년대 다문화 소설 연구: 한국인과 이주민의 관계양상을 중심으로」, 『한국현대문학연구』 40, 2013.

세계를 구성하는 사람들의 풍경을 뜻하며 지역적 복합공간을 칭하는 용어 '에스노스케이프(ethnoscapes)'는 현재 세계의 모습을 요약적으로 제시한다. 다시 말해, 여행자와 이주민, 피난민, 탈출자, 임시 노동자, 그리고 여타의 이동 중인 집단들과 개인들은 세계의 본질적인 모습을 구성하며, 국가 정치에 유례없던 영향을 미치고 있다[13]는 것이다. 또는 지구화란 통합시키는 정도만큼 분화시키는 것이라 설명되기도 한다.[14] 시간/공간 압축으로 특징지어지는 지구화는 이동성이 양극화된 세계를 의미한다. 다시 말해 이동의 자유를 가진 사람들은 자유로운 여행이 가능하지만, 지역적으로 묶인 세계의 사람들은 머물고 싶어도 추방되거나 새로운 유배지에 묶일 수밖에 없는 운명이다. 바우만은 현 시대를 다국적 기업과 세계은행이 약소국(약하나 국민국가로 존속하는)의 주권을 해체하는 '새로운 세계적 무질서' 시대라 명명하고, 그 특징을 다국적 자본이 지역(인)을 착취하는 '지구지역화(glocalization)'[15]로 꼽았다. 요컨대 이 시대는 이동이 훨씬 더 자유로운 자본가가 전 지구를 시장으로 주변부 국가의 노동자를 착취하는 것이 가능해진, 부의 양극화가 가속화된 시대라는 설명이다. 이때 현존하는 국민국가체제 또한 양극화되어 강대국의 경우 자국민 보호를 위해 주권권력이 강화되는 반면 약소국의 경우 자국민 보호 시스템이 망가진 허약하고 무능한 상태에 놓이게 된다. 이러한 전 지구적 국가해체 현상은 세계적 통치체제하에 남반구 국가들의 소외로 나타난다.[16] 국가의 기본 역할인 재분배와 복지, 헌법주의 등

13 아르준 아파두라이, 『고삐 풀린 현대성』, 차원현·채호석·배개화 옮김, 현실문화연구, 2004, 61-62쪽 참조.

14 지그문트 바우만, 『지구화, 야누스의 두 얼굴』, 김동택 옮김, 한길사, 2003, 15쪽.

15 위의 책, 143쪽.

16 주디스 버틀러·가야트리 스피박, 『누가 민족국가를 노래하는가』, 주해연 옮김, 산책자, 2008, 81쪽.

이 국가 내부에서 소멸 중이며 그에 따라 '국가 없음'의 상태에 놓인 남반구 사람들은 국경을 넘어 돈이 있는 곳으로 이주하고 있다는 설명이다. 그러나 이들이 국경을 넘어 다른 국가에 도착하여 망명자가 되는 순간 현존하는 논리인 민족국가의 통치체제하에 포섭된다. 이처럼 '에스노스케이프'로 요약되는 현 단계 세계의 풍경은 자본에 의해 양극화된 이주 양상과 민족국가의 강화와 소멸이 동시대적으로 발생하는 착종 현상에 해당한다.

2000년대 한국소설은 이러한 전 지구적 현상하에 다양한 이주민들을 그리고 있으며, 그들을 재현한 서사에서는 민족국가체제와 이주민 사이의 관계에서 발생하는 복잡다단한 상황들이 포착된다. 느슨한 민족국가체제와 강화된 국경이라는 역설은 제3세계의 가난한 사람들을 국경을 넘어 들어오게 함과 동시에 그들을 외부의 존재로 배제하기 때문에 발생한다. 이에 이 장에서는 최근 한국소설에 등장한 이주민을 중심으로 하여 한국 현대소설이 공유하는 세계적 문제의식을 민족국가에 초점을 맞춰 살펴보고자 한다. 그를 위해 21세기 현재 전 지구화 현상과 관련한 민족국가체제의 의미를 점검하고, '지구지역화' 현상으로 초래된 '국가 없음'의 상태에 내몰린 이주민들의 삶에 주목할 것이다.

## 2. 민족의 구축과 '국가 없는 자'들

아렌트의 정의에 의하면, 민족국가는 자신의 존재와 적법성을 내부의 민족적 소수집단을 지속적으로 추방하고 그들의 권리를 박탈하는 것에 의존하는 정치적 구성체를 의미한다.[17] 이들은 단일하고 동질적인 것에서 배제되어 내부의 외부가 되며, 추방되고 권리가 박탈되는 정치적 방식으로 '국가 없음'의 상태로 내몰린다. 이러한 경계 짓기에 사용되는 것이 바로 민족이며, 민족이란 '나'를 '우리'로 묶어내는 환상적 동일시를 통해 구성된다.[18] 다시 말해 민족국가가 있다는 것은 곧 '국가 없음'이 있다는 것을 의미한다. 요컨대 민족의 공통 호명에 의존해 '나'를 '우리'로 묶어내는 동시에, 그에 속하지 않는 다른 주체들은 배제하고 추방하는 민족국가 구성의 방식은 '우리' 안의 '우리 아닌 자'를 외부로 구성함으로써 구축된다. 이러한 메커니즘은 한 국가에 체류하는 이주자들을 배제하는 방식으로 유효하게 작동한다는 점에서 현실 논리인 민족국가체제 자체에 대한 의문을 제기하게 만든다.

특히 압축적 다문화화로 인해 여전히 단일민족 신화가 잔존하는 것으로 보이는 한국사회의 단면을 최근의 한국소설은 예민하게 포착해내고 있다. 다음은 김재영「코끼리」의 일부이다.

> 자리에 누운 채 왼뺨의 광대뼈 부위를 만져본다. 조금 부었는지 손바닥에 그득하게 잡힌다. "너 소영이 짝이지? 이 더러운 자식!" 어제 오후 집으로 돌아오는데 6학년 소영이 오빠가 다짜고짜 내 멱살을 잡았다. 그러고는 똥 닦는 냄새 나는 손으로 왜 소영이를 만졌느냐고 다그쳤다. 난 그런 적 없다고 했다. 연필이 굴러가서 잡으려다가 실수로 손등을 건드린 거라고 구차한 기분이 들 정도로 차근차근 설명했다. 소영이 오빠는 거짓말 마 새꺄, 라며 주먹을 날렸다. (…) 늬들은 손으로 밥 먹고 손으로 밑 닦는다면서? 우엑, 더러워. 놀려대는 반 아이들 목소리가 들리는 듯하다.[19]

17 한나 아렌트, 『전체주의의 기원』 1권, 이진우·박미애 옮김, 한길사, 2006, 401쪽.

18 주디스 버틀러·가야트리 스피박, 앞의 책, 122쪽.

19 김재영, 「코끼리」, 『코끼리』, 실천문학사, 2005, 13쪽.

아카스는 네팔인 아버지와 조선족 어머니 사이에서 태어난 아이다. 한국에서 태어났지만 혼인신고를 하지 못한 부모 아래에서 호적도 없고 국적도 없는 상태로 살아가고 있다. 학교에서도 외모가 다르다는 이유로 인해 다른 아이들의 놀림과 구타의 대상이 된다. 한국에서 태어나 한국말만 할 줄 아는 아카스는 네팔인 아버지의 짙은 피부색을 물려받았다는 점 때문에 민족적 소수집단으로 분류되고 있다. 우리는 '우리' 안의 '우리 아닌 자'를 외부로 구성함으로써 한국민족의 경계를 구축하고 있으며, 외모의 차이, 다시 말해 피부색이 짙은 '그들'을 '우리'에게서 배제한다. 여기에서는 배제를 통한 지배라는 권력관계가 발생한다.

생김새는 인종 간의 단순한 차이를 나타내는 데 머물지 않고 문화 차이를 동반하여 인종차별로 진행된다.[20] 인종차별은 인종별 경제적, 문화적 격차, 우열주의에 기대고 있다[21]는 점에서 문제적이다. 네팔인 이주노동자 쿤은 아카스에게 말한다. "한국 사람들은 단일민족이라 외국인한테 거부감을 갖는다고? 그래서 이주노동자들한테 불친절한 거라고? 웃기는 소리 마. 미국 사람 앞에서는 안 그래. 친절하다 못해 비굴할 정도지." 오늘날의 이주 현상에서 '여행자'와 '떠돌이'를 구분 짓는 바우만의 통찰에 따르면, 지구적으로 움직이는 세계, 제1세계에 속하는 여행자들은 이동의 자유를 만끽하는 반면, 지역적으로 묶여 있는 세계에 속하는 떠돌이들은 이민 통제, 거주자법의 제한을 받으며 그들이 머물고 싶어 하는 지역에서 몇 차례고 쫓겨나거나 도착하자마자 체포되어 추방당한다.[22] 쿤의 말에 의하면 한국민족이 '우리 아닌 자'로 구성하는 외부는 제3세계 출신의 가난한 이주노동자, 떠돌이에 국한된다. 다국적 기

20 구견서, 「다문화주의의 이론적 체계」, 『현상과 인식』 90, 2003, 35쪽.

21 박경태, 「한국사회의 인종차별: 외국인노동자, 화교, 혼혈인」, 『역사비평』 48, 1999, 203쪽.

22 지그문트 바우만, 앞의 책, 172-177쪽.

업에 속해 전 지구적 안전망을 가진 여행자들은 한국에서 외부로 구성되지 않으며, 한국뿐 아니라 어떤 국가에서든 '국가 없음'의 상태에 놓이지 않는다. 결국 한국에서 이주민들이 겪는 소외와 배제는 단일민족이라는 실체에서 비롯된 것이 아니라 전 지구적 위계질서를 통해 설명될 수 있다. 한국 사람만큼만 하얗게, 아니 노랗게 되기를 바라는 마음에 그 뒤로 매일 탈색제를 풀어 세수하다 각질로 얼굴이 하얗게 뜨다 못해 붉은 실핏줄이 보일 만큼 껍질이 벗겨지고 마는 아카스의 처지는 한국 민족의 외부로 구성되지 않으려는 처절한 몸부림에 해당한다.

이러한 상황은 다문화 3세의 경우에도 크게 다르지 않다. 천운영 「알리의 줄넘기」에서 알리는 자신이 놓여 있는 이러한 처지를 영악하게 파악하고 있는 듯하다.

> 나는 동네 불량배에게 우연히 걸려든 먹잇감이 아니다. 나는 표적이다. 패거리들의 소속감을 확인시켜줄 표적. 낯선 것은 언제나 첫 번째 표적이 되는 법이다. 내 피부색과 눈꺼풀과 콧날은 저들과 다르다는 확실한 표시다. 내가 녀석들과 다르다는 것. 그러니 배척당해야 마땅하다는 경고와 각인. 이것이 녀석들이 내 앞을 가로막고 선 이유다.[23]

기지촌 살롱에서 노래하던 할머니가 미군과 사랑에 빠져 알리의 아버지를 낳았고, 따라서 흑인 피가 흐르고 있는 손녀 알리는 '표적'으로 살아온 삶에 이미 익숙하다. 그 이유는 외모의 차이에서 비롯된다. 단지 외모가 달라서 표적이 되었기 때문에 알리는 핸드폰 도둑으로 오해 받고 집단폭력의 대상이 되어 목이 뒤로 꺾이고 옷까지 벗겨진다. 한국인

23 천운영, 「알리의 줄넘기」, 『그녀의 눈물 사용법』, 창비, 2008, 74쪽.

임에도 불구하고 '우리'와 다른 생김새로 인해 한국민족에 속하지 않는, 그래서 보호 받지 못하는 생명이 탄생하는 상황이다. 이 상황은 민족이라는 집단주체의 호명에 의존해 '나'를 '우리'로 묶어내는 동시에, 그에 속하지 않는 이질적 주체들은 배제하고 추방하는 민족국가 구성의 방식을 그대로 재현하고 있다.

아카스와 알리의 경우를 통해 오늘날 전 지구화 시대 다문화사회에서 여전히 작동되는 민족주의 원리의 현장을 목도할 수 있다. 외부의 구축과 배제를 통한 민족국가의 작동원리를 보여주는 서사는 단일민족으로 호명되는 '우리' 의식은 허상이며 구성물에 불과한 것임을 입증한다. 아카스와 알리는 분명 한국에서 태어나 한국에서 자라나는 2, 3세대임에도 불구하고 남다른 외모 때문에 한민족에 속하지 못한 채 '국가 없음'의 상태에 놓여 있다. 이들이 당하는 배척, 외면, 멸시, 폭력은 단순한 개인의 문제로 치부할 수 없다. 국제결혼과 이주민의 증가에 따라 차세대에 도래할 난제이기도 하다. 이처럼 '국가 없는 자'가 놓이게 되는 암울한 상황은 현존하는 민족국가 유지에 필연적인 작동원리라는 점에서 문제적이며, 이러한 현실은 대한민국이라는 민족국가에서 배제되는 이주민들 혹은 다문화 2, 3세대의 인권과 관련한 윤리적인 질문을 요청한다.

## 3. 전 지구화 체제와 생래적 '국가 없음'

앞에서 민족국가의 작동원리에 의해 이주국으로부터 배제되는 '국가 없는 자'들을 살펴봤다면, 여기에서는 전 지구화 국면에서 재분배와 복지, 헌법주의라는 국가 구조가 국가 안에서 소멸됨으로써 '국가 없음'의 상태에 놓인 사람들을 살펴보려 한다.

오늘날 '국가 없음'의 문제는 비단 국경 밖에 있는 난민이나 이주자의 경우에만 적용되는 것이 아니라, 특히 지구 남반구의 개발도상국에 거주하는 이들에게 광범위하게 일어나는 문제다. 자본의 전 지구적 추동력은 취약한 국가경제와 국제적 자본 사이의 장벽을 제거하기도 하고, 이 과정에서 국가는 재분배 권력을 상실하기도 한다. 세계은행과 국제통화기금(IMF) 같은 국제기구들이 국제주의적 사회주의와 비슷한 종류의 임무를 수행하기 시작했고, 세계무역기구(WTO)가 경제 권력을, 국제연합과 세계인권선언이 각각 정치적·사법적 권력을 장악하게 되었다. 그리고 이 느슨한 구조의 세계적 통치체계는 남반구 국가의 이해에 맞추어 작동하지 않는다.[24] 즉 국가 내부에서부터 국가 혹은 국가 기능이 붕괴되고 있는 것이 현실이므로, 국민이라고 해도 '국가 없음'의 상황을 피할 수 없다는 것이다.[25] 이러한 남반구 국가의 '국가 없음' 상황은 21세기 이주의 시대를 낳은 직접적 이유가 된다. 다음 소설에 나온 이주민들의 경우를 살펴보자.

네팔에서 한국으로 이주한 쿤은 프레스기에 손가락이 잘린 날 저녁 미래슈퍼 앞에 놓인 간이탁자에서 여러 나라에서 온 노동자들과 술을 마시며 신세 한탄 중이다. 텔레비전에서는 불법체류 외국인을 강제 추방하겠다는 한국 정부의 방침이 나오고 있고, 러시안룰렛처럼 거기 모인 사람들이 돌아가며 손가락이 잘릴 거라는 으스스한 농담을 하던 중 쿤은 한국으로 떠나오던 날을 떠올린다.

마을을 빠져나오기 전에 만난 친척 아저씨 말이 생각나. 벼가 누렇게

---

24 주디스 버틀러·가야트리 스피박, 앞의 책, 78–81쪽.

25 위의 책, 125쪽.

익어가는 논길을 절름대며 걸어온 아저씨는 땀을 닦으며 말했지. 가지 마라. 내 절름대는 다리를 보고도 고향을 떠나겠다는 거야? 아네요, 아저씨. 전 구르카 용병으로 전쟁터에 가는 게 아네요. 전 한국으로 일하러 가요. 거긴 안전한 곳이냐? 아무렴요. 몇 년 일하고 돌아오면 시내에다 큰 가게 차릴 수 있어요.[26]

네팔의 고향 마을은 아름다운 추억으로 남아 있지만, 대화를 통해 분명히 알 수 있는 것은 이들에게 그곳이 돈을 벌기 위해 목숨을 담보로 한 용병으로 나서거나 고향을 등지고 국경을 넘어야 하는 곳이라는 점이다. 즉 그곳은 국가 체제를 유지하고 있음에도 불구하고 국민을 가난에서 구제해주지 못하며, 국민을 국가 내부의 '국가 없음'의 상태로부터 국가 외부의 '국가 없음'의 상태로 내몰고 있는 셈이다. 이와 같이 가난한 나라의 국민들은 더 나은 삶을 기대하며 국경을 넘지만 다리를 잃은 친척 아저씨나 손가락이 잘린 쿤의 사례에서 보듯 '국가 없는 자'로서 정체성은 이주 전이든 이주 후든 달라지지 않는다. 오히려 이주노동자의 상당수는 불법체류자의 신세에 처함으로써 추방 혹은 생명권이 위협 받는 상황에까지 몰린다.[27]

『나마스테』[28]의 사비나는 네팔에서도 극빈층에 속하며, 무능한 부모를 대신해 동생들을 먹여 살려야 하는 가장이다. 카밀 집안의 카펫 공장 노동자로 일하던 사비나는 돈을 더 많이 벌 수 있다는 이유로 한국으로

26 김재영, 앞의 책, 27쪽.

27 '저 아래의 낮은' 사람들인 이주노동자는 그들이 머물고 싶어하는 지역에서 몇 차례고 쫓겨난다. 또한 이들의 여행은 몰래, 흔히 불법적으로 이루어지는 까닭에 도착하자마자 체포되어 즉시 추방된다(지그문트 바우만, 앞의 책, 173-177쪽).

28 박범신, 『나마스테』, 한겨레출판, 2005.

의 이주를 선택한다. 한국에서 사비나는 첫 직장에서 과장에게 성폭행 당하고 여권마저 빼앗긴 상태에서 회사가 부도나는 상황에 맞닥뜨리지만, 돈을 벌어서 가계의 생계를 책임져야 하기에 결국 불법체류자로 잔류한다. 유사한 경로로 한국을 찾은 외국인노동자들은 많은 경우 불법체류자 신세에 처한다.

> "아, 이 새끼 이거 완전히 간 부었네. 짜샤, 노래 안 하려면 니네 나라로 가. 여기선 과장이 노래하라면 하는 거야. 그게 대한민국 법이야. 그, 그러면서 막 내 멱살 잡고 흔들었어요. 대한민국 법, 그래요. 불법체류자는 대화, 타협, 없어요. 여기 남아서 시키는 대로 하든지, 아니면 돌아가든지 둘 중의 하나예요."[29]

불법체류자란 말 그대로 합법적으로 체류하지 않는 자로서 국가에 소속되지 못할뿐더러 법을 지키지 않았으므로 법의 보호를 받지 못하는 조건에 놓인다. 국가에 의해 불법체류자로 낙인찍힌 이주민은 국가의 셈에서 누락되어 없는 것으로 취급받는 외부의 존재들이다. 정치적으로 내부에 포섭된 '신분증' 없는 이들은 '벌거벗은 생명'이 되어 통제와 억압, 각종 폭력의 대상이 된다.[30] 따라서 이들 불법노동자들은 고된 노동과 형편없는 잠자리, 갖은 언어폭력과 신체적 위험에 시달릴 수밖에 없다. 그리고 인권의 무시, 폭력의 일상화, 신체 안전의 불모지, 추방의 위

29 위의 책, 157쪽.

30 국민, 시민권, 인권 혹은 국제적 인권 기구들의 숨겨진 의미는 바로 생명정치라는 맥락 속에서만 이해할 수 있으며, 불법 노동자나 비정규직 노동자들과 같은 새로운 유형의 '호모 사케르'들이 곳곳에서 출현하고 있다(조르조 아감벤, 『호모 사케르』, 박진우 옮김, 새물결, 2008, 27쪽).

험에서 살게 된다.

이러한 상황은 합법적 체류자인 결혼이주민이나 조선족, 탈북자의 경우에도 크게 다르지 않다. 「파프리카」[31]에서 츄옌은 농촌 총각 중일에게 시집온 베트남 신부다. 천만 원이라는 돈을 지불하고 데려온 외국인 신부에게는 그 액수만큼의 의무가 부과된다. 파프리카 농장으로 시집온 츄옌의 역할은 일꾼, 주부, 그리고 중일의 성적 상대이자 아들을 낳아야 하는 의무가 지워진 몸으로 요약된다. 그래서 그녀는 "밥값을 못한다"는 시모의 꾸중과 욕설도 감내해야 하며, 시내 문화센터에 개설된 한글강좌에 나가고 싶어도, 발목을 접질려 통증이 밀려와도 떳떳하게 말하지 못한다. 외국인 신부는 결혼을 통해 합법적으로 이주했음에도 불구하고 팔려온 몸이라는 시선에서 자유롭지 못하다. 그들은 한국에 정주했음에도 여전히 인권의 사각지대에 놓여 '국가 없음'의 상태에 처해 있는 셈이다.

『찔레꽃』[32]의 충심은 "고향의 가족을 위해 약간의 돈을 만들고 싶어 두만강을 건넌" 조선 여자들 중 하나였다. 중국은 북한에서 강 건너 눈앞에 보일 만큼 가깝지만, 국경을 건너는 순간 신분증 없이 공안에게 쫓기는 비법월경자(非法越境者)가 되어 다시는 고향땅을 밟지 못하는 신세에 처한다. 중국에서 충심은 안마를 해 힘겹게 모은 돈을 아는 언니에게 빌려줬다가 모두 떼이고도 언니가 공안에게 신고하는 바람에 돌려받지 못한다. 그리고 흑룡강성 촌구석으로 팔려가는 인신매매를 당하기도 한다. 운이 좋아 다시 한번 월경을 시도하여 한국에 정착하는 것처럼 보이나 합법적 이주임에도 불구하고 여전히 온전한 국민의 일원이

---

31 서성란, 「파프리카」, 『올해의 문제소설』, 푸른사상, 2009.

32 정도상, 『찔레꽃』, 창비, 2008.

되기 힘들다.

한국에서 새터민이라 불리는 탈북자의 위상은 직업을 구하기도 힘들 뿐더러 그들은 같은 민족임에도 불구하고 '우리'로부터 배제되어 있다. 한국사회에서 탈북자들은 철저한 이방인에 불과하다. 충심의 통장에는 매달 정착금 17만 원이 들어오지만 이는 생계를 꾸리기에도 한국으로 오기 위해 브로커에게 빚진 돈 천만 원을 갚기에도 역부족이다. 결국 노래방 도우미로 일하며 2차를 나가는 한국에서의 충심의 삶은 불법체류자로서 중국에서의 삶이나 입에 풀칠조차 하기 힘든 고향에서의 삶에서 크게 나아지지 않은 것으로 보인다. 이와 같이 탈북자의 경우, 그들은 국경을 넘는 순간 '국가 없는 자'가 되었지만, 스피박의 논지에 기대면 북한 내에 있을 때부터 '국가 없음'을 겪고 있었다고 보는 것이 타당하다. 결국 국가 기능이 붕괴된 곳에 놓여 '국가 없음'을 생래적으로 겪어야 하는 사람들은 전 지구화 국면에서 보호 장치 없는 채로 지속적인 이주와 정주지에서의 추방, 인권 유린의 상태에 내몰려 있다.

네팔의 극빈층인 사비나와 쿤, 베트남에서 한국으로 팔려온 신부 츄옌, 가족을 위해 돈을 벌려고 탈북을 결심한 충심은 공통적으로 이주를 통해 한국의 내부에서 외부로 구성된 이주민들이다. 이들이 놓인 처지는 제3세계 약소국 출신자의 근원적 '국가 없음'에서 기인한다. 다시 말해, 전 지구적 자본은 노동자를 한 국가에서 다른 한 국가로 이동시키지만, 노동자는 노동의 세계를 벗어나지 않는 한 어느 한 국가에 정주할 수밖에 없으며, 이는 필연적으로 국가 시스템의 여러 장치들에 종속된다는 것을 뜻한다. 자본에 종속된 사람의 이동은 원래 귀속된 국가의 보호 장치가 망가졌다는 점에서든 새로이 귀속된 국가의 권력 앞에 벌거벗은 생명으로 놓이게 된다는 점에서든 억압적이다. 이와 같이 떠돌이들은 끊임없이 주변부를 구성하며 지역성에서 벗어나지 못한다.

## 4. 난민의 출현과 월경(越境)의 존재론

여기서는 최근 탈북자를 다룬 소설에 나타난 난민의 형상에서 자본의 전 지구화 체제와 양극화된 세계에 맞서는 저항의 방식을 찾아보려 한다. 강영숙의 『리나』[33]와 황석영의 『바리데기』[34]에는 유랑의 상상력을 통해 적극적으로 민족국가에서 탈주하는 예외적 인물들이 구현되고 있다.

난민들은 인간과 시민, 출생과 국적 간의 연속성을 깨뜨림으로써 근대 주권의 근원적인 허구성을 문제 삼는다. 난민은 출생과 국민 사이의 간극을 드러냄으로써 '국가 없는 자'에 해당하는 벌거벗은 생명이 잠시 동안 정치의 영역에 나타나게 만든다. 이런 의미에서 난민들은 국민이라는 가면을 벗어 던진 권리의 실제 출현에 해당한다.[35] 이에 탈북 난민 서사는 근대 주권 권력관계를 포함하여 전 지구적 체제의 권력관계를 목도하게 하는 중요한 거점이 된다.

작가 황석영은 "오늘의 새로운 현상인 '이동'을 주제로" 『바리데기』를 집필했음을 밝힌 바 있다.[36] 『바리데기』는 탈북 난민에 관한 서사이며, 국경을 넘은 이후부터 갖은 고초를 겪으며 중국을 거쳐 영국으로 유랑하는 여자아이 바리의 이야기다. 결국 영국 런던의 변두리에서 불법체류자로 살아가는 바리는 그곳에서 비슷한 처지에 놓인 방글라데시, 스

---

33 강영숙, 『리나』, 문학동네, 2006.

34 황석영, 『바리데기』, 창비, 2007.

35 근대 국민국가의 주권 권력과 정치적인 배제를 통해 포섭된 벌거벗은 생명을 논했던 아감벤은 특별히 난민들에 주목한 바 있다(조르조 아감벤, 앞의 책, 256쪽 참조).

36 이와 더불어 작가 인터뷰에는 다음과 같은 전 지구화 현상을 통찰하는 언급이 있다. "저는 북한 난민을 세계화체제의 그늘로 보고 있으며 정도의 차이는 있을지언정 주변부는 비슷한 참상을 겪고 있지요."(황석영, 「작가 인터뷰: 분쟁과 대립을 넘어 21세기의 생명수를 찾아서」, 앞의 책, 296쪽).

리랑카, 중국, 베트남, 폴란드, 체코 등 제3세계 출신 노동자들과 만나고 유대를 형성하며, 파키스탄에서 온 압둘 할아버지의 아들과 결혼하게 된다. 특이한 사항은 바리데기 신화의 바리공주가 투영된 바리가 비범한 능력으로 사람들의 고통을 알아내고 공감을 통해 치유해주며 유대를 이끌어낸다는 점이다. 작품은 신화의 상상력을 빌려와 신묘한 능력을 보이는 주인공과 저승 공간으로의 이동 등 환상적 설정을 갖춤으로써 전 지구적 체제에서 가장 소외되어 있는 탈북 난민이 유사한 처지에 놓여 있는 제3세계 출신의 불법체류자들을 보듬고 그들과 유대를 형성하는 것을 가능하게 한다. 물론 민중적 연대가 소설의 형식이나 서사 구조와 긴밀히 연결되어 제시되지 못하고, '신화' 또는 '환상적 초월'에 머문다는 점에서 국경을 가로지르며 깊이 있게 다루어져야 할 주체의 정체성이 관계의 망 속에서 탐구되지 못하는 결과를 낳는다는 지적[37] 또한 타당하다. 그러나 소설의 마지막에 발발한 이라크전쟁과 런던 한복판의 테러는 다시 아기를 가진 바리와 억류에서 풀려나와 재회한 남편 알리의 앞에 놓인 세상이 난민과 팔레스타인 출신 불법체류자 가족에게는 여전히 불안하고 폭력적인 곳이라는 암시에 해당한다. 그렇기에 그들의 존재를 세상에 알리고 세계화 체제를 고발하며 그에 맞선 연대의 필요성을 보여주고 있다는 점에서 『바리데기』의 서사는 의미를 갖는다.

역시 탈북 난민의 유랑을 보여주고 있는 『리나』의 서사는 국경에서 시작해 국경에서 끝난다. 탈북 소녀 리나의 여정은 북한과 중국의 국경—서쪽의 소수민족 마을—화공약품공장—남서쪽 끝의 마약과 관광의 도시—창녀촌 시링—경제자유구역의 공단지대—중국 북쪽의 국경으로 이어진다. 리나는 P국(한국)으로 가려고 가족과 함께 국경을 넘었지만,

37 박성창, 「문학·국경·세계화」, 『글로컬 시대의 한국문학』, 민음사, 2009, 68쪽 참조.

국경지대에서 가족을 놓치고 나서부터는 유랑의 길에 오르게 된다. 불법체류자이자 미성년 여자아이로서 이국땅을 떠도는 리나는 배고픔에 시달리고 강간과 인신매매의 대상이 되는 벌거벗은 생명이다. 그러나 여정이 진행됨에 따라 리나는 희생양으로 좌절하는 대신 거짓말과 절도를 일삼고, 매춘을 통해 돈을 모으고, 필요한 경우 살인뿐 아니라 시체유기까지 하는 부도덕하고 잔혹한 행위의 중심에 서게 된다. 여기서 보이는 것은 '국가 없음'의 상태에 내몰린 황폐한 주변부인의 지역성이자 그곳에서 탈출할 수 없는 떠돌이들의 삶의 모습이다. 결국 『리나』에서 그려지는 '국가 없는 자'들의 인간 이하의 삶과 일련의 부도덕한 행위는 국민국가의 허위성과 전 지구적 자본주의 내면의 황폐성을 입증하는 실체와 다름이 없다.

특히 경제자유구역의 공단지대는 자본의 전 지구화 현상과 '국가 없는 자'들의 처지를 잘 보여주는 공간이다. 리나와 삐, 봉제공장 언니 일행은 경제자유구역의 공장 노동자로 일하게 된다. 어느 날 공단에서 엄청난 폭발사고가 일어난 후, 리나는 가족처럼 지내던 일행을 모두 잃고 독성화학약품에 노출되어 오염된 몸만 남은 생존자가 된다. 폐허가 된 공장지대는 한동안 국제환경단체와 구호단체에서 구호의 손길이 미치다가 어느 순간 그마저 끊긴다. 다음에서 그 이유를 찾을 수 있다.

> 공단을 운영하던 다국적기업들이 희생자들과 개별 협상을 하는 대신 이 나라 정부를 협상 대상으로 정하면서 상황이 이상해졌다. 무너진 공단지대를 복구하는 데 돈과 시간을 들이느니 포기해버리자는 쪽으로 결론이 났다. (…) 어쨌든 이 나라 동북 지역 번영의 초석이 되리라던 공단지대는 하루아침에 거대한 쓰레기 더미가 되어 고스란히 방치되었다.[38]

경제자유구역이란 초국적 자본의 영향력이 고스란히 작동되는 지역이다. 약소국에 설치된 이 공단지대에서 다국적 회사는 많은 이윤을 남길 것이며, 허약한 약소국 정부는 리나와 같은 불법체류자들은 말할 것도 없고, 자국민의 인권조차 보호해주지 못한다. 세면장도 제대로 설치되지 않고 안전장치 없이 유독약품에 유출된 노동자들의 일상에서도 이미 드러났지만, 특히 폭발사고 후에 빠르게 쓰레기 더미로 방치되는 공단지대와 얼마 안 되는 생존자들에게 행해지는 처우는 '새로운 세계적 무질서'[39] 상태를 고스란히 재현하고 있다.

리나의 최종 선택은 다시 국경을 넘는 것이었다. 유랑의 여정 중에 악착같이 돈을 벌었지만 그동안 모은 돈이 폭발사고로 하얀 잿더미로 변해버리자, 리나는 남은 돈을 P국에 정주했다는 소식을 전해온 가족에게 보내고 북쪽 국경을 향해 나아간다. 다음은 소설의 마지막 장면이다.

> 리나는 한참을 가다가 뒤를 돌아보았다. 평원 위에 일렬로 서서 국경을 향해 걸어오고 있는 스물두 명의 탈출자들이 보였다. 세 가족과 봉제공장 노동자들 모두 무사히 살아 있었다. 숲에서 죽은 꼬맹이도 살아 있었고 봉제공장 언니도 화학공장에서 죽은 할아버지도 아직 모두 살아 있었다. 게다가 봉제공장 언니의 꼬맹이와 남편인 아랍 남자까지 끼여 있어서 대열은 더 길어졌다. 리나는 그들을 향해 손을 흔들어 보였다.
>
> 잠시 후 리나는 다시 뒤를 돌아봤다. 스물두 명의 탈출자들은 더 이상 보이지 않았다. 리나는 또다시 저만치 앞 허공에 푸른 둑처럼 펼쳐져 있는 국경을 향해 달리기 시작했다.[40]

---

38 강영숙, 앞의 책, 301-302쪽.

39 지그문트 바우만, 앞의 책, 127쪽.

40 위의 책, 356쪽.

결국 최초로 국경을 넘을 당시 일행이었던 "스물두 명의 탈출자들"은 대부분 생명을 잃었다. P국에 정착해서 리나의 방을 마련해놨다는 가족의 소식이 들려오긴 했으나, P국에서의 풍요와 안녕을 기대하기에 리나는 냉혹한 현실을 너무 많이 경험했는지 모른다. 이미 화공약품에 오염된 리나는 '자신을 위한 방'이라는 말에 낯섦을 느끼며 자발적으로 유랑을 선택한다. 이러한 리나의 선택은 '국가 없는 자'들이 국경을 벗어나는 순간 또다시 국가에 귀속된다는 현실, 결국 전 지구적 자본의 논리에서 벗어나는 길은 계속해서 국가를 벗어나 탈주하는 길밖에 없다는 것을 알려준다. 국경을 넘는 순간 안전한 곳에 데려다 달라는 한 탈북자의 요청에 "당신들한테 안전한 데가 어딘데?"라고 되묻는 인솔자의 말은 그렇기에 의미심장하다. 이러한 탈북 난민 리나의 서사는 세계화 체제에 대한 고발이자 한국문학의 한 도발적 대응으로 보인다.

## 5. 유랑 문학을 향하여

최근 한국소설은 외국인노동자, 결혼이주민, 탈북자, 다문화 2세대의 삶을 담아내고 있으며, 이는 세계적 현상의 일환으로 이해해야 한다. 21세기는 이동이 자유로운 자본이 전 지구를 시장으로 주변부 국가의 노동자를 착취하는 것이 가능해진 시대다. 이때 민족국가체제 또한 양극화되어 강대국의 경우 자국민 보호를 위한 주권권력이 강화되는 반면, 약소국의 경우 자국민 보호 시스템이 망가진 무능한 상태에 놓인다. 그에 따라 '국가 없음'의 상태에 놓인 남반구 사람들은 국경을 넘어 이주하게 되며, 이주국의 통치체제에 포섭/배제된다.

「코끼리」의 아카스와 「알리의 줄넘기」의 알리는 다문화 2, 3세대로서 분명 한국인임에도 불구하고 외모가 다르다는 것 때문에 한민족에서 배제된 채 '국가 없음'의 상태에 놓인다. 이와 같이 민족 외부의 구축과 배제를 통한 민족국가의 작동원리를 보여주는 소설을 통해 단일민족으로 호명되는 '우리'의식은 허상이며 만들어진 것임이 입증된다.

『나마스테』의 사비나와 「코끼리」의 쿤은 네팔의 극빈층 출신 이주노동자로 불법체류자 신세이며, 「파프리카」의 베트남 신부 츄옌과 『찔레꽃』의 탈북자 충심은 합법적인 국민에 해당한다. 법적 처지가 다름에도 불구하고 이주를 통해 한국에 들어온 이들은 공통적으로 한국의 내부에서 외부로 구성된 이방인들이다. 이들은 모두 제3세계의 약소국 출신이며 근원적 '국가 없음'은 이들을 전 지구화 국면에서 보호 장치 없이 지속적인 추방과 인권 유린으로 내몰고 있기 때문이다.

최근 탈북 난민을 다룬 소설에서 자본의 전 지구화와 양극화된 세계 체제에 대한 저항의 방식이 찾아진다. 『바리데기』와 『리나』에서는 신화적 인물과 유랑의 상상력을 통해 적극적으로 민족국가에서 탈주하는 예외적 인물들이 구현되어 있다. 결국 전 지구적 자본의 논리를 벗어나는 길은 정주를 포기하고 자발적으로 유랑을 선택함으로써 끊임없이 국경을 넘는 일로 재현된다. 이러한 방식을 통해 최근 한국소설은 '국가 없음'을 양산하는 세계화 체제를 고발하고 그에 저항한다.

생래적 '국가 없음'의 상태에 놓인 채 유랑 문학을 전개해나갔던 팔레스타인 출신 시인 마흐무드 다르위시의 다음 말을 떠올리며 글을 맺는다.[41]

41 팔레스타인 출신 시인 마흐무드 다르위시는 제 나라에서 난민으로 전락한 팔레스타인인의 특수성과 비극성을 시 창작의 동력으로 삼아왔다. 작가 말년에는 국민국가체제라는 근대적 세계관에서 벗어나기를 권유하는 탈경계적 상상력을 보여준다(김재용, 『세계문학으로서의 아시아문학』, 글누림, 2012. 167-170쪽).

수백만의 피난민, 유랑자, 강제이주자, 추방당한 사람, 자신의 나라로 돌아갈 권리를 빼앗긴 사람, 자신이 거주하는 나라에서 시민권을 박탈당한 사람들이 겪고 있는 비참함과 고통, 그리고 재앙들을 망각할 권리가 작가에게는 없다.[42]

42 마흐무드 다르위시, 「유랑에 대하여」, 『감춰진 노트를 열다』, 아시아 아프리카 문학페스티벌 대표연설모음집, 2007, 4쪽(고인환, 「이방인 문학의 흐름과 방향성」, 『문학들』 13, 2008, 56쪽에서 재인용).

2장

# 다문화사회의 이주민과 탈경계적 주체성

– '이방인'의 정체성을 중심으로

## 1. 자본의 이동과 이주의 시대

최근 한국사회 및 문학의 화두로 떠오른 다문화 현상은 한국만의 일시적인 현상이 아니며 그 상황이 확대될 것임이 자명하다. 그 이유는 다음과 같다. 서구의 자본주의와 근대화가 이룬 세계화는 자본과 정보의 세계화를 이룬 반면, 계층의 분열을 야기했다. 오늘의 세계는 오로지 자본만이 자유로운 세계로 화폐와 신용의 국경은 철폐되었지만, 인간에게는 여전히 그 국경이 하나의 큰 장벽으로 남아 있는 철저히 분리된 세계[1] 이므로, 가난한 국가의 국민들은 돈의 흐름을 좇아 국경을 넘는다. 그러나 국경을 넘은 그들을 기다리는 현실은 불법체류자로서의 신분이다.

---

1 Badiou, *De quoi Sarkozy est-il le nom*, Nouvelles Editions Lognes, 2007, p. 71(서용순, 「인권 이데올로기와 불멸의 존재에의 권리」, 『문학과사회』 95, 2011, 396쪽에서 재인용).

이와 같이 지구화, 세계화 시대를 '이주의 시대'라 바꿔 부를 수 있다는 것은 세계화라는 시대적 흐름 속에서 이주 문제가 지구공동체의 보편적 의제가 되었음을 함의한다. 국경을 넘는 이주의 규모와 속도는 앞으로도 계속되고 증대될 전망이며, 국경의 통제 및 출입국관리법의 강화에도 불구하고 비합법적인 이주와 정주의 규모는 날로 증가하는 추세이다.[2] 따라서 이 의제는 전 지구적 자본주의와 세계화의 이중성을 뜻하며 국가와 조우한 이방인의 문제를 불러일으키고 그것을 목도하게 한다.

한국에서의 이주 문제는 서구나 동아시아 국가들과 다른 양상으로, 압축적인 동시에 비약적으로 경험되고 있다.[3] 1980년대 초까지 다른 아시아 국가들과 다를 바 없는 노동력 수출 국가였던 한국은 1988년 올림픽 개최를 계기로 아시아의 주요한 이주노동력 유입 국가의 위상을 갖게 되었다.[4] 단일한 민족국가 체제에 균열을 일으키는 트랜스내셔널(transnational)한 현상은 전 지구적 자본주의화한 최첨단 기술에 힘입어 우리의 일상적 삶에 깊숙이 침투해 들어와 있는 것이다.[5] 이에 발맞추어 다문화 담론이 급속히 확산되고 있음에도 불구하고 이주노동자들의 가족 동반은 불허되고 있고, 반인권적인 단속과 추방이 강화되고 있으며, 미등록 이주노동자의 문제는 주변화되고 있다.[6] 다시 말해 한국사회는

---

2 오경석, 「어떤 다문화주의인가?: 다문화사회 논의에 관한 비판적 조망」, 『한국에서의 다문화주의』, 한울, 2007, 22쪽.

3 2016년 말 기준 한국에 체류하고 있는 외국인은 2백만여 명으로, 한국 전체 인구의 3.96%를 차지한다. 이는 2015년 대비 8.5% 증가한 것이며, 최근 5년간 매년 9.2%의 가파른 증가율을 보여주고 있다(출입국·외국인정책 본부, 『2016년 출입국·외국인정책 통계연보』, 2016, 38쪽). 이는 1990년 5만 명 정도였던 데 비해 비약적으로 증가했음을 알 수 있다(김형중·김정훈, 「다문화 교육의 방향과 문학교육의 효용성」, 『한국문학이론과 비평』 53, 2011, 350쪽 참조).

4 오경석, 앞의 글, 29쪽.

5 정은경, 『디아스포라 문학』, 이룸, 2007, 12쪽.

6 오경석, 앞의 글, 5–6쪽.

압축적 다문화 현상으로 인해 이주민의 진입에 대한 정주민들의 대처가 아직 미흡한 상황이다.

20세기의 한국문학이 경계 짓기에 대한 욕망에 의해 이끌려왔던 것이라면, 21세기의 한국문학은 거꾸로 그 경계를 해체하거나 넘어서려는 움직임이다.[7] 이제 기존의 국민문학 및 민족주의적 문학관을 넘어서서 다문화주의로의 문학 자장의 변동과 더불어 다문화 현실을 다룬 소설에 주목할 필요가 있다. 이러한 소설은 한국에 체류하는 이방인을 중심으로 그들의 인간조건을 다루고 있다는 점에서 궁극적으로 전 세계적인 이주자에 대한 사유를 공유한다. 따라서 그들을 그린 소설을 중심으로 전 지구적 자본주의와 신자유주의 체제하에 탄생한 이주자의 존재의미에 대해서 탐색할 필요가 있다. 우리 내부에 급격히 증가하고 있는 외국인노동자들은 디아스포라 현상을 바로 우리의 '현재적' 문제로 직시할 것을 요청하고[8] 있는 바, 최근 한국소설에 등장하는 이주민 형상[9]을 중심으로 하여, 한국사회의 현실이 어떻게 반영되어 있는지와 더불어 한국사회에 등장한 이방인의 정체성을 파악해야 한다.

그를 위해 이 장에서는 포스트식민주의와 최근의 정치철학에 나타난 '이방인'에 대한 사유를 빌려 현재 우리의 다문화 상황을 형상화하고 있는 일련의 한국소설을 분석할 것이다.[10] 바디우와 아감벤은 다문화 시대를 맞아 국가와 법질서의 보호를 받지 못하는 존재인 불법이주노동자

---

7 김영찬, 「경계를 넘어서는 문학들」, 『현대소설연구』 40, 2009, 66쪽.

8 정은경, 앞의 글, 13쪽.

9 소설에 나타난 이주민 형상은 인종별로는 외국인근로자, 탈북자, 입국재외동포, 이주 목적별로는 이주노동자(탈북자, 재외동포 포함), 국제결혼이민자로 나누어 범주화할 수 있다.

10 이 장에서는 박범신의 『나마스테』, 정도상의 『찔레꽃』, 천운영의 『잘 가라, 서커스』, 공선옥의 『유랑가족』, 이명랑의 『나의 이복형제들』, 김재영의 「코끼리」를 중심으로 논의를 전개하고자 한다.

나 소수자 등을 각각 '이방인'과 '호모 사케르'의 개념에 포함시켜 이들에 대한 정치적 사유를 전개하고 있다. 특히 바디우는 이방인의 존재를 '사건의 자리'[11]라 지칭하며 탈경계의 주체성을 가능하게 하는 기제로 파악하고 있다. 또한 호미 바바의 포스트식민주의 이론을 통해 분열의 틈새에서 발생하는 타자의 저항 계기를 파악하고, 스피박의 '집합성' 개념을 통해 하위주체의 유대 가능성을 탐색하고자 한다. 이에 따라 최근 한국소설에 등장하는 벌거벗은 생명으로서 우리 내부의 이방인의 정체성을 파악하고, 그들의 주체화 과정을 추적해보고자 한다.

## 2. 정치적 주체로서의 미등록 이주민

전 지구적 자본주의 시대는 노동력의 이주를 필연적으로 수반한다 했고 한국사회도 예외가 아니다. 다수의 외국인노동자들이 코리안 드림을 안고 국경을 넘고 있으나 그들의 반수 이상이 미등록 이주노동자, 다시 말해 불법체류자들이다.[12] 그들은 폴리스로부터 배제되었음에도 불구하고 장기로 거주하고 있는 사람들로서 통합에 대한 막대한 장애물로 인식되고 사회에서 주변부로 존재하는 경향이 있다. 그들은 입국할 때 법률을 어겼거나(불법이민), 자신의 원래 국가로 돌아가겠다는 약속을

11 바디우는 기존의 지식 체계로 파악할 수 없는 것을 결정하는 계기가 되어 후사건적으로 결정 불가능한 것을 결정한 경우를 가리켜 '사건'이라 명명한다. 그리고 그 사건을 계기로 진리와 주체가 출현한다(알랭 바디우, 『철학을 위한 선언』, 서용순 옮김, 길, 2010, 13쪽).

12 국내에 체류하는 이주노동자의 50%에 해당하는 인구가 미등록 이주노동자들이다. 정부는 그동안 '산업연수제'라는 이주노동 '불허' 정책을 고수해왔으며, '고용허가'라는 제한적인 '방문노동' 허가 정책을 본격적으로 실시한 것이 2007년부터다. 그 결과 미등록 체류자들의 규모는 줄어들지 않고 있다(오경석, 앞의 글, 29쪽).

어졌기 때문에(불법체류) 확고한 '이방인'으로 간주되는 경향이 있다. 그러나 사실상 그 사회의 생산과 소비를 담당하는 사회의 구성원이라는 점에서 그들의 정체성이 문제시된다.[13] 이 지점에서 국가의 셈에서 벗어난 이방인들-'미등록 이주민(without paper)'이라는 문제적 인간 유형이 탄생한다.

『나마스테』의 네팔인 카밀은 사비나를 찾기 위해 관광 비자로 입국했다가 시흥의 박스공장 노동자로 잔류한 채 불법체류자가 된다. 한국으로 돈을 벌러 온 사비나는 첫 직장에서 과장에게 강간당하고 여권마저 빼앗겨 도망갈 수도 없는 신세가 되었다가 회사가 부도나면서 귀국해야 하는 상황에 맞닥뜨리지만, 실질적인 집안의 가장으로서 결국 불법체류를 선택한다. 필리핀에서 산업연수생으로 온 로리는 잠깐 자리를 비운 사이 회사에서 출입국관리소에 직장을 이탈했다고 신고하는 바람에 불법노동자가 된다. 이렇게 각각의 사정으로 한국을 찾은 외국인노동자들은 많은 경우 불법체류자 신세에 처한다. '불법체류자'란 말 그대로 법을 지키지 않았으므로 법의 보호를 받지 못한다는 조건을 의미한다.

> "아, 이 새끼 이거 완전히 간 부었네. 짜샤, 노래 안 하려면 니네 나라로 가. 여기선 과장이 노래하라면 하는 거야. 그게 대한민국 법이야. 그, 그러면서 막 내 멱살 잡고 흔들었어요. 대한민국 법, 그래요. 불법체류자는 대화, 타협, 없어요. 여기 남아서 시키는 대로 하든지, 아니면 돌아가든지 둘 중의 하나예요."[14]

---

13 윌 킴리카, 「다문화주의」, 『현대 정치철학의 이해』, 장동진 외 옮김, 동명사, 2006, 462-496쪽.

14 박범신, 『나마스테』, 한겨레출판, 2005, 157쪽.

인용문에서는 회식 자리에서 노래를 강요하는 불합리한 상사의 요구에서까지 법의 논리가 작용하고 있음을 보여준다. 이렇게 국가에 의해 불법체류자로 낙인찍힌 미등록 이주민은 국가의 셈에서 누락되어 없는 것으로 취급받는 외부의 존재들이다. 국가 내부에서 그들의 존재는 공백 상태다. 국가 혹은 법 내부의 인간을 증명해주는 '신분증' 없음의 상태는 근대 생명정치의 맥락 속에서 이해될 수 있다. 국가의 내부에 국민 혹은 시민으로 존재하는 이들이 법의 보호망 안에 살고 있다면, 국가의 외부에 위치하여 보호받지 못하나 정치적으로는 내부에 포섭된 '신분증 없는' 상태의 이들은 '벌거벗은 생명'이 되어 통제와 억압, 각종 폭력의 대상이 된다.[15] '대한민국 법'의 보호를 받지 못하는, 법 밖에 위치한 '호모 사케르'[16]이기 때문이다. 국민국가라는 체제 속에서 인권이라는 것은 특정 국가의 시민들에게 귀속된 권리로서 시민이 아닌 자는 전혀 보호받지 못한다.[17] 그들은 철저한 외부인이자 이방인으로 취급된다. 그리고 이러한 생사여탈권을 결정하는 법의 실체란 다음과 같은 것이다.

> 한국에는 법, 없어요.
>
> 한국 사람 지켜주는 법만 있어요. 미국 사람, 불란서 사람, 영국 사람, 지켜주는 법 있어요. 그러나 네팔 사람, 스리랑카 사람, 필리핀 사람, 방글라데시 사람 지켜주는 법 없어요.[18]

---

15 벤야민은 벌거벗은 자연 생명이라는 죄, 그러니까 저지른 죄가 아닌 법에 의한 범죄자일 뿐인 생명체를 '벌거벗은 생명'이라 부른다. 벌거벗은 생명은 폭력과 법 사이의 연결 고리의 담지자다 (조르조 아감벤, 『호모 사케르』, 박진우 옮김, 새물결, 2008, 149쪽).

16 호모 사케르는 주권권력에 의해 법질서 바깥으로 배제됨으로써 정치적으로 내부에 포섭된, 즉 '합법적으로' 내버려진 생명들이다(위의 책, 176, 188쪽 참조).

17 위의 책, 248쪽.

18 박범신, 앞의 책, 84쪽.

카밀의 말은 한국의 법이 한국인과 제1세계인에게만 적용되며, 네팔에서 온 자신을 포함한 제3세계인은 제외시킨다는 사실을 의미한다. 국가의 구성원이 법의 내부에 위치한 '시민(citizen)', '데니즌(denizen)'과 법 밖의 존재인 '마지즌(margizen)'으로 분류된다고 할 때, 다국적 기업에 속한 데니즌은 다른 나라의 '시민'으로 이주국가에서 영주권을 얻을 필요가 없다. 이들 대부분은 기업이 보장해주는 안전망과 사회적 존중감을 느끼며 '글로벌 회사 시민'을 추구한다.[19] 반면 경제적, 사회적 생존을 위해 다른 나라로 이주하는 마지즌 중 많은 사람이 불법이주노동자이거나 임시적 이주노동자에 해당하는[20] 한 사회의 주변인들이다. 이렇게 우리 시대의 이방인은 세계체제의 대리적 보호를 받는 데니즌과 임시적이거나 불법으로 체류하는 마지즌으로 나뉜다.

현실을 지배하는 환대의 권리는 이방인에게 그가 누구인지 묻는데, 만일 대답을 하지 못할 경우 그가 갖는 환대의 권리는 취소된다. 왜냐하면 이름을 갖지 못한 이방인은 야만적 타자로 취급되기 때문이다.[21] 여기서 타인의 이름을 묻는다는 것은 동질성을 고집하는 행위이며, 그런 의미에서 이름을 묻고 대답한다는 것은 확실한 소속을 확인하는 절차이다. 즉 주체와 다른 것은 구별한다는 근대의 이분법적 사유를 기저에 깔고, 국가가 부여한 신분증을 획득한 자인가를 알아보는 행위에 해당할 것이다. 근대 생명정치의 본질적인 특징 중의 하나는 내부에 들어와 있는 생명과 외부에 있는 생명을 명확히 구분하고 분리시키는 경계선을 끊임없이 재정의해야 한다는 것이며,[22] 이와 같은 이방인에 대한 조건적

---

19 김현미, 『글로벌 시대의 문화번역: 젠더, 인종, 계층의 경계를 넘어』, 또하나의문화, 2005, 23쪽.

20 위의 책, 23-24쪽.

21 서용순, 「탈경계의 주체성과 이방인의 문제」, 『인문연구』 57, 2009, 110쪽.

인 환대는 법의 내부 혹은 외부, 어디에 위치하는가에 따라 환대 혹은 추방을 결정하려는 법의 이중성을 나타낸다. 환대의 논리에 따르면 '글로벌 회사 시민권'을 소지한 데니즌은 법의 내부에 포섭되지만, 신분증을 갖지 못한 마지즌은 환대의 권리가 취소되어 법의 외부인, 즉 진정한 이방인으로 결정된다. 따라서 이러한 조건적인 환대 앞에 놓인 사람들에게 내부인임을 입증하는 신분증은 생명권에 해당한다. 그렇다면 「코끼리」에서 네팔인 불법체류자와 조선족 어머니 사이에 태어난 다문화 가정의 2세, 아카스는 어떠한가?

> 난… 태어난 곳은 있지만 고향이 없다. 한국에 네팔 대사관이 없어 아버지는 혼인신고를 못했다. 그래서 내겐 호적도 없고 국적도 없다. 학교에서조차 청강생일 뿐이다. 살아 있지만 태어난 적이 없다고 되어 있는 아이….[23]

환대받지 못하는 불법체류자가 법의 외부인, 즉 국가의 셈에서 누락된 존재라면 그들이 낳은 2세 또한 그러함은 자명하다. 아카스는 "살아 있지만 태어난 적이 없다고 되어 있는" 존재다. 그리고 태어난 순간부터 주변인으로서의 정체감을 갖는다. 다시 말해 그는 '호모 사케르'의 처지로 태어난 존재다. 호적과 주민등록증이 없으므로 실제로 존재하나 법적으로 부재하여 시민에 속할 수 없는 마지즌, 즉 벌거벗은 생명인 것이다. 아카스는 반 아이들의 놀림의 대상이자 따돌림과 폭력의 대상이 된다. 그리고 짝의 오빠가 이유 없이 날리는 주먹에 대항하지 못한다. 그

22 조르조 아감벤, 앞의 책, 225쪽.

23 김재영, 「코끼리」, 『코끼리』, 실천문학사, 2005, 23쪽.

것은 네팔인 불법체류노동자인 아버지의 처지도 마찬가지다. 아버지는 어루준이라는 이름을 갖고 있음에도 한 번도 그 이름으로 불린 적이 없다. 그는 늘 "야 임마", 혹은 "씨발놈아"라는 인권이 부재하는 외국인노동자 한 꿰미로 호명된다. 이와 같이 법이 호명하는 이름에 적절한 대답을 하지 못하는 불법노동자는 실질적으로 자신이 소속된 사회에서 인권을 소유한 개별체가 아니라 환대받지 못하는 미등록 이주민, 즉 이방인일 뿐이다.

그러나 마침내 권력이 작용하는 그 지점에서 억압되어 있던 피지배자는 새로운 주체로 거듭난다. 『나마스테』에서는 외국인노동자 카밀이 정치적 주체로 거듭나는 과정을 발견할 수 있다. 2003년 7월 말 외국인 근로자 고용법이 통과하자, 4년 이상 된 불법체류자는 전원 자기 나라로 돌아가야 했다. 정부 합동단속반의 싹쓸이 단속이 시작되는 게 명약관화한 상황에서 불법체류 6년째인데다 임금을 6개월치나 받지 못한 상황에서 염색공장이 부도가 나고 실업자 신세가 된 구릉은 절망한 나머지 음독자살을 시도한다. 불법체류자로 경찰에 쫓기다 다쳐 다리를 절게 된 카밀은 친구의 자살 시도에 그때까지 참아왔던 분노가 폭발하고 만다. "세상이 화안해요"라며 잘 웃고 싹싹했던 카밀은 몇 년 사이에 "세상이 캄캄해요" 라는 세상 인식의 변화와 "가슴에서 불…불이…불덩어리…막 치밀어 올라옴"을 경험하는 행위자로 거듭난다.

4년 이상 된 불법체류 외국인노동자들이 자진 출국하지 않는 경우, 법무부, 경찰 등의 합동 단속반에 의해 대대적인 체포 작전이 전개된다. 국가에 의해 '불법체류자'라고 낙인찍힌 '미등록 이주민'은 처벌과 추방을 전제하고 있다.[24] 체포와 강제 추방의 형태로 지배 권력의 억압 기제

24 서용순, 앞의 글, 118쪽.

가 강력해지자 오랜 불법체류자 신세로 억압 받아온 외국인노동자들은 지배 담론과 지배 권력에 대항하는 저항의 에너지로 똘똘 뭉쳐 사회적인 변혁을 지향하는 혁명의 주체로 거듭난다. 이로부터 정치적인 사건이 도래한다.[25]

그리하여 명동성당에서 강제추방 반대 농성이 시작되고[26] 다르카와 방글라데시인 비쿠가 연속 자살한 다음날 카밀도 농성에 합류한다. '강제추방 저지', '미등록 외국 근로자 완전합법화' 등이 쓰인 피켓을 든 시위가 장기화되고 해결의 기미는 보이지 않는 상태에서 카밀은 다음과 같이 자신들의 입장을 전달한다.

> "한국 정부는 장시간 노동과 저임금에 시달리는 우리 미등록 이주노동자들을 묵인하면서 한국 경제의 밑바닥을 지탱해왔습니다…. 한국 정부에 묻습니다…. 아직도 부족합니까…. 얼마나 더 많은 우리가 죽어서 이 땅을 떠나가야 합니까…. 더 죽어야 한다면… 이제 나도 죽겠습니다…."[27]

카밀의 말대로 조건적 환대에서 야만적 타자로 취급되어 공권력인 경찰과 국가에 의해 '상황의 공백'으로 취급당해온 그들은 사실 실질적으로 한 사회의 정당한 구성원이다. 신분증을 갖지 못했을 뿐, 그들은 노동함으로써, 소비함으로써 한 사회의 발전과 유지에 공헌하고 있다.

---

25 프랑스에서 실제로 이러한 사건이 일어났다. 1996년 여름 일단의 미등록 이주민들이 파리의 생 베르나르 성당을 점거한 것이다. 그들은 완강하게 단식을 전개하며 그들의 추방을 철회하고 정당한 지위를 부여해줄 것을 요구했다(위의 책, 118-119쪽).

26 실제로 2003년 11월 강제추방 위기에 몰린 불법체류 외국인노동자 200여 명이 서울 명동성당에서 강제추방 저지와 미등록 이주노동자들을 전면 합법화할 것을 요구했다. 박범신의 『나마스테』는 실제 있었던 이 일을 소설에서 재현하고 있다.

27 박범신, 앞의 책, 280쪽.

그러나 법의 외부에 위치했다는 이유로 이들의 인권과 가치는 무시된다. 실제로는 그 사회에 구성원임에도 불구하고 시민권을 보장받지 못하는 '살아 있는 죽은 자'[28]들인 것이다. 결국 혁명의 주체로 거듭난 카밀은 "더 이상 죽이지 마라"는 말을 남기고 온몸에 불을 붙인 채 건물 옥상에서 뛰어내려 분신자살한다.

바디우는 이러한 투쟁을 정치적 사건으로 파악한다. 미등록 이주민은 기존의 지식체계를 통해 파악할 수 없는 것이다. 그들은 국가의 셈에서 누락된 다수였다. 그러나 그들의 투쟁은 '선언'을 통하여 '불법'으로 규정된 노동자로서의 그들의 가치, 즉 가치 없는 것의 가치를 선포함으로써 부정성에서 벗어나는 계기를 마련한다. 그들은 한국사회의 일원임을 선언함으로써 박탈당한 권리를 요구한다. 이때 이방인은 기존의 질서를 위협하고, 사람들의 편견을 부수고, 경계 안에서 경계를 허물고 이전과는 전혀 다른 경계를 세운다. 그런 의미에서 타자들의 주체성으로 거듭난 이방인은 탈경계적 정체성을 갖는 정치적 주체가 된다.

## 3. 분열적 주체로서의 재외동포

가까운 곳에서 국경을 넘는 조선족과 탈북자의 경우도 한국으로 유입되는 이주민에 포함된다. 그리고 노동자로서뿐 아니라 결혼이민자로서 이주하는 경우도 비일비재하다. 그중 특히 같은 민족인 중국 조선족과 북한 주민의 경우를 다루고 있는 작품을 살펴볼 필요가 있다. 그들은

28 오늘날 자연 생명이 폴리스에 완전히 포함되어 버린 시대에 그러한 경계선들은 새로운 살아 있는 죽은 자, 새로운 신성한 인간을 찾아서 삶과 죽음을 가르는 어두운 경계들 너머로 이동해 나간다(아감벤, 앞의 책, 255쪽).

왜 국경을 넘는가? 분명한 것은 그들이 돈을 좇아 이주한다는 것이고, 애초에는 같은 민족에 대한 믿음이 있었기에 감행한 자발적 고향 상실이었던 그들의 월경(越境)은 얼마 지나지 않아 극심한 향수와 정체성 혼돈을 야기한다는 점이다.

중국에서 신분증 없이 공안에게 쫓기며 살아야 하는 탈북자의 경우 한국으로 오기 위한 위험한 월경을 행한다. 『찔레꽃』의 충심은 "신분증 없이 떠돌지 않으며, 아무리 늦어도 돌아갈 집이 있는 삶을 간절히 소망했다. 그러나 충심의 그 작은 소망은 모조리 금기에 속했다."[29] 충심은 중국에서 "조선 사람에다 비법월경자"의 신분으로 공안에게 쫓기는 신세다. 안마를 해 힘겹게 모든 돈을 아는 언니에게 빌려줬다가 그녀가 공안에게 신고하는 바람에 돈을 모두 떼이고도 돌려받을 수 없다. 그리고 흑룡강성 촌구석으로 팔려간 이러한 북한 여자는 충심만이 아니다.

> 한국바람은 젊은 여자들을 마을에서 실어내갔다. 그 바람에 조선족 마을은 텅 비었다. 젊은 여자는 물론이고 마흔 넘은 여자들까지 돈을 벌겠다고 모두 빠져나갔다. 조선족 마을에는 남자들만 남은 셈이었다. 한국으로 건너간 여자들은 오래지 않아 불법체류자가 되었고, 그녀들이 떠나간 자리를 비법월경자(非法越境者)인 북조선 여자들이 채웠다.[30]

돈의 흐름에 따른 월경의 행렬은 연이은 월경과 불법체류의 악순환을 낳는다. 북한과 중국의 국경은 강 건너 눈앞에 보일 만큼 가깝지만, "고향의 가족을 위해 약간의 돈을 만들고 싶어 두만강을 건넌" 조선 여

---

29 정도상, 「소소, 눈사람이 되다」, 『찔레꽃』, 창비, 2008, 157쪽.

30 정도상, 「풍풍우우」, 앞의 책, 114쪽.

자들은 신분증 없이 공안에게 쫓기는 비법월경자가 되어 다시는 고향 땅을 밟지 못하는 신세에 처한다. 그리하여 마침내 불법체류자의 신세를 면하려고 다시 한번 목숨을 걸고 월경을 시도한다. 그것은 몽골의 사막을 통과해 한국으로 가는 여정이다. 이와 같이 국경지대는 북조선 여자를 사들이려는 불법 인신매매가 성행하는 야만의 공간이자 국경을 넘음으로써 법 밖의 호모 사케르인 불법체류자를 양산하는 경계의 공간이다.

목숨을 건 월경에 성공한 탈북자의 경우 한국에 정착하는 듯 보인다. 그러나 신분증이 부여된다고 해도 그들의 신세는 잠재적 호모 사케르일 뿐이다.

> 하나원을 나오자마자 기다리고 있는 것은 탈북자는 이방인에 불과하다는 사실이었다. 같은 민족이었지만 외국인노동자보다도 차별이 더 심했다. 조금이라도 번듯해 보이는 회사에 가서 면접을 보면, 탈북자라는 사실에 모두들 고개를 저었다. 심지어 식당에서도 탈북자라면 고개를 외로 꼬았다. 공장에 가서 재봉틀을 돌리거나 다른 일을 하고 싶었지만 먼저 지나간 탈북자들의 행세가 나쁘다는 소문 때문에 그것도 여의치 않았다.[31]

충심은 한국에 도착하며 더 이상 '비법월경자'가 아닌 한국인으로서의 정착을 꿈꾼다. 그러나 그녀에게 부여된 삶은 중국에서와 크게 다르지 않았다. 한국에서 새터민이라 불리는 탈북자의 신분으로는 번듯한 직업을 구하기도 힘들뿐더러 사회적인 시선도 곱지 않다. 매달 통장으로 정착금 17만 원이 들어오지만 이는 생계를 꾸리기에도 한국으로 오

31 정도상, 「찔레꽃」, 앞의 책, 202-203쪽.

기 위해 브로커에게 빚진 돈 천만 원을 갚기에도 역부족이다. 결국 이러한 탈북 여성들은 티켓 다방, 안마방, 노래방 등 퇴폐 유흥업소를 전전하게 된다. 이런 처지는 노래방 도우미로 일하며 2차를 나가는 충심도 다르지 않다. 이렇게 한국사회에서 탈북자들은 누구도 탓할 수 없는 상황에 내몰린 자들이며, 철저한 이방인에 불과하다. 같은 민족이기에 품었던 기대는 외국인노동자보다도 더한 차별을 받는 처지로 돌아온다. 그러므로 그들은 민족과 국가 사이에서 정체성의 혼동을 겪을 수밖에 없다.

> 함흥을 떠난 이래, 한 번도 땅에 발을 붙여보질 못했다. 중국을 떠돌 때에는 비법월경자였기에 발을 내려놓지 못했고, 한국에 와서는 물에 섞이지 못하는 기름처럼 떠돌았다. 북조선에 있을 때는 충심이었고, 중국에서는 메이나였다가 별명으로 소소를 얻었고 한국에 와서는 은미로 이름을 바꾸었다. 주민등록증에도 김충심이 아니라 이은미로 올라가 있다.[32]

고향을 떠난 이래로 충심은 중국이든 한국이든 "한 번도 땅에 발을 붙여보질 못한" 철저한 이방인으로서, 계속 바뀌는 이름처럼 정체성의 혼란을 겪고 있다. 김충심에서 메이나와 소소로, 또 다시 이은미로 바뀌는 충심의 처지는 이름의 변동만큼이나 변화무쌍하며 그녀는 국경을 넘을 때마다 안전은 보장되지 못한 채 생존의 유지만을 위한 삶을 강요당한다. 함흥을 떠난 이래 충심은 중국이든 한국이든 끝내 정주민으로서의 정체성을 갖지 못한다. 충심이 소유한 메이나나 소소, 이은미라는 여러 개의 이름은 분열적 정체성의 증명이며, 동시에 거주하는 국가의 국

32 위의 책, 200쪽.

민으로서의 일체감을 형성하지 못한 이질성의 증거일 뿐이다. 즉 중국에서의 불법체류자로서의 삶이나 한국에서 물에 섞이지 못하는 기름 같은 삶은 '내부에 있는 외부'로서의 이방인의 정체성을 보여준다.

충심의 처지는 영양제까지 줘가며 애지중지 기르는 찔레꽃에 비유된다. "찔레꽃 붉게 피이인 북쪽나라 내 고오오하앙, 언덕 위의 초가삼가아안 그리이입습니이다아"라는 노래 가사대로 충심은 엄마가 있는 고향으로 돌아가고 싶지만 갈 수 없는 신세다. 꿈 많던 학창시절 함흥음악학교에서 배웠던 찔레꽃 노래를 노래방 도우미로서 불러야 하는 충심의 처지는 하얀 꽃이 지고 현재는 가시만 무성한 찔레꽃 화분과 동일시된다. 또한 원나라에 공녀로 끌려간 찔레와 고려에 남은 동생 달래, 병든 아버지의 이야기인 찔레꽃 전설은 노래방 도우미를 해 번 돈을 어떻게든 함흥에 있는 엄마에게 전하려는 충심의 이야기와 동일하다. 급기야 찔레는 바싹 말라 마른 잎이 툭툭 떨어져내리고 만다. 한국에 오기 위해 불법 월경을 하던 때 도태되어 몽골초원에서 죽고 만 영수의 목소리가 환청이 되어 들리는 가운데 말라비틀어진 찔레는 한국땅에 제대로 뿌리내리지 못하는 탈북자 충심의 처지를 암시한다.

천운영의 『잘 가라, 서커스』는 결혼이민자로서 국경을 넘는 중국 조선족 여인의 경우를 다루고 있다. 림해화는 한국 남자와의 결혼을 통해 손쉽게 입국 비자를 얻는다.

> 내 손에 쥐여진 것은 F-2 비자였다. 한국에서 자유롭게 살 수 있고, 부모까지 초청할 수 있는 동거방한사증. 많은 사람들이 그토록 원하는 비자가 내 손에 들려 있었다. 뭔가 대단한 것이라도 쥔 것처럼 몸이 부르르 떨려왔다. 이것을 위해 화순은 직업도 버리고 순정도 버렸다. 그는 이것이 없어 무덤 같은 지하방에 숨어 지냈다. 또 누군가는 몇만위안을 들여 위장

결혼을 하거나 밀입국을 한다고도 했다.[33]

환대받을 수 있는 유일한 표지인 '동거방한사증'은 이주민들에게 직업에다 순정까지 버리게 하는가 하면, 그것이 없는 사람은 불법 월경이나 불법체류를 할 수밖에 없다. 그러나 아무리 주민등록증이 있더라도 탈북자의 삶이 이방인의 처지를 벗어나기 힘들듯이 근본적으로 인신매매의 성격을 갖는 결혼이민자의 삶도 순탄하기 힘들다. 결혼을 통해 행복해지자는 결심, 적응해보려는 노력에도 불구하고 해화는 남편의 집착증과 성적 학대를 견디다 못해 가출함으로써 불법체류자의 신세로 전락하고 만다. 이와 같이 결혼이민을 선택하나 정착이 불가능한 림해화는 분열적 주체로 현현한다.

사랑하던 '그'를 한국으로 떠나보낸 뒤 림해화는 목소리를 잃은 장애인 인호의 부인이 되기로 결심한다. 그녀는 인호가 낯설었고 그를 사랑하지 않았지만 한국으로의 결혼이민을 결심한 이상 행복해지자며 어린애를 달래듯이 스스로를 설득하고 적응하려 노력한다. 그러나 바람막이가 돼주었던 시어머니가 죽고 시동생이 떠나자 해화에게 가해지는 인호의 집착은 병적이 되어간다. 해화가 잠시만 나갔다 와도 심하게 불안해하며 그럴 때마다 고통을 수반한 성행위를 강요하는가 하면, 전선으로 그녀의 손목, 발목을 묶어 자신과 떨어지지 못하게 연결시키는 등 불안을 수반한 그의 편집증적 사랑은 폭력적 지배 관계로 변모한다.

남편의 의심과 집착이 심해지는 가운데 대처할 길 없이 그에 억압당하던 림해화는 거울을 대면하여 분열된 자신의 나머지 잉여분을 발견한다. 자신이 묶이고 갇혀야 하는 고깃덩어리가 아니라는 자각을 통해 그

---

33 천운영, 『잘 가라, 서커스』, 문학동네, 2005, 41쪽.

녀는 팔려온 신부로서의 정체성이 아니라 그동안 잊혀졌던 인간 림해화로서의 자아를 되찾고자 한다.

> 그런데 넌 누구지?
>
> 나는 거울 속에 대고 물었다. 거울 속 낯선 여자는 아무 대답도 하지 않고 그저 물끄러미 내 쪽을 쳐다보고 있었다. (…)
>
> 가슴에 손을 올려놓았다. 따뜻했다. 내 몸은 피가 흐르고 숨을 쉬는 육체였다. 묶이고 갇혀야 할 고깃덩어리가 아니었다. 나는 수건에 거품을 가득 묻혀 몸을 닦기 시작했다. 가능한 부드럽고 정성스럽게. 거품이 일면서 내 몸이 조금씩 살아나는 것도 같았다. 딱딱해진 복사뼈가, 욱신거리는 손목이, 생채기 난 발목이, 고통을 잊고 발그라니 달아올랐다.
>
> 나는 다시 거울 앞에 섰다. 그리고 거울 속 얼굴을 바라보며 이름을 불렀다.
>
> "해화야!"
>
> 내 이름은 해화야. 림, 해, 화. 나는 계속해서 내 이름을 불렀다.[34]

자신의 이름을 버리고 이은미라는 다른 사람의 삶을 살며 시들어가는 충심과 달리 거울 앞에 선 해화는 거울 속 얼굴을 바라보며 자신의 이름을 반복하여 부른다. 이름을 부르는 행위는 돈 때문에 스스로를 팔아버린 결혼, 다시 말해 자신을 스스로 타자로 방기한 데 대한 후회이며 남편의 학대로 나타나는 지배 권력에 반작용하려는 또 다른 주체의 부름이다. 또한 거울 앞에서의 호명 행위는 언표작용과 주체화의 지점에서 나타나는 자아의 분열을 의미한다. 자아의 분열은 봉합으로 정형화

---

34 위의 책, 119쪽.

하려는 지배 권력에 대한 대응이며,[35] 대타자에 종속되지 않은 잉여의 영역이 무의식을 형성해 봉합이 완전히 성공할 수 없음을 보여준다. 상징계 내부에 가두려는 권력으로부터 벗어나는 양가성의 순간, 그 분열의 틈새에서 타자의 저항의 계기가 만들어진다.[36] 의지할 데 없는 낯선 타지에서 유일한 보호자라 믿었던 남편이 가부장의 폭력을 행사하는 순간 피지배자는 억압되어 있던 다른 주체를 불러온다.[37] 이제 거울 앞에 선 분열적 주체는 지배 담론과 지배 권력에 대항하는 탈주의 욕망을 실행에 옮긴다.[38] 즉 림해화는 그날 밤 가출함으로써 팔려온 신부로서의 삶을 버리고 또 다른 주체로서의 삶을 선택한다.

그러나 결혼이민자가 결혼생활을 그만둔다는 것은 F-2비자, 즉 신분증의 포기를 의미하며, 하루아침에 불법체류자가 된 그녀는 결국 이 사회에 적응하는 데 실패한다. 앞서 살핀 바대로 신분증 없는 사람은 법의 보호 밖에 놓인 벌거벗은 생명에 불과하기 때문이다. 여기서 결혼을 통해 한국인이 되고자 했던 조선족 여인이 결국 행려병자로 생을 마감하는 것으로 끝나는 『잘 가라, 서커스』는 중국 조선족이 이 사회에서 주체로 살아나가기가 쉽지 않음을 지시한다. 한편 중국 조선족으로서 발해사를 연구하다 한국까지 흘러와 불법체류자가 된 '그'는 다음과 같이 말한다.

---

35 호미 바바, 앞의 책, 171쪽.

36 위의 책, 16쪽.

37 대립의 논리가 권력을 지닌 자가 그렇지 않는 자를 예속시키는 동일성의 논리라면, 차연은 권력을 지닌 쪽(남성, 식민자, 자본)이 다른 쪽(여성, 피식민자, 노동)을 동일화하려 할 때 늘 상 차이의 반작용에 의해 동일성이 연기됨을 말해준다. 그 차연의 관계에서의 동일성의 미끄러짐과 분열의 틈새에 저항의 행위력이 틈입할 수 있다고 할 때, 차연은 지배 권력의 행사 과정에 이미 저항의 계기가 잠재함을 보여준다(나병철, 『탈식민주의와 근대문학』, 문예출판사, 2004, 114쪽).

38 저항의 운동은 개인적인 차원에서는 탈주의 욕망을 지닌 분열증적 주체에 의해 수행된다(위의 책, 116쪽).

"저는 발해사를 연구하는 사람입니다. 중국에서 역사를 공부한다는 게 여기 생각과는 많이 다르죠. 궁금했습니다. 발해가 정말 누구의 역사인지. 그리고 알고 싶었습니다, 내가 누구인지… (…) 제가 알게 된 건…어쨌든 여기서 저는 이방인라는 거죠. 아니면 저렴한 노동력이든가요. (…)밀항을 할 겁니다. 일본으로 가는 밀항선을 알아두었습니다. (…) 그리고 거기서 살 겁니다. 중국에서 소수민족으로 사는 것도, 여기서 외국인으로 사는 것도 싫습니다."[39]

중국의 조선족은 중국에서는 소수민족으로서 이방인의 정체감을, 한국에서는 외국인으로서 이방인의 정체감을 갖는다. 그들은 어디에도 소속감을 가질 수 없는 영원한 이방인들이다. "내가 누구인지"를 찾는다는 것은 주체로 서기 위함이다. 중국에서 발해사를 연구하다 한국까지 흘러온 '그'는 망해버린 발해의 유민과 다를 바 없는 이방인으로서의 정체감을 깨닫고, 결국 철저한 이방인인 자신의 정체감에 걸맞은 제3국으로의 탈주를 감행하려 한다.

이와 같이 같은 민족임을 믿고 근접한 국경을 넘어 한국에서의 정착을 꿈꾸던 중국 조선족과 탈북자들은 자신들이 철저한 이방인일 뿐임을 깨닫는다. 결혼이민자나 탈북자는 불법체류 노동자와는 달리 내부인의 증명인 신분증을 부여받는다. 그러나 그렇다고 엄밀히 그들이 법의 내부인이라 말하기는 쉽지 않은 문제다. 그들은 국가체제에서 밀려나 경제적으로나 삶의 질에 있어 이 사회의 최하층에 위치한 주변성을 벗어나지 못하고 있다. 탈북자 충심은 이은미라는 다른 이름을 가진 채 성매매업에 종사하며 시들어가고, 림해화는 가정 내의 성폭력을 견디다 못

---

39 천운영, 앞의 책, 220-221쪽.

해 신분증을 포기하고 불법체류자로서 죽음을 맞이한다. 결국 작품 속에서 조선족과 탈북자들은 결혼이민자로서의 '동거방한사증'이나 다른 이름이 부여된 '주민등록증'으로 상징되는 국가의 질서에 부응하기를 포기한 채 분열하고 탈주하는 주체로 남는다. 그리고 한국사회에 편입하는 데 실패한 분열적 주체들은 완전한 동화 자체가 불가능함을 알리며 이방인 주체들의 저항의 계기를 남긴다.

## 4. 집합성의 불/가능성

스피박에 의하면 민주주의는 배타적인 형제애에 해당하며, 형제이성중심적(logofratrocentric) 개념 없이 작용하기 힘들다.[40] 또한 바디우는 오늘날 의회 민주주의가 부과하는 인권 이데올로기는 서구 열강들이 인간의 자유와 생존을 위협하는 악을 금지해야 한다는 자명성을 세계에 부과하고 있는데, 그들은 반드시 그들에게 필요한 지점에만 개입한다는 점에서 그것은 거짓 자명성이라 말한다.[41] 이에 따르면 인권은 모든 존재를 위한 것이 아니라 그들의 시각에서 결정된 악에 대립하는 권리를 뜻한다.[42] 그렇지 않은 경우 '악의 축'으로 제거 제1대상이 된다는 점에서 현재 불법체류자는 다분히 인권의 사각지대에 놓인 문제적 인간형이다.

---

40 가야트리 스피박, 『경계선 넘기』, 문학이론연구회 옮김, 인간사랑, 2008, 69-76쪽.

41 서용순, 「인권 이데올로기와 불멸의 존재에의 권리」, 398-403쪽.

42 인권이란 악이 아닌 것에의 권리들이다. 즉 생명과 관련하여(살해와 처형의 공포), 몸과 관련하여(고문, 가혹행위, 기아의 공포), 문화적 정체성과 관련하여(여자들과 소수자들에 대한 모욕의 공포) 공격받지 않고 학대받지 않을 권리들이 그것이다(알랭 바디우, 『윤리학』, 이종영 옮김, 동문선, 2001, 19쪽).

이러한 배타적 서구 형제이성중심적 민주주의 공적 시스템의 억압 기재에 대응하기 위해 발현되는 것이 스피박이 말하는 미결정적이고 이질적이며 정치와 법률 이전에 존재하는 '집합성' 개념이다.[43] 이 사회의 악에 해당하는 불법이주자들 역시 법과 국가권력의 공적 시스템의 억압 기재에 대응하기 위해 자신들의 집합성을 형성하는 것처럼 보인다. 그리고 그 네트워크는 이주민들만이 아니라 한국인 하위주체와도 연대한다는 특성을 갖는다. 이러한 하위주체들 간의 집합성은 다소 복잡다단한 양상으로 전개된다.

『유랑가족』의 가리봉동은 "알아먹을 수 없는 빨간 한자 글씨체의 간판이 반짝거리는" 곳으로 조선족들이 상권을 꽉 잡고 있는 거리가 되었다. 일단 한국으로 들어온 조선족들은 "한국에서 중국 사람들 다 내쫓으려 해도 한번 떠난 중국에 다시는 안" 돌아간다. 돈을 좇아 온 그들은 불법체류자가 될지언정 돈 없는 고향으로 돌아가려 하지 않는다. 가리봉동의 상권을 잡기까지 돈의 논리에 예속된 그들의 삶은 그악스럽다. 복래반점 옆에 새로 문을 연 해랑반점은 복래반점의 한족 주방장을 스카웃해 가버렸다. 복래반점 주인 승애는 한국에 처음 와서 어려운 해랑이를 같은 처지라는 동류의식에서 지금껏 도와줬음에도, 오히려 은혜를 원수로 갚는 해랑에게 배신감을 느낀다.

명화는 결혼만 하면 "처갓집 식구들까지 다 한국으로 불러들일 수 있고 오빠 병까지 치료해준다는 말"에 원래의 남편과 자식을 두고 한국 농촌 마을로 시집 온 조선족 여자다. 돈을 벌기 위해 유부녀인 신분도 속

---

43 하위주체 문화 형성과 관련 있는 '집합성'은 젠더화된 우정의 개념일 수도 있고, 지구의 남반구 사람들의 반세계화 네트워크 연대에 해당할 수도 있다. 요컨대 스피박이 말하는 '집합성'은 공적, 일반화, 전체주의, 민족주의, 인종주의에 반대하며 보편성이나 동일성을 지양하는 사적인 개념이며, 그러한 글쓰기를 포함한다(가야트리 스피박, 앞의 책, 65-139쪽 참조).

이고 한국으로 결혼이민을 온 명화는, 소개소의 말과는 달리 가난한 농군인데다 조카까지 데리고 살아야 하는 기석의 처지에 실망하여 급기야 가출한다.[44] 이때 명화는 옆집 아낙인 용자를 꼬드겨 함께 가출하고 식당 아줌마, 노래방 도우미로 전전하다 서울로 올라오지만, 필요가 없어지자 용자를 버려두고 혼자 도망가버린다. 그러나 결국 노래방 도우미로 번 돈을 한국인 남자에게 사기당해 여인숙을 전전하던 그녀는 가리봉동 후미진 좁은 골목에서 살해당하고 만다.

이렇게 "남편도 사랑도 자식도 다 필요 없이 그저 믿을 것은 돈밖에 없다"는 믿음을 가진 가리봉동의 조선족들은 돈의 노예가 되어 필요에 의해 뭉쳤다가 다시 필요에 의해 서로를 배신한다. 그리고 그 결과는 명화의 최후처럼 처참하다. 결혼이민자에서 불법체류 노동자로 떠돌다 비참한 최후를 맞는 조선족 여인은 혼자서는 생의 안전이 확보되지 않는 호모 사케르의 처지일 뿐이다.

김재영의 「코끼리」에도 역시 이주민들의 일시적인 연대가 허물어지는 현실이 반영되어 있다. 「코끼리」에는 "십여 년 전까지 돼지축사로 쓰였다는, 낡은 베니어판 문 다섯 개가 나란히 붙어 있는 건물에" 살고 있는 네팔, 방글라데시, 미얀마, 러시아, 파키스탄 불법체류자들이 나온다. 그곳의 "온갖 나라 말과 온갖 음식 냄새가 뒤섞인 마당은 벌, 나비가 윙윙대는 야생화 꽃밭처럼 향기롭고 소란"한, 다문화주의적이며 평화롭게 어울려 사는 곳처럼 보인다. 또한 그 마을의 미래슈퍼 한편에 놓인 간이탁자 주변은 "한국어에다 러시아어와 영어, 네팔어까지 뒤섞인" 공

44 농촌 총각을 위한 국제결혼은 국제여성매매로 변질되어 중개업자들은 이윤을 창출하고, 돈을 지불하고 데려온 외국인 신부에게는 농사, 가사일, 남편의 성적 상대, 2세 생산의 의무라는 막중한 역할이 부여된다(연남경, 「다문화 소설과 여성의 몸 구현 양상」, 『한국문학이론과 비평』 48, 2010, 159쪽 참조).

간으로 늘 외국인노동자들이 어울리는 소통의 장이다. 그들은 불법체류 외국인을 강제 추방하겠다는 한국 정부의 방침이 나오는 텔레비전 앞에 어울려 앉아 서로의 처지를 다독이며 유대감을 형성하는 듯하다. 그러나 그 헐거운 연대는 역시 돈 앞에서 여지없이 무너지고 만다.

아카스의 조선족 엄마는 "돈도 제대로 못 벌고 의료보험조차 없는" 네팔인 남편을 못 견뎌 가출했으며, 이들의 공동 주거지에서는 파키스탄 청년 알리가 막내아들의 심장수술 비용을 마련하려고 모아둔 비재 아저씨의 돈을 훔쳐 달아나버리는 사건이 발생한다. 그리고 비재 아저씨는 그동안 노랭이 소리를 들어가면서까지 번 돈을 들고 귀국하는 인도인을 죽여 돈을 빼앗는다. 이와 같이 자신들끼리의 폭력과 배신으로 점철된 이들의 유대는 결국 돈 앞에서 허망하게 무너져내릴 수밖에 없는 허구로 판명 나고 만다.

이와는 달리 영등포시장에서 생계를 유지하는 사람들의 군상을 보여주는 이명랑의 『나의 이복형제들』에서는 하위주체들 간의 집합성에 대한 가능성이 보인다. 그 시장의 구성원들은 대부분 과일 가게를 열고 있는 한국인 영세상인들과 인도인 불법체류노동자, 국제 사기 결혼의 피해자로 장미다방의 레지로 일하고 있는 중국인 여성, 선천성 불구인 춘미 언니, 난쟁이 왕눈이, 신병 내림을 거부하고 협동합시다 아저씨의 가게 일을 돕고 있는 가출소녀 '나' 등 이 사회의 주변부인이자 이방인들이다. 협동합시다 아저씨는 어떤 새들이 두 쌍 혹은 세 쌍까지도 하나의 둥지를 공유하며, 교대로 알을 품다가 새끼가 부화하면 정확히 누구 새끼인지 모르면서도 모두 친자식으로 간주한다는 정보를 얻은 후, 심지어 자식까지도 공유하는 새들의 완벽한 공동체가 자신이 과일 가게를 열고 있는 시장 골목에서 구현되기를 희망한다고 공표한다.

그러나 완벽한 공동체의 희망은 그곳에서 구현되지 못한다. 이 사회의 하위주체들이 모여 있으며 사람들이 드나드는 공간적 특질을 근본적으로 안고 있는 시장 공간마저도 한국사회의 축소판과 같아, 타자들 사이에 새롭게 구성된 위계질서는 이방인에 대한 정주민의 텃세로 구현된다. 인도인 노동자는 깜뎅이라 불리며 상인들에게 배척 받고 무시당한다. 또한 고용주들은 불법체류자라는 약점을 강조하며 그를 적은 임금과 강도 높은 노동으로 내몬다. 한편 '내'가 머저리라 부르는 중국인 여인은 다방의 레지로 성적 노동을 하며 번 돈을 남편에게 빼앗긴다. 머저리는 심지어 난쟁이한테까지 놀림을 받고 성추행을 당하는가 하면, 늘 상 벌어지는 남편의 폭력과 학대를 저항 없이 견뎌내며 주민등록증을 받고 말겠다는 일념하에 남편 몰래 한글 공부를 한다.

완벽한 공동체를 주창하던 협동합시다 아저씨야말로 깜뎅이가 불법체류자라는 신분을 이용해 임금을 착취하는 고용인이자 텔레비전 시청을 조건으로 장애인 춘미 언니에게 성관계를 강요하는 이중적인 인간임이 드러나고, 시장 공간은 협동합시다 아저씨 같은 상인들이 깜뎅이와 머저리, '나'와 춘미 언니를 이용하고 착취하는 곳임이 밝혀진다. 이에 맞서 불법체류자인 인도인과 중국인은 사랑이라는 이름으로 자신들만의 연대를 형성하고, 미래의 "빅 앤 화이트 하우스"를 위해 통장에 돈을 꼬박꼬박 모으기 시작한다. 그리고 이 시장의 또 다른 이방인인 '나'와 춘미 언니는 그들을 도움으로써 국적을 넘은 "이복형제"로서의 연대를 형성한다.

『나의 이복형제들』이 협동합시다 아저씨의 살해 사건 수사로부터 시작되고 있으며, 도주한 미성년자와 불법체류자들을 쫓고 있다는 설정을 통해 봤을 때, 협동합시다 아저씨로 상징되는 가부장제와 국가제도를 전복하고자 하는 시도는 개인일 때보다 하위주체 간의 연대를 통해 더 강력해진 것으로 보인다. 이와 같이 다문화사회의 이방인들 사이에서 형성된 집합성은 기존의 지식체계를 무너뜨리려는 정치적 힘을 행사한다.

## 5. 탈경계적 주체의 도래

서구의 자본주의와 근대화가 만든 이 시대의 모습은 자본과 정보는 세계화를 이룬 반면, 여전히 인간에게는 국경이라는 큰 장벽으로 분리된 세계이다. 돈의 흐름에 따라 국경을 넘는 '이주의 시대'를 맞아 가난한 국가의 국민들은 손쉽게 불법체류자로 전락하고 만다. 이는 전 지구적 자본주의와 세계화의 이중성을 뜻하며 국가와 조우한 이방인의 문제를 목도하게 한다. 한국도 예외가 아니며, 그렇기에 이 글에서는 최근 이 의제를 다루고 있는 한국소설에 나타난 이방인의 정체성을 살펴보았다.

이 사회에서 외국인노동자나 결혼이민자는 벌거벗은 생명으로서 갖은 폭력에 노출되어 있다. 그리고 그들은 영원한 이방인이라는 정체감을 벗어날 수 없다. 법의 이중성으로 인해 환대받지 못하는 이들은 국가의 시선에서 볼 때 부정적 존재들이며 처벌과 추방을 전제한 존재들이다. 이러한 상황에서 이방인의 인권은 보장되기 어려우며 노동자의 경우 고용주, 결혼이민자의 경우 남편에 의해 경제적, 신체적 안전을 유린당하는 이 사회의 주변인에 해당한다.

국가권력이 이들의 인권과 생명을 위협하는 지점에 이르러 이방인들은 정치적 주체로서 국가 질서에 저항하며 위협을 가한다. 『나마스테』의 카밀은 인권과 가치가 무시되어온 불법체류자들 역시 노동과 소비를 통한 엄연한 이 사회의 구성원임을 선언하고, 자살을 통해 박탈된 권리를 요구하는 정치적 주체로 거듭난다. 『잘 가라, 서커스』의 림해화는 결혼이민자에게 가해지는 가부장적 권력하에 분열적 주체로 거듭나며, 기성 질서에 부응하기를 포기한 채 탈주를 택한다. 『나의 이복형제들』에서는 이러한 이방인들이 한국사회의 또 다른 하위주체들과 집합적으로 연대하여 가부장제와 국가제도에 상징적 전복을 시도하는 모습이 그려져 있다.

이와 같이 최근 한국소설에 등장한 다문화 주체들의 행보는 기존 지식체계의 공고한 경계를 허물고 그 경계를 이동시킨다는 점에서 문제적이다. 그리고 한 국가에 위치한 이방인의 자리는 법으로 상징되는 기존 질서에 대항해 선언, 탈주, 전복을 꾀하는 정치적 주체의 도래를 예고한다는 점에서 탈경계적 속성을 갖는다. 궁극적으로 한국의 내부에 들어온 이방인들, 즉 다문화 주체들을 다룬 일련의 소설은 이러한 진리를 전달한다는 점에서 주목을 요한다.

3장

# 한국 현대소설의 접경지대와 구성되는 정체성

– '글로컬' 공간 형상을 중심으로

## 1. 글로컬 공간으로서 접경지대

2000년대 한국소설의 특이할 만한 사항은 국적과 인종이 다른 이주자들이 속속 등장한다는 점이다. 더 정확히 말하자면 이주자들은 이미 한국소설의 단골 작중인물이 되었으며, 다시 말해 한국사회의 일원으로 이미 자리하고 있다. 최근 이주 현상을 다룬 소설이 증가하면서 이주민의 재현이 제대로 이루어지고 있는가에 의문을 갖는 논의의 비중이 증가하고 있다. 복도훈은 희생자로서의 이주민 타자의 전형이 창조되고, 그에 연민을 갖고 염려하는 나르시시스트의 한국인 인물이라는 이분법의 한계를 지적하고 있다.[1] 박진 역시 『나마스테』를 중심으로 선량한 타자 이미지의 고착화, 이국적 신비화, 한국인의 연민과 거기에서 읽히는

1 복도훈, 「연대의 환상, 적대의 현실」, 『문학동네』 49, 2006.

우월감을 지적하고, (해당) 작품이 국민국가의 작동방식과 자본주의적 세계질서에 대한 통찰로 연결되어야 한다고 전망한다.[2] 오윤호는 외국인 이주자에 대한 형상화가 한국인 작가에 의해 이루어지고 있다는 점에서 한계가 발생하며, 연민과 동정을 조장하는 서사에서 우리 안의 타자에 대한 진정한 환대가 일어나지 못하고 있음을 지적한다.[3] 문재원은 이주공간이 서사화되는 과정에서 장소와 정체성의 문제를 주목하고 있다. 『나마스테』와 『잘 가라, 서커스』에서 공통으로 등장하는 '부천'을 주변부 공간으로 파악하고 안과 밖을 나누는 이분법적 파악에 그친 채, 제3의 공간 만들기로 완성되지 못한다는 점을 지적한다.[4]

선행연구는 공통적으로 현재 이주자 형상의 문제로서 이주민들을 철저한 타자로 인식하는 한국인 주체의 시선 개입, 이분법적 시각의 한계를 꼽고 있다. 이 글은 정말 이주민이 철저한 희생자가 되며 작품이 그들에 대해 연민과 동정의 시선만을 보이는지, 그렇다면 그러한 한계점이 왜 발생하는지를 파악하기 위해 해당 소설을 더 면밀히 관찰하고자 시작되었다. 선행연구에서는 이분법적 시각의 한계를 극복하기 위해 21세기의 전 세계적 통찰이 필요함을 지적하나, 그럼에도 보편적 문제로 환원시킬 수 없는 한국적 특수성이 분명히 있을 거라는 혐의를 지울 수 없었다. 또한 로컬의 내부와 외부의 시선이 충돌하며 발생하는 이질적인 목소리(들)에 주목할 것을 제안하는[5] 의견을 수용하여, 이주민과 내국인(한국인)의 상호 관계 사이에서 구성되는 정체성을 파악하고자 했

---

2 박진, 「박범신 장편소설 『나마스테』에 나타난 이주노동자의 재현 이미지와 국민국가의 문제」, 『현대문학이론연구』 40, 2010.

3 오윤호, 「디아스포라의 플롯: 2000년대 소설에 형상화된 다문화 사회의 외국인 이주자」, 『시학과 언어학』 17, 2009.

4 문재원, 「이주의 서사와 로컬리티」, 『한국문학논총』 54, 2010.

5 문재원, 「문학담론에서의 로컬리티 구성과 전략」, 『한국민족문화』 32, 2008, 73쪽.

다. 그를 위해 내국인과 이주민이 만나고 상호 교섭하는 장소인 '접경지대'에 주목할 필요가 있다.

'접경지대(接境地帶)'란 국경을 접하고 있는 국가와 국가가 만나는 지대를 말한다. 뿐만 아니라 한 국가 내부에 구성된 이주민들의 정착지는 내부에 들어온 외부, 즉 글로컬(glocal) 현상을 뜻하며, 접경지대가 된다. 유사한 용어인 '이산동네(diasporic neighborhood)'는 다양한 이유로 모국을 떠나 다양한 국가에서 살고 있는 커뮤니티를 말한다.[6] 이산동네는 광의의 개념에서 자본, 노동, 문화를 운반하는 사람들이 모여드는 장소로 이해된다.[7] 이들의 거주지가 인종, 민족, 국가 등을 전제로 형성되었다는 점에서 '인종적 동네(ethnic enclave)'[8]로 명명하기도 한다.[9] 이러한 인종적 동네는 노동 시장의 공백을 메우는 역할을 하기 위해 국내에 위치한 초국가적 이주 노동력을 제공하는 곳이다. 이주민에 의해 만들어진 이산마을을 국가를 횡단하는 '초국가적 마을(transnational village)'로 보는 경우, 이 마을은 단순히 자신의 고국과의 연결성을 강화하는 향수나 귀화가 아닌, 고국과 수용국 사이를 매개하면서 단일한 귀속성을 초월하는 트랜스내셔널한 공공 영역을 구성해내는 곳으로서, 이주자들과 현지인들이 상호 개입하면서 만들어지는 장소가 된다.[10]

이를 통해 볼 때 글로벌 이주로 말미암아 발생하는 이주민의 스펙트

---

6 김현미, 『글로벌 시대의 문화번역』, 또하나의문화, 2005, 20쪽.

7 대표적으로 인천 북성동의 화교 마을, 부산의 텍사스촌, 서울의 이태원이나 동부이촌동의 일본인 마을, 프랑스 마을인 서래마을 등은 이러한 이산 동네의 전형이다(위의 책, 20쪽).

8 이진경, 「민족, 하위 제국주의, 초국가적 노동」, 『황해문화』 50, 2006, 288쪽.

9 가리봉동의 중국인 동포의 거리, 혹은 '차이나타운'이라고도 불리는 곳이 이러한 예에 속한다. 또 성남, 안산, 동두천 같은 도시는 아시아 각국에서, 또는 아프리카 등지에서 온 이주노동자들이 공동으로 거주하는 다인종적인 지역 동네를 형성하고 있다(위의 글, 288쪽).

10 레비트(Levitt)는 이주자가 본국과 수용국의 정치에 개입하여 새로운 트랜스내셔널한 공공영역을 구성해낸다는 의미에서 이 용어를 사용하고 있다(김현미, 앞의 책, 43-44면 참조).

럼은 다양하지만, 21세기 이주의 서사에서는 경제적, 사회적 생존을 위해 다른 나라로 이동하는 사람들에 주목할 필요가 있다. 이주민에 의해 만들어지는 거주지는 앞선 용어들이 함의하는 바대로 다음과 같은 개념들을 포함하는 것으로 보인다. 현재 이주의 문제는 국가 간의 문제이자, 인종 또는 민족 간의 문제이며, 계급 간의 문제이고, 문화와 관련한 문제라는 것이다. 여기에서 국가, 인종, 계급 간의 문제를 야기하며 새로운 체험과 정체성들이 교섭하고 충돌하는 장소로서 로컬 내부의 글로벌 공간인 '접경지대(frontier zone)'라는 용어는 국가 간, 민족 간, 계급 간, 문화적으로 보다 첨예한 갈등이 일어나는 장소의 개념으로 선택되었다.

이 글에서는 현재 한국, 우리 주변에서 발생하는 접경지대의 면모가 잘 드러난 김소진의 「달개비꽃」, 공선옥의 『유랑가족』, 김재영의 「코끼리」, 김중미의 『거대한 뿌리』를 대상으로 하여 접경지대에서 노동하며 삶을 영위하는 인물들의 상호개입 양상 및 그에 따른 권력관계를 파악해보고자 한다. 소설에 나타난 가리봉동, 동두천 등의 접경지대는 체험적이고 구체적인 활동의 기반이 되는 실제 장소이자 정치적이고 맥락적이고 문화적인 의미와 관련된 공간이 된다. 또한 한국의 특수한 역사적 상황과 관련되어 있는 장소이기도 하다. 본문에서는 접경지대를 변두리와 기지촌으로 나누고, 이주민들의 생존장인 동시에 현지인들과의 상호개입이 불가피한 역동적인 공간인 접경지대를 둘러싸고 나타나는 복합적인 현상을 파악해볼 것이다. 이는 동시에 이주민과 현지인의 역학관계와 그를 통해 구성되는 정체성을 추적하는 작업이 될 것이다. 특히 기존의 연구에서는 간과되었던 이주민과의 상호작용을 통해 정체성의 변동을 경험하는 한국인 주체의 면모까지도 파악해보려 한다.

## 2. 변두리: 내부 식민지와 인종적 위계

김재영의 「코끼리」와 공선옥의 『유랑가족』은 이주민들이 모여 사는 변두리 지역에서 이루어지는 서사다. 우선 「코끼리」에는 각국의 이주노동자들이 살고 있는 식사동 가구단지가 나온다. 그들의 거주구역은 "십여 년 전까지 돼지축사로 쓰였다는, 낡은 베니어판 문 다섯 개가 나란히 붙어 있는 건물"이다. 거기에 방글라데시, 미얀마, 파키스탄, 러시아, 네팔, 조선족 등의 이주자들이 거주한다. 공장이 늘어선 골목 풍경은 다음과 같이 묘사되어 있다.

> 메마르고 갈라진 시멘트 길, 칙칙한 작업복 차림의 사람들, 공장 지붕 위로 떨어지는 희뿌연 햇빛, 그리고 이따금 사나운 짐승처럼 달려가는 짐 실은 트럭들 사이에서 현기증을 느낀다. (…) 공장에서 나오는 시끄러운 소음, 페인트 냄새, 가구 공장의 옻 냄새가 빈속을 메스껍게 한다. 코를 움켜쥔 채 인력 구함, 사채 쓸 분, 빅토리아 관광나이트 따위의 광고지가 덕지덕지 붙은 더러운 공장 벽과 전봇대를 지난다. 염색공장에서 나오는 새빨간 물이 도랑을 붉게 물들이며 흘러간다. 김이 모락모락 나는 게 갓 잡은 돼지 피처럼 보인다. 헛구역질이 난다.[11]

도심 변두리 공장지대는 황폐하고 오염되었으며 주거단지로서의 면모를 갖지 못한다. 이주민들이 노동을 위해 찾아든 이곳은 삶의 기본 조건이 구비되지 못하고 가난에 찌든 모습이다. 이 가구단지의 풍경에서 '변방에서 변방으로'라는 이동의 경로를 내포하고 있는[12] 현대 이주의

11 김재영, 「코끼리」, 『코끼리』, 실천문학사, 2005, 15쪽.

양상인 이주의 빈곤화가 드러난다. 이와 같이 변두리는 주변부인들이 모여들어 형성한 일종의 생존장이다.

주류사회의 배제와 주변부인으로서 위계의 고착화에 맞서 인종적 동네는 생존장의 역할을 한다. 이곳은 이주민들에게 자신의 정체감에 대한 안전감과 상호간 오고 가는 민족적 귀속의식을 부여한다. 산업연수생 시절 과도한 노동과 학대로 만신창이가 되어 도망쳐온 쿤을 거두어 네팔의 민간요법인 쌀소주를 만들어 회복하도록 도와준 사람은 바로 같은 고국 출신인 어루준이었다. 타지 생활이 힘들 때마다 그들이 기억하는 고향의 모습은 늘 신비롭고 아름다운 곳으로 이상화되어 나타난다. 그들이 꿈에서 만나는 고향은 "노란 유채꽃 언덕 너머 보이는 눈부신 설산과 낯익은 황토 집, 정다운 마을 사람들이 있는 곳으로, 가녀린 퉁게꽃과 붉은 비저꽃이 흐드러진 고향집 마당으로 들어서서는 가족과 친지에 둘러싸여 달과 바트, 더르가리(야채 반찬), 물소고기에 토마토 양념을 발라 구운 첼라를 실컷 먹는" 곳이다. 이와 같이 낯선 땅에서 그들은 오히려 떠나온 고향에 대한 그리움과 민족적 귀속의식으로 뭉치고 버틴다. 그들에게 고향은 다시는 돌아갈 수 없는 곳이며 다만 달력 속의 그림 같이 비현실적이고 아름다운 추억으로 남아, 함께 그리워하며 결속을 다지는 생존 방식의 한 방편이 되었다.

> 장터식당, 중국음식성, 금고대출, 그리고 알아먹을 수 없는 빨간 한자 글씨체의 간판이 반짝거린다. 인성여인숙, 신도여인숙, 구룡여인숙을 지나 중국전화편, 동북풍미 앞에서 서성거린다. (…) 술 취한 한 떼의 남자들이 중국식품점 안으로 들어가 금강산 옥수수면이 있느냐고 떼거리로 묻는다.

12 문재원, 「이주의 서사와 로컬리티」, 311쪽.

주인 남자가 보고도 모르느냐며 두 개의 옥수수면을 투명 비닐에 넣어 한 봉지로 만들어 내민다.[13]

『유랑가족』에 그려진 가리봉동은 중국에 가지 않고도 중국의 풍미를 접할 수 있는 곳이다.[14] 이곳은 조선족을 중심으로 한 중국 이주민들의 생존장으로 그들의 민족적 귀속의식을 보여준다. '동포의 집'은 갈 곳 없는 이주민들이 한 끼 식사를 해결할 수 있는 곳이다. 그곳에서 한 배를 타고 한국으로 이주한 승애와 혜랑이는 힘든 일이 있을 때마다 서로의 눈물을 닦아주며 의지해왔고, 명화는 몸이 불덩이 같음에도 불구하고 친구인 승애를 위해 주방을 지킨다. 민족 간의 유대와 고향에 대한 공동체적 향수는 주류사회의 배제에 맞서 버티는 원동력으로 작동한다.

한편 이주민들이 거주하는 가리봉동과 식사동은 주류사회로부터 배제된 한국 내부의 주변부이자 변두리로서 불안정한 거주지로서의 면모를 갖는다. 가리봉동의 밤거리는 돈을 빼앗기 위한 살인 사건이 발생하는 곳이며, 이는 식사동 가구단지도 크게 다르지 않다. 파키스탄 청년은 같은 방에 살던 비재 아저씨의 돈을 훔쳐 달아나고, 막내아들의 심장수술 비용을 마련하려 이곳에 와 돈을 모았던 비재 아저씨는 노랭이 소리를 들어가며 악착같이 돈을 모아 이 마을 최초로 귀국하는 인도인을 죽여 돈을 빼앗고야 만다. 이곳은 거짓말, 절도, 폭력, 살인이 발생하는 애초부터 주류사회에서 배제된 게토 지역이며, 이주민의 인권은 이주국가의 법으로도 같은 처지의 이주자들이 모여 형성한 '인종적 동네'에서도

13 공선옥, 「가리봉 연가」, 『유랑가족』, 실천문학사, 2005, 82쪽.

14 이주 노동자의 60% 정도를 차지하는 중국인 동포의 경우에는 조선족 거리를 형성한다. 가리봉동의 중국인 동포의 거리, 혹은 '차이나타운'이라고도 불리는 곳이 이에 속한다(이진경, 앞의 글, 288쪽).

보장되지 않는다.

이와 같이 변두리 지대의 주변부인들은 주류사회로부터 철저히 배제되어 있다. 가난한 삶의 현장이며, 안전이 보장되지 않는 노동의 현장이 그를 입증한다. 네팔인 이주노동자 쿤은 말한다. "한국 사람들은 단일민족이라 외국인한테 거부감을 갖는다고? 그래서 이주노동자들한테 불친절한 거라고? 웃기는 소리 마. 미국 사람 앞에서는 안 그래. 친절하다 못해 비굴할 정도지." 한국 민족주의의 허점을 공격하고 있는 쿤의 말에서 '종속당함'과 '종속시킴'이 동시에 발생하는 반-주변부로서의 한국의 특수성이 찾아진다. 이제 서사에서는 숨어서 보이지 않는 다른 이주민(미국인)의 존재가 드러난다. 미국, 한국, 네팔이 위계를 갖고 배열되며, 제1세계와 제3세계의 중간에 하위 제국으로서의 한국의 위치가 설정된다.[15] 한편 이주민이 상층 회로를 통해 이주하는 '데니즌(deni-zen)'과 생존 회로로 이동하는 '마지즌(margizen)'으로 나뉜다 할 때, 대개 데니즌은 다국적 기업에 속한 안전망과 사회적 존중감을 갖는 반면, 소위 불법 이주노동자거나 임시직인 마지즌은 접경지대에서 주변적 존재로 살아가게 된다. 국민 국가는 자신의 영토 안에서 법의 내부에 위치한 '시민', '데니즌'과 법 밖의 존재인 '마지즌'으로 분류하면서 인종차별주의를 악화시키는 경향이 강하다.[16] 이러한 위계관계를 파악하고 있는 아리안계 통인 쿤은 머리를 노랗게 염색하고 짝퉁 리바이스 청바지에 나이키 점퍼를 입음으로써 얼핏 미국 사람처럼 위장한다. 그러나 프레스기에 손

15 '반-주변부'는 중심부와 주변부 사이의 경계영역이다. 이는 전통과 근대, 근대성과 식민성, 서구와 동아시아, 문명과 자연, 도시와 시골 등 이질적인 것들이 저항하고 교섭하며 혼합되는 영역이다(구모룡, 「지역문학: 문학적 생성공간으로서의 경계영역」, 『지역문학과 주변부적 시각』, 신생, 2005, 25-26쪽 참조). 반-주변부로서의 한국의 위치에 대해서는 3절에서 더 자세히 다루어질 예정이다.

16 김현미, 앞의 책, 23-25쪽 참조.

가락을 잘리는 미국 사람은 없다. 노란 머리카락 사이로 새로 까맣게 돋아나는 머리카락과 '짝퉁' 리바이스 청바지처럼 염색과 짝퉁 옷으로 위장한 쿤은 주류사회로부터 배제된 주변인일 뿐이다. 쿤의 손가락이 잘리고 나서, 미래슈퍼 한편에 놓인 간이탁자에 주위에 모인 이주노동자들의 소란스런 말소리에 필용이 아저씨가 말한다.

> "염병, 그만들 해라. 니들 쏠라대는 소리 땜에 내가 꼭 넘의 나라에 와있는 거 같잖여. 니들, 이 나라가 워떻게 오늘날 여기꺼정 왔는 줄 아냐? 옛날에 내가 공장에서 일할 땐 손가락은 유도 아녔어. 팔뚝이 날아가고 모가지가 뎅겅뎅겅 했으니까 (…) 첨엔 시골에서 올라온 촌뜨기들이라 멋모르고 일했지. 하긴, 먹고살기 힘들 때였으니까. 인제 한국 놈들은 이런 데서 일 안 혀. 막말로 씨발, 험한 일이니까 니들 시키지 존 일 시킬라고 데려왔간? (…) 한국 놈들한테도 안 해준 걸 늬들한테라고 해주겠냐? 아니꼬우면 돌아가. 젠장, 어차피 늬들도 고국으로 돌아가서 공장 차리고 사장 되려고 여기 왔잖냐. 노동자들을 어떻게 다뤄야 되는지 눈 똑바로 뜨고 배워가. 다 산 교육이여."[17]

필용 아저씨의 말에서 숨겨진 기득권의 위치와 더불어 위계질서화된 노동의 대체성이 파악된다. 가난한 시절 시골에서 올라온 사람들이 담당하던 저임금 노동이 현재는 코리안 드림을 안고 찾아온 외국인노동자들에 의해 대체되어 있다. 국가 내부의 하위주체는 외부의 이주노동자로 인종적 변화를 이루었고, 이에 노동과 인종의 상관관계를 발견할 수 있다. "국경 없는 자본의 충동과 등기하려는 국가의 충동 사이에서

17 김재영, 앞의 책, 25-26쪽.

탄생하는 것, 그것이 바로 식민지"[18]라 할 때, 자본과 국가의 불일치를 해소하려는 시도가 과거 19세기 초에는 군사력과 강제에 의한 외부 식민지의 확보였다면, 현재의 모습은 자발적 이주를 통한 내부적 식민지의 구성인 셈이다. 이에 따르면 현재 소설에서 발견되는 접경지대는 일종의 '내부식민지주의(internal colonialism)'[19]의 맥락에서 읽힌다. 오늘날 강력한 국경의 내부에서 조직되는 내부식민지주의는 내부에서, 인적으로 조직된다. 이때 내국인 하위주체가 이주민을 그 하위에 위치시켜 위계를 만들고 정당화하려는 의도가 보인다. 이러한 위계가 수립될 때 한국인이 이주민에게 보이는 동정과 연민마저도 철저한 위계화의 전략으로 읽히게 된다. 동시에 국가 내부의 기득권층을 암시하여 '한국인 고용주 → 한국인 노동자 → 외국인노동자'의 위계서열을 고착화하고 확산한다.[20] 한국 산업화 서사와 더불어 읽히는 위계관계는 『유랑가족』의 가리봉동에서도 확연히 드러난다.

> 용자는, 소녀 시절에 와서 공장을 다니던 때 살다가 떠난 지 근 십 년하고도 수년이 흐른 지금 다시 이곳, 가리봉동으로 온 것이다. 십수 년 전 돈을 벌러 처음 가리봉동에 들어섰을 때의 처지와 지금의 제 처지는 별반 다르지 않은데, 지금의 가리봉동은 예전 가리봉동이 아니다. 그전에는 사방을 둘러봐도 납작한 지붕들과 공장의 굴뚝만 보였다. 또 그때는 초등학교만 졸업하고 서울로 올라온 한마을 동무 선숙이를 찾아 이곳 가리봉동으로 왔지만 지금은 조선족 명화를 찾아온 길이다.[21]

---

18 황호덕, 「넘은 것이 아니다: 국경과 문학」, 『문학동네』 49, 2006, 426쪽.

19 위의 글, 427쪽.

20 독자들이 이 부분을 읽을 때, 필용 아저씨의 말에 대해서 거부감과 부끄러움을 느낌과 동시에 숨어 있는 기득권층에 대한 비판의식이 작동될 수도 있다.

21 공선옥, 앞의 책, 85쪽.

소녀 시절에도, 아줌마가 된 지금도 가리봉동으로 흘러올 수밖에 없는 용자의 주변부적 인생이 전경화되어 있기는 하지만, 위 인용문에서는 과거나 다름없는 주변부로서의 모습뿐 아니라 과거와는 달리 접경지대가 되어 있는 가리봉동의 오늘을 발견할 수 있다. 과거 가리봉동은 한국 산업화 과정에서 내국인 노동자들의 생존장 역할을 했다. 1970-80년대 가리봉동이 구로공단을 중심으로 한 공장지대로 시골 출신 노동자들의 거주지였다면 현재는 중국 조선족들이 대거 이주해있고 그들의 상권이 발달해 있는 문화접경지대다.[22] 과거 한국 노동자들의 처지는 현재 이곳의 거주자가 된 외국인 이주노동자들의 처지로 대체되었다. 과거 가리봉동이 시골 출신 노동자들이 돈을 벌기 위해 모여든 동네였다면 현재는 한국으로 돈을 벌러 온 중국인들이 뿌리를 내린 곳이다. '가리베가스 상권'이라 일컬어지듯이 돈을 좇아 한국으로 온 중국 사람들이 자생적으로 삶의 터를 닦은 장소이다. 과거에도 현재에도 돈을 벌기 위해 고향을 떠난 자들이 모여드는 동네, 가리봉동은 그들이 자생적으로 구축한 동네이자 하위주체들의 생존장의 역할을 한다는 점에서 과거와 연결된다. 가난 때문에 고향을 떠나온 이들이 모여든 동네이며, 지역색을 가지며, 인권의 사각지대이며, 범죄의 온상지라는 점에서도 공통된다.[23] 단지 달라진 것은 국적과 인종일 뿐이다. 가리봉동의 이러한 역사적 변화는 식사동 가구단지와 마찬가지로 위계질서화된 노

22 가리봉동 중국인 마을의 기원은 구로동의 쪽방이다. 구로공단이 디지털 단지로 바뀌면서 공단 근로자들이 거주하던 쪽방에 중국 조선족과 한족들이 살게 된 것이다. 가리봉동과 영등포 대림동의 중국인 마을은 중국 음식점, 중국 노래방, 국제전화방, 식료품점이 밀집한 곳으로 '옌벤거리'로 불리기도 한다(김현미, 앞의 책, 35쪽).

23 "형, 여긴 우범지대예요. 사건사고 다발지역. 옛날에 여기 공장 많을 때 노동자들이 데모 많이 했잖아요. 그때 여기 경찰들이 데모 막느라 고생했다가 그 다음에는 또 여기가 가출 청소년 아지트가 됐잖아요. 그 청소년들 선도하느라 고생하다가 지금은 또…" (공선옥, 앞의 책, 104쪽).

동의 대체성을 보여주며, 나아가 노동의 인종화된 대리성, 즉 인종적 교체를 의미한다.

이주민들은 한국사회의 주변부인이자 노동계급의 최하위에 처해 있음에도 불구하고, 그들이 고향으로 돌아가지 않으려 한다는 점은 확실하고 새로운 국가가 그들의 '고향'이 되어가고 있다.[24] "중국 사람들 돈밖에 모릅네다. 한번 중국 떠난 사람 다시는 중국에 안 갑네다(…) 한번 고향 떠난 한국 사람들 다시는 고향에 안 가는 이치와 같은 겁네다." 라는 가리봉동 조선족의 말대로 과거 상경한 시골 사람들이 현재 서울의 주민을 이루었듯이 이주민들은 인종적 동네를 거점으로 하여 향후 한국 땅에 정착할 수 있을 것이다. 그러나 현재 소외되고, 인종적으로 하위계급으로 규정된 이주민들이 정착하는 데는 내국인들과의 갈등과 마찰이 노정되어 있다. 공선옥의 소설에는 이러한 모습이 사실적으로 나타나 있다.

공선옥의 소설에는 가난한 한국 사람들 가운데 드문드문 조선족 동포나 외국인노동자가 끼어 있다. 그럼으로써 한국의 주변부 지역에 둥지를 튼 이주민들과 자연스럽게 한국의 하위주체에 끼어든 이주민들의 형상을 볼 수 있다. 그러다 보니 접경지대에 위치한 내국인과 외국인의 상호 틈입 과정을 자연스레 살펴볼 수 있다. 『유랑가족』에는 가리봉동과 그곳에 세를 형성한 조선족 이주민들과 현지인들의 위계관계가 설정되어 있다. 자본의 소유 정도에 따른 조선족 간의 위계관계와 더불어 특히 조선족보다 위상이 낮은 한국인들의 모습이 나타난다는 점이 주목할 만하다.

'동포의 집'에서 밥을 먹고 있는 비쩍 마른 두 노인은 오갈 데 없는 한

24 윌 킴리카, 「다문화주의」, 『현대 정치철학의 이해』, 장동진 외 옮김, 동명사, 2006, 496쪽.

국인들이지 중국에서 온 사람들이 아니다. 조선족 명화를 따라 가출해 가리봉동으로 흘러온 시골 아줌마 용자도 오갈 데 없는 처지의 가난한 한국인이다. 중국에서 온 외국인 신부 명화가 남편 기철을 버리고, 나중에는 같이 데리고 가출한 용자도 배신하고 도착한 곳이 바로 가리봉동이며, 갈 곳 없는 용자가 명화를 찾으러, 기철이 가출한 아내 명화를 찾아 도착한 곳 역시 가리봉동이다. "한국사람 모두 조선족 부려먹는 땅에서 조선족한테 버림을 받은 사람이 있으리라 누가 상상이나 할 수 있겠는가 말이다."라는 용철의 말에서 알 수 있듯이, 가리봉동에서는 이주민인 중국 조선족이 내국인을 버리기도 하고, 심지어 도와주기도 하는 예외적 사건들이 발생한다.

중국 조선족을 중심으로 형성된 인종적 마을 가리봉동은 지역 상권을 위협할 정도로 규모가 커졌다. 접경지대로서 가리봉동에서 내국인이 이주민을 대하는 시선은 동정이나 멸시가 아닌 경계와 적대감으로 표출된다.

> "하여간 여기 가리베가스 상권을 요새는 그자들이 다 잡고 있다 해도 과언이 아니지." "거 뭣이냐, 나는 지난번 텔레비전에 나와서 외국인노동자가 어떻고, 인권이 어떻고 해쌓던 목사, 교수들 말 듣고 분개까지 했다니까. 뭐? 핍박? 돈 없으면 인간 대접 못 받는 건 당연한 것 아녀? 어이, 김 사장, 삼십 년 전에 우리 막 서울 와서는 어쨌어. 자국민 핍박받을 때는 암 소리 안 하고 있다가 외국인들 인권이 어쩌네, 야만이네, 하여간 배운 인간들 하는 짓거리란 이제나저제나 맘에 안 들드만 이?"[25]

25 공선옥, 앞의 책, 88쪽.

인종적 위계질서의 전복에 대한 공포와 불만이 노골적으로 드러난 가리봉동 거주 내국인의 심정은 생존의 문제에 당면하여 주변부인들 간의 대립과 알력을 나타낸다. 주변부인들이 모여 있는 접경지대는 민족적 귀속의식이 지탱해주고 있는 곳으로서, 이해관계 앞에서 국가 간의 갈등이 증폭된다. 이주민에 대해 철저한 위계관계를 수립하려는 한국인 하위주체의 경우 위계의 균열 지점에서 민족주의적 차별을 작동시킨다. 철저한 타자로서의 이주민에게 시혜를 베풀고 동정하는 것을 나르시시즘이라 볼 수 있다면,[26] 그러한 여유도 안정된 위계질서에서 나온다는 사실을 방증한다. 한국인과 제3세계인의 공고해 보이던 힘의 질서에 균열이 생기는 순간 접경지대는 국가적 갈등지역으로 변모한다. 이와 같이 접경지대는 현재 이주민들이 최하위 계층으로 존재하며 주류사회로부터의 배제와 민족적 귀속의식 사이에서 불편한 안주를 해내는 곳이며, 위계의 균열이 예감되는 순간 민족(인종) 간 갈등이 증폭되는 곳이다. 적어도 현재 한국소설에서 그려지는 접경지대는 민족주의의 질서가 지배하는 공간이자 다문화주의를 지향하는 이론의 허상을 입증하는 곳에 놓여 있다.

## 3. 기지촌: 반-주변부인과 정체성의 재구성

미군 캠프가 위치한 기지촌은 과거의 특정 기억을 상기시키며 현재와 과거의 역사가 만나는 장소다. 기지촌은 식민지 이후 한국 역사상 최

---

26 희생자인 타자에 대해 주체는 희생자를 돕는 선의의 위치라는 그 자신에게 어울리며 만족스러운 역할을 하는 연기자이다. (…) 나르시시스트이다(복도훈, 앞의 글, 482-483쪽).

초로 내부에서의 외부가 형성된 글로컬 지대이며, 지금까지 유지되고 있다는 점에서 문제적 지대다. 또한 과거의 기지촌을 양공주들이 채웠다면 현재는 러시아와 필리핀 여성들이 그 자리를 대신하고 있다는 점에서 특수한 접경지대로서의 자질을 갖는다. 이러한 기지촌의 과거와 현재를 다룬 소설로 김소진의 「달개비꽃」과 김중미의 『거대한 뿌리』를 살펴볼 수 있다. 두 소설 모두 공통적으로 현재 외국인 이주노동자와 맞닥뜨린 한국인 화자가 유년시절 자신의 기지촌 체험을 회상하고 정체성을 재구성해 나간다.

『거대한 뿌리』에는 I시 M동과 동두천의 보산리 기지촌의 모습이 그려진다. 화자인 '나'가 1987년부터 현재 서술시점인 2002년까지 거주하고 있는 변두리 지역 M동은 '나'가 1970년대 유년시절을 보낸 보산리 기지촌과 이 땅의 "음지"라는 점에서 동질적이다. 2002년 M동의 검단 사거리는 네팔, 방글라데시, 태국, 베트남, 필리핀 사람들이 서로 연인이 되어 분식집, 편의점, 술집과 옷 가게로 찾아드는 이주노동자들의 공간이다. 그리고 그곳은 정아와 네팔인 이주노동자인 자히드가 사랑을 키워가며 다문화 2세를 잉태한 곳이기도 하다. '나'는 불우한 유년시절을 보낸 정아가 자히드와 결혼하는 것을 염려하면서, 그동안 잊고 있었던 어두운 유년의 공간인 동두천을 불러온다. 지역적 주체가 자신의 동네를 지속적으로 재생산함에 따라 역사와 환경, 상상력에서의 우연성들은 새로운 문맥들이 생산될 수 있는 잠재력을 보유하게 되는 것처럼[27] '나'는 특수한 접경지대로서 기지촌을 살아냈던 사람들을 회상하며 그 공간을 재구성한다.

27 아르준 아파두라이, 『고삐 풀린 현대성』, 차원현·채호석·배개화 옮김, 현실문화연구, 2004, 323쪽.

26년 만에 지나가는 미 2사단 앞길은 여전히 퀸스타, 챵피온 숍, 굳숍, 영스타 따위의 간판을 단 상가가 자리를 지키고 있었다. 화려한 빛깔의 티셔츠나 트레이닝복들을 파는 옷가게, 크리스털이나 돌, 나무 따위로 만든 조잡한 기념품 따위도 변함이 없었다. United States Army. Camp CASEY. 캠프 케이시 정문 역시 26년이 지난 지금도 건재했다.[28]

2002년의 동두천 거리의 모습은 26년 전이나 별반 다를 게 없는 듯 보인다. 그러나 달라진 점이 하나 있다면 그것은 "얼굴빛이 유난히 하얗고 키가 늘씬한 백인 여성들과 얼굴이 까무잡잡한 필리핀 여성들이 눈에 띄기" 시작했다는 점이다. 26년 전 기지촌 골목을 오가는 여자들이 "검은 머리를 억지로 노랗고 빨갛게 물들인 한국 여자들"이었다면, 2002년의 보산리에는 "진짜 빨간 머리나 금발 머리에 미군보다 더 하얀 피부를 지닌 러시아 여자들과 한국 여자들보다 더 검은 피부와 더 슬픈 눈을 한 필리핀 여자들이 대부분"이라는 점이다. 과거 아메리칸 드림이 현재의 코리안 드림으로 대체되어 있는 기지촌은 인종적으로 이중의 접경지대이다. 먼저 과거로 거슬러 올라가보도록 한다.

담장으로 분리되어 있는 미군기지 내부는 한국 내부의 작은 미국이며, 이때 담장은 국경의 은유이다. 유일하게 미 2사단 정문이 주민에게 열리는 날은 미군들의 카니발이 열리는 때였다. 철저하게 분리된 국경은 일 년에 단 한 번 카니발이라는 축제 때 잠시 열려 국가 간 경계가 해체되는 공간을 만들어낸다.

카니발 기간에는 미 2사단 영내에, 지금도 놀이공원에나 가야 볼 수 있

28 김중미, 『거대한 뿌리』, 검둥소, 2006, 34쪽.

는 여러 가지 놀이기구들이 들어섰고 재미난 볼거리들이 많았다. 그래서 동두천 사람들은 카니발에 갈 수 있는 쿠폰을 구하고 싶어 안달이었다. (…) 정문에서 축제장까지 오가는 꼬마기차를 타고 들어갔다. 기차가 정차한 곳 역시 한국 땅, 동두천의 한 귀퉁이였지만 나는 순간이동으로 미국의 어느 소도시로 날아온 것 같은 착각이 들었다. 미국 영화에서나 볼 수 있던, 동전 하나로 음악을 듣는 주크박스와 재즈나 록음악을 연주하는 무대, 초콜릿이 듬뿍 든 아이스크림과 긴 빵에 커다란 소시지가 든 미국식 핫도그, 바비큐, 어디서나 키스를 해대는 여자들과 미군들의 모습까지 카니발이 열리는 미 2사단은 1970년대의 대한민국에서는 볼 수 없는 풍경들로 넘쳐났다.[29]

카니발은 1970년대 한국에서는 볼 수 없는 풍경들로 넘쳐났으며, 동두천 사람들에게 그들이 꿈꾸는 아메리카를 구체적으로 맛보고, 느끼게 만들었다. "동두천 사람들은 콘크리트 담장 너머를 동경"하듯이, 기지촌은 비틀즈의 '예스터데이'를 부르던 초등학생 3학년 임경숙이 양색시의 빨래를 해주며 근근이 먹고사는 부모를 떠나 미군에게 입양되어 미국으로 건너가기를 간절히 바라는 곳이다. 미제 학용품이라면 사족을 못 쓰는 아이들의 부모는 양색시의 빨래를 해주거나 미군기지에 빌붙어 생계를 해결하는 가난한 자들이다. "미국의 어느 소도시로 날아온 것 같은 착각"을 주는 동두천은 한국 땅의 가난한 자들이 생계 때문에 미군부대에 빌붙어 사는 주변부다. 이곳의 거주자들은 소비문화, 식생활, 심지어 외모까지 닮아가는 방식으로 아메리칸 드림을 구체화하며, 물질적으로 풍요로운 미국과 그들의 문화에 종속된다. 기지촌은 물질적 풍요에 대

29 위의 책, 35-36쪽.

한 동경과 소비문화에 자연스레 젖어들지만 거기에서 소외되는 한국인들이 양산되는 장소가 된다. 이렇게 문화에 종속시키면서 동시에 소외를 발생시키는 기지촌이라는 접경지대는 아메리칸 드림이라는 이름의 동경과 혼혈아 차별이라는 적대감을 동시에 갖는 양가적 장소이기도 하다.

접경지대로서의 기지촌은 국가 간 갈등이 발생하고 권력의 위계를 목도하게 하는 장소이다. '나'는 기지촌에서 싸움이 흔했음을 기억한다. 클럽 여자들과 히빠리 여자들, 미군과 여자, 포주와 여자들 사이에서 늘 싸움이 발생하던 어느 날 미군과 양복점 주인과의 싸움에 끼어든 해자 아버지가 미군에게 두들겨 맞아 입원하는 사건이 발생한다. 해자의 진술에 따르면 주먹 크기가 아버지의 세 배는 되는 양키에게 마구 두들겨 맞은 아버지는 갈비뼈가 두 대나 부러지고 귀 뒤가 찢어져 열 바늘이나 꿰맸지만, 미군은 헌병이 데려가고 나면 그만이었고, 병원비도 받아낼 수 없었다는 게 사건의 전모였다. 미군하고 실랑이가 붙으면 무조건 한국 사람만 손해다 보니 기지촌 사람들 사이에는 아무리 억울해도 미군한테 대들거나 시비를 걸면 안 되다는 불문율이 있었다. 이를 통해 늘 패자는 기지촌에 빌붙어 삶을 꾸려나가는 가난한 한국 사람이며, 힘을 가진 쪽은 미군, 다시 말해 미국 사람이었음을 알 수 있다. 또한 해자의 아버지는 돈을 벌기 위해 월남전에 참전했다가 발목이 잘려 귀환했으며, 경숙이의 아버지는 한국전쟁 때 팔을 잃었다. 불구가 된 아버지들은 부권 약화의 시대상황을 암시하며, 무능력한 아버지의 가계는 기지촌에서 근근이 생계를 이어가는 주변부인이 되어 힘센 국가 앞에 위치한 약소국 국민의 비애를 보여준다.

이와 같이 26년 전 기지촌은 군대로 상징되는 국가 간 권력관계가 작동하는 장소였고, 미국이 중심지이며 주변부인 기지촌 주민은 중심지로부터 소외되고, 배제되는 지대였다. 이를 통해 형성된 주변부인들의 증오는 혼혈아 배척으로 나타난다. 오빠들 대학 등록금을 대느라 미군부대에서, 흑인 양복점에서 일하던 육촌 윤희 언니는 미군의 아이를 임신하고, 초콜릿빛의 아기를 낳는다. 자신의 돈으로 공부한 오빠들에게마저 멸시당하고, 혼혈아를 키우면서 따가운 눈총에 시달려야 했던 윤희 언니는 미군 남편을 따라 한국을 떠나던 날 "나 다시는 한국에 안 올 거야. 한국 사람들 넌덜머리가 나. 난 이름도 미국식으로 바꾸고 말도 다 잊어버릴 거야."라며 치를 떤다. '나'의 친구 재민이는 당시 유일한 백인 혼혈아였다. 한국 이름과 한국 호적을 갖고 있고, 한국말만 할 줄 알지만 이방인 취급을 받았다. "미군만 보면 쩔쩔매는 사람들도 자기들이 그토록 동경해 마지않는 미군의 피가 섞인 혼혈아들만 보면 마음놓고 비난하고 터부시"하던 시대였고, 당시 '나'는 혼혈아들을 자꾸만 울타리 밖으로 떠밀려고만 하는 어른들의 태도를 이해하기 힘들었다.

미군 주둔지 접경지대의 특징은 기지촌 주민들을 배제시킨다는 점에서 같은 처지의 주민끼리의 결속감을 형성하게 한다. 미군이 주민을 폭행하고, 누이를 유린하는 행태는 미국 국민의 권력 행사에 해당하며 폭력에 대항하는 주민들의 결속은 한국 국민의 민족적 귀속의식에 해당한다. 이에 미군의 피가 섞인 혼혈아는 결속에서 배제되며 적대의 대상이 된다. 이러한 과정을 거쳐 강화된 민족주의적 배제가 현재 이주민에게 향하고 있으며, 결국 '나'는 자신이 정아와 자히드의 결혼을 불안해했던 이유를 깨닫게 된다. 어린 시절 이해할 수 없었던 어른들의 혼혈아 차별에 깃든 민족주의를 내재화한 자신을 발견한 것이다. 이렇게 이중적으로 작동하는 한국의 하위 제국주의적 면모[30]는 현재 이주민 차별과 연

30 한국의 하위 제국주의는 미국, 유럽, 그리고 일본 자본의 일종의 대리적인 권력으로 군림한

결될 수 있다. 혼혈아, 혹은 짙은 피부색을 가진 힘없는 국가 출신의 이주노동자를 향한 배타성과 우월감은 실제 경험을 통해 내재화된 것이다. 중심부와 주변부의 힘의 논리와 알력관계는 주변부가 중심으로 옮겨가고 새로운 주변부가 형성되었을 때 그대로 답습되어 발현된다. 코리안 드림이라는 신조어는 한국이 세계 자본주의 위계질서 안에서의 새로운 위치, 즉 반-주변부, 또는 하위 제국주의 국가라는 것을 확인시켜 준다.[31] 『거대한 뿌리』에서 '나'는 26년 전의 기지촌 지대의 회상을 통해 그 메커니즘을 확인하는 것이다.

이와 관련하여 「달개비꽃」[32]의 변두리 공장지대를 살펴볼 필요가 있다. 「달개비꽃」에서는 기태가 현재 이주 흑인 노동자 아지드와 과거 미군 캠프에서의 흑인 군인과의 기억 사이에서 한국의 위치를 파악하고, 반-주변부인으로서 한국인의 정체성을 형성해 나간다. 기태가 공장장으로 일하고 있는 제사(製絲) 공장에는 인도네시아, 스리랑카, 네팔 출신의 외국인노동자들이 일하고 있다. 공장은 한국인 상사와 외국인노동자의 위계질서가 잡혀 있는 장소다. 이러한 힘의 논리는 노동자들을 다루는 규율에 군대의 법칙이 전유되어 처음부터 군기를 확 잡아놓아야 하는 일로 나타난다. 지옥훈련은 얼차려, 포복하기뿐 아니라 "모욕참기훈련"이라는 미명하에 빰때리기와 욕설 참기까지도 포함한다.

한편 기태는 나이지리아에서 온 흑인 노동자 아지드를 보는 순간 어린 시절 흑인 병사에게 당한 어두운 기억이 떠오른다. 어린 기태는 누이

---

다(이진경, 앞의 책, 285쪽).

31 이진경은 노동력의 착취를 통한 경제적 영역에서의 포함과 인종차별과 시민권, 영주권 부여의 금지나 제한적 부여에 입각한 정치적·사회적 영역에서의 배제가 공존하는 것이 '코리안 드림'이라고 규정하고 있다(위의 책, 287쪽).

32 김소진, 「달개비꽃」, 『현대문학』 484, 1995, 4월호.

동생을 위해 '시레이션 박스'를 얻고자 미군 캠프로 간다. 상자를 얻는 조건은 흑인 병사의 성폭력을 감내하는 것이었고, 그 경험은 기태에게 트라우마로 남는다. 여기에서 힘의 방향은 점령자에서 피점령자로, 미국인에서 한국인으로, 군인에서 민간인 어린아이로 노정되어 있다. 이때 기태가 공동 샤워장에서 알몸의 아지드를 보는 순간 성욕을 느끼는 이유는 유년시절 미군 캠프의 기억과 연관된다. 과거 미국 군인에게 한국 어린아이가 당한 성폭력의 트라우마는 이번에는 한국인 공장장이 힘없는 이주노동자를 유린할 수 있는 힘의 구도를 노정한다. 어린 시절 흑인 미군에게 당한 성폭력을 어른이자 공장장의 위치에 있는 한국인이 흑인 노동자에게 전유하고자 하는 심리는 과거 미군의 점령과 현재 이주노동자 사이에서의 권력의 관계를 상징적으로 처리하는 장치다. 그러나 성폭력은 일어나지 않으며 오히려 기태가 아지드와의 권투 시합에서 케이오패 당함으로써 이 소설은 권력관계의 연쇄가 끊어져야 함을 암시한다.

한 단계 더 나아가 기태는 아지드가 미국 흑인 노예의 자손이라는 점에 주목한다. 증조할머니가 미국 노예에서 해방되고 아프리카로 돌아간 것이 그의 가문의 내력이다. 1861년에 해방되었으나 1995년 현재 한국에서 노예 노릇을 하고 있는 아프리카 흑인은 긴 노예 역사를 갖고 있는 셈이다. 여기에서 노예 상태에서 벗어난 지 얼마 되지 않은, 사실은 노예 상태에서 벗어났는지도 확실치 않은 중간자적 존재인 한국인 기태는 아지드의 모습에서 자신의 과거와 현재를 본다. 접경지대에 과거와 현재 모두 연루되어 있는 기태는 대리 권력으로서의 폭력을 자기 스스로 차단함으로써 한국이 갖는 하위 제국적 메커니즘을 차단하고자 한다. 그렇기에 한국에서 돈 많이 벌어서 차도 사고, 장가도 가겠다는 아지드를 보며 기태는 이 땅에서 희망을 찾으려 하는 것이다.

이와 같이 과거 기지촌 지대에서의 주변부인으로서 한국인의 경험과 연관 지었을 때 분명히 현재 접경지대에서의 이주민 서사가 달리 보인다. 과거와 현재에 모두 연루되어 있는 한국인 주체는 하위 제국에서 '낀 존재(in-between)'인 반-주변부인으로서 자신을 인식한다. 제국적 주체도 아니며, 동시에 주변부 인민도 아닌 낀 존재로서의 반주변부 인민의 성격은 컨텍스트적 맥락에 따라 유동적이다.[33] 낀 존재는 불투명하지만 주체와 타자 간의 관계맺음 속에서 자신의 정체성을 모색한다. 기지촌이라는 특수한 장소와 거기에서의 경험을 양피지처럼 비쳐 겹 읽기를 했을 때 '낀 존재'로서의 현재 한국인의 초상을 목도할 수 있다. 타자를 재현하는 과정에서 주체가 끊임없이 재구성되므로 그러하며, 과거 주변부인으로서 겪었던 아픔을 알기에 이주노동자의 처지를 이해할 수 있다. 과거에 주변부에 놓였던 타자로서의 우리의 자리에 현재 주변부이자 타자인 이주노동자를 겹쳐 놓는 『거대한 뿌리』의 낀 존재로서의 '나'는 현재의 접경지대를 그들이 만들어낸 자생적 변두리로 파악하고 이 땅에서 살아남아 언젠가는 뿌리내릴 미래를 예감한다. 그리고 오래전 이 땅의 사람들이 아메리칸 드림을 꿈꾸었듯이, 그들이 꿈꾼 코리안 드림이 현실화될 공간으로 인지한다. 이를 통해 봤을 때, 최근 소설에서 나타나는 이주민에 대한 형상이 비단 절대적 타자를 생성하고 동정하는 나르시시즘적인 것만은 아님을 알 수 있다. 오히려 고통스러운 과거 기억을 소환하고 재구성하여 오늘의 접경지대를 공감이 가능한 지대로 만들려 한다는 점에서 한국 이주민 서사의 특수성을 발견할 수 있다.

---

33 장성규, 「트랜스 내셔널의 징후들」, 『키워드로 읽는 2000년대 문학』, 작가와비평, 2011, 17-19쪽.

## 4. 하위 제국의 특수성과 낀 존재의 복합성

이 장은 최근 한국소설에 자주 출몰하는 이주민의 형상이 단지 휴머니즘의 시각에서 지나친 연민과 동정의 대상에 그치고 만다는 한계점 논의에 직면하여, 그 원인을 탐구하고 이주 서사가 갖는 더 다양한 의미를 포착하고자 시작되었다. 그를 위해 이주민과 내국인이 만나고 상호 교섭하는 장소인 접경지대에 주목하고, 특히 이주민과의 교섭을 통해 다양한 태도로 응전하며, 정체성을 재구성해가는 한국인 주체를 탐구하게 되었다. 소설에 나타나는 식사동 가구단지, 가리봉동, 동두천이라는 구체적 장소는 변두리와 기지촌으로 분류되며, 변두리 지역은 과거 산업화 시대의 서사와, 기지촌은 신식민지 서사와 공유됨으로써 과거 역사적 흔적이 현재에도 남아 작동하는 실제 장소이자 문제적 장소가 된다. 이를 통해 본 한국의 접경지대는 하위 제국으로서의 한국의 축소판에 해당한다. 이곳은 한국이 급격한 사회변동을 겪은 만큼 20세기의 민족주의와 21세기의 다문화주의 이념이 동시대적으로 발현되며, 첨예하게 대립하는 장소로 드러난다.

소설에서 드러나는 한국의 접경지대는 '종속당함'과 '종속시킴'이 동시에 발생하는 장소이다. 소위 말하는 선진국, 과거 제국에 복종하는 한국인과 현재 하위 제국으로서 이주 노동력의 복종을 요구하고 종속시키는 한국인의 양가적 모습에서 권력의 메커니즘이 발견된다. 한국 현대소설에 등장하는 이주민의 형상화가 어려운 까닭은 자본주의 세계체제 속에서 한국 자본주의가 지니는 반-주변부의 위상 때문이다. 현재 한국은 한편으로는 미국 중심의 제국에 강하게 종속되어 있으나, 동시에 다른 한편으로는 주변부인을 착취하는 주체로서 기능한다. 이 점이 우리 문학에서 트랜스내셔널의 징후를 재현하는 데 가장 큰 난점으로 작용한다는 점을 발견할 수 있다. 그러나 한편으로는 낀 존재로서 과거의 기억을 통해 현재의 타자에 비추어 정체성을 구성해가기도 한다. 과거 주변부인으로서의 기억은 접경지대 이주자 형상에 대한 환대의 당위에 우선하는 이해와 공감의 가능성을 열어주기 때문이다.

이와 같이 현재 한국의 글로컬 이주 서사는 하위 제국으로서의 한국의 위상에 의해 복잡한 위치에 놓여 있다. 따라서 전 세계적인 다문화 담론에 의한 동화나 초국가주의 담론에 의한 화해로 성급한 봉합을 요구하기보다는 오히려 과거 주변부인으로서 겪었던 아픔을 기억하고 연관 지을 때 진심으로 이주민의 처지를 이해하는 서사의 가능성을 엿볼 수 있을 것이다.

4장

# 이주 서사에 재현된 '네팔' 표상과 서사의 욕망

## 1. 네팔 이주민 재현의 문제성

오늘의 세계는 자본과 정보가 실시간으로 자유롭게 국경을 넘나들며, 그에 따라 돈의 흐름을 좇는 노동력도 국경을 넘는다. 그러나 국경을 넘은 가난한 국가의 국민들은 사회 하층민으로 분류되어 인권의 사각지대에 놓이거나 상당수가 불법체류자로 남게 된다. 한국도 사회 구성원의 약 4%가 외국인으로 이루어져 이미 본격적인 다인종·다문화 시대에 접어들었으며[1] 현재 한국에 들어와 있는 다국적 이주민들은 '인종적 동네'[2]를 형성하여 글로컬 현상을 보여주고 있다. 인종적 동네를 구

1 2016년 말 기준 한국에 체류하고 있는 외국인은 2백만여 명으로, 한국 전체 인구의 3.96%에 육박한다. 최근 5년간 한국 체류 외국인 수는 매년 9.2%의 가파른 증가율을 보이고 있다(출입국·외국인정책 본부, 『2016년 출입국·외국인정책 통계연보』, 2016, 38쪽).

2 성남, 안산, 동두천 같은 도시는 아시아 각국에서, 또는 아프리카 등지에서 온 이주 노동자들

성하고 있는 이주민들의 국적은 중국, 베트남, 필리핀, 태국, 우즈베키스탄, 몽골, 스리랑카, 방글라데시, 파키스탄, 네팔 등 다양하다.

한국이 본격적으로 다문화사회에 진입하면서 2004년을 기점으로 이러한 이주민의 처지와 문제점을 다룬 서사 작품이 대거 창작되고 있다. 여기에서 주목할 점은 초창기 이주노동자를 다룬 작품들이, 그리고 현재까지 가장 많이 연구되어온 문제작[3]들이 공통적으로 네팔 이주민을 주인공으로 삼고 있다는 점이다. 이 중 가장 중점적으로 연구의 대상이 된 『나마스테』와 「코끼리」에 관해서는 다문화적 관점에서 네팔의 언어, 종교, 문화를 중심으로 소설적 전망을 논급한 경우,[4] 주변인과 타자의 서사로 분류하고 이주민 2세의 정체성을 파악한 경우,[5] 희생자로서 이주민 타자와 내국인 인물의 연민이라는 이분법적 구조의 한계를 지적한 경우[6] 등 다양한 시각에서 논의가 진행되어왔다.

사실 인종적 동네를 형성하고 있는 다국적 이주민 중에서 네팔인이 실제 차지하는 비중은 상당히 적다.[7] 창작이 본격화된 2000년대 초반의 통계 자료를 기준으로 산정해봤을 때 실제 국내 체류 외국인 중에서 네

이 공동으로 거주하는 다인종적인 지역 동네를 형성하고 있다(이진경, 「민족, 하위 제국주의, 초국가적 노동」, 『황해문화』 50, 2006, 288쪽).

3 대상작품으로는 박범신의 『나마스테』와 김재영의 「코끼리」가 가장 많이 분석되었다(이미림, 「2000년대 다문화소설에 나타난 이주노동자의 재현 양상」, 『우리문학연구』 35, 2012, 321쪽).

4 우한용, 「21세기 한국사회의 다양성과 소설적 전망」, 정혜경, 「2000년대 가족서사에 나타난 다문화주의의 딜레마」, 『현대소설연구』 40, 2009.

5 송현호, 「다문화 사회의 서사 유형과 서사 전략에 관한 연구」, 『현대소설연구』 44, 2010.

6 복도훈, 「연대의 환상, 적대의 현실」, 『문학동네』 49, 2006; 오윤호, 「디아스포라의 플롯: 2000년대 소설에 형상화된 다문화 사회의 외국인 이주자」, 『시학과 언어학』 17, 2009; 박진, 「박범신 장편소설 『나마스테』에 나타난 이주노동자의 재현 이미지와 국민국가의 문제」, 『현대문학이론연구』 40, 2010.

7 현재(2016년 말 기준) 한국 체류 네팔 이주민은 3만 4천여 명으로 전체 체류 외국인 중 차지 비율은 1.7%에 불과하다(출입국·외국인정책 본부, 위의 책, 46쪽).

팔인이 차지하는 비중은 0.7%에 불과함에도 불구하고,[8] 초창기 이주민 재현 서사에서 네팔인이 타자의 전형으로 그려져 왔으며 연구의 중심에 놓여 있었다는 점은 흥미로운 지점이다. 선행연구 중 이주민의 국적에 주목한 경우는 아직 찾아볼 수 없으므로, 이 장에서는 한국인 작가 (혹은 감독)의 욕망에 의해 왜곡되고 있다는 혐의를 품은 채, 실제로는 외국인 이주민 중 극소수에 해당하는 네팔인이 왜 이주 서사의 중심인물로 자리 잡아왔는지, 그들이 한국의 이주 서사에서 어떻게 재현되는지, 그렇게 그려지는 이유가 무엇인지를 밝혀보고자 한다.

그를 위해 한국에서의 네팔인 이주노동자의 삶이 본격적으로 재현되어 있는 박찬욱의 영화 〈믿거나 말거나 찬드라의 경우〉(2003)와 박범신의 장편소설 『나마스테』(2005), 김재영의 단편소설 「코끼리」(2004)를 분석 대상 작품으로 삼고 네팔의 표상이 갖는 함의와 서사 내부에 작동되는 욕망의 방향성을 추적해보려 한다.

## 2. 색채의 대비와 풍경으로서의 네팔

2003년 국가인권위원회가 제작한 옴니버스 영화 《여섯 개의 시선》 중 박찬욱 감독의 단편 〈믿거나 말거나 찬드라의 경우〉는 네팔인 이주

8 이 글이 연구 대상으로 삼은 세 작품 중 영화 〈믿거나 말거나 찬드라〉의 경우는 1999년에 있었던 실화를 바탕으로 만든 경우이니 논외로 친다 하더라도, 소설 「코끼리」와 『나마스테』는 2004년에 발표된 작품이라는 점에서 2004년 통계자료를 기준으로 살펴보았다. 2004년의 수치는 2003년에 시행된 외국인근로자고용법의 영향을 직접 받았다고 추정된다. 그 결과, 2004년 말 기준 한국 체류 외국인은 75만여 명이고, 그중 네팔인은 5천 5백여 명으로 국내 체류 외국인 중 비율로는 0.7%에 불과하며, 순서로도 14번째에 불과하다(출입국·외국인정책 본부, 『2005년 출입국·외국인정책 통계연보』).

노동자 찬드라의 실화를 바탕으로 한다. 이 영화는 한국말에 서툰 순박한 네팔인 노동자가 공장에서 나와 길을 잃은 뒤 6년 4개월 동안이나 한국의 정신병원, 부녀보호소 등을 전전한 믿기 힘든 이야기를 전달한다. 그를 위해 감독은 몇 가지 영화 기법을 동원해 외국인노동자의 인권이 유린된 현장인 한국과 한국인을 비판하고 있다.

영화는 '네팔-한국(재연)-네팔'의 공간 구획과 그에 따른 서사 진행을 보인다. 시간적으로는 '현재-과거-현재'의 진행이며, 현재 네팔로 찾아가 찬드라를 찾는 시퀀스에서 시작하여 과거 한국에서 벌어졌던 사건의 회상이 자세하게 이루어지고, 다시 현재 축제가 벌어지는 찬드라의 고향을 취재하고 찬드라를 찾아 간단한 인터뷰를 하면서 끝난다. 이때 서사의 대부분은 과거 한국에서 벌어졌던 사건이 차지한다. 주지할 점은 영화 시작 부분의 네팔과 과거 한국의 재연 서사는 흑백으로, 이후 축제가 벌어진 네팔은 컬러로 재현되고 있다는 사실이다. 또한 과거 재연 부분의 경우, 찬드라는 직접 출연하지 않은 채 찬드라의 시선이 POV(Point of View; 시점)가 되어 사건을 회상하는 방식으로 전달된다. 찬드라의 이동 궤적과 눈높이에 맞춰 카메라는 움직이며, 고발의 시선을 형성한다. 한편 등장인물들이 사건을 재연하다가 감독의 질문에 답하거나 카메라를 바라보며 말을 거는 경우, 감독의 시선이 POV가 되어 비판적 거리를 형성한다. 그런 의미에서 이 작품은 어찌 보면 찬드라가 주인공이지만 달리 보면 그녀가 만났던 한국 사람들이 집단 주인공이기도 하다.[9] 이렇게 재현된 네팔 노동자 찬드라가 겪은 한국은 다음과 같다.

동료와 다퉈 홧김에 공장을 나온 찬드라는 길을 잃고 헤매다가 배가

---

9 박찬욱 감독도 시사회장에서 "찬드라 씨보다는 그녀의 사건에 등장했던 많은 한국인들이 주인공입니다. 대한민국, 한국 사람들이 주인공인 영화입니다"라고 언급한 바 있다(장우진, 「영화적 시점의 역학」, 『현대영화연구』 2, 2006, 220쪽 재인용).

고파 분식집에서 라면을 시켜 먹는데 돈을 잃어버려 계산을 하지 못하고, 경찰서로 끌려간다. 경찰은 한국말이 서툰 찬드라를 정신이 온전치 못한 한국인 행려병자로 간주하고, 정신병원으로 이송한다.[10] 정신병원에서는 의사한테 매달리는 찬드라에게 정신박약 및 우울증 진단을 내리고, 부녀보호소에 일주일 다녀온 것을 제외하고 찬드라는 6년 4개월을 한국의 정신병원에서 보내게 된다. 이 믿기 힘든 일련의 사건은 찬드라의 시선과 흑백의 영상을 통해 불안감과 갑갑함으로 전달된다.

6년 4개월 동안 찬드라에게 가해진 감금과 폭력은 '라면값' 때문에 시작되었다. 라면은 비싸지 않지만 그것을 지불하지 못해 경찰로 끌려가고 정신병원 등을 전전하는 과정은 자본주의적 세계관의 비극성을 극명하게 보여준다. 정신병원에 보내진 찬드라는 불안해하고 한국말을 잘하지 못한다는 이유로 정신박약과 우울증을 진단 받아 정신병자로 분류된다. 또한 "선미야"라는 한국 이름을 부여받고 그 이름을 사용하도록 강요당한다. 경찰, 정신병원, 부녀보호소, 출입국관리소는 국가권력이 작동되는 상징적 공간들이며 찬드라에게 이 장소들은 한국의 공간적 자질을 대표한다. 한국의 하위 제국주의는 미국, 유럽, 그리고 일본 자본의 일종의 대리적인 권력으로 군림한다[11]는 점에서 이주노동자에게 한국은 제국에 해당한다. 이렇게 국가기관(제국)의 시선에 의해 멀쩡한 개인(네팔 이주민)은 정신병자로 손쉽게 오인되고, 감금되고 지배당한다.

서사 진행 중간중간에 만난 한국인들은 이러한 일련의 사건에 대해 설명하거나 자신의 잘못을 변명하느라 진땀을 빼기도 한다. 연기를 하다가 갑자기 화면을 향해 진술하는 생소화 기법은 관객에게 감정이입

---

10 영화에서는 동료 네팔 노동자가 "구룽족은 몽골리안이라 한국인과 섞여 있으면 네팔인들도 구별해내지 못한다"고 설명하며 이해를 돕는다.

11 이진경, 앞의 글, 285쪽.

대신 비판적 태도를 형성하게 한다.[12] 이러한 일련의 변명들은 이해는 커녕 오히려 찬드라 사건의 비극성을 배가시킨다. 가령, 한국인 공장 직원은 "정신병잔줄 알았으면 채용을 했겠어요? 널린 게 외국인노동자 애들인데"라 답하는가 하면, 경찰서 앞에 찬드라를 찾는 전단지가 붙어 있는 것을 접수하고도 처리하지 않은 경찰은 머뭇머뭇하다 "저기, 등잔 밑이 어둡다고 말입니다"라고 변명하다 "에이, 까먹은 거지. 뭐"라고 실토한다. 간호사는 "글쎄, 네팔말이라는 게, 한번 들어보시라니깐요. 꼭 정신 나간 한국 아주머니가 횡설수설하는 소리 같다니깐요"라고 변명하며, 출입국사무소 직원은 이름의 철자가 틀려 처리하지 못했다고 우기다가 감독이 여권 번호도 잘못됐냐고 묻자 당황하여 자기가 처리한 사건이 아니라며 책임을 회피한다. 경찰, 의사, 간호사, 부녀보호소 직원, 출입국사무소 직원 등 이 사건에 연루된 한국인들을 바라보는 찬드라의 시선에는 이를 비판하는 감독의 시선이 겹쳐지며, 영화는 한국인 관객들을 향해 반성을 촉구한다. 한편 "한국 사람들은 네팔이나 파키스탄이나 비슷하다 그래요. 까무잡잡하다 그래요. 그렇지만 네팔이랑 파키스탄 다른 나라입니다"라는 파키스탄인의 진술이나 "한국 사람은 냄새 안 나는 줄 아세요? 한국 사람도 김치 냄새, 마늘 냄새 나요"라는 네팔인 노동자의 진술을 통해서는 외국인노동자에 대해 갖는 한국인의 편견을 그들의 입장에서 비판하고 있다.

찬드라의 과거 기억을 추적하는 감독의 기획은 찬드라가 기억하는

12 생소화(Verfremdung)는 브레히트가 제안한 서사극 이론의 핵심어이다. 그의 견해에 따르면 한 인물에게 감정을 이입하는 것은 '그에 대한 비판을 포기'하는 것이다. 그렇기 때문에 관객으로 하여금 현실에 대해 비판적으로 인식하고 운명에 대한 개척자의 태도를 갖게 하기 위해 감정이입 대신 강조하는 것이 생소화이다(송윤엽 외, 『브레히트의 연극이론』, 연극과인간, 2005, 61-65쪽).

그림 1

그림 2

그림 3

그림 4

한국과 한국인을 보여주고 한국 관객에게 수치심을 느끼게 하여 반성을 이끌어내는 서사다. 이렇듯 찬드라 사건의 재현은 외국인노동자의 인권이 철저히 짓밟힌 사례를 들어 한국의 모습을 고발하고자 하는 감독의 욕망에 해당하며, 이는 후반부 네팔의 축제 시퀀스와의 극명한 대조를 통해 효과적으로 전달된다. 한국의 정신병동에 갇혀 있던 답답한 흑백화면은 일순간 총천연색 컬러 화면으로 바뀌어 만년설이 쌓인 네팔의 설산을 롱테이크로 장엄하게 비추며(그림1), 자유롭고 흥겨운 축제의 현장을 담아낸다(그림2). 이는 정신병동에 감금되어 "선미야"라는 이름을 강요받던 갑갑하고 어두운 한국에서의 기억과 확연히 대조된다. 연이어 카메라는 기념품 가게와 거기에 걸려 있는 만국기(태극기 포함)와 "Never Ending Peace And Love"[13]라는 플래카드를 비춘 후(그림3), 다시 축제의 현장으로 돌아와 찬드라를 찾는다. 찬드라는 적의 없는 평온

한 얼굴로 한국인 감독과 취재진에게 대답하고(그림4) 촬영에 협조한다. 이를 통해 네팔의 공간은 마치 과거의 상처가 치유되고 과오가 용서되는 곳처럼 여겨진다.[14]

이와 같이 박찬욱의 카메라에 담긴 네팔은 웅장하고 아름다운 자연을 가진 곳, 흥겨운 축제가 열리며 고유의 복식과 음악 등 문화를 가진 곳, 한국에 증오심을 갖지 않고 심지어 사랑하며 영원한 평화가 깃드는 곳, 카메라 앞에서 수줍음을 타는 선량한 주민들이 사는 곳이다. 이는 기념품 가게의 장면과 연결되어 앞에 열거된 속성을 가진 관광지 네팔의 이미지를 불러일으킨다.[15] 영화에서의 네팔은 한국과의 대조 효과를 의도한 감독의 욕망이 직접적으로 투사되어 본래 삶의 모습이 아닌 관광 상품의 광고 같은 풍경이 되어버렸다.

한국에서의 회상 서사는 흑백 화면으로 암울하게 그려지고, 네팔의 모습은 선명한 천연색 화면으로 아름답게 전달되어 극도의 대비 효과를 낳는다. 현재 재현되는 네팔의 모습은 한국의 부정적 기억을 강조하기 위해 더 신비롭고, 아름답고, 순박하게 전략적으로 연출된 것으로 보인다. 영화는 극명한 대조를 통해 찬드라의 부정적 과거와 긍정적 현재를 단절시키고자 한다. 이때 회고적 서사는 과거 찬드라의 한국에서의 부정적 경험을 재구성하는 다큐멘터리 기법을 통해 전달됨으로써 주제와

13 이 영화의 부제이자, 네팔(NEPAL)의 상징적 의미로 읽힌다.

14 영화에서 찬드라의 한국에서의 회상 서사가 흑백인 것과 달리 네팔에서의 현재 서사에 해당되는 그림 1-4는 컬러로 상영된다.

15 다른 동남아 국가들과의 비교적 관점에서 정리하자면, 네팔에 대한 한국 사회에서의 이미지와 인식이 그리 부정적이지만은 않다는 것이다. 네팔의 자연자산인 히말라야산이 주는 매력과 신비함이 압도하기 때문으로 보인다. 지역적 특성상 관광객층도 주로 산악인 또는 등반을 목표로 한 여행에 집중되다 보니 대중매체를 통해 재현되는 모습도 이를 반영한 것이다(문화관광부, 『이주민 공동체의 문화다양성에 대한 조사연구: 다문화지도제작』, 2007, 177-178쪽).

내용을 강화한다. 즉 현재 네팔의 긍정태를 재현함으로써 과거 한국의 부정태를 고발하고 반성하도록 한다. 박찬욱은 이러한 서사 전략을 통해 현재 네팔의 자연과 문화 표상을 서사 안에 전략적으로 배치하여 그들의 가치를 알리고자 한다. 나아가 우리 내부에 들어와 있는 이주자들에 대한 관객들의 무지와 편견을 반성하게 하고, 각성을 촉구한다.

이와 같이 〈믿거나 말거나 찬드라의 경우〉는 인간성이 말살되고 외국인노동자의 인권이 유린되는 부정적인 한국 이미지를 비판하기 위해 네팔의 모습을 대조적으로 끌어와 배치하고 있다. 그러나 영화는 한국인 감독이 재현하고 싶은 네팔의 모습만을 보여줌으로써, 단지 네팔의 풍경만을 표상하고 말았다는 한계를 갖는다. 감독의 시선만이 강력하게 투영된 이 서사에서 네팔인 찬드라의 의견은 전혀 개입되지 않는다. 네팔인 찬드라는 회상 서사에서는 철저한 희생자 이미지로 고착되고, 축제의 현장에서나 인터뷰 장면에서 쑥스럽고 수동적인 모습으로 보여질 뿐이다.

## 3. 전망적 욕망과 성소(聖所)로서의 '마르파'

2004년 『한겨레』 신문에 연재되고,[16] 2005년 출판된 박범신의 『나마스테』의 설정은 2003년 '외국인 근로자 고용법'에 따른 대대적인 단속의 여파로 연이어 자살한 다르카, 비쿠, 카임, 김원섭으로부터 비롯된 것으로 보인다. 작가는 "나 또한 그(들)을 죽음으로 내몬 수많은 '코리안'의 하나"이기에 "외국인노동자들이 죽음의 도미노에 계속 휩쓸려가고 있

16 『나마스테』는 『한겨레』 신문에 2004년 1월 1일부터 12월 30일까지 일 년간 연재되었다.

던 그 혹독한 겨울에, (나는) 이 소설 『나마스테』 연재를 시작했다"[17]고 고백하고 있다. 여기서 흥미로운 점은 작가에게 소설을 쓰게 만든 다르카, 비쿠, 카임, 김원섭은 각각 스리랑카, 방글라데시, 우즈베키스탄, 중국 조선족으로 네팔과는 상관없다는 것이다. 그런데 이 소설은 네팔인을 주인공으로 하며, 네팔 표상이 빈번하게 나타나고, 또 중요한 역할을 한다. 이에 이 사실에 주목하고 그 이유를 찾아볼 필요가 있다.

우선 『나마스테』에는 사비나를 사랑하는 카밀, 카밀을 사랑하는 신우의 삼각관계가 형성되어 있다. 지독하게 가난한 가계를 책임져야 하는 사비나가 한국으로 돈을 벌러 오고, 카밀은 사비나를 찾으러 한국에 오는데, 카트만두에서의 그들의 사랑은 한국에서는 지속되지 않는다. 사비나는 돈 버는 데 혈안이 되어 다른 남자와 동거하고 카밀의 돈을 훔쳐 달아나는 등 카밀을 배신한다. 그러나 카밀은 사비나에 대한 사랑을 포기하지 않는다. 그리고 상처 입은 카밀을 신우가 사랑으로 감싸고 그를 위해 희생한다. 이렇게 일반적인 연인이라면 성립 불가능할 그들의 러브스토리는 카밀이 전달하는 '카르마', '바르도', '모귀' 같은 신비한 종교적 개념으로 설명되어 나간다. 사비나는 이생에서 카밀이 감내해야 하는 카르마이며, 카밀은 신우에게 그러하다. 여기에서 사비나가 네팔에서도 극빈층에 속하며 카밀은 카펫공장 사장 아들이라는 점, 다른 한편 카밀은 한국으로 이주한 가난하고 힘없는 노동자를 대표한다는 점에 주목할 필요가 있다. 이주노동자 중에서도 특히 네팔인은 한국 사람들에게 가난의 이미지를 갖기 때문이다.[18] 여기에서 신우는 한국인이라는

17 박범신, 「작가 후기」, 『나마스테』, 한겨레출판, 2005, 396쪽.

18 한국 내 네팔에 대한 이미지는 가난이다. 네팔 이주민들은 1990년대 초반에 한국에 들어오기 시작한 초기 이주민 그룹에 속한다. 재한 네팔인의 수는 총 5,644명(2006년 출입국관리사무소 통계)으로 그 비중이 많은 편은 아니다. 그러나 불법체류율이 거의 50%에 가까워 평균

점에서 세 사람의 인물 구도는 단순한 애정관계를 벗어나 있음을 알게 된다. 가장 가난한 사비나를 카밀이 무조건적으로 사랑하고, 한국에 와서 가난해진 카밀을 신우가 사랑하고 보살피는 관계가 성립된다. 이는 인물 간의 애정관계를 통해 노동자에게 고용주가, 이주노동자에게 한국인이 진 빚을 갚게 하려는 작가의 의도된 설정일 수 있다.

그런 점에서 네팔인 카밀과 한국인 신우의 역할도 예사롭지 않다. 신우가 사랑하는 카밀은 "눈이 깊은" "상처 입은 커다란 짐승" 같은 이미지이며, 신우의 꿈에서 신묘한 느낌의 산인(山人)의 이미지로 나타난다.[19] 또한 그들이 나누는 정사(情事)는 카르마와 카르마가 만나는 꿈으로 신비하게 형상화된다. 카밀은 고향 마르파에서 그리운 어머니를 만나고, 신우는 한 번도 가본 적 없는 마르파를 생생하게 느끼며 그곳에서 한 소년을 품에 안고 젖을 먹이는 신비한 체험을 한다. 이렇게 카밀은 신우에게 "지구의 배, 배꼽, 지구의 영혼"이라 불리는 카일라스산의 신비와 네팔의 종교와 정신적 경이를 전해주는 자다. 나아가 카밀은 한국에서 불법체류자로서 갖은 고초를 겪으면서 전사로 거듭나는 정신적 성장을 이룬다. 워낙에는 사랑이라는 개인적 가치를 추구하던 인물이었지만, '외국인 근로자 고용법'이 발효되고 친구들의 죽음을 목도하면서 공동체적 가치를 추구하는 인물로 바뀐다. 그는 명동성당의 농성장에서 주도적으로 이주노동자 강제추방조치 철회와 미등록 이주노동자 합법화를 외친다. 카밀은 인권과 가치가 무시되어온 불법체류자들 역시 노동과 소비를 통한 엄연한 이 사회의 구성원임을 선언하고, 자살을 통해 박탈된 권

16.9%에 비해 높은 편이다(문화관광부, 앞의 책, 177-180쪽).

19 "내게는 티베트의 피가 흐르고 있어요. 할아버지 젊었을 때 캉자, 한국말로는 오체투지로 카일라스를 한 바퀴 돌았대요. 가슴에 품은 거지요. 죽음도 삶도 없는, 성스런 산의 기운이 내 안에 흘러요."(박범신, 앞의 책, 85쪽).

리를 요구하는 정치적 주체로 거듭난다.[20] 결국 이주노동자의 인권과 미래 다문화가정 2세의 나은 삶을 위해 분신자살하는 카밀은 한국에 들어와 있는 모든 이주노동자를 대표해 자신을 희생하는 역할을 한다. 한편 신우는 카밀의 아이를 낳고 그와의 신비한 교감을 통해 네팔로 표상되는 이주노동자들의 가치를 적극적으로 전달하는 역할을 한다.[21] 또한 그녀는 "자본주의 경쟁논리에 의해 산성화된 사람들이 단단한 카르텔을 이루고 있는 구조화된 세계"인 한국과 한국인을 대신해 속죄한다. 특히 이주노동자를 대표해 몸에 불을 붙이고 옥상에서 뛰어내리는 카밀을 온몸으로 받아내는 신우의 행위는 작가가 의도한 속죄양 의식에 해당한다.

인물의 역할 분담과 더불어 공간도 서울, 카트만두, 마르파로 나뉘어 도식화된다. 서울은 자본주의 경쟁논리에 점철된 철저히 부정적인 공간이며 그에 반해 카밀의 고향 마르파는 아름답고 신비로운 이상향의 이미지를 갖는다. 그리고 네팔의 수도 카트만두는 서울과 마르파 사이에서 두 공간의 속성을 매개한다. 우선 카밀에게 마르파는 가난하지만 부모님과 행복한 시절을 보낸 곳이다. 그와 반대로 서울은 돈은 넘쳐나지만 행복하지 않고, 사비나의 사랑을 잃게 된 곳이다. 그리고 마르파보다는 부유하지만 서울보다는 가난한 도시인 카트만두에서 카밀은 돈은 있지만, 행복하지 않은 생활을 한다. 이렇게 마르파, 카트만두, 서울의 위상은 '돈'과 '행복'이 반비례하는 관계로 특징지어진다. 서울은 가장 부유한 도

---

20 이 책 48쪽 참조.

21 "오빠처럼 오로지 돈, 돈, 돈, 혈안이 된 사람들도 지긋지긋하고, 약하고 가난하면 무조건 밟아도 좋다는 야만종들도 지긋지긋하단 말야."(박범신, 앞의 책, 153-154쪽). "가난한 나라라고 문화도 후진이라고 생각하는 건 잘못이라고 봐요. 우리보다 오히려 정신문화는 더 깊은 걸요."(앞의 책, 173-174쪽).

시이나 그곳에 사는 사람들은 행복하지 않고 사랑도 이루어지지 않는다. 그에 반해 마르파는 가난한 마을이나 행복이 넘쳐나는 곳이다. 이와 같이 『나마스테』의 공간적 속성은 '(+)돈 = (−)행복', '(−)돈 = (+)행복'의 도식적 구도를 가진다. 그리하여 자본주의 속성이 가장 깊숙이 침투되어 있는 공간이 가장 불행한 곳으로 설정되어 있다는 점에서 역시 서사의 의도가 포착된다. 이렇게 『나마스테』의 공간은 자본주의적 속성에 따라 배치되어 작가의 비판적 시각을 전달하는 데 기여한다.

서울과 반대의 공간적 속성을 갖는 마르파는 카밀의 기억과 신우의 신비 체험으로 신화적 공간성을 획득한다.

> "마르파, 무슨 뜻이냐면요, 티베트 불교 성자 이름이에요. 안나푸르나 지역의 서쪽에 있는 마을인데요, 해발 2600미터쯤 돼요. 진짜 아름다운 마을이지요. 여태껏 나, 카밀, 마르파보다 아름다운 동네, 보지 못했어요. 마을 앞으론 히말라야 빙하가 흘러내리는 칼리간다크 강이 있구요, 마을 뒤는 일 년 내내 바람 소리 붕붕 하는 설산이 있구요, 그리고 강과 마을 사이에 사과밭들이 있어요. (…) 사과꽃 향기가 천지에 날아다니고 마을 어귀의 마니차가 윙윙 우는 소리를 내요. 마니차가 뭐냐 하면요, 동그란 통으로 된 것인데요, 수십 수백 개, 마니차를 돌리면 소원이 다 이루어져요."[22]

마르파는 아름다운 경치와 사과꽃 향기, 소원이 이루어지는 마니차를 가진 곳으로 그려진다. 이처럼 마르파에 대한 아름답고 신비로운 묘사는 소설 전반에 반복되어 나타난다. 또한 한국의 서울이 "성냄, 욕망, 무지의 세 가지 독약"에 물드는 곳이라면, 네팔의 카일라스산은 그곳에

22 박범신, 앞의 책, 73쪽.

있는 호숫물로 세 가지 독을 씻을 수 있는 화해와 씻김의 공간이다. 이렇게 네팔의 마르파는 현재 한국에서는 머나먼 곳이자 카밀도 신우도 도달할 수 없는 비현실적이며 성스러운 공간성을 갖는다. 이상향은 현세에서 멀리 떨어져 있고, 그러므로 현실의 논리에서 도달할 수 없는 곳이기 때문이다. 결국 카밀도 신우도 마르파에 가지 못한 채 서울에서 비극적 생을 마감하고 만다. 그러나 카밀과 신우의 희생을 헛되게 하지 않으려는 작가의 의도는 그들의 딸 애린을 2021년 미래에 마르파에 도달하게 만든다. 애린은 아버지의 고향 마르파와 지구의 중심이라 불리는 카일라스를 향한 여행을 떠난다. 그 길은 그녀의 부모가 생전에 꿈꾸었으나 가지 못한 길이기도 하고, "무적자" 신세라 여기던 그녀가 참된 정체성을 찾으러 나선 길이기도 하다. 마침내 마르파에 도착한 애린은 신비 체험을 통해 "세상이 화안해요" 라고 말하는 행복한 아버지를 느낀다. 이와 같이 마르파는 꿈을 통해 도달하는 환상의 영역이며, 영혼과 대화하는 신비한 공간이며, 행복이 충만한 화해의 공간이다. 그리고 미래에만 도달 가능한 곳으로 특징지어진다.

박범신의 『나마스테』는 마지막 장의 제목이기도 한 '2021-카일라스 가는 길'을 향해 가는 서사다. 이렇게 미래를 향해 힘차게 나아가는 『나마스테』의 플롯은 미래를 향한 작가의 '전망적 욕망'[23]에 기초한다. 작가는 플롯짜기(plotting)의 역동성을 통해 역사의 역동성을 이야기하고[24] 또한 도모한다. 다시 말해 다르카, 비쿠 등의 자살에서 비롯된 이 소설

---

23 피터 브룩스는 스탕달의 『적과 흑』을 예로 들어 미래의 욕망이자 미래를 향한 욕망인 전망적 욕망(désir prospectif)을 설명한다(피터 브룩스, 앞의 책, 131쪽).

24 피터 브룩스는 근대의 텍스트에서 삶이란 거의 열역학 과정이나 마찬가지며, 플롯은 쉽게 말해 증기기관이라 설명한다. 그리고 인쇄의 동력기는 불가피한 역사의 역동성을 나타낸다고 비유한다(위의 책, 83쪽).

은 이주노동자를 대표해 분신한 네팔인 카밀과 성소 마르파의 표상을 통해 한국의 이주민 관련법과 정치를 비판하는 안티테제에 해당한다. 또한 작가의 희망은 근래의 마르파를 향해 투사되어 있다. 다만 작가의 욕망이 깊숙이 개입했기 때문에 비현실적 인물을 낳고 네팔 역시 현실의 공간이 아닌 신화적 성소로 변모시켰을 뿐이다. 『나마스테』는 외국인 이주민에 대한 자세한 묘사와 문제적 지점을 상당히 잘 짚어낸 문제작임에도 불구하고 미래를 향한 작가의 욕망이 당위와 계몽의 서사로 만들어놓았다는 아쉬움을 남긴다.

## 4. 사실적 재현과 가난의 이미지

2004년 발표된 김재영의 단편소설 「코끼리」는 네팔인 이주노동자 아버지와 가출한 조선족 어머니 사이에서 태어난 다문화가정 2세 아카스가 초점화자로 설정되어 있다. 매년 네팔의 풍경이 그려진 달력을 바꿔 걸며 한국의 생활이 고달플 때마다 고향을 그리워하는 아버지와 달리 '나(아카스)'는 "히말라야 얘기라면 지긋지긋"한 한국 태생이며 한국에는 네팔 대사관이 없어 신분증조차 발급되지 못한 13세 아이일 뿐이다.[25]

> 투명하고 생생한 햇빛, 푸른 티크나무 숲, 눈 덮인 안나푸르나, 잔잔하게 물결치는 페와호, 그리고 사탕수수를 빨아 먹으며 웃고 있는 아이들…. 아버지는 해마다 똑같은 달력을 사 온다. 아버지가 그 사진을 보면서 기쁨

25 아카스는 한국에 네팔 대사관이 없어 호적도 국적도 없는 것으로 나온다(김재영, 「코끼리」, 『코끼리』, 실천문학사, 2005, 23쪽). 2006년에 주한 네팔 대사관이 설립되었으므로, 그 이전에 발표된 작품에서 네팔은 이주노동자들 중에서도 최하층에 위치한다는 상징성을 갖는다.

을 얻듯이 나도 그렇게 되기를 바라는 걸까? 하지만 내 눈엔 오후 빛을 받은 히말라야가 금으로 씌운 어금니처럼 보일 뿐이다. 햇빛에 녹아내리기 직전의 노란 바닐라 아이스크림이라거나.[26]

네팔 달력을 보는 시각에서 다문화 1세대와 2세대의 차이점이 드러난다. 다문화 1세대인 네팔인 아버지에게 고향은 과거의 경험과 추억을 떠오르게 하는 그리움의 공간이다. 그러나 2세대인 아카스에게 네팔은 심지어 아이스크림만도 못한 달력의 이미지일 뿐 그리운 장소가 아니다. 아카스는 "십여 년 전까지 돼지축사로 쓰였다는, 낡은 베니어판 문 다섯 개가 나란히 붙어 있는 건물에서" 태어나 흐리멍덩한 하늘, 깨진 벽돌 더미, 냄새 나는 바람이 부는 식사동 가구공단을 벗어나지 못한 채 살고 있다. 태어난 곳에 등록되지 못한 아이 아카스는 소속 부재의 인간형으로 정체성의 혼동을 겪는다. 소설에서 다문화 1세대는 떠나온 고향을 그리워하는 존재로, 2세대는 부모의 고향과 태어난 곳 사이 어디쯤에서 자신의 정체성을 찾아야 하는 존재로 나타난다. 아카스는 한국 사람만큼만 피부색이 하얘지도록 탈색제를 풀어 세수하면서도 잘린 손가락 무덤을 만들어 아버지와 자신의 손가락을 보호해달라고 시바신께 기도를 올리는 등 한국인과 네팔인 사이에서 이중적 정체성을 보인다. 또한 아버지의 생일상을 차리기 위해 가게에서 거짓말과 절도를 스스럼없이 행하기도 하는 등 악에 노출되어 있다. 이러한 아카스의 모습은 2021년 카일라스를 향해 가는 『나마스테』의 애린과는 상당히 다르다. 그들의 처지는 한국과 히말라야의 거리만큼이나 멀다. 그리고 다문화 2세대의 삶은 불법체류자로 전락한 아버지 세대보다 더 취약하며, 그런

26 위의 책, 22쪽.

의미에서 아카스의 경우가 애린보다 현재 한국에서의 다문화 2세 형상화에 더 근접해 보인다. 이와 같이 아카스는 아버지의 고향인 네팔에 대한 그리움이나 소속감을 갖지 않는다. 오히려 한국인으로 등록조차 되어 있지 않은 공백 상태에서도 한국인으로 철저히 동화되기를 꿈꾸는 아카스로부터 이주 현실의 비극성이 전달된다.

이주노동자에게 네팔로 대표되는 고향은 그리움의 공간이자 귀향 불능의 공간적 자질을 갖는다. 아버지는 밤마다 그리운 고향 마을로 찾아가는 꿈을 꾸고, 2호실의 토야 엄마는 스리랑카로 추방된 남편을 그리워하지만 그럼에도 그들의 생존현장은 다름 아닌 한국이다. 프레스기에 손가락이 잘린 쿤은 다음과 같이 말한다.

> "여기 올 때 진 빚도 다 못 갚았는데 이 꼴이 됐어. 고국에 돌아가봤자 손가락질밖에 기다리는 거 없으니…(…) 마을을 빠져나오기 전에 만난 친척 아저씨 말이 생각나. 가지 마라. 내 절름대는 다리를 보고도 고향을 떠나겠다는 거야? 아녜요, 아저씨. 전 구르카 용병으로 전쟁터에 가는 게 아녜요. 전 한국으로 일하러 가요. 거긴 안전한 곳이냐? 아무렴요. 몇 년 일하고 돌아오면 시내에다 큰 가게를 차릴 수 있어요."[27]

그러나 한국으로 오기 위해 진 빚도 채 갚지 못한 상태에서 손가락이 잘려버린 쿤에게 고향에 돌아갈 일은 아득하다. 다른 이주노동자의 사정도 별반 다르지 않다. 그들에게 고향은 다시는 돌아갈 수 없는 곳이며, 다만 달력 속의 그림 같이 비현실적이며 아름다운 추억으로 남았을 뿐이다. 막내아들의 심장 수술 비용을 마련하려고 한국에 온 비재 아저

---

27 위의 책, 27쪽.

씨의 돈을 파키스탄 청년 알리가 훔쳐 달아나고, 노랭이 소리를 들어가며 돈을 모아 귀국하려는 인도인 나딤 몰라의 돈을 비재 아저씨가 빼앗아 달아나는 범죄의 연속선상에서 귀향하는 이주민은 그려지지 않는다. 이와 같이 「코끼리」에서는 이주민들이 위치하는 식사동 가구단지 같은 초국가적 마을이 게토화되고, 그들의 귀향이 끝끝내 불가능한 현실을 그려내 보여준다.[28]

한편 '코끼리'를 통한 네팔 표상도 나타나고 있다. 소설에서는 "어느 날 창조주 브라마가 '세계의 알'을 깨뜨리면서 코끼리의 격이 낮아져 그만 우주를 떠받치는 기둥이 되었다"는 코끼리 신화가 전달되고, 네팔에서 천문학을 공부했지만 한국에서는 고된 노동에 시달리는 아버지의 모습은 그러한 코끼리처럼 여겨진다.[29] "구름보다 높은 히말라야에서 태어나 이곳, 후미진 공장 지대에서 살아가고 있으니…" 말이다. 또한 아버지는 "누군가 돌을 던지거든 꽃을 던져주라고" 하는 네팔 속담을 인용하며 아카스를 타이른다. 이와 같이 네팔인 아버지를 통해 전달되는 네팔은 높은 정신적 가치를 갖는 곳으로도 나타나고 있다. 그러나 네팔의 신화가 지시하듯 현대 사회에서 그곳은 이미 코끼리처럼 격이 낮아져버렸다. 고향을 떠난 이주노동자들의 삶의 현장은 한국이며 그들은 학력이나 정신적 가치와는 상관없이 단순노동에 종사하는 가구공단의 가난한 외국인노동자일 뿐이다.

김재영의 「코끼리」는 철저히 현실의 사실적 재현에 치중한다. 이 소

28 이주민들이 고향으로 돌아가지 않으려 한다는 점은 확실해지고 새로운 국가가 그들의 '고향'이 되어 가고 있다. 결국 이들의 존재는 영구적으로 권리가 박탈되고, 소외되고, 인종적으로 규정된 하위 계급이 된다(윌 킴리카, 「다문화주의」, 『현대 정치철학의 이해』, 장동진 외 옮김, 동명사, 2006, 496쪽).

29 재한 네팔 노동자들의 학력은 다른 동남아시아 나라 출신 이주노동자들에 비해 높은 편으로, 약 80% 정도가 대학교육을 이수했다(문화관광부, 앞의 글, 182쪽).

설은 네팔을 지나치게 이상화하지도 네팔인을 선량한 피해자로만 만들지도 않은 채 이주노동자 현실의 비루함을 사실적으로 전달하고 있다. 작품은 코끼리의 상징성을 동원하여 네팔의 정신적 가치를 언급하지만 네팔을 이상화하지 않으며, 오히려 이주노동자로서 한국에 정착하게 된 네팔인의 현재 처지에 주목한다. 「코끼리」의 재현 방식은 고통스러운 개개의 장면들을 상징으로 고정시켜 영원히 현재화하는 기술이다.[30] 또한 그것조차도 철저히 어루준이라는 작중인물을 매개로 이루어지고 있다는 점에서 「코끼리」는 작가의 욕망이 표면적으로 드러나지 않은 채 이주민이 처한 한국적 현실을 비판하는 서사라 할 수 있다.

## 5. 정신적 고향 상실의 표상

초창기 이주 서사를 중심으로 네팔 표상의 재현 양상과 함의, 서사 내부에서 작동되는 욕망의 방향성을 추적해본 결과는 다음과 같다. 〈믿거나 말거나 찬드라의 경우〉는 네팔의 아름답고 신비로운 자연과 평화를 상징하는 문화 표상을 화면에 전략적으로 배치해 한국의 부정적 모습과 대조시킨다. 다큐멘터리 기법과 카메라 작동 등 다양한 영상 기술적 성공에도 불구하고, 궁극적으로 이 영화의 서사는 한국인 감독이 한국사회를 비판, 고발하려는 욕망이 과잉되어 찬드라는 철저한 희생자이자 수동적 이미지로 일관되며, 네팔은 풍경으로만 표상되고 만다는 한계를 갖는다. 『나마스테』에서는 인물 관계와 공간 구도가 자본주의적 속성에 따라 배치되어 작가의 비판적 시각을 전달하는 데 기여한다. 또한 카밀에 의

30 복도훈, 앞의 글, 479쪽.

해 전달되는 네팔의 이미지는 종교, 자연, 문화 등 모든 면에서 아름답고, 선량하며, 정신적인 가치가 높은 곳으로 이상화되어 있다. 특히 마르파로 표상되는 네팔의 공간성은 비현실적인 성소로서 부각된다. 따라서 현재 한국에서 죽음을 맞는 카밀과 신우의 모습은 작가의 부정적 현실 인식에 해당하며, 서사는 미래의 먼 곳(2021년 마르파)으로 향해 있는 전망적 욕망에 기초하므로 작가의 메시지가 계몽과 당위의 양상으로 전달되는 경향을 갖는다. 「코끼리」의 경우 다문화 1세대에게 네팔은 달력 안에 박제된 잃어버린 고향으로서 그리움의 대상인 반면, 2세대에게는 상실할 고향조차 부여되지 않는 비극성을 보여준다. 또한 코끼리 신화를 통해 자본주의가 만연한 현대 사회에서 이미 격이 낮아져버린 이주노동자의 비루한 현실을 전달하는 「코끼리」는 작가의 욕망이 표면에 드러나지 않은 채 혹독한 한국의 이주 현실을 비판하는 서사다.

여기까지 살펴본 바에 따르면 최근 이주민 소설에 자주 등장하는 네팔 표상은 사실적 재현이라기보다 한국인 작가(감독)의 의도에 의해 각색된 혐의가 짙다. 히말라야산으로 대표되는 네팔의 자연경관은 신비함과 압도적인 랜드마크로 표상되고, '바르도', '카르마' 등으로 언급되는 네팔의 종교와 문화는 정신적 가치를 입증해준다. 이러한 네팔 표상은 한국으로 이주한 네팔 노동자들의 비루한 삶과 대조되어 비극성을 극대화하는 장치이자, 정신적 가치보다는 물질에만 가치를 두는 현재 자본주의 세계관을 비판하기 위한 설정이다. 이를 위해 여러 국적의 이주노동자들이 들어와 있음에도 불구하고 유독 네팔만이 유표화되어 잃어버린 고향으로 표상되어 있는 것이다. 따라서 네팔 표상은 네팔 이주민만의 특수한 재현이라기보다 다양한 국적의 이주민들을 대표하는 일종의 상징 역할을 한다. 그렇다면 이와 같이 표상된 네팔은 전 지구적 자본주의화로 인해 인류 전체가 잃어버린 정신적 고향이기도 할 것이다.

5장

# 이주여성 재현의 서사학적 분석

## – 『리나』, 『테러의 시』를 중심으로

## 1. 이주여성 재현의 까다로움

지구화가 가속화되면서 정보와 자본이 손쉽게 국경을 넘나들 뿐 아니라 많은 노동 인구와 난민들이 국경을 넘고 있다. 그리고 이는 범지구적 자본주의와 폐쇄적 국가주의의 상충이 빚어내는 지대에서 발생한다는 점에서 문제적이다. 21세기 지구화 현상은 통합시키는 정도만큼 분화시키는 것, 다시 말해 이동성이 양극화된 현상[1]으로 이해되기 때문이다. 이 시대는 이동이 자유로운 자본이 전 지구를 시장으로 주변부 국가의 노동자를 착취하는 것이 가능해진, 부의 양극화가 가속화된 시대이다. 이러한 세계적 통치체제는 약소국의 소외로 나타나며,[2] 약소국 국민

1 지그문트 바우만, 『지구화, 야누스의 두 얼굴』, 김동택 옮김, 한길사, 2003, 15쪽.

2 스피박은 대담에서 세계적 통치체제하에 나타난 남반구 국가들의 소외 현상, 다시 말해 국가의 기본 역할인 재분배와 복지, 헌법주의 등이 내부에서 소멸 중인 상태를 '국가 없음

들은 국경을 넘어 돈이 있는 곳으로 이주 중인 것이다.

최근 한국소설 중에서도 범지구적 자본주의 세계체제하에서의 이주 현상에 관심을 두고 있는 작품들이 많다. 돈을 벌기 위해 한국으로 유입된 이주노동자, 농촌 총각 장가보내기 프로젝트에서 비롯된 외국인 신부, 한국의 경제적 위상이 높아지며 모국으로 귀환하는 조선족 동포들, 그리고 국내로 유입되거나 국제 난민으로 떠도는 탈북자들이 최근 한국소설에 자주 등장하는 이주민들이다. 소설은 현실의 거울이라는 오래된 비유처럼 한국소설의 최근 경향은 한국의 이주민 증가 현실과 밀접한 관련이 있다. 문학에서 이들의 재현이 증가한 또 다른 이유는 이들이 한국사회로 유입되면서 한국사회 내부에서 타자화되는 특수한 집단이라는 것이다. 이때 이들의 이주가 범지구적 자본주의화와 근대 세계체제의 보편화 현상과 더불어 이루어지고 있음을 상기해야 한다. 이런 이유로 이주 현상을 다룬 일련의 문학들은 기본적으로 윤리의 차원을 노정하게 된다.

문제는 그들을 재현하는 일이 상당히 까다롭다는 데 있다. 그 이유는 한국인 작가가 이주민을 재현한다는 일이 갖는 근원적 한계에서 기인한다. 수전 손택이 타인의 고통을 공감하는 일에 대한 불가능성을 이미 지적했다시피[3] 한국인 작가는 이주민의 고통에 연결된 관찰자일 뿐 그들의 고통 자체를 체감할 수 있는 능력이 없다. 결과적으로 이미 이주민 재현의 작위성과 한계를 지적하는 논의들이 제출되었다. '희생자로서의 이주민'과 '연민의 주체 한국인'이라는 단순한 이분법적 재현의 문제,[4]

---

(stateless)'이라 칭하고, 국가 없음의 상태에 놓인 남반구 사람들이 돈을 좇아 국경을 넘는 현상으로 이주를 설명한다(주디스 버틀러, 가야트리 스피박, 『누가 민족국가를 노래하는가』, 주해연 옮김, 산책자, 2008 참조).

3 수전 손택, 『타인의 고통』, 이재원 옮김, 이후, 2004.

한국작가에 의한 외국인 이주자 형상화가 연민과 동정을 조장하는 서사로 귀결된다는 지적[5]은 요컨대 이주 현실과 한국소설이라는 관계에 이미 노정되어 있는 윤리적 의도와 재현의 실패 사이의 간극을 잘 보여준다. 여기에 이주민이 여성일 때, 젠더적 속성이 더해질 때 재현의 어려움은 배가된다.

이주를 둘러싼 쟁점 중에서도 특히 여성이주민은 민족국가체제에서의 민족적·인종적 갈등, 자본주의에서 소외된 제3세계, 가부장제의 여성 착취라는 세 가지 부면을 갖고 있다는 점에서[6] 가장 소외된 타자로 호명되고 있다. 이러한 국제적 '이주의 여성화'[7] 현상과 한국의 결혼이주여성 이슈와 관련하여 여성 이주를 다룬 소설이 또 다른 저변을 형성하고 있는데, 기존 연구는 대부분 이주여성의 타자성을 밝히는 데 치중되어왔다.[8] 그리고 이 두 가지가 교집합을 이룬 경우, 한국 남성작가가 이주여성인물을 재현할 때의 문제점을 지적한 논의에 경청할 필요가 있다. 김은하의 논의에 따르면, 여성이주자 표상은 한국 남성작가가 탈북(이주)여성을 타자화시킴으로써 잃어버린 진보와 세계문학의 중심으로

4 복도훈, 「연대의 환상, 적대의 현실」, 『문학동네』 49, 2006.

5 오윤호, 「디아스포라 플롯: 2000년대 소설에 형상화된 다문화 사회의 외국인 이주자」, 『시학과 언어학』 17, 2009.

6 여성 이주를 둘러싼 세 가지 국면을 정리한 논의로는 연남경의 「여성이주소설의 기호학적 분석」(『기호학 연구』 40, 2014.) 참조.

7 황정미, 「'이주의 여성화' 현상과 한국 내 결혼이주에 대한 이론적 고찰」, 『페미니즘연구』 9-2, 2009.

8 박정애, 「2000년대 한국소설에서 '다문화가족'의 성별적 재현양상 연구」, 『여성문학연구』, 2009; 연남경, 「다문화 소설과 여성의 몸 구현 양상」, 『한국문학이론과 비평』 48, 2010; 강진구, 「한국소설에 나타난 결혼이주여성의 재현양상」, 『다문화콘텐츠연구』, 2011; 송명희, 「다문화 소설 속에 재현된 결혼이주여성: 공선옥의 「가리봉연가」를 중심으로」, 『한어문교육』 25, 2011; 이미림, 「2000년대 소설에 나타난 조선족 이주여성의 타자적 정체성」, 『현대소설연구』 48, 2011; 이미림, 「집시와 심청(바리)의 환생, 21세기 이주여성」, 『한중인문학연구』 35, 2012; 엄미옥, 「현대소설에 나타난 이주여성의 재현 양상」, 『여성문학연구』 29, 2013.

다가가기 위한 한국문학/남성의 대안적 이념으로 기능한다.[9] 이주여성 인물이 한국 남성작가의 주체 구성 욕망을 위해 동원되었다는 지적은 충분히 설득력 있다. 그렇다면 이번에는 한국 여성작가의 이주여성인물 재현을 검토해볼 필요가 있지 않을까. 여성작가의 경우에도 한국인 작가가 갖는 근원적인 한계에 봉착할 것인가, 아니면 어떤 대안이 찾아질 것인가. 이러한 궁금증에서 여성 이주를 다루고 있는 여성작가의 작품 중에서도 특히 이주민이 재현되는 방식 자체에 관심을 두고 있다고 판단되는 강영숙의 『리나』,[10] 김사과의 『테러의 시』[11]를 살펴보기로 한다. 두 장편 소설 분석을 통해 이주민 재현에 있어서의 한계를 목도하고 더불어 가능성을 모색하고자 한다. 이 장은 두 편의 작품만을 분석 대상으로 삼고 있으므로 한국 여성작가의 작품 전반에 대한 평가의 일반화는 애초에 불가능하다는 한계를 노정한다. 단지 두 작품을 포함한 현재의 이주 문학 연구가 내용적 측면에서 반복 재생산되는 것을 넘어서서 서사적 측면에서 재현의 한계와 가능성을 타진하고자 한 시도라는 점에서 나름의 의의를 찾고자 한다.

앞서 밝힌 바대로, 이 장의 의도는 이주여성이 재현되는 방식 자체를 문제 삼고 있으므로 분석의 엄정성을 기하기 위하여 서사학적 접근이 요구된다. 김은하의 논의가 남성작가와 여성인물을 직접 대립시킴으로써 텍스트 내부와 외부의 층위에 대한 고려가 없었다는 한계가 있기에, 텍스트 재현 자체를 고찰하기 위해서는 서사 층위에서의 본격적인 분석

9 김은하는 정도상의 『찔레꽃』과 황석영의 『바리데기』에 나타난 한국 남성작가의 이주여성 재현을 진보주의 한국 남성의 주체 구성 욕망으로 해석해낸 바 있다(김은하, 「탈북여성 디아스포라 재현의 성별 정치학」, 『한국문학논총』 55, 2010).

10 강영숙, 『리나』, 문학동네, 2006.

11 김사과, 『테러의 시』, 민음사, 2012.

이 필요하다. 하나의 문학작품은 작가와 독자 사이에서 소통되며,[12] 언어로 이루어진 문학작품이 스토리(내용)를 담론(구성)으로 전달한다는 것은 기본 상식이다. 이때, 스토리 층위의 주체가 인물이라면, 담론 층위의 주체는 서술자(화자)이다. 대개 서술자(화자)가 인물의 행위와 관련된 스토리를 전달하는 것이 하나의 문학작품 구성의 원리이며, 작품은 실제작가와 실제독자 사이에서 소통된다.

이 장은 한국인 작가가 낯선 타자인 이주민을 재현하는 문제에 관심을 두고 있으므로, 서술의 층위와 인물의 층위를 구분하고자 한다. 물론 이때의 한국인 작가와 이주민은 스토리와 담론 밖에, 다시 말해 작품 밖에 위치한다. 그러나 이들을 작품 내에 재배치한다면 바로 담론의 주체인 서술자의 자리에 한국인 작가를, 스토리의 주체인 인물의 자리에 이주여성을 위치지울 수 있을 것이다.[13] 또한 이 작품들에서는 초점의 이동이 빈번하게 발생하므로 전통적 시점이론보다는 초점 이동에 유연한 적용이 가능한 주네트의 서사이론을 기본틀로 삼고자 한다.[14] 주네트의 이론은 기존의 화자 개념을 '초점화자(관찰과 경험의 주체)'와 '목소리(서술의 주체)'로 분리하여 살피고 있다는 점에서 서사의 담론 진행을 면밀히 추적하는 데 용이하기 때문이다.

---

12 실제작가 → [ 내포작가 → (화자) → (수화자) → 내포독자 ] → 실제독자
(시모어 채트먼, 『이야기와 담론』, 한용환 옮김, 푸른사상, 2003, 170쪽).

13 웨인 C. 부스의 개념인 '내포작가'는 채트먼에게 계승되어 서사물 속에서 독자에 의해 재구축된 원리로서 화자를 창조하고 이야기를 이끌지만 목소리가 없으며 직접적인 소통 수단이 없다고 정리된 바 있다. 또한 폴 리쾨르는 '실제작가'가 텍스트 내에 허구적으로 투사된 존재로 '화자'를 규정하고 있으므로, 이 글에서는 내포작가의 층위는 다루지 않은 채 실제작가와 화자의 관련성만을 염두에 두고 분석하고자 한다(시모어 채트먼, 위의 책, 166-70쪽; 폴 리쾨르, 『시간과 이야기2: 허구 이야기에서의 형상화』, 김한식·이경래 옮김, 문학과지성사, 2000, 198쪽 참조).

14 제라르 주네트, 『서사 담론』, 권택영 옮김, 교보문고, 1992.

## 2. 『테러의 시』: 가해자/피해자 이분법의 교란과 인물의 대상화

조선족 여성이 서울에 매춘부로 팔려와 가정부로, 철거촌 빈민으로, 또다시 매춘부로 전전하다 목사와 자신을 불태우며 끝나는 『테러의 시』는 "'막장의 오디세이아'라 불릴 만큼 고통으로 가득한 이 시대의 문제적인 지점들을 전전"[15]하는 작품이다. 이는 소위 '희생자 플롯'의 변형에 해당하는데, 희생자 플롯은 가해자와 피해자의 이분법적 시각에서 출발한다. 이러한 종류의 플롯은 희생자(피해자)가 가해자로부터 비롯된 여러 시련을 겪어내다 대개 결말은 가해자가 처벌되고 희생자 주인공이 해피엔딩을 맞이하는 것으로 끝나기 마련이다.[16] 그러나 희생자 플롯의 변형에 해당하는 『테러의 시』는 목사이자 섹스클럽의 포주로 밝혀진 가해자에 대해 피해자 제니가 직접 방화와 살해로 처단한다는 점에서 외부로부터의 가해자 처벌이 이루어지는 희생자 플롯과 다를 뿐 아니라 기존 플롯이 가진 가해자/피해자의 이분법에 교란을 시도한다. 또한 피해자의 자기 파괴 행위인 자살이 병행됨으로써 해피엔딩으로 끝나기 마련인 익숙한 기존 플롯과 결별한다. 특히 이 소설에서 가해자는 한 명이 아니며, 오히려 가해자가 변형, 증폭되어 피해자는 출구 없는 폐쇄회로에 갇힌 구조를 보인다. 제니는 친부의 성폭력, 인신매매, 섹스클럽에서의 매춘, 고위층의 하녀, 종교 포교의 수단으로 동원되고 사용된다. 이주한 조선족 여성은 가부장제도에서 파생된 대상화된 성과 교환되는

15 이경재, 「21세기를 담아내는 세 가지 방식」, 『비등하는 역사, 결빙의 현실』, 푸른사상, 2013, 227쪽.

16 로널드 B. 토비아스, 『인간의 마음을 사로잡는 스무 가지 플롯』, 김석만 옮김, 풀빛, 2007, 220-230쪽 참조.

성, 국가 간 식민주의, 천박한 자본주의, 세속화된 종교의 외부를 모색할 수 없다. 조선족 여성 제니는 시련만 거듭하다 자폭을 택함으로써 이 시대의 문제점을 증명하기 위한 가장 가련한 희생자로 남는다.

그를 위해 『테러의 시』는 이주여성이 처한 폭력적이고 고통스러운 현실을 지나치게 충실히 재현하고 세세히 묘사하며 노골적으로 드러낸다. 제니의 비참한 실상은 그녀가 이동하는 장소마다 특징적으로 자세히 전달된다. 『테러의 시』는 짐승처럼 키워지던 ( )가 팔리는 장면에서 시작되는데, 계속되는 친부의 폭력과 강간 아래 벌레와 돼지로 키워진 ( )는 아빠로부터 자신을 구매한 인신매매범에게서 제니라는 이름을 부여받고 "더 나쁜 쪽으로" 팔려간다. 이때 '더 나쁜 쪽'은 서울이었음이 드러나고 제니는 본격적인 자본의 굴레에 갇히게 된다. 이후 가정부로 고용된 고위공무원의 집에서 무릎을 꿇고 걸레질을 하며 부엌을 향해 기어가고 있는 제니에게 그 집의 아들 재준이 "그녀는 중국 사람도 아니고, 한국 사람도 아니며, 아무것도 아니야. 조선족이라고!"라고 소리치는 장면이 나온다. 재준에 의해 '아무것도 아님', '존재 없음'을 선고 받은 순간 제니가 바닥을 기어가고 있다는 설정은 이 소설 전반을 관통하고 있는 동물성에 대한 은유로 ( )/제니가 사람다움을 부여받지 못한 존재임을 설명해준다.[17] 고위공무원의 집에서 나온 제니는 철거지역 페스카마 15호에서 리와 동거한다. 그들의 생활은 마약과 노름과 섹스로 점철되어 있다. 가령 다음과 같은 장면을 보자.

17 카프카의 「변신」에서 그레고르 잠자의 경우처럼 모든 사회관계로부터 철수한 이 자아는 행동의 가능성을 알지 못하는 만큼, 어떤 동물성 속으로 굴러 떨어져 있다고 해도 좋을 것이다 (…) 우리는 이 고립된 개인들이 타자의 인정과 지지 없이 어떻게 존엄을 유지할 수 있는지 알지 못한다(김현경, 『사람, 장소, 환대』, 문학과지성사, 2015, 99쪽 참조).

제니가 리에게서 주사기를 빼앗는다. 하지만 제니는 리의 팔, 혈관 대신 허공을 더듬는다. 떨려, 몸이 떨려. 제니가 주사기를 떨어뜨린다. 그리고 바닥에 머리를 박은 채로 떨기 시작한다. 리가 바닥에 떨어진 주사기를 집어 들어 팔에 주사한다. 몇 초 지나지 않아 그가 물에 젖은 티슈처럼 바닥으로 늘어진다. 제니가 필사적으로 바닥에서 몸을 떼려고 한다. 그것은 쉽지가 않다. 가까스로 머리를 떼어 낸 제니는 눈이 먼 사람처럼 양손으로 더듬어 리의 배 위로 기어올라 간다. 그리고 다리를 활짝 벌린 채 리의 바지를 벗겨 그의 늘어진 페니스를 자신의 가랑이 사이에 밀어 넣으려고 애쓴다. 하지만 잘되지가 않는다. (…)

리의 배 위에 앉은 제니는 고개를 치켜든 채 멈추어 있다. 그런 제니와 리는 샴쌍둥이처럼 보인다. 예술가가 못 박힌 듯 선 채 둘을 바라본다.[18] (밑줄 필자)

선정적이고 노골적으로 제니와 리를 보여주는 위의 장면은 그들의 무력하고 비참한 실상을 전달하고 사람들의 시선을 끌기에 충분하지만 지나치게 불편하다. 샴쌍둥이처럼 보이는 이 둘의 모습은 하나의 인상적인 장면으로 각인된다. 『테러의 시』에서는 이 외에도 에어로졸의 모래 도시, 목사를 불태우고 자신도 함께 불에 타 분신하는 등의 강렬한 장면들이 인상적으로 그려진다. 『테러의 시』가 비극임에 틀림없다면, 이때 비극적 효과는 앞서 언급한 선정적이고 불편하고 자세하고 인상적인 장면들이 전달하는 스펙터클에 지나치게 의존하여 발생한다. 아리스토텔레스는 스펙터클에 기댄 파토스가 가장 저차원적이며 고차원적인 비극은 복합적으로 짜인 뮈토스에서 찾아져야 한다고 지적한 바 있다.[19] 이에

18 김사과, 앞의 책, 128–130쪽.

따르면 『테러의 시』에서 비극성은 잘 짜여진 담론 차원에서 발생한다기보다 극도로 비참한 이주민의 형상을 지나치게 자세히 반복적으로 장면화하는 것에서 비롯된다는 점에서 저차원적 비극에 해당하는 셈이다.

위 인용문은 스펙터클에 기댄 비극적 효과를 예시할 뿐 아니라, '보여지는 자'와 '보는 자'의 관계를 보여주는 좋은 예에 해당한다. 이를 초점화 이론으로 분석해볼 필요가 있다.[20] 『테러의 시』는 전반적으로 비초점 서술에 해당한다. 즉 서술자가 등장인물이 아는 것보다 더 많이 이야기하는 경우다. 서술자는 제니를 포함한 모든 등장인물의 행동뿐 아니라 내면까지 꿰뚫고 있다. 심지어 제니의 꿈속까지도 소개할 수 있을 정도로 전지전능하다. 초점화의 단위는 글 전체가 아니며 오히려 짧은 제한된 서술 단위에 영향을 미칠 뿐이라는 점[21]을 상기하며 분석을 이어가보자. 『테러의 시』에서도 이야기가 진행되면서 특정 인물의 초점으로 전달되는 내적 초점화가 이루어지기도 하는데, 위의 인용문이 바로 그런 경우이다. 마약에 절어 망가진 등장인물 제니의 모습은 그곳을 방문한 다른 등장인물인 젊은 예술가의 눈을 통해 전달되고 있다. 이후에도 초점이 다른 인물에게로 이동되는 가변적 초점화가 이루어지는데, 대학

---

19 아리스토텔레스는 비극의 네 종류를 1)복합적인 뮈토스를 활용하는 비극, 2)격정적인 효과에 초점을 맞춘 비극, 3)성격에 초점을 맞춘 비극, 4)볼거리(스펙터클)의 과도한 팽창으로 말미암은 비극으로 분류하고 있는데, 순서에 따라 그 중요성이 감해진다. 즉 4)의 경우 비극성은 가지나 가장 저차원적인 것으로 취급된다(아리스토텔레스, 『시학』, 로즐린 뒤퐁록·장 랄로 주해, 김한식 옮김, 펭귄클래식코리아, 2010, 357쪽 참조).

20 주네트가 말하는 초점화의 유형은 서술자가 등장인물이 아는 것보다 더 많이 이야기하는 비초점 서술(제로 초점화), 서술자가 정해진 등장인물의 눈에 비친 것만 이야기하는 내적 초점화, 서술자가 등장인물이 아는 것보다 적게 이야기하는 외적 초점화로 분류되며, 내적 초점화는 한 사람에게 고정된 고정된 초점화와 다른 인물로 초점을 옮겨가는 가변적 초점화, 여러 등장인물의 시점에 따라 여러 번 달리 서술되는 복수 초점화가 있다(제라르 주네트, 앞의 책, 177-79쪽).

21 위의 책, 179-80쪽.

생, 예술가 등에게 초점이 할당되어 전달되고 있음에 주목할 필요가 있다. 이러한 방식은 이 소설이 '보여지는 자(대상)'와 '보는 자(관찰자)'의 관계를 노정하고, 그 관계 자체를 문제 삼고 있음을 알게 한다. 제니를 포함한 불우한 이웃들에게 관심을 갖고 온정을 베풀려는 대학생이나 예술가들의 행위조차도 시선의 주체와 대상의 이분법으로 극명하게 단절되고 있다. 이처럼 보는 주체를 철저히 정주민들—시인, 대학생, 신도들—에게 할당하고, 제니는 보여지는 대상일 뿐이라는 설정은 보는 주체(초점화자)와 보여지는 대상(이주여성인물) 간의 깊은 심연을 노정한다. 동시에 이를 가시화한 서사 전략은 연민과 동정의 대상으로 반복되어온 이주민 재현에 대한 거부감의 표출일 수 있다. 대학생들이 놓고 간 68혁명의 책에 적힌 '휴머니즘'이라는 단어에 제니가 역겨움을 느낀다는 점이 이를 증명한다.

그리고 여기에서 또 하나 주목할 점은 '보는 자'와 '말하는 자'도 분리되고 있다는 점이다. 가령 "그것은 쉽지가 않다", "하지만 잘되지가 않는다"와 같이 인용문의 밑줄 친 부분에서 들려오는 목소리는 제니의 음성도 리의 음성도 아니며, 초점화자인 예술가는 더더욱 아니다. 그것은 서술자의 목소리다. 주네트에 의하면, 젊은 예술가가 초점화자라면 이야기하는 음성(voice)의 주인은 서술자인 것이다.[22] 초점화자(보는 주체)와 음성(서술 주체)의 분리는 『테러의 시』에서 잘 찾아지며, 심지어 초점화와 음성이 서술자에게 동일하게 부여되어 있는 경우라도 보는 기능과 서술하는 기능은 구별된다. 소설의 시작 부분을 보자.

---

22 주네트는 '음성(voice)'을 서술수준과 인칭의 두 범주로 나누었는데, 여기에서는 후자만을 문제 삼기로 한다. 스토리 안의 인물이 말하는 경우를 '동종 이야기'로 스토리 밖의 서술자가 말하는 경우를 '이종 이야기'로 부른다(위의 책, 235-236쪽).

내려다본 도시는 사막과 구별되지 않는다. 끝없이 늘어선 가로등은 먼지를 잔뜩 뒤집어쓴 채 말라 죽은 선인장처럼 보인다. 모래가 눈꽃처럼 흩날리는 거리를 가로등 불빛이 희미하게 비춘다. 도시 전체가 노란 꿈에 잠겨 있는 듯하다. 그것은 한 가지 색에 사로잡힌 채 천천히 무너져 내리는 도시에 대한 이야기.[23] (밑줄 필자)

비초점화와 이종 이야기로 시작되는 소설은 스토리 밖의 서술자가 도시를 바라보며 도시에 관한 이야기를 하겠다고 말하며 시작된다. 자신의 스토리 밖에 위치하는 서술자는 자신이 시작하는 스토리에 대해 거리를 두며 판단을 내린다. "내려다본 도시는 사막과 구별되지 않는다."에서 서술자는 스토리의 위를 점하는 곳에서 내려다보는 위치에 있다는 것, 그리고 서술자의 음성을 통해 아래에 보이는, 지금부터 인물(제니)이 살아갈 도시는 사막 같은 곳이며, 그곳은 "천천히 무너져 내리"며 몰락을 향해가고 있다는 판단이 부여된다. 서술자의 판단은 스토리가 진행되는 중간에도 지속적으로 개입한다. "시에서 가장 부유한 구역에는 신기하게도 교회가 많았다./ 시에서 가장 부유한 구역에는 신기하게도 고시원이 많았다./ 시에서 가장 부유한 구역에는 신기하게도 김밥천국이 많았다./ 무엇보다 신기하게도 시에서 가장 부유한 구역에는 시에서 가장 가난한 사람들이 많았다./ 그러니까 제니와 리가 시에서 가장 부유한 구역에 살게 된 것은 당연한 일이다."[25]의 경우, 자신이 관찰한 사실을 토대로 판단을 내리는 서술자의 목소리가 마지막에 들려온다.[24]기도회에서 비참한 몰골로 자신의 비극적 삶을 털어놓는 제니를

---

23 김사과, 앞의 책, 9쪽.

24 위의 책, 151쪽.

향해 "그건 흔치 않은 좋은 구경거리다."[25]라고 아이러니컬한 반응을 보이는 것도 서술자의 목소리이며, 소설의 마지막 장면에서는 불 속에서, 환각 속에서 죽어가는 제니의 삶에 대해 "언제나 더 나쁜 쪽을 향하던, 짧고도 고통스럽던 여행"[26]이라는 판단을 내리는 것도 서술자이다. 서술자의 담론은 스토리 전달 외에도 여러 기능을 가질 수 있는데,[27] 『테러의 시』에서와 같이 판단이 잦은 서술자의 특성은 서술자의 '이데올로기적 기능'[28]이 강화된 서사로 볼 수 있다.

이처럼 『테러의 시』는 전반적으로 간헐적인 내적 초점화를 제외한 비초점 서술로 전개되며 스토리 밖의 서술자가 이야기의 대부분을 전달하는 이종 이야기인 셈이다. 다시 말해, 서술자의 목소리가 분명하게 들리는 담론의 성격을 갖는다. 그럴 때, 스토리보다 담론에, 인물보다 서술자에 비중이 주어지는 것은 당연할 것이다. 한편 『테러의 시』에서는 제니에게 초점이 할당되는 경우가 드물게 발생한다. 대학생들이 놓고 간 68혁명에 관한 책을 읽고 '휴머니즘'이라는 단어에 대해 역겨움을 느낄 때와 같은 앞서 언급한 사례가 그에 해당한다. 물론 이때에도 목소리의 주체는 변함없이 서술자이다. 그런 점에서도 확실히 『테러의 시』에서의 제니는 기왕의 한국문학에서 자주 재현되었던 순수하며 착한 희생양으로서의 이주여성과는 확실히 거리가 멀다. 작가 김사과의 대사회적 분노는 이주 현상을 다루는 데 있어서도 일관되게 작동하는 것으로 보

25 위의 책, 177쪽.

26 위의 책, 217쪽.

27 주네트는 서술자는 여러 기능을 가지며, 스토리 전달, 서술적 텍스트 지칭, 서술하는 상황 제시, 정서적 기능, 그리고 이데올로기적 기능을 가능한 범주로 제시하고 있다(제라르 주네트, 앞의 책, 245-247쪽).

28 직접적이건 간접적이건 서술자가 스토리에 개입하여 논평을 해주는 교훈적인 형태를 서술자의 '이데올로기적 기능'이라 할 수 있다(위의 책, 246-247쪽).

인다. 출구 없음에 대한 분노, 이 분노야말로 자본의 억압과 비인간성에 대해 순응하지 않겠다는 가장 도덕적 반응[29]이라 할 때, 작가는 이주민이 동정과 연민의 대상으로 반복되어 "현실의 비극들이 손쉽게 해소되"지 못하도록 하기 위해[30] 애초부터 짐승과 다름없었던 제니의 몸뚱이를 더욱 비참하게 만들고 예의 방식대로 방화, 살해를 저지르고 자기 파괴로 나아가는 "분노의 파토스"[31]를 제공했다. 그런데 『테러의 시』에서는 분노의 주체를 잘 판단할 필요가 있다. 여기에서 분노의 주체는 서술자이지 인물이 아니라는 점에 주목해야 한다. 그렇기에 "완벽한 무화를 지향하는(…) 제니의 운동"이 "그녀가 할 수 있는 유일하고 필사적인 몸부림"[32]이라는 판단은 오해의 소지가 있다. 조선족 제니가 초점화와 발화에서 소외되어 있다는 점에서 제니는 비참한 몸뚱이이고 철저한 피사체일 뿐, 적어도 '운동'의 주체는 아닌 것으로 보이기 때문이다. "영원히 지속될 것 같은 추락의 감각"[33]을 가진 자는 서술자이며 그렇기에 '분노'도 서술자의 판단이자, 정념에 해당할 것이다. 이와 같은 철저한 역할 구분과 거리감으로 말미암아 『테러의 시』는 관찰자/피사체, 정주민/이주민의 이분법에서는 벗어나지 못하고 만다. 가해자/피해자의 이분법을 애써 탈피했음에도 말이다. 폭력의 세계에 똑같은 폭력으로 응수하는, 그

29 김미현, 「분노의 문학과 정념기호학」, 『기호학 연구』 44, 2015.

30 이와 관련한 작가의 견해를 다음의 글에서 참고할 수 있다. 요약하면 이러한 내용이다. "극단적인 이미지의 반복이 불러오는 것은 결국 지루함이다. 그러니 정의로운 자들이 각종 사회적 참사와 정치적 위기에 애도와 분노를 반복할수록, 그 목소리가 높아질수록, 자꾸 지루해지고, 무감해지고, 멍해진다. 지금 이 순간에도 현실의 비극들은 끊임없이 이런 식으로 손쉽게 해소되고 있다. 그리고 난 그게 마음에 안 든다."(김사과, 「상처의 치유에 반대함」, 『0 이하의 날들』, 창비, 2015, 99-100쪽).

31 김영찬, 「앙팡 스키조」, 『영이』, 창비, 2010.

32 이재경, 「불가능한 해방: 최근 장편소설에 나타난 '밑'의 아이들에 대하여」, 『문학동네』 80, 2014, 319쪽.

33 김형중, 「'탈승화' 혹은 원한의 글쓰기」, 『문학과사회』 101, 2013, 381쪽.

래서 독자에게 고통을 선사하는 작가의 현실 대응이 유효하려면 이주여성의 고통을 전시하는 충격 효과만으로는 부족할 것이다. 특히 이주민의 비극을 강조하기 위해 지나친 스펙터클에 의존하다 보니 철저하게 대상화된 이주여성 재현 방식은 "하드코어 포르노의 장면과 겹쳐"[34]진다거나 심지어 남성작가가 재현한 '팝콘 비너스' 심청[35]과도 일정 부분 겹쳐질 수 있다는 비판에서 자유로울 수 없다.

분명 『테러의 시』는 우리에게 익숙한 '희생자 플롯'을 비틀어 기존의 악한 가해자와 선량한 피해자의 이분법을 교란시키는 효과를 획득한다. 작가가 지목하는 문제의 핵심은 인물을 이동시키고 결국 파멸로 몰아가는 거대한 구조, 자본의 폐쇄회로이기 때문이다. 이주민을 발생시키고 그들을 파국으로 몰고가는 자본주의, 국가주의, 가부장제의 카르텔을 공격하려 한 김사과의 윤리의식은 선명하다 할지라도 그 내부에 처한 이주민은 결국 희생될 수밖에 없다는 판단이 지나치다보니, 그 과정에서 조선족 여성 제니는 말을 잃고, 사물화되고, 그녀의 몸뚱이는 스펙터클로 동원되고 말았다. 결과적으로 『테러의 시』는 이주민 인물에 대한 사려 깊은 재현보다 한국작가의 자의식이 비대해진 소설로 판단된다. 한국소설에서 이주여성 재현이 까다로운 난제라 했을 때, 『테러의 시』가 보여준 이주여성인물의 재현 방식과 서사 전략은 제한된 성취만을 보여준 셈이다.

---

34 이경재, 앞의 글, 232쪽.

35 김은하는 남성작가 황석영의 소설 『심청, 연꽃의 길』에서 드러나는 심청이 가진 한계에 대해 다음과 같이 판단한다. "그녀들이 강인해서가 아니라 모성적 자궁 외에, 개성과 내면을 허용받지 못해서인 듯 여겨진다."(김은하, 앞의 글, 382쪽).

## 3. 『리나』: 수행적 인물과 이분법 해체의 서사

『리나』는 탈북 소녀의 숨가쁜 여정이 파노라마처럼 펼쳐져 있는 텍스트이다. 그야말로 '모험 플롯'의 전형에 해당한다. 모험 플롯의 다른 말은 여행 이야기이며, 이때 모험의 목적은 여행이지 인물의 변화는 중요하지 않다. 과정의 플롯으로서 모험 플롯은 독자들을 새로운 세상으로 안내하며 여행을 즐기도록 한다. 독자들은 주인공의 안내에 따라 절대로 가볼 수 없는 세계를 상상으로 여행한다.[36] 문제는 이렇게 흥미진진한 모험 플롯의 주인공이 탈북 소녀가 되자 리나가 독자들을 새로운 세상으로 안내할 때마다 불편해진다는 사실이다. 대개 부모(가족)와 분리되면서 모험은 시작되며 인물은 흥미로운 상황에 처하기 마련인데, 탈북 과정에서 부모와 헤어지게 된 리나가 처한 흥미로운 상황이란 그야말로 국제적으로 불법의 존재인 난민들, 특히 미성년·여성 난민의 노동과 성을 착취하는 현장이기 때문이다. 열여섯 살의 리나가 탈북 이후 이동하면서 맞닥뜨리게 되는 화공약품공장, 창녀촌 시링, 경제자유구역과 같은 장소는 독자들이 여간해서는 경험할 수 없는 착취와 강간, 매음, 절도, 살인이 난무하는 세상이다.

이처럼 장소의 이동에 따라 펼쳐지는 『리나』의 이야기는 삽화식 구성으로도 설명 가능하다. 삽화식 구성 방식은 장면의 전환에 따라 이야기를 구성하므로 모험 플롯과 마찬가지로 인물의 변화가 중요하지 않다. 이 플롯은 상승도 하강도 아니다. 『리나』는 리나가 탈북을 위해 국경을 넘는 장면에서 시작해 또 다른 국경을 넘는 장면에서 끝난다. 특히 소설의 끝 장면에서 국경을 넘는 리나에게 최초로 국경을 넘을 때 함께

36 로널드 B. 토비아스, 앞의 책, 128-139쪽.

했던 스물두 명의 탈출자의 환상이 보임으로써 『리나』의 서사는 처음과 끝이 동일한 의미선상에 놓이는 순환 구조를 갖게 된다. 즉 리나가 국경을 넘기 전에 일찌감치 깨달았듯, 첫 탈출이나 최후의 월경이나 다르지 않다는 판단,[37] 북한이라는 국가체제 내부든, 난민으로 떠도는 상황이든, 가지 않은 길인 P국으로 성공적으로 안착할 경우든 더 나아질 것도 더 악화될 것도 없으며 리나가 비극의 주인공이라는 사실에 변함이 없다는 것만이 중요하다. 리나는 국가, 젠더, 자본의 질서에 이미 포획되어 있으며 그것의 외부는 찾아지지 않기 때문이다. 이처럼 리나의 이야기는 에피소드의 통시적 배열에 저항하며, 그것이 순서 없이 동시다발적으로 근대 세계체제 내에서 과거에 있었고, 바로 지금 자행되고 있으며, 그리고 미래에도 벌어질 비극이라는 것을 보여준다.[38] 그렇기에 『리나』는 서사 전략을 통해 그것의 외부를 상상하고자 한다. 지금부터는 『리나』가 갖는 서사 장치의 힘을 스토리(인물)의 차원과 담론(서술자)의 차원에서 각각 증명해보기로 한다.

먼저 스토리 내부를 들여다보며 인물의 차원을 검토해보자. 폭력과 사기와 매춘의 현장을 전전하는 『리나』의 서사에서 리나는 매번 당하기만 하는 순박한 희생양이 아니며, 자신 혹은 여자들을 강간하는 남자들을 죽이고 매장하는 악녀이기도 하다. 그녀는 자신에게 부과된 역할에 따라 피해자와 가해자의 경계를 넘나든다. 『리나』는 그렇기에 기왕의 한국소설이 보여주었던 이주민 재현의 이분법에서 벗어나며, 전통적

---

37 리나는 그 얘기를 들을 때마다 혼란에 빠졌다. 회색 빨래가 걸려 있는 탄광촌의 비좁은 집에서 평생 사는 것과 창녀가 되더라도 외국물은 먹어보고 사는 것 중에서 어떤 것이 더 나쁜지 판단하기 어려웠다(강영숙, 앞의 책, 10쪽).

38 서희원, 「근대세계체제의 알레고리 혹은 가능성의 비극」, 박덕규·이성희 엮음, 『탈북 디아스포라』, 푸른사상, 2012, 299-303쪽.

인 여성 재현 방식(성녀/악녀)에서도 벗어나는 텍스트이다. 또한 '착취하는 자/착취당하는 자'의 적대적 이분법을 무화하는 텍스트로도 읽을 수 있다.[39]

『리나』에서는 특히 유동적인 젠더 수행성에 주목할 필요가 있다. 젠더화된 몸이 수행적이라는 것은, 젠더가 자신의 실체를 구성하는 다양한 행위들과 동떨어져서는 그 어떤 존재론적 위상도 갖지 못한다는 것을 시사한다. 또한 만일 그 실제가 내적 본질인 양 조작된 것이라면, 그 내면성이란 바로 대단히 공적이고 사회적인 담론의 효과이자 작용이 될 것이다.[40] 즉 매매되는 몸, 상품화되는 몸을 가진 여성이야말로 육체는 사적 소유가 아니라 공적 차원을 갖는다[41]는 버틀러의 주장이 여실히 증명되는 장소다. 최초로 국경을 넘는 순간부터 리나와 탈출한 여성들의 몸은 노동자로서, 대개 성 노동을 대가로 매매되고 또 사용된다. 처음부터 타자의 세계에 양도되었던 개인의 육신이 세상의 문법을 문신으로 새기고[42] 있다시피 나의 육체가 나의 것이라고 주장하기 어려운 이 상황을 『리나』는 적실하게 보여주고 있다. 수행성 개념을 자신에 의해 규율되고 강제되는 현상들을 산출하는 담론의 반복적인 힘/권력으로 이해한다면,[43] 머무는 곳에서 요구하는 대로 그에 응하는 리나 일행은 몸이 매매되고 사용되면서, 즉 매춘을 수행하면서 여성으로 존재해온 것이나 다름없다. 그녀들은 창녀로서 몸이 사용되면서, 강간을 통해 섹스가 이루어지는 과정에서 여성으로 구성되었다고 할 수도 있겠다. 그

39 소영현, 「포스트모던 서사시」(해설), 강영숙, 앞의 책, 377쪽.

40 주디스 버틀러, 『젠더 트러블』, 조현준 옮김, 문학동네, 2008, 341쪽.

41 임옥희, 『젠더의 조롱과 우울의 철학: 주디스 버틀러 읽기』, 여이연, 2006, 26쪽.

42 위의 책, 26쪽.

43 위의 책, 51쪽.

런 의미에서 리나와 이주여성들의 몸은 가부장제도와 자본의 결탁으로 형성된 지배담론의 명령에 반복적으로 복종해왔다는 점에서 폭력적 세상의 법칙을 아로새긴 증거로서의 몸이 된다.

이처럼 리나는 국경을 넘는 순간부터 끊임없이 성폭력에 노출되고, 강간당하고, 창녀로서 성을 약탈당함으로써 여성으로 구성되었지만 도시에 머무는 짧은 기간 동안 봉제공장 언니와 동성애를 나누고 즐기는 순간만큼은 착취당하는 여성성 자체를 조롱하는 자가 된다. 자발적으로 즐기는 동성애의 현장은 본질적인 젠더/성이란 없음을 증명하기 때문이다. 그런 의미에서 젠더는 언제나 행위이며, 행위, 수행, 과정 뒤에는 어떤 존재도 없음이 입증된다.[44] 리나와 봉제공장 언니는 동성애를 나누며 쾌락을 즐기고, 리나는 삐와의 성관계를 통해 충만감을 만끽한다. 이처럼 리나는 이성애와 동성애의 구획된 경계를 넘나드는 존재이며, 나아가 남성성을 패러디한다. 리나는 유사 가부장으로 전직 여가수, 봉제공장 언니, 삐로 구성된 유사 가족을 이끌고, 폭력과 살인, 시체 유기, 클럽 운영, 부의 축적 등 공적 영역에서 폭력적인 남성적 질서를 패러디한다. '클럽 퍼즐'에서 일하던 리나가 자신의 고용주였던 두 남성을 죽이고 시체를 암매장한 후 자신이 고용주의 자리를 차지하고 돈을 벌어들이는 모습은 폭력적인 남성 질서의 패러디이자 그에 대한 조롱이다. 이때 퍼즐 오빠와 뚱보를 죽이게 된 계기가 리나와 같은 처지에 있는 탈북 소녀를 강간하려 했기 때문이라는 점을 상기할 필요가 있다.

그 외에도 리나는 최초로 국경을 넘는 순간부터 옮겨지는 장소마다 그곳에서 요구되는 역할을 수행하는 자가 된다. 고산지역 마을에서는

---

44 행위자는 그 행위에 부가된 허구에 불과하다. 행위만이 전부이다. 즉 젠더의 표현물 뒤에는 어떠한 젠더정체성도 없다. 정체성은 결과라고 알려진 바로 그 표현물 때문에 수행적으로 구성된다(주디스 버틀러, 앞의 책, 131쪽).

지역 여가수를 대신하여 샤먼이자 가수 역할을 수행하고, 창녀촌 시링에서는 창녀의 역할에 충실하고자 삐의 엄마였다가 경제자유구역 공단단지에서는 창녀가 아니고자 삐의 아내 역할을 수행한다. 리나의 나이도 요구되는 역할에 맞춰 시간이 거꾸로 흐르듯 젊어지는 것처럼 장소마다 달라지는 정체성은 결국 본질적 정체성이란 있는가라는 의문을 제기하게 만든다.

한편 리나는 탈출 과정에서 헤어졌다 어렵게 다시 만난 가족을 자발적으로 떠난다. 화목한 가족을 연출하고 있는 그들을 떠난 리나의 선택은 딸의 역할을 스스로 방기한 것이자 가족 이데올로기의 거부에 해당한다. 이처럼 리나는 아버지의 말씀에 불복종하고 끊임없이 국가의 법을 위반한다는 점에서 경계 위반의 혼성적 존재이다. 이처럼 이주여성 인물인 리나는 기왕의 선량한 희생양의 역할이나 연민과 동정의 대상에서 한참 벗어나 있는 것으로 보인다. 강영숙이 재현한 이주여성은 가해자/피해자, 성녀/악녀, 이성애/동성애, 여성성/남성성의 모든 이분법의 경계를 넘나들 뿐 아니라, 가족주의와 국가주의, 자본주의라는 일체의 지배담론에 반복 복종을 수행하고, 나아가 패러디적 정체성을 노출함으로써 본질적 정체성이 부재함을 폭로하고 지배담론을 조롱하는 역동적 인물로 기능한다.

이번에는 담론의 층위에서 서술자의 차원을 검토해볼 차례다. 『리나』는 이야기를 이끌어가는 서술자가 이야기 밖에 위치하는 이종 이야기로 시작한다는 점에서는 『테러의 시』와 동일하다. 한편 이야기는 비초점화에서 시작되나 서술자의 초점은 이야기 내부의 인물들로 자주 바뀐다는 점에서는 『테러의 시』와 사뭇 다르다. 『리나』의 서사는 비초점화와 내적 초점화를 넘나들며, 내적 초점화 중에서도 가변적 초점화에 해당한다. 그러면서도 서술자 외에 가장 많은 초점을 할당 받는 인물이

주인공인 리나이다. 여기까지를 정리하면 『리나』에서 사건을 보고 겪는 주체는 서술자에서 리나로, 또 리나에서 서술자로 이동되며 그 둘에게 가장 비중 있게 나누어 역할이 부여되고 있다는 말이 된다. 사실 리나가 모험의 주인공이니 서술자 외에 리나가 보고 경험하는 주체라는 말은 당연한 것일 수 있다. 그러나 여기에 더해 서술자의 목소리 또한 리나의 목소리와 자주 섞이는 현상이 발생한다. 다음의 경우를 보자.

> (가) 이곳의 주인은 땅과 하늘을 달구는 태양. 한낮의 대기는 노랗게 들끓고 햇볕에 그을린 땅은 강수량의 절대 부족으로 실금 천지다. 지나가는 사람도 없고 공중에는 배회하는 새 한 마리 없다. 식물이든 동물이든 살아 있는 것들은 햇볕에 말라 오그라들어 까맣게 타버릴 것만 같다. (나) 한참을 걷자 까마득히 높은 산들은 시야에서 사라지고 허리 높이의 잡풀들이 자란 평야가 끝도 없이 이어졌다. (…)
>
> 길은 비 온 뒤의 물컹한 땅을 소떼가 제멋대로 밟고 지나간 흔적처럼 불규칙하게 패어 있었다. (다) 도대체 이 길에서 무슨 일이 있었던 걸까. 리나는 몸을 숙여 흙을 만져보았다. (…) (라) 스물두 명이 시작한 기나긴 탈출과정은 모두 잊혀지고, (마) 지금 발아래에 있는 소금밭의 통증만이 고스란히 남았다. 소금밭의 통증은 날것인 채로 살아 그후로도 오랫동안 리나의 혈관 속에서 아무 때나 톡톡 튀어올랐다.[45] (순서 매김 필자)

인용문은 화공약품공장에서 네모반듯한 남자를 죽이고 탈출한 리나 일행의 정처 없는 여정에 해당한다. 글은 비초점화의 관찰, 서술자의 목소리에서 시작되고 있다. 그러다 (나)에서 리나(혹은 리나 일행)로 추정되

45 강영숙, 앞의 책, 73-74쪽.

는 내적 초점화로의 변동을 발견할 수 있다. (가)의 첫 문장은 서술자의 설명에 해당한다. 서술자의 설명에서 관찰로 (가)가 진행되다 (나)에서 갑자기 인물 초점화로 변동되는데 이때는 아직 주어(초점화자)가 명확히 지시되지 않은 상태다. 어쨌든 (나)에서 리나(혹은 리나 일행)일 것으로 추정되는 초점화자에 의해 서술이 진행되다가 (다)에서 인물의 발화 혹은 독백이 인용표지 없이 서술에 섞여 전달된다. 바로 다음 문장에서 발화 주체로 리나가 밝혀진다. 그리고 (라)에서 "잊혀졌다"고 말하는 목소리는 서술자의 것이며, 소금밭의 통증을 경험하는 초점화자는 리나, 그 경험을 전달하는 목소리는 서술자이다. 지금까지의 이 두 문단만 살펴봐도 초점화가 자주 이동되는 것은 물론이고, 서술자의 목소리와 리나의 목소리가 자주 섞일 뿐 아니라 잘 분리되지 않는다는 사실을 알 수 있다. '자유간접문체'라 불리는 이러한 기법은 서술자와 인물의 목소리가 섞이는 현상, 서술적 거리가 아주 가까워져 거의 찾아지지 않는 순간을 지칭한다. 타자의 언어를 자기의 언어로 말하는[46] 자유간접문체는 인물(이주민)의 언어를 서술자(한국인 작가)의 언어로 말하는 것이며, 이 지점에서 한국인 작가와 이주민 인물의 이분법이 해체되어 진정한 타자와의 섞임이 발생한다. 그리고 인용문 외에도 『리나』의 서술은 전반적으로 서술자와 인물(리나)의 목소리가 잘 구별되지 않은 채 이루어진다.

서술자의 담론이 스토리 전달 외에도 여러 기능을 가진다는 측면에서 본다면, 서술자와 등장인물의 목소리가 적극적으로 섞여 이야기를 전달하는 『리나』의 경우, 리나가 서술할 때, 리나의 목소리가 자신이 겪는 상황에 대해 논평을 행함으로써 상황을 설명하고 정당화시키는 '이데올로기적 기능'을 수행한다.

---

46 제라르 주네트, 앞의 책, 160쪽.

> 퍼즐 오빠가 술을 마시는 동안 뚱보가 여자애의 엉덩이를 발로 툭툭 차며 말했다. "이게 탈출자 주제에 싸가지 없이 어디서 반항이야." 리나의 후배가 엎드린 채 눈알을 굴리며 씩씩거렸다. "탈출자에게도 인권은 있다." 리나는 과연 자기의 후배답다고 생각하며 절대로 기죽지 말 것을 기도했다. (…)
>
> 열린 문틈으로 소파 위에 누워 있는 후배가 보였다. 눈을 꼭 감은 채 입술을 달달 떨고 있었고, 가랑이 사이로 분홍색의 생선 살 같은 여자애의 음순이 정면으로 보였다. 뚱보 녀석이 후배의 몸 위에 올라가려고 하는 순간, 리나는 이것이 피할 수 없는 현실임을 직시했다. 소파가 저항을 받아 찢어질 듯이 내려앉으려고 했다. '이때다, 저 새끼가 넣기 전에 구해야 된다. 그것이 내가 할 일이다.' 리나는 순간 비 오는 창밖을 내다보며 탕, 하고 방귀를 뀐 퍼즐 오빠의 뒤통수를 병으로 갈겨버렸다. (…) 놀랍게도 두 남자 다 쓰러져서 일어나지 못했다. "어쩌나, 난 다시는 살인은 안 하려고 했는데…" 리나는 그제야 허리에 손을 얹고 씩씩거렸다.[47]

인용문은 리나가 종업원으로 있는 '클럽 퍼즐'의 두 남자 운영자를 죽이게 된 계기를 보여주는 장면이다. 어린 탈북여성의 인권이 아무렇지도 않게 유린되는 현실에 대해 "탈출자에게도 인권은 있다"라고 당차게 외치는 후배의 말에 지지함으로써 리나는 자신의 윤리적 판단을 노출한다. 그리고 이어 두 남자를 죽임으로써 자신의 생각을 행동으로 옮긴다. 물론 앞서 인물 분석을 통해 살펴본 바대로 국경을 넘은 바로 그 순간부터 리나는 폭력, 사기, 살인을 아랑곳하지 않고 저지르는 자로 도덕적 선량함과는 거리가 먼 인물이다. 그럼에도 불구하고 간간이 들려오는

---

47 강영숙, 앞의 책, 266-267쪽.

리나의 목소리, 시니컬하고 독하지만 이주민이 놓인 현실에 대한 예리한 비판이 살아 있는 판단을 접하게 될 때, 독자는 진정성에서 비롯되는 서사의 윤리를 발견하게 되며, 이를 통해 오히려 카타르시스마저 느낄 수 있다. 서술자와 리나의 절묘한 화음에 이끌려 그들의 판단에 동의하게 되는 것이다. 이처럼 이주민 인물에게 판단의 목소리, 이데올로기적 서술의 기능을 부여했다는 점에서 『리나』의 서사는 담론 차원에서도 인물의 역동성을 강화한다. 이는 『테러의 시』에서 대상화, 사물화되어 목소리를 잃은 제니의 경우와는 사뭇 대조되는 효과를 획득한다. 기존의 연구에서도 소설 『리나』가 갖는 사유의 탁월함과 급진성이 여러 측면에서 규명되어왔으나, 다만 내용적 접근의 차원에서는 궁극적으로 리나를 '영원한 타자'로 인식하거나[48] '환영을 통해서만 가능한 욕망'이라는[49] 근본적인 한계를 넘어서지 못한 것으로 보인다. 이에 서사학적 독법으로 읽은 이 글은 스토리 차원을 넘어서서 담론 차원의 논의가 가능해짐으로써 기존의 내용 분석이 접근하지 못하는 부분을 파악해낼 수 있었다는 점에서 의의를 찾을 수 있다.

## 4. 현실의 한계, 서사적 보완

지금까지 범지구적 자본주의와 근대 세계체제에서의 여성 이주 문제를 다룬 김사과의 『테러의 시』와 강영숙의 『리나』를 살펴보았다. 이들의 이주와 삶은 자본에 의해 양극화된 세계의 민낯이며 국경을 넘는 즉

48 김윤정, 「디아스포라 여성의 타자적 정체성 연구」, 『세계한국어문학』 3, 2010, 156쪽.

49 이덕화, 「탈북여성이주소설에 나타난 혼종적 정체성」, 『현대소설연구』 52, 2012, 428쪽.

시 타자화되는 특수성을 갖는다. 그렇기에 한국작가가 이주민을 재현하는 일은 연민과 동정을 조장하는 서사에 그치거나 이주여성 인물이 한국 남성작가의 주체 구성 욕망을 위해 동원되고 만다는 한계에서 자유롭지 못하며, 그들을 재현하는 일은 윤리적 의도에도 불구하고 상당히 까다로운 난제가 된다. 이러한 문제의식에서 출발한 이 장은 이주민이 재현되는 방식 자체에 관심을 두고 있다고 판단되는 여성작가의 작품을 서사적 층위에서 분석함으로써 담론의 주체인 서술자(작가)와 스토리 주체인 이주민(인물) 사이의 관계를 추적하여 재현의 한계 혹은 가능성을 가늠해보고자 했다.

여성작가의 작품에 해당하는 두 소설은 적어도 이주여성을 선량한 피해자로서 재현하는 기존 남성작가의 작품이 갖는 한계는 공통적으로 넘어서 있다. 삽화식 구성인 『리나』의 모험 플롯은 미성년 이주여성의 노동과 성의 착취 현장을 고스란히 보여준다는 점에서 국가, 젠더, 자본의 카르텔이 형성한 폐쇄회로의 외부 모색이 좌절당한 절망을 보여주는 『테러의 시』와 문제의식이 일치한다. 또한 두 작품 모두 기존의 대다수 작품에서 발견되었던 동정과 연민의 재현 방식에 반기를 들고, 가해자와 피해자의 이분법에 전복을 시도하고 있다는 점에서도 일치한다. 그러나 서사 이론을 통해 스토리 차원과 담론 차원을 구분해 검토해본 결과 『테러의 시』와 『리나』는 여러 지점에서 상당히 달랐다. 먼저 스토리 차원에서 살펴본 이주여성 인물의 경우, 『테러의 시』의 조선족 여성 제니는 점점 더 나쁜 쪽으로 흘러가게 되며 결국 자기 살해에 이르는 가련한 희생자로 남게 되었다. 그러나 탈북 소녀 리나의 경우 벗어날 수 없는 순환구조 속에 갇혔으나 복종을 요구하는 모든 체제를 패러디하고 조롱하는 수행적 인물로 그려진다. 또한 『리나』는 서사 장치를 통해 그것의 외부를 상상한다.

담론 차원에서 분석한 결과 두 소설은 공통적으로 비초점화, 이종 이야기에서 시작되나, 『테러의 시』의 제니는 초점의 주체가 되지도 목소리를 할당받지도 못하는 인물로서 서술자와 다른 초점화자에 의해 철저히 대상화된다. 이에 따라 『테러의 시』는 이주민 인물에 대한 사려 깊은 재현보다 서술자의 음성으로 전달되는 한국작가의 자의식이 비대해진 소설이 된다. 작가의 치열한 현실 대응의식에도 불구하고 한국인 작가와 이주민 인물의 철저한 이분법에 갇혀 버린 셈이다. 반면 『리나』는 초점이 서술자에서 리나로 자유자재로 옮겨다니는 것은 물론 목소리도 서술자와 리나가 나눠 갖는다. 서술자와 인물이 이루어내는 목소리의 절묘한 화음으로 전달되는 『리나』의 서사야말로 작가와 인물, 한국인과 이주민의 이분법이 해체되는 경지를 잘 보여주고 있다.

이처럼 스토리와 담론이 이주여성 리나를 중심으로 넘나드는 『리나』의 서사 장치는 결과적으로 인물의 역동성을 최대치로 가동하고 작가의 의도를 충실히 담아내는 성취를 이루었다는 점에서 이주민 재현의 까다로움이라는 난제에 답하는 하나의 대안으로 보인다. 두 작품만을 분석한 이 글의 결과를 한국 여성작가의 작품세계 전반에 관한 것으로 일반화할 수는 없겠으나, 첫 시도로서는 나름의 의미가 있을 것이다. 또한 이 글은 『리나』가 정답이라고 단언하기보다는 이주(여성) 현상 재현이 선량한 피해자-희생자의 반복적 재현을 넘어서서 내용적/현실적 한계를 서사적 수행/장치를 통해 표현해냈음을 증명하고 있다는 점에서 의의를 가질 것이다. 이 글이 포함하지 못한 작품들은 추후 연구에서 이어가려 한다.

2부

# 이념의 시대, 경계지식인 최인훈과 불화의 윤리

소수적인 문학이란 소수적인 언어로 된 문학이라기보다는 다수적인 언어 안에서 만들어진 소수자의 문학이다. 거대한(기성의) 문학 안에서 만들어지는 모든 문학의 혁명적 조건을 뜻하는 것이라고 말해도 좋을 것이다. 소수적이지 않은 위대한 문학이나 혁명적 문학은 없다. 자, 어떻게 자신의 언어에서 유목자·이민자·집시가 될 것인가?

—질 들뢰즈·펠릭스 가타리, 『카프카: 소수적인 문학을 위하여』

6장

# 피란(避亂)의 존재론과 경계지식인의 탄생

## 1. '월남' 작가 최인훈

한 월남 피난민으로서, 서른다섯 살이며, 홀아비고, 십 년의 경력을 가진 소설가 (…) 구보씨의 고향은 동해안의 이름난 항구 완산(完山)이다. 전쟁이 났을 때 그는 고등학교 일학년이었다. 전쟁이란, 거의 모든 사람에게 그런 것이지만 더구나 고등학교 일학년짜리에게는 그것은 어떤 어질머리였다. 피난. 월남. 이십 년의 세월. 그 이십 년은 구보에게 있어서 그 어질머리의 실마리를 풀어가는 일이었다.[1]

구보씨는 이북 피난민으로서 동해안 해당화 피는 해수욕장의 이름난 항구에서 자랐다. 피난민이라 함은 임진란이나 러일, 청일 싸움 때 피난민

1 최인훈, 『소설가 구보씨의 일일』(1969-72), 최인훈 전집 4, 문학과지성사, 2009, 18쪽.

이 아니요 1950년하고도 6월 25일 신새벽에 터진 저 싸움 때의 피난민이다.[2]

인용문은 『소설가 구보씨의 일일』의 주인공 구보씨의 신상을 말해준다. 이는 소설이 쓰일 당시 작가 당사자의 프로필과도 크게 다르지 않다. 작가 최인훈의 고향이 함경도 회령이라는 것, 동해안의 이름난 항구도시 (완산 아닌) 원산에는 중학생 때부터 월남하기 전까지 잠시 거주했다는 것이 구보와 조금 다른 점이다. 좀 더 소상히 적어보자면 작가가 고등학교 1학년 재학 당시 전쟁이 났고, 그해 겨울 모든 가족이 화물선 LST를 타고 부산으로 월남한다. 그리고 1959년 「라울전」, 「그레이 구락부 전말기」 두 편으로 문단에 데뷔한다. 요컨대 최인훈은 학창시절 한국전쟁을 겪었고, 원산에서 부산으로 월남했으며, 이후 남한에서 등단한 이력을 가진 작가이다.

방금 소개한 바대로 작가 최인훈은 한국전쟁 당시 월남한 피란민이며, 작가이다. 여기서 '월남'과 '작가'를 띄어쓴 이유는 그가 우리 문학사에서 말하는 구세대 작가군에 속하는 납북 혹은 월북 작가와 대조되는 월남 작가가 아니기 때문이다.[3] 그는 세대론적 분류에서 말해지는 '월남

2 위의 책, 341쪽.

3 김윤식은 이광수, 김동환, 김억, 김진섭, 홍구범 등을 납북 작가로, 김이석, 강소천, 박남수, 양명문, 이인석 등을 월남 작가로, 6·25 이전에 재북 혹은 월북한 문인들로 임화, 김남천, 안회남, 김동석, 김사량 등을 꼽고 있다. 또한 남한의 구세대 소속 문인들의 종군작가단 활동을 강조하고 있는데, 육군종군작가단으로 최상덕, 김팔봉, 김송, 박영한, 최태응, 정비석, 박인환, 김이석, 이덕진 등이, 해군종군작가단으로 윤백남, 염상섭, 이무영, 박계주, 안수길, 이종환, 박영희 등, 종군작가단으로 마해송, 조지훈, 최인욱, 최정희, 박두진, 박목월, 황순원, 김동리, 김윤성, 이상로 등이 그에 속한다. 여기까지 언급한 구세대문인들과 1950년대에 등단한 전후세대로 구분되고 있는데, 전후세대는 문단 등단의 시기에서 또 두 부류로 분류된다. 6·25 이전에 등단한 오영수, 김성한, 손창섭, 장용학, 한무숙, 유주현, 정한숙, 강신재, 박연희, 손소희 등의 작가군과 6·25 이후에 등단한 이호철, 김광식, 오상원, 서기원, 최상규, 하

문인'이 아니며, 전후세대 중에서 6·25 이후에 등단한 작가군에 속한다. "이 땅의 문인이라면 누구도 6·25를 외면할 수 없다"[4]는 단언이 유효함을 보여주듯 한국전쟁은 세대론적 문학사 기술에서 상당히 중요한 사건으로 자리매김하고 있다.

실제로 최인훈의 주요 작품들은 한국전쟁 당시 피란 체험과 이후의 실향민 정체성과 밀접한 관계에 놓여 있는 것으로 보인다. 대표작 『광장』에 전쟁이 중요한 사건으로 작동하고 있으며, 『회색인』, 『서유기』, 「구운몽」, 「하늘의 다리」, 『소설가 구보씨의 일일』 등 대다수 작품의 주인공이 월남 피란민으로 설정되어 있고, 피란민의 존재감이 여러 작품 전반에 크게 작용하고 있다는 점에서 그러하다. 또한 작가에 따르면 최초의 습작은 서울대학교 법학과에 진학한 1952년 봄 피란수도 부산에서 이루어졌다.[5] 대학생이 된 최인훈은 정작 부산의 임시캠퍼스에는 출석하지 않은 채 완월동 언덕배기의 바라크에서 창작에 몰두한다. 당시 송두리째 뿌리 뽑힌 삶은 실존에의 공포를 불러일으켰고, 두고 온 고향에 대한 이야기인 『두만강』은 결국 미완으로 남겨졌지만, 불안한 마음을 달래기 위한 일종의 자기방어에 해당했던 셈이다. 『두만강』 습작에 대해 작가는 '통과의례'[6]라는 말로 표현하고 있는데, 결국 작가의 월남을 야기한 남북의 이념대립과 전쟁 체험이 작가로서 최인훈을 탄생시킨 결정적 계기이자 소설쓰기의 원동력이 되었다 할 수 있다.[7]

---

근찬, 박경리, 송병수, 선우휘, 이범선, 전광용, 추식, 강용준, 한말숙, 박경수, 오유권, 곽학송, 최인훈 등의 작가군이다(김윤식, 「6·25전쟁문학: 세대론의 시각」, 『문학사와 비평』 1, 1991).

4 위의 책, 38쪽.

5 최인훈, 「원시인이 되기 위한 문명한 의식」(1979), 『길에 관한 명상』, 최인훈 전집 13, 문학과지성사, 2010, 17쪽.

6 위의 책, 19쪽.

7 "그러니까 자기 치유를 하느라고 「두만강」을 썼던 거죠. 그런데 자기 치유의 능력이 충분치

기존의, 특히 10년 단위의 문학사 기술에 의하면 1960년 발표된 『광장』에 집중된 찬사와 조명에 의해 최인훈은 1950년대 문학과 확연히 구별되는 1960년대 작가로 분류되어왔다.[8] 그런 점에서 최인훈이 현재까지 한국문학사에서 갖는 위상은 4·19와 더불어 1960년대의 문을 연 신세대작가의 기수 정도로 정리될 수 있을 것이다. 그러나 최인훈은 소위 한글세대 혹은 새로운 감수성의 세대로 불리는 1960년대 신세대 작가들과 분리될 수밖에 없는데,[9] 최근 최인훈을 장용학과 김승옥 사이에 위치시키며 김승옥이 속한 신세대와 분리시키는 논의가 이를 뒷받침한다. 이 논의는 장용학식 관념의 세계에서 나아가 한반도라는 특정 시공간에 자신을 정위하고자 했으면서도 김승옥처럼 사회와 유리된 개인주의에 함몰되지 않았다는 점에서 전후 두 작가를 매개하면서도 달라지는 최인훈 작품의 위상을 찾고 있다.[10] 현재까지 최인훈을 둘러싼 세대론적 분

---

못하다고 생각해서 그 작품의 형식은 일단 끝납니다. 그리고 그 이후에 쓰기 시작한 성향의 글쓰기가 훨씬 자기 치유의 입장에서 볼 적에 더 치료 효과가 있는 거라고 생각돼서 그런 방식의 글쓰기로 갔고, (…) 정밀하게 들여다보면서 각각의 시간적인 진행 상태를 관찰하면서 이 약도 써보고 저 약도 써보고 그렇게 하다 보면 잘되는 경우에는 낫고, 그렇지 않은 경우에는 낫지 못하고, 그런 데다 비유해볼 수 있을까요."(최인훈·연남경(최인훈 문학 50주년 기념 인터뷰), 「「두만강」에서 「바다의 편지」까지」(2009), 위의 책, 405-406쪽).

8 전쟁으로 인한 정신적·물질적 폐허 위에서 이룩된 전후문학은 앞장에서 살폈듯, 여러모로 불구적인 상태에 머물렀다. 그것을 넘어서려는 지향이 치열했고 극복 가능성의 싹들이 이미 움돋고 있었지만, 그것의 본격적인 개화는 1960년의 4·19로 인해 비로소 가능했다. 최인훈의 「광장」(1960)과 이호철의 「소시민」(1965)이 그 선구이다(김윤식·정호웅, 『한국소설사』, 문학동네, 2000, 383쪽).

9 최인훈은 전후작가(손창섭, 장용학, 김성한, 오상원, 이호철, 이문희, 서기원 등)에도 『산문시대』(1962 창간) 동인들(김승옥, 김현, 최하림, 강호무, 서정인, 김치수, 염무웅, 곽광수 등)에도 속하지 않는다(위의 책, 392-393쪽). 또한 권영민은 1960년대 중반에 이르러서야 한국소설은 새로운 작가층을 만나게 된다고 보고, 김승옥의 등장에서 1960년대 신세대 문학 활동의 첫 장면을 발견하고 있다(권영민, 『한국현대문학사』 2권, 민음사, 2002, 230쪽).

10 서영채, 「최인훈 소설의 세대론적 특성과 소설사적 위상: 죄의식과 주체화」, 『한국현대문학연구』 37, 2012.

류 판단은 그 근거를 한국전쟁에서 찾는 듯하다. 작가가 전쟁을 체험했는가라는 경험의 축과 전쟁을 어떻게 구체화했는가라는 표현의 축이 결부되어 판단의 준거를 형성하고 있다. 또한 최인훈은 유사한 생의 경로를 거친 '월남' 작가 이호철과도 다른 작품세계를 가진 작가이다.[11] 게다가 『광장』 이후의 작품들은 제각각의 형식적 특징을 가지면서 하나로 설명되기 어려운 세계관을 형성하게 된다. 1960년대 형식의 실험장과도 같았던 일련의 소설 창작[12]과 1970년대 도미 후 귀국과 더불어 발표한 일련의 희곡 창작,[13] 1980년대 예술론 중심의 산문 집필,[14] 1994년 소설 『화두』 발표, 최근작 「바다의 편지」[15]까지 이어지는 작품 활동의 궤적을 그리고 있으며, 이러한 작가의 작품세계는 북한에서의 소외 의식, 월남 이후의 피란민 의식, 그것이 민족국가의 근대화와 맞물렸을 때의 역사 문제에 대한 성찰 등으로 요약된다. 정리하자면 작가 최인훈은 어

---

11 염무웅은 오유권이나 서기원을 전통사회의 바탕을 가진 작가로, 이호철과 최인훈을 소속 사회로부터 단절된 존재들로 1차 분류한 뒤, 이호철은 이 사회에 뿌리를 내리는 데 어느 정도 성공적인 발판을 구축한 듯이 보이는 데 반해 최인훈은 끊임없는 좌절을 거듭하는 면에서 예리하게 대조된다고 보고 있다(염무웅, 「상황과 자아」(1964), 김병익·김현 외, 『최인훈』, 은애, 1979, 26-27쪽).

12 대표 작품으로 「그레이 구락부 전말기」, 「라울전」(1959), 『가면고』, 『광장』(1960), 『구운몽』(1962), 『회색인』(1963-64), 『서유기』(1966-69), 『크리스마스 캐럴』 연작(1963-66), 『총독의 소리』 연작(1967-76), 『소설가 구보씨의 일일』 연작(1969-72), 『태풍』(1973)이 있고, 단편 소설로는 「구월의 달리아」와 「우상의 집」(1960), 「囚」(1961), 「칠월의 아이들」과 「열하일기」(1962), 「금오신화」(1963), 「웃음소리」와 「놀부뎐」과 「국도의 끝」과 「정오」(1966), 「춘향뎐」과 「만가」(1967), 「온달」과 「옹고집뎐」(1969), 「두만강」과 「낙타섬에서」와 「하늘의 다리」(1970), 「전사(戰史)에서」(1979), 「달과 소년병」(1983) 등이 있다.

13 희곡으로는 「어디서 무엇이 되어 다시 만나랴」(1970), 「옛날 옛적에 훠어이 훠이」(1976), 「봄이 오면 산에 들에」(1977), 「둥둥 낙랑둥」(1978), 「달아 달아 밝은 달아」(1978), 「한스와 그레텔」(1981)이 있다.

14 작가의 산문은 최인훈 전집 중 11-13권에 해당하는 『유토피아의 꿈』(2010), 『문학과 이데올로기』(2009), 『길에 관한 명상』(2010)으로 묶여 발간되었다.

15 『황해문화』 41, 2003.

디에도 확실하게 소속되지 않은 작품세계를 형성했으며, 문단에서의 위치나 작가로서의 행보도 이러한 작가 평생의 삶의 자세와 흡사해 보인다.[16]

이 장은 기존 문학사에서 어느 범주에도 매끈하게 소속되기 힘든 독특한 작가의 입지를 염두에 둔 채, 월남한 작가의 정체성이 예외적 작가세계를 형성하는 데 끼친 영향을 중심으로 꾸려보는 작가론의 성격을 가지게 될 것이다. 그를 위해 먼저 '남'과 '북'이라는 화두, 즉 인물이 처한 지정학적 위치를 중심으로 작품세계의 의미를 살펴보고, 다음으로 전쟁과 분단 상황에 대한 작가의 문제의식에 대해 시간의 개입과 관련한 통시적 접근을 통해 규명해보고자 한다.

## 2. 20세기 한반도, 개인이 정위(定位)할 곳은?

### 1) 근대 선언과 단독자의 발견

> 가족이 없다, 그러므로 자유다. 이것이 우리들의 근대 선언이다.[17]
>
> 그렇다. 내가 신이 되는 것. 그 길이 있을 뿐이다. 그러나. 그것은 번역극이 아닌가? 거짓말이다. 유다나 드라큘라의 이름이 아니고 너의 이름으로 하라. 파우스트를 끌어대지 말고 너 독고준의 이름으로 서명하라.[18] (밑줄 필자)

16 "나는 해방 후에 남한에 거주하지 않은 탓으로 그때까지 남한에서 글을 써온 사람들을 구속하고 있던 정치적 불문율에 대해 어느 정도 무감각하였"다는 작가의 진술이 이러한 판단을 뒷받침한다(최인훈, 『화두』 1부(1994), 최인훈 전집 14, 문학과지성사, 2008, 119쪽).

17 최인훈, 『회색인』(1963), 최인훈 전집 2, 문학과지성사, 2010, 139쪽.

18 위의 책, 382쪽.

"그럼 우리들의 근대 선언은, 효도는 없다, 그러므로 우리는 자유다, 이렇게 되는군요."[19]

작가는 『회색인』의 독고준을 통해 에고의 탄생을 선언한다. 그렇다면 어떤 에고인가를 독고준이라는 인물을 통해 살펴볼 필요가 있다. 독고준은 월남 피란민이자 북쪽에 어머니와 누이를 두고 온 이산가족의 구성원이다. 월남해서 만난 아버지는 돈이면 그만인 사회에서 낙오자가 되었고, 무력한 아버지가 바로 돌아가시자 준은 홀로 남는다. 에고의 좌표를 정위하기 위해 가족을 떠올린 독고준은 W시(고향에 남은 어머니와 누이), 서울 교외의 땅 밑(죽은 아버지), 그리고 서울의 셋집 2층(독고준)의 세모꼴을 연결해보지만, 단절된 고향과 죽은 아버지는 홀로 남은 자신의 존재를 지목할 뿐이다. 그래도 세상에 연결되었음을 증명하는 마지막 끈을 찾고자 그는 자신의 족보를 찾아 나서지만 "사변으로 다 타버린" 문서는 남아 있지 않다. 이에 위 인용문의 첫 번째 밑줄에 해당하는 근대 선언이 이루어진다. 외톨이로서 그의 존재감은 자유를 가져다주고 자신이 처한 사회와 연결되지 않았다는 생의 감각은 "회색의 의자에 깊숙이 파묻혀서 몽롱한 눈으로 세상을 바라보기만 하는 이 몸가짐"을 가질 수 있게 한다.

아비 없는 청년은 부정적 정치 현실에 대한 자유로운 비판이 가능하다. 『회색인』의 시간적 배경이 1958~59년으로 설정되어 있다는 점에 착안하면 힘없는 아비와 족보로부터의 자유 선언은 이승만 정권의 '일민주의(一民主義)'에 대한 반발로 해석될 가능성을 갖는다. 일민주의가

19 최인훈, 「크리스마스 캐럴 5」(1966), 『크리스마스 캐럴/가면고』, 최인훈 전집 6, 문학과지성사, 2009, 236쪽.

'일민(一民)'이라는 이름처럼 국민의 통합을 도모하는 이데올로기로서 이승만 정권과 자유당의 기본 이념이자 정강이 되었고,[20] 국가–민족–가족을 동일시하여 가족 내부의 가부장적 권위를 민족적·국가적 권위로 확대시켜 통합을 도모한 '국민 만들기'의 전략에 해당한다[21]고 할 때, 이 시점에서 가족과 연결되지 않은 독고준이라는 에고의 탄생은 비국민의 자리가 되며 근대의 선언은 이승만 정부의 민주주의를 표방한 독재국가 건설을 등지는 방식이 된다.

독고준은 한국의 기형적 민주주의와 부정부패가 만연한 선거제도를 문제 삼는다. "서양에서 오랜 세월을 두고 싸워서 얻은 선거권이 우리 경우에는 고무신 한 켤레에도 팔리고 막걸리 한 잔과도 바꿔지는" 현실을 강도 높게 비판하는 바는 3·15 부정선거를 직접 겨냥한 것으로 보인다. 또한 독고준은 정치학도 김학과 『갇힌 세대』의 동인들과 달리 혁명을 냉소한다. 다른 젊은이들은 혁명을 꿈꾸고 있었다는 점에서 『회색인』은 4·19혁명 발발의 원인을 파악하는 서사가 되고, "시간"이 필요하다는 독고준의 태도는 너무 이른 혁명이었던 4·19에 대한 사후적 진술에 해당한다.

독고준은 『갇힌 세대』의 동인들인 김학 등과 갈 수 있는 고향이 없다는 점에서만이 아니라 현실의 문제를 단순히 정치의 악—"한 사람의 노인이 정치를 잘못하고 있다는 그 한 가지"—에서 찾고 혁명을 꿈꾸는 정치관에서도 갈라선다. 토박이들이 갖는 삶의 좌표와 정치적 단순함에서 결별해야 한다는 그의 행보는 외로운 길이기도 하지만 자신이 처한 차별적 입지에 대한 판단이자 자신감의 표명이 되기도 한다. 첫 인용문 두

20 서중석, 『이승만의 정치 이데올로기』, 역사비평사, 2005, 17, 18, 43쪽 참조.

21 김진기, 「반공호국문학의 구조」, 『상허학보』 12, 2004, 355쪽.

번째 밑줄의 '단독자' 독고준이 발견되는 지점이다. 그는 자신이 가족과 고향으로부터 자유롭고, 맞지 않는 옷과 같은 서양의 전통(민주주의)과 그것이 오용되고 있는 한국적 정치와도 결별한 단독자임을 선언한다.

이러한 독고준의 존재야말로 월남 작가 최인훈 자신의 정체감과 유사했던 것으로 보인다. 실제로 가족의 미국이민으로 인해 홀로 남게 된 작가는 작품을 통해 자신이 처해 있는 현실사회의 부조리함에 대해 비판의 자세를 견지한다. 사실 강도 높게 현실을 비판한 『광장』 이후의 작품에서는 그 방식이나 자세가 형식의 실험 등 우회로를 통한 것이었기에 당시 문단에서의 공격도 감수해야 했던 것으로 보인다.[22] 그러나 그는 어떤 문학적 전통으로부터도 자유롭고자 했으며, 현실의 부조리에 응답하는 작가의식을 꾸준히 견지했다는 점이 눈여겨볼 만하다. 피란민이자 가족과 전통을 갖지 않은 자로서 작가는 자신과 유사한 작중인물의 설정을 통해 어떠한 집단주의나 그로부터 발신되는 이념으로부터 자유로운 개인을 지켜내려는 일련의 시도를 보여준다.[23] 『광장』의 이명준, 『회색인』과 『서유기』의 독고준, 「구운몽」의 독고민, 「하늘의 다리」의 김준구, 『크리스마스 캐럴』의 철, 『소설가 구보씨의 일일』의 구보와 같은 작가의 분신에 해당하는 소설 속 인물들은 생활에의 개입을 최소화하거

22 백낙청은 최인훈의 작품이 갖는 실험적 특징에 대해 "완전히 용해되지 않은 서구문학의 요소들"이 갖는 "부작용"으로 보고 있으며, 오히려 서구 리얼리즘 소설의 도입의 필요성을 제기하고 있는데, 이는 서구 근대화의 대표양식인 리얼리즘 수법이 한국의 기형적 현실을 표현하기에 부합하지 않기에, 그에 걸맞은 형식 개발에 고심했던 작가의식을 파악하지 못한 채 이루어진 비평으로 보인다(백낙청, 「서구문학의 영향과 수용: 그 부작용과 반작용」, 『신동아』 1월호, 1967 참조).

23 구재진은 『서유기』에서 "명명에 대한 응답을 거부하는 독고준을 호명하는 이데올로기들에 대한 종속화되는 것에 대해서 거부하고 있음을 의미한다"고 해석하고 있는데, 이 경우를 하나의 사례로 꼽을 만하다(구재진, 「최인훈 소설에 나타난 '기억하기'와 탈식민성: 〈서유기〉를 중심으로」, 『한국현대문학연구』 15, 2004, 397쪽).

나 정치에 환멸을 느끼고 냉소하는 방식으로 집단과 체제에 저항한다.

두 번째 인용문에 해당하는 『크리스마스 캐럴』에서는 『회색인』에서 독고준의 근대 선언이 패러디되고 있다. 차이 있는 반복으로서 패러디 기법은 한국적 근대의 선언이 복합적 의미망을 갖고 있음을 전달한다. 『크리스마스 캐럴』은 작가가 "개인의 정체성이 닻을 내릴 수 있는 토대로서 어떤 연속성의 체계를 강조하고 있음"을 보여주며, 문제 삼고 있는 통행금지제도야말로 "그 연속성 위에 구축되는 안정적인 생활감각을 어지럽히고 삶 자체의 연속성을 교란시킨다"는[24] 주제의식을 성탄절 이브의 상황 재현을 통해 풍자적으로 전달하고 있다. 통행금지제도의 운영은 개인의 삶이 여전히 전쟁의 영향하에 있음을 보여주고 있으며, 반공주의를 토대로 건설되고 사람들의 생활을 통제하는 방식으로 운영되는 근대 국가의 면모를 여실히 증명한다는 점에서 문제적이다.[25] 이처럼 서구 풍속의 무비판적 수용으로 나타나는 근대화와 그에 따른 전통 상실의 화두는 『크리스마스 캐럴』 연작의 주제에 해당하며, 『소설가 구보씨의 일일』에서도 연속된다. 이와 더불어 작가의 값진 문제의식 중 하나는 민주주의와 공산주의는 서양적 유산이라는 것이며, 현재의 분단 상황과 분단이 비롯된 바를 일본 제국주의에서 찾고 있다는 점이다. 남한체제와 북한체제를 동시에 비판하는 균형 감각은 『광장』 이래로 작품을 관통하는 주제의식을 형성하고 있으며, 이 논제는 『총독의 소리』에

---

24 김영찬, 「한국적 근대와 성찰의 난경(難境): 최인훈의 『크리스마스 캐럴』 연구」, 『반교어문연구』 29, 2010, 325-326쪽.

25 이승만 정권은 반공주의를 앞세워 전쟁 중에 무차별적 민간인 학살을 자행하였고 전후에도 통행금지와 일광시간 절약제의 시간 통제와 더불어 각종 법령에 의거한 사상 통제·감시를 지속했다(강인철, 「한국 전쟁과 사회의식 및 문화의 변화」, 한국정신문화연구원 엮음, 『한국 전쟁과 사회 구조의 변화』, 백산서당, 1999, 211쪽). 5·16 이후의 군사정권은 반공주의와 더불어 통행금지제도까지도 이양한 채 사람들의 생활을 통제하는 방식으로 독재체제를 유지했다.

서도 일제 미청산의 과제와 외부에서 도래한 서양의 정치체제의 영향하에 놓인 남북의 상황에 대한 비판으로 연결되고 있다.

최인훈의 일관된 작가의식이 현실정치에의 환멸, 서구 풍속을 포함한 집단과 체제에의 저항으로 요약된다 할 때, 그 단초를 단독자 독고준의 근대 선언에서 발견한 바 있다. 그리고 이 지점에서 『광장』과 『총독의 소리』와 같은 작품에서 드러나듯 체제에의 저항이 남한 사회만을 대상으로 하고 있지 않다는 점에 주목할 필요가 있다. 그가 일관되게 견지한 비판의식은 북한체제에도 동일하게 작동해온 것이다. 월남 피란민 작가로서의 자의식은 자신이 처한 남한만이 아니라 북한까지 포괄하는 것을 가능하게 했고, 북한은 단순한 포함을 넘어 문학적 원기억의 형성지로 중요한 의미를 갖는 공간으로 나타난다.

『회색인』에서는 토박이 김학 등과 결별한 독고준 혼자만의 고독한 길 떠나기가 시작된다. 『서유기』로 연결되는 독고준의 행로는 북에 두고 온 고향 W시로 향한다. 주목할 점은 W시에 도착하기까지 논개, 이광수, 조봉암 등의 인물을 만난다는 설정으로 근대사의 현장을 경유한다는 것이다. 이처럼 에고의 정위를 위한 길 떠나기가 사회와 유리된 개인주의에 함몰되지 않았다는 점, 작가의 시야가 남쪽에만 국한되지 않고 한반도 전체를 포괄하는 넓은 지정학적 상상력을 가능하게 했다는 점이 최인훈 문학이 갖는 예외성이자 문제성이다.

### 2) 원기억의 형성지, 해방공간

속개된 법정. 자리는 전대로. 보통 있는 법정과 다른 것은 법관들이 아래에 가 앉아 있고 독고준이 교탁-아, 하고 독고준은 흑판을 바라보면서 놀랐다. 거기가 흑판이 걸려 있고 그러고 보면 이 방 안은 옛날의, 그렇군,

여태 그것을 모르고 있었다니, 이런 일이-이 방은 옛날의 그의 교실이다. 자세히 본즉 검차원은 소년단 지도원 선생이었다. 분명하다. 그리고 다른 사람들은 모두 그의 친구들인 소년단 간부들이었다. (…) 아아 내 교실이구나. 그는 탈옥했던 죄수가 다시 자기 감방에 붙잡혀왔을 때의 헝클어진 느낌을 가졌다.[26]

'자아비판회 체험'은 벽보 주필을 담당했던 독고준이 그 내용으로 인해 방과 후 지도원 선생과 동무들로부터 자아비판을 요구당한 사건이다. 겉으로는 글의 내용을 문제 삼고 있지만, 실상은 소부르주아 출신 독고준의 "반동적 가족 성분"을 탄핵하는 것을 의미했던 이 자아비판회 체험은 작가에게 중요한 원기억으로 형성되기에 이른다. 학교는 어린 자아에게 최초의 사회화가 이루어지는 장소라는 점에서 중학시절 겪은 자아비판회 체험은 체제에서 배척당한 최초의 경험이었으며, 작가의 작품을 관통하는 주제의식인 체제에 불화한 개인이 탄생하는 기원의 자리였다. 위에 인용된 『서유기』에는 독고준에게 자아비판회가 어떤 것이었는지에 대한 느낌이 잘 전달되고 있다. 담당 교사와 동급생으로부터 공적으로 지목당하는 경험은 어린 학생에게 마치 교실이 법정처럼, 지도원 교사가 판사처럼, 자신은 죄수처럼 여겨지는 사건이었던 것이다. 이 원기억은 『회색인』에서 체험에 근접한 형태로 제시되고, 후속작 『서유기』에서 피고로 송환되는 법정 장면으로 나타나며, 『광장』에서 꼴호즈 취재 건으로 자아비판을 받는 이명준의 모습 등으로 반복적으로 재현된다.

월남 당시의 경험은 'LST 피란체험'으로 『회색인』과 「하늘의 다리」,

26 최인훈, 『서유기』(1966-69), 최인훈 전집 3, 문학과지성사, 2008, 325쪽.

「낙타섬에서」에 재현된 바 있고, 이후 『화두』에서 상세히 기록되어 전달되었다. 그런데 작가에게 피란의 화두는 한국전쟁 당시 원산항에서 최초로 생겨난 것이 아니다. 최초의 이주는 북한 사회주의체제의 성립과 더불어 산판을 운영하던 소자산가였던 아버지가 재산을 몰수당하고 고향 회령을 떠나야만 했을 때 발생했던 것이다. 작가는 이 사건을 두고 "정치적 추방"이라 회상하고 있으며, 이것이야말로 최초의 피란체험이라 봐야 할 것이다. 고향인 회령을 출발지로 한 이주는 이후 원산-부산-목포-서울-미국에 이르는 여정을 갖게 된다. '정치적 추방'이라고 한 바, 작가를 포함한 가족 전체가 해방공간의 정치적 혼란과 연이은 전쟁의 혼돈에 휘말려 개인의 정주나 안전과 같은 것을 잃어버린 삶을 살게 된 것이다. 작가가 강조하는 안정감이 상실된 생활은 LST의 뱃멀미와 같은 감각으로 남아 있고, 이러한 방식으로 전쟁 이후의 삶은 결부된다.

한편 최인훈 작품 전반적으로 전쟁 체험은 특히 폭격 장면으로 재현되며 이는 '방공호 성체험'이라는 원기억으로 회귀하곤 한다.[27]

> 찢어지는 듯한 쇳소리가 머리 위를 달려갔다. 뒤를 이어 또 또. 공습. 닫혔던 문이 열렸다. 준의 누님 또래의 여자가 나타났다. 그녀는 달려나오면서 준의 팔을 잡았다. 준은 여자가 끄는 대로 달렸다. 어디서 나왔는지 그들의 앞뒤에는 사람들이 달리고 있었다. 제트기들은 낮게 날면서 총을 쏘았다. 준과 여자가 가까운 방공호에 다다랐을 때에는 와랑거리는 폭격기의 엔진 소리가 하늘을 덮었다. (…) 그때 부드러운 팔이 그의 몸을 강하게 안았다. 그의 뺨에 와 닿는 뜨거운 뺨을 느꼈다. 준은 놀라움과 흥분으로 숨이 막혔다. 살냄새. 멀어졌던 폭음이 다시 들려왔다. 준의 고막에 그

27 '방공호 성체험' 관련 원기억에 관한 상세한 분석은 이 책 7장의 179-183쪽 참조.

> 소리는 어렴풋했다. 뺨에 닿은 뜨거운 살. 그의 몸을 끌어안은 팔의 힘. 가슴과 어깨로 밀려드는 뭉클한 감촉이 그를 걷잡을 수 없이 헝클어지게 만들었다.[28]

『회색인』뿐 아니라 「우상의 집」, 「9월의 달리아」 등에서 재현되고 있는 '방공호 성체험'은 폭격의 공포와 쾌락의 양가감정을 보여준다. 폭격의 와중에 성에 눈뜬 '방공호 성체험'은 죽음의 장소에서 성욕을 느낀다는 점에서 죽음충동과 성욕이 맞뚫림을 의미하며, 이는 『광장』의 전쟁 장면이 동굴(방공호)에서 은혜와 사랑을 나눈다(에로스)는 것으로 재현되는 것과 관련 있다. 그리하여 작가의 작품에는 세상의 폭력성을 경험할 때마다 그것의 대안으로 여성, 사랑을 찾는 남성 인물이 나타난다. 동시에 '방공호 성체험'은 성적 쾌락의 비밀을 혼자만이 간직하게 되었다는 점에서 죄의식을 형성하게 되는 계기가 되고, 폭격으로부터 자신을 구원해준 여인을 사지에 남겨두고 홀로 월남했다는 점에서 'LST 피란체험'과 더불어 '살아남은 자'의 죄의식을 갖게 되는 계기가 된다. 또한 전쟁 발발과 연이은 폭격으로 학교에 휴교령이 내리고, 자아비판에서 해방되었다는 기쁨을 느끼는 독고준을 통해 보았을 때, '자아비판회 체험'과 결부된 '방공호 성체험'은 체제에서 배척당한 개인이 갖게 되는 쾌(快)까지 포함하는 복잡다단한 경험이 된다.

요컨대 최인훈이 학창시절을 보냈던 북한의 해방공간은 평생을 두고 풀어야 할 화두가 형성된 원체험의 장소였다. 북한 사회주의체제의 성립과 더불어 개인의 운명이 결정되었다는 점에서 작가의 자아 형성과 북한체제의 긴밀성이 찾아진다. 이는 다음의 세 가지로 정리될 수 있다.

28 최인훈, 『회색인』, 61-62쪽.

첫째, '자아비판회 체험'은 자신이 속한 체제에서 배척당하는 개인의 탄생을 낳는다. 월남 후 남한에서도 사회와 불화한 인물을 그려내고 집단에 거리를 두는 작가의식을 형성하는 데 영향을 미쳤다고 볼 수 있다. 둘째는 피란 체험에서 비롯한 떠돌이 의식이며, 셋째는 '방공호 성체험'과 관련한 죄의식의 형성이다. 최인훈이 외국을 접한 국경도시 회령 태생이었다는 점에서 다른 작가와 다른 생래적인 유목민적 감각을 지녔음을 지적한 경우도 참고할 만하지만,[29] 해방공간의 정치적 격동기에 원체험을 통해 사회적 자아가 형성된 원산이야말로 떠돌이로서의 정체감이 형성된 자리인 것으로 보인다. 작가가 고향인 회령 대신 4년간 살았던 원산을 대부분의 작품에서 고향으로 그려내고 있다는 점이 이를 입증한다. 주지할 것은 세 가지로 정리해본 원기억들이 상호 연관되어 있다는 것이며, 북한의 해방공간에서 형성되었다는 것이다.

여기에서 『광장』을 통해 전달된 작가의 정치적 균형 감각이 이후 작품세계를 통해서도 일관되게 유지될 수 있었던 근거가 찾아진다. 그리고 여타의 월남인 혹은 월남 작가의 행보와 달리 남한 사회에 정착하지 못한 채 피란민으로서 떠돌이의 생의 감각을 유지한 이유도 찾을 수 있다. 작가의 원체험은 시간적으로 사회화가 일어나는 학창시절이었다는 점, 공간적으로는 북한의 해방공간이었다는 점에서 체제로부터 배척당했음에도 불구하고 사회와 무관할 수 없는 정치적 개인을 탄생시키는 기제가 된다.

---

29 김윤식은 "작가 최인훈이 태어나고 자란 이 회령이라는 곳이 바로 인류학적 공간이었음에 주목"하며, "유목민스런 감각을 가진 집안의 장남이자, 군사도시이며 대동아전쟁의 싸움터였던 회령에서 나고 자란 작가 최인훈에게 있어 문화사적인 세계 인식의 시선 획득이란 거의 생래적인 것이라" 본다(김윤식, 「최인훈론: 유죄 판결과 결백 증명의 내력」, 『세계의 문학』 여름호, 1994, 14-15쪽).

## 3. 작가로서의 실존과 소명의식

### 1) 문학교사와 조명희의 「낙동강」

> 낙동강 700리, 길이길이 흐르는 물은 이곳에 이르러 곁가지 강물을 한 몸에 뭉쳐서 바다로 향하여 나간다. 강을 따라 바둑판 같은 들이 바다를 향하여 아득하게 열려 있고 그 넓은 들 품 안에는 무덤무덤의 마을이 여기저기 안겨 있다. 이 강과 이 들과 거기에 사는 인간-강은 길이길이 흘렀으며 인간도 길이길이 살아왔었다. 이 강과 이 인간, 지금 그는 서로 영원히 떨어지지 않으면 아니 될 건가?
>
> 이렇게 시작되는 포석(抱石) 조명희(趙明熙)의 「낙동강」을 아직도 갈 수 없는 곳 북한의 항구도시 W시의 고등학교 1학년 교실에서 창밖의 큰 오동나무 그림자가 어룽지는 국어 교과서의 책장 위에서 배우던 일이 어느덧 40년도 넘는 여러 굽이 저쪽 옛일이 되었다.[30] (밑줄 필자)

인용문은 『화두』의 첫 구절이다. 『화두』에는 그 이전까지의 작품에 전혀 등장하지 않았던 조명희의 존재와 고등학교 문학시간이 등장한다. 첫 문단에는 조명희의 「낙동강」이 인용되어 있는데, 고향을 떠나는 박성운과 더불어 작가 조명희의 망명을 환기시키며, 두 번째 문단의 내용은 「낙동강」을 처음 배우던 문학시간에 대한 기억으로, 작가 최인훈 스스로의 실향민으로서의 정체성이 「낙동강」에 겹쳐 제시되고 있다. 이 장면이 중요한 이유는 그동안 드러나지 않았던 '자아비판회'의 이면에 해당하는 '문학시간'의 기억을 통해 작가 최인훈과 조명희와의 관계가

30 최인훈, 『화두』 1부, 23쪽.

전면화되고, 그에 따라 전 생애에 걸친 화두 풀이가 비로소 가능해지기 때문이다. 결국 현실사회주의 붕괴로 인해 가능했던 『화두』의 집필을 통해 해방공간 북한에서 형성된 원기억의 다른 한 조각이 찾아진다.

작가 최인훈은 학창시절 지도원 교사를 통한 배척과 문학 교사를 통한 인정이라는 역설적 상황을 통해 공동체에 진입하게 된다. 자신을 배척했던 지도원 선생을 부정할 수 없었던 이유는 그 배후에 「낙동강」의 작가 조명희가 있었기 때문이다. 그리고 「낙동강」의 주인공 박성운의 이상에 동조하고 동일시한 학생 최인훈을 인정해준 문학교사가 있었기 때문이다. 「낙동강」에는 사회주의라는 거대담론을 대표하는 주체의 이상이 담겨 있다. 이러한 내용을 파악하고 동조한 글을 감상문 수준을 넘어선 소설로 인정받은 고등학교 1학년 문학시간은 작가로서 소명의식을 부여하는 계기가 되고, 따라서 자아비판회 체험과 대조되는 사건으로 자리 잡는다. 이처럼 "조명희는 자아비판을 하는 지도원 선생으로 변해 '나'를 탄핵하기도 하고, 「낙동강」의 작가로서 '나'를 축복해주기도 한다."[31] 즉 조명희는 작가에게 모범적 관념이 되어 이후 작가의 삶의 자세를 결정하고 창작의 기준을 정하는 초자아로 자리 잡는다. 그리고 이후 최인훈의 글쓰기는 현실에서는 불화할 수밖에 없었던 체제와 작품 안에서 조우하고 그 체제에 진입하려는 방편이 되었던 것이다.

결국 『화두』에서 최초로 밝혀진 문학시간의 기억은 최인훈에게 작가로서의 소명의식이 부여되는 동시에 이념의 주박이 덧씌워진 계기를 설명해주며, 문학시간과 자아비판회의 관계는 「낙동강」이 작가에게 부여한 이상적 사회주의 이념과 실제 북한 사회체제의 수립 사이에 놓인 불

---

31 김인호, 「변화된 시대에 대응하는 새로운 담론」(1995), 『해체와 저항의 서사: 최인훈과 그의 문학』, 문학과지성사, 2004, 216쪽.

일치를 발견하게 한다. 그리고 이후 『화두』의 서사는 그 이념의 주박이 풀리는 과정을 해명하는 데 몰두한다.

### 2) 근대 작가와의 '빙의(憑依)'와 역사의 연속성

조명희는 단연 최인훈의 모범적 문학 선배이자 존경스러운 삶의 모델이 된다. 「낙동강」으로 시작해 「낙동강」으로 끝맺고 있는 『화두』는 유사 아비로서의 조명희와의 관계를 노출한다. 특히 『화두』 2부는 소련 기행을 통해 조명희의 행적을 좇고 처형 직전 조명희 문건을 입수하는 내용을 중심으로 기술되어 있다는 점에서 더더욱 그러하다. 이렇게 조명희가 최인훈의 존경을 한몸에 받는 이유는 그가 망명 작가였기 때문이다. 그러한 점에서 이광수는 조명희와 반대 지점에 놓인다.

작가는 『서유기』의 환상적 장치를 동원해 이광수를 등장시키고 있다. 이광수는 식민지 인텔리의 전형이며 리얼리스트이자 애국자였지만, 국내에 있어 잘못된 판단을 할 수밖에 없었다는 점을 강조하며 작품 속에서 자신의 과오를 뉘우친다.[32] 이광수는 『소설가 구보씨의 일일』에서도 『태풍』에서도 지속적으로 비판의 대상이 된다. 이처럼 이광수의 친일행적과 정치적 판단 과오의 원인을 최인훈은 망명하지 않은 것에서 찾고 있는데, 이러한 판단의 배후에는 망명 작가 조명희가 자리하고 있는 것이다.

이 시점에서 최인훈이 고평한 작가들을 환기할 필요가 있다. 『화두』

32 "그렇군요. 나는 『흙』의 속편을 쓰는 것이 옳았소. 허숭이 왜경의 등쌀에 배겨나지 못하고 결국 상해로 가는 이야기를 썼어야 옳았소. 그곳에서 새로운 운명과 싸우는 모습을 그려야 했소. 그런 사람들이 실지로 있었으니(…) 그렇소, 내가 국내에 있었다는 것부터가 나빴소. 나는 3·1만세 당시에 망명했어야 옳았을 것이오."(최인훈, 『서유기』, 202쪽).

에는 조명희 외에도 박태원, 임화, 이용악, 이태준의 삶과 작품이, 신채호, 김사량, 김태준 등의 망명 문인들이 중요하게 다루어지고 있다.[33] 이들은 모두 월북했거나 망명했다는 공통점이 있다. 이들과는 달리 박성운의 꿈의 땅에서 축출된 자신은 남한에서 피란생활을 하고 있다는 자괴감이 최인훈을 부끄럽고 비루한 개인으로 남게 한다. 특히 월남의 직접적 이유는 폭격으로부터 안전한 곳으로의 이주였으나, 최인훈 개인에게는 지도원 선생이 있는 북한체제에서 탈출했다는 의미에서 안전 확보이기도 했던 것이다. 작가의 작품에서 LST 원체험과 관련하여 '살아남은 자'로서의 죄의식이 반복되어 나타나는 이유는 망명한 조명희와 다른 행로를 택했다는 자괴감 때문이기도 하다. "「낙동강」의 주인공들의 입장에서 보면 우리들에 대한 추방은 옳았다. 그런데 우리 가족을 추방한 사람들은 정말 '돌아온' 낙동강의 주인공들이었을까?"라는 문제의식은 소설의 주제가 되고, 이후 소설 속에서 북한 사회주의체제의 부조리함을 입증하려 했으나 그의 아비격인 조명희가 꿈의 땅으로 알고 망명한 소련이 건재하는 한 해명이 불가능했던 것이다.

> 이상이나 박태원, 이태준 같은 사람들에게 나는 지식 종사자로서 전혀 이질감을 느끼지 않는다. 나는 동경에 유학한 적이 없으면서도 그들과 함께 '와세다'며 '명치' 대학에 다닌 느낌을 갖는다. 그리고 지식인으로서는 1920년대와 1930년대의 그들의 지적 방황과 인간적 고뇌를 계승하고 있는 것처럼 느낀다. 마치 그들의 영혼이 나의 육체를 빌려서 환생한 듯이

33 권성우는 최인훈을 조명희와 같은 망명 작가로 규정하고 있지만, 본고에서는 작가가 미국 체류(1973-1976년) 이후 귀국의 시점부터 비로소 망명 작가로서 자의식을 갖게 되는 것으로 본다(권성우, 「근대문학과의 대화를 통한 망명과 말년의 양식: 최인훈의 『화두』에 대해」, 『한민족문화연구』 45, 2014, 64쪽 참조).

나는 실지로 느낀다. '소설가 구보씨의 별 볼일 없는 하루'라는 이름으로 내가 나중에 소설을 쓰게 된 것은 거의 육체적인 빙의(憑依)의 감각에 따른 것이지, 무슨 기술적 양식을 차용한다는 그 정도의 착상에 의한 것은 아니다. 그들이 못다 한 방황, 그들이 못다 한 고뇌, 그들의 육체적 존재가 말살되었기 때문에 그들이 계속 지켜보지 못한 인생과 세월과 역사를 그들의 정신의 맥박을 생생하게 지니면서, 그것들이 과연 어떻게 되어 나가는가를 끝까지 지켜봐야 할 집념이 내 육체 속에 자리 잡아오는 것을 나는 이후의 생애에서 차츰 확실히 알게 되었다.[34]

채만식이나 염상섭이 아니었다면 쓸쓸할 뻔한 문학사였지만, 그들의 작품조차도 영혼을 뒤흔들 만한 것은 아니었다. 나는 그 중요한 이유가 그들이 국내에서 합법 공간에서 창작한 탓이라고 보고 싶다. 만일에 수많은 문인이 망명한다는 현실이 있었더라면 어떻게 되었을까?[35]

최인훈은 "한국 문인 모두를 대표해서" 망명 문인 조명희를 투명한 저항의 궤적을 그려줄 운명을 맡은 사람으로 위치시킨다. 그리고 망명이라는 기준에 따라 국내의 합법적 공간에서 창작한 채만식, 염상섭의 작품에 비해 김사량의 망명시절 작품인 「노마만리」의 귀중함을 강조한다. 작가는 자신이 정치적으로 올바르다고 평가한 근대 문인들을 자신의 소설에서 등장시키고, 그들의 작품을 패러디하는 방식을 통해 '빙의'함으로써 작품을 매개로 그들의 정치적 올바름을 자신이 덮어쓰고자 시도한다. 그리고 후대 작가로서 자신이 할 수 있는 바를 연속된 작품 창작을 통해 이어나가고자 한다. 작가의 말을 빌리자면 비록 망명하지는

34 『화두』 2부, 226쪽.

35 위의 책, 74-75쪽.

못했지만 점령 시대를 사는 작가로서 "이상(李箱)적인 것"을 통해 정직하게 살며 "조명희적인 것"을 구현하려 한 셈이다.[36] 자신의 문학에서 근대 작가와의 빙의를 통한 문학적 망명의 방식은 현실에서 망명하지 못했던 죄책감을 보상받는 방편이 되고, 또한 동시대의 작가들과 차별화되는 지점이 되기도 한다.

베를린 장벽의 철거와 구소련의 멸망으로 연속되는 현실사회주의의 붕괴는 작품으로 망명했던 작가의 반세기 창작의 세월을 보상하는 계기가 된다. 소련은 혁명의 나라였고, "조국은 감옥이고 동포 대중은 노예"였던 상황에서 포석 조명희도 그래서 소련으로 갔던 것인데, 민족의 해방을 위해 꿈의 실현지로 알고 간 곳에서 일본의 스파이라는 죄목으로 총살당한 조명희의 행적은 현실의 부정성을 입증하는 또 하나의 계기가 된다. 특히 작가가 소련 기행 중 입수한 조명희 문건은 러시아혁명 초기의 정신적 경향을 다룬 연설문이라는 점에서 변질된 소련의 정치와 갈라선 입장을 전달하고,[37] 결국 소련체제의 붕괴는 사회주의의 꿈이 현실에서 실현되지 못했음을 의미한다. 이에 작품에서 북한체제 비판에 일관되었던 최인훈 자신의 입장이 증명되는 순간이 도래한다.

W의 중학교의 그 밤과, 고등학교 문학교실에서의 감상문 사건 사이에

---

36 "욕심을 말하자면 이상과 조명희를 합해놓는 것이 나의 일이었지요. 조명희에게는 이상적인 것이 없고, 이상에게는 조명희적인 것이 없다면, 나는 그들을 가장 추상적인 의미에서의 문학이라는 언어로 묶고 싶었던 것이에요. 그러나 같은 점령 시대를 살았으면서도 분명히 양극단인 그들은 스펙트럼의 왼쪽 끝과 오른쪽 끝에서 각각 정직하게 살아갔고, 그래서 그들은 범속의 레벨을 뚫고 살아남을 수 있었던 거지요."(최인훈·김인호 대담, 「작가의 세계 인식과 텍스트의 자기 증명」, 김인호, 앞의 책, 283쪽).

37 방민호는 『화두』에 제시된 조명희 문건을 레닌의 글로 보고 있으며, 그에 따라 "냉철하고도 생동감 넘치는 '이성'"을 발견한다(방민호, 「현실을 바라보는 세 개의 논리」, 『비평의 도그마를 넘어』, 창작과비평사, 2000, 25쪽 참조).

내가 돌봐온 구도를 일시에 허물어뜨렸다. 고등학교 문학시간의 한 단원에 대한 완전학습이 이루어지자면 이렇게 한 생애가 필요하고, 역사가 갈 데까지 가기 전에는 정답이 나오지 않는 것이 내가 산 세월의 문학시간이었다. 「낙동강」이란 '명문'만 있었을 뿐, 『자본론』이란 '명문'만 있었을 뿐, 그에 걸맞은 현실은 비슷한 것도 지구의 그 부분에는 없었다는 결론인가?[38]

이제 작가는 지도원 교사를 두려워할 필요가 없다. 그리고 그간의 창작을 통해 입증한 소설 속 세계의 입장이 정당성을 획득하게 된다. 이에 『화두』에 이르면 최인훈은 조명희라는 유사 아비로 자신의 생애에 자리 잡았던 이념의 주박에서 풀려난 자유로운 자아를 만나게 된다. 초기작에서 시도했던 에고의 정위는 작가 말년의 대표작(lifework) 『화두』를 통해 가능해진 것이다.

## 4. 문학으로 망명한 무소속의 작가

그 시간 동안에 일어난 사실은 그 이전 적어도 이 세기의 처음에서 그때 1945년까지 사이에 일어난 일의 계속이었다. 그 일은 또 그 이전의 몇 백 년 동안에 일어났던 일의 연속인 것은 당연하지만 거기까지 가지는 않는다 치더라도, 이 세기에 일어난 일들이 1945-1950년 사이에 한 곳으로 밀고 들어와서 나갈 길을 찾다가 저 여름의 전쟁이 된 것이었다.[39]

38 『화두』 1부, 295쪽.

39 위의 책, 124쪽.

이로써 남과 북을 잇는 월남 작가의 존재론이 최인훈이라는 작가의 작품세계를 관통하는 일관된 주제의식이었음이 입증되었다. 『광장』에서 제출되었던 '광장(사회)'과 '밀실(개인)'의 화두가 『화두』에서 해명되기에 이른다. 소련의 붕괴와 조명희의 억울한 죽음이 밝혀지면서 현실의 부정성이 입증되고 자신은 법정에 세워졌던 피고의 신분에서 풀려나게 된 것이다. 동시에 작가는 작품으로 망명하여 문학 안에서 올바름을 판가름하고자 했던 세월을 보상받는다. 현실과 마주했던 씨애질의 기록은 일관된 작가의식으로 평가되고 있기 때문이다.

북한의 해방공간에서 형성된 화두로 인해 현실에서는 불가능하지만 소설에서는 이루려 했던 이상적 아비 찾기의 여정은 아비의 원통한 죽음을 통해 현실의 부조리함을 목도하고 아비와 결별할 수 있게 됨으로써 이념의 예속에서 풀려나 에고를 정위하게 한다. 『화두』의 자전적 서사는 작가 최인훈의 생애와 작품이 얼마나 연관되어 있는지를 잘 보여준다. 남과 북의 경계에서 탄생한 한국의 지식인이 냉전체제의 종식에 따라 미국과 구소련을 실제로 가보고 그 경험을 토대로 『화두』라는 작품을 엮은 것은 우연일까? 화두의 구조가 미국(1부)과 소련(2부)의 기행문으로 이루어진 바는 자못 의미심장하다. 남북체제 어디에서 소속되지 못하고, 미국과 소련으로 대표되는 강대국의 힘겨루기 현장의 경계에 위치해야 했으며, 거기에서 길어올린 문제의식을 평생의 화두로 삼고 풀어내려 했던 작가 최인훈은 그런 의미에서 '경계지식인'이다. 경계지식인 최인훈은 고향이 환기하는 기왕의 헤게모니를 갖지 않은 자이자, 집단에의 소속이 주는 안정성을 자발적으로 이탈한 자로서 한국문학사의 예외적 작가로 자리를 마련한다.[40]

40 발레리 케네디, 『오리엔탈리즘과 에드워드 사이드』, 김상률 옮김, 갈무리, 2011.

해방공간과 한국전쟁을 통해 정치와 개인이라는 화두를 형성하게 된 작가 최인훈은 작가인생 내내 그 화두 풀이에 골몰한다. 그를 위해 근대 문인들과 빙의를 통해 식민지 시대를 문제 삼고, 한반도를 넘어서는 시야를 확보한다. 한국적(지방적)인 겪음을 통해 형성된 화두를 풀어나가는 일관된 작품세계를 통해 20세기 한반도를 넘어 세계사를 남다르게 기록해낸 것이다. 남다른 초자아 형성과 그것의 풀이에 집중했던 최인훈의 작가인생, 이것이 한국문단에서 예외적인 작가일 수 있었으며, 한국의 지성사에서 단연 돋보이는 자리를 차지한 작가 최인훈에 대해 가능한 현재적 평가일 것이다.

7장

# 최인훈의 전쟁소설과 개인의 발견

## 1. 한국전쟁과 최인훈

최인훈은 「그레이 구락부 전말기」와 「라울전」을 추천 받아 등단한 것으로 되어 있지만, 최초의 습작품은 『두만강』이었고, 두고 온 고향에 대한 이야기인 그 작품은 미완성으로 남아 있다. 작가에 따르면 최초의 습작은 1952년 봄 피란수도 부산에서 이루어졌다.[1] 당시 불안한 마음을 달래기 위한 자기방어에서 비롯된 창작은 "나는 누구인가?" 하는 공포에서 비롯되었으며, 이는 전쟁통 월남과 부산에서의 대학생활이라는 1952년의 상황과 밀접할 것으로 보인다. 전쟁을 겪었을 뿐 아니라 전쟁으로 생활이 송두리째 달라진 개인이 자신을 실존의 공포로부터 보호하

1 최인훈, 「원시인이 되기 위한 문명한 의식」, 『길에 관한 명상』, 최인훈 전집 13, 문학과지성사, 2010, 17쪽.

기 위한 기제로 시작된 소설쓰기라는 점에서 최인훈의 작가인생은 한국 전쟁에서 비롯되었다 해도 과언이 아니다.[2]

산문 「전쟁소설」에서 최인훈은 "아직도 우리는 이 전쟁 속에 있다"고 쓰고 있다.[3] 이는 1960년대 후반의 삶이 여전히 전쟁과 깊숙이 결부되어 있다는 의미이며, 소설가로서 한창 창작이 진행되던 시기에 그의 소설이 보여주던 생의 감각이기도 했던 것이다. 전쟁소설에 대한 작가의 의견을 조금 더 인용해보자면 다음과 같다. "많은 사람들이 이 전쟁에 대해서 썼지만 아직 우리는 다 쓰지 못했다. 6·25라는 경험은 여러 겹의 의미가 중복된 사건이었다. 가장 원시적인 의미에서 사람과 사람이 서로 죽인다는 기본적 도식 위에 그것이 같은 민족의 싸움이었다는 것, 정치적 견해를 달리하는 체제 간의 싸움이었다는 것, 그리고 국제적으로 연대되는 전쟁이라는 것—이런 국면들이 겹친 사건이었다."[4] 요컨대 작가 최인훈이 생각하는 전쟁은 같은 민족 간의 살상이었기에 더욱 비극적이었고, 이데올로기에서 비롯된 싸움이었지만 실상은 미소 냉전체제의 대리전이었다는 점에서 특수하고 복합적이다. 심지어 전쟁의 영향이 소설이 쓰이는 당대의 시점에도 미치고 있다는 점도 간과할 수 없다. 그런 의미에서 한국전쟁을 형상화한 한국전쟁소설만이 갖는 특수한 성격은 작가의 작품에서도 중요한 원리로서 작동되고 있다.

---

2 전쟁이라는 폭력적 사건의 기억을 상기시키면서, 그들 '사건'의 폭력성으로 인해 정신적 외상을 입고 과거 기억의 수인(囚人)이 된 채 현재를 살아가는 사람들의 이야기를 논의의 대상으로 삼고 있는 오카 마리의 『기억·서사』(김병구 옮김, 소명출판, 2004)의 접근이 이 글에서 논의의 초점으로 삼고 있는 최인훈의 전쟁소설쓰기와 유사한 점이 많다는 점에서 작품 분석 시 참고하고자 한다.

3 「전쟁소설」은 문인협회가 간행한 『한국 전쟁 문학 전집』에 대한 발간사의 성격을 갖는 글인데, 『한국 전쟁 문학 전집』의 간행년도가 1969년이라는 점에서 위의 진술은 작가가 왕성하게 창작하고 있을 즈음의 생의 감각이라고 미루어 짐작할 수 있다.

4 최인훈, 「전쟁소설」, 『문학과 이데올로기』, 최인훈 전집 12, 문학과지성사, 2009, 115쪽.

1960년대 당대적 시각에서 이루어진 1950년대의 전후소설에 대한 야박한 평가를 의식하듯[5] 그는 1950년대의 전쟁소설을 1960년대에 미달한 수준으로 평가하는 대신 색다른 분류법으로 시대적 차이에 대해 접근한다. 1950년대 전쟁소설은 한국전쟁을 "사회사적-문명사적 좌표"에서 정립하려 한 것으로, 1960년대 전쟁소설은 "개인사적-일상 감각의 좌표"에서 정립하려 한 것으로 정리하며, 두 단계에서 모두 작업이 이루어졌다는 점에서 한국소설의 성과를 찾고 있다. 기존 연구사[6]에서는 1950년대의 전후소설과 달리 1960년대에 와서야 전쟁에 대한 형상화가 성숙되었다는 근거를 『광장』에서 찾고 있는 바, 이는 『광장』에 대한

5 전쟁의 충격이 워낙 컸기에 전후소설은 대체로 서사 양식 미달 상태에서 벗어나지 못했던 것으로 판단된다. 대상의 객체화가 이루어지지 못했던 것인데, 전후소설이 배태하고 있던 가능성의 싹들이 발아, 결실되는 것은 60년대에 들어서이다(김윤식·정호웅, 『한국소설사』, 문학동네, 2000, 379-380쪽). 여타의 문학사나 기존 연구의 시각 역시 이와 크게 다르지 않다.

6 전쟁으로 인한 정신적·물질적 폐허 위에서 이룩된 전후문학은 앞장에서 살폈듯, 여러모로 불구적인 상태에 머물렀다. 그것을 넘어서려는 지향이 치열했고 극복 가능성의 싹들이 이미 움돋고 있었지만, 그것의 본격적인 개화는 1960년의 4·19로 인해 비로소 가능했다. 최인훈의 『광장』(1960)과 이호철의 『소시민』(1965)이 그 선구이다(위의 글, 383쪽). 『광장』이 "1950년대 직접적인 남한 현실 비판과 남한을 버리고 중립국 선택을 자원한 주인공"에게 가해질 수 있는 박해를 벗어난 가시적인 성과의 하나로 취급되어야 함을 뜻한다(…)여기에는 전쟁의 본질 해명과 같은, 50년대 전후소설이 감당할 수 없었던 성찰이 비로소 확보되면서 분단문제가 전면적으로 제기될 수 있었다는 사실을 반드시 감안해야 한다(유임하, 「수난의식의 극복과 분단현실 인식의 방법적 전환: 60년대 초반 소설에 나타난 전쟁의식과 분단인식 상」, 『인문사회과학연구』 창간호, 1998, 3-4쪽). 4·19는(…)실질적으로는 좌·우 냉전 이데올로기 자체를 담론의 대상으로 삼을 수 있는 '자유'를 선사했다(…)전쟁과 분단을 개인적 체험의 영역에서 현상적으로 재현하는 것이 1950년대 전후소설의 특징이라면, 4·19를 계기로 그것은 개인과 사회, 그리고 실재와 이데올로기의 관계성을 질문하고 구조화하는 방식으로 재구성된다. 최인훈의 소설이 분단 현실을 이데올로기 갈등 문제로 추상화시켰다는 비판을 받지만, 그가 실존했던 시공간의 문맥 속에서는 그러한 접근이 반공 이데올로기에 종속된 1950년대의 문학적 인식을 극복하기 위한 불가피한 과정이었음을 이해할 필요가 있다(서은주, 「소환되는 역사와 혁명의 기억: 최인훈과 이병주의 소설을 중심으로」, 『상허학보』 30, 2010, 143-146쪽).

긍정적 평가와 결부되며, 한국전쟁소설의 문학사적 기점을 『광장』 전후로 나누고 있다고 말할 수 있을 정도다. 그리고 최인훈 스스로가 분류한 전쟁소설의 기준에 근거해볼 때, 『광장』이 이명준 개인에게 드리우고 영향을 미친 전쟁의 여파를 다루었다는 점에서 작가의 전쟁소설은 "개인사적-일상적 좌표"에 놓여 있으며, 문학사의 평가에 의지한다면 그러한 좌표에서 최초의 시도로 보는 데에는 재론의 여지가 없을 것이다.

이정숙은 6·25 전쟁이 문학 속에 형상화되는 방식을 몇 가지 유형으로 분류하고,[7] 그중 『광장』을 이데올로기를 다룬 소설로서 위치 지우고 있다. 서영채는 한국전쟁의 외상으로부터 어떻게 새로운 주체화의 가능성이 모색되는지를 죄의식과 관련하여 파악함으로써 장용학과 김승옥의 사이에서 최인훈 소설이 갖는 세대론적 위상을 입증하고 있다.[8] 말하자면 『광장』의 최인훈은 장용학으로 대표되는 세계에서 김승옥으로 대표되는 영혼의 모습으로 살고 있다는 것이며,[9] 그러한 점에서 관념의 세계에서 나아가 한반도라는 특정 시공간에 자신을 정위하고자 하는 주체가 이명준인 셈이고, 사회와 유리된 개인주의에 함몰되지 않았다는 점에서 세대론적 의의를 발견하고 있다. 공종구는 최인훈의 단편소설 연구에서 「우상의 집」을 당시 한국전쟁에 대해 갖고 있던 혼란과 무기력이 투영된 것으로 해석하고 있다.[10] 이 외에도 최인훈 문학 연구에서 한국전쟁과 연관된 해석이나 분석은 많지만, 『광장』의 작가, 4·19 작가라

7 이정숙은 이를 ①전쟁 체험과 상처를 그린 소설, ②이데올로기를 다룬 소설, ③어린 시절 전쟁의 흔적을 어른이 되어 그린 소설, ④현재를 배경으로 전쟁과 분단의 문제를 다룬 소설, ⑤외국을 배경으로 이산가족의 문제를 다룬 소설 등으로 나누어 분류하고 있다(이정숙, 「6·25 전쟁 60년과 소설적 수용의 다변화, 그 심화와 확대」, 『현대소설연구』 45, 2010, 11쪽).

8 서영채, 「최인훈 소설의 세대론적 특성과 소설사적 위상: 죄의식과 주체화」, 『한국현대문학연구』 37, 2012.

9 위의 글, 312쪽.

10 공종구, 「최인훈의 단편소설」, 『현대소설연구』 34, 2007.

는 후광이 강력하게 작동되어서인지 한국전쟁의 키워드를 전면화하여 논의한 경우는 많지 않다.

이 장은 최인훈의 전쟁소설을 다룬다. 기실 최인훈의 모든 작품은 전쟁소설이기도 하고 아니기도 하다. 전쟁을 주요 소재로 다루고 있는 작품은 거의 찾을 수 없고, 일부분 전쟁 체험이 드러나는 작품은 『광장』과 단편 몇 작품에 불과하다[11]는 점에서 본격적인 전쟁소설의 범주에 넣기 어려울 수도 있다. 그러나 한편 작가의 모든 작품이 전쟁 체험에서 자유롭지 못하다는 점에서 전쟁소설의 넓은 범주에 포섭될 수도 있다. 작가의 여러 작품에서 반복적으로 재현되는 '폭격 체험', 'LST 체험' 등이 한국전쟁의 실제 체험에서 기인하기 때문이다.

따라서 이 글에서는 분석 대상 작품을 한국전쟁에 대한 인물의 체험을 다루거나 기억이 담긴 경우로 제한하고자 하며, 그에 따라 그동안 최인훈 연구사에서 상대적으로 소외되어온 단편소설을 여러 편 포함하려 한다. 그에 해당하는 작품은 발표순으로 「9월의 달리아」(1960), 「우상의 집」(1960), 『광장』(1960), 「금오신화」(1963), 『회색인』(1963-1964), 「전사(戰史)에서」(1964), 『서유기』(1966-1969), 「하늘의 다리」(1970), 「낙타섬에서」(1970)이다. 2절에서는 전쟁이 개인의 삶에 직접적으로 영향을 미친 경우를 통해 사회와 개인의 관계에 천착하는 작품을 다룰 것이며, 3절에서는 폭격, 피란 등의 전쟁 체험이 나타난 작품을 중심으로 원체험으로 반복되며 형상화되어 가는 과정을 추적할 것이다. 4절에서는 전후의 삶에서도 전쟁의 속성이 찾아지는 작품을 통해 전쟁을 파악하는 작가적

11 "최인훈의 소설에서 직접적으로 한국전쟁을 다루는 경우는 『광장』밖에 없고, 그것도 전쟁 자체를 그리기보다는 전쟁으로 파괴되는 인간성, 절박한 사랑, 그리고 이데올로기적 대립 등을 그리고 있다"는 김인호의 논의를 참고할 수 있다(김인호, 「기억의 확장과 서사적 진실: 최인훈 소설 『서유기』와 『화두』를 중심으로」, 『국어국문학』 140, 2005, 146쪽).

시각을 규명해보고자 한다. 이처럼 각 절마다 다루는 작품과 주제가 다르듯이 최인훈의 작품에서는 전쟁의 체험과 기억이 끊임없이 나타나면서도, 작품마다 차이를 갖는 반복적 재현이 이루어진다는 점이 특징적이다. 실존의 공포로부터 비롯된 작가의 글쓰기가 작품마다 반복 재현되는 전쟁의 원체험과 밀접하게 관련된다는 가정하에 이 글에서는 궁극적으로 한국전쟁의 영향이 깊게 드리운 최인훈의 작품세계를 분석해보고자 한다.

## 2. 상징계의 잉여로서의 젊은이들

『광장』은 후반부에서 한국전쟁을 직접 다루고 있고, 전쟁통에 은혜가 사망했다는 점에서 전쟁이 상당히 중요한 소설적 장치로 작동하고 있다. 그리고 작가 스스로 『광장』을 전쟁소설이라 명명하고 있기도 하다.[12] 그와 더불어 초기작 「금오신화」, 「9월의 달리아」는 전쟁이 개인의 운명에 작동한 각 장면들이 제공된 작품들이다. 그리고 이 모든 작품들은 공통적으로 전쟁에 직간접적으로 동원된 젊은이들의 예외 없는 비극에 집중하고 있다는 점에서 주목을 요한다.

『광장』의 주인공 이명준은 누리를 위해 "갈빗대가 버그러지도록 뿌듯한 보람을 품고 살고자"[13] 했던 젊은이였고, 이후 직접 경험한 사회는 남한체제든 북한체제든 환멸만을 가져다주었으므로 자발적으로 두 체제 모두를 거부한 채 제3국을 선택했다는 점에서 매우 주체적인 태도를

12 최인훈, 「전쟁과 죽음」, 『문학과 이데올로기』, 119쪽.

13 최인훈, 「광장」, 『광장/구운몽』, 최인훈 전집 1, 문학과지성사, 1994, 64쪽.

지닌 인물형으로 분류된다. 그러나 전쟁은 은혜를 앗아가버림으로써 명준에게 마지막으로 남은 사랑의 광장마저 회수하는 폭력적 기제로 작동한다. "생활이 정치라는 모습을 띠고 정치가 전쟁이라는 모습을 띠었던 시대"[14]에 정치는 객체가 아닌 주체적 삶을 살고자 했던 이명준을 좌절시키고, 종국에는 개인적 영역에까지 개입하여 삶을 송두리째 파괴하고 있다.[15] 이명준과의 비교를 위해 작가의 다른 작품을 살펴보기로 하자.

「금오신화」는 A라는 인물의 운명에 관한 소설이다. 전쟁이 발발하던 해 대학 2년생이었던 A는 어느 날 거리에서 의용군으로 붙들려 납북된 후 흥남 비료공장의 노동자로 살게 된다. 그러던 어느 날 A는 대남 간첩으로 발탁되어 특수임무를 부여받는다. 당의 요구에 의해 자서전을 써가면서 너무나 평범한 지난날에 대해 스스로도 어떤 슬픔을 느낄 만큼 A는 정치와 무관한 유형의 인물이며, 또한 익명성을 담보한 명명법을 통해 A에게는 당대 이 땅의 보통 젊은이로서의 대표성이 부여된다.[16]

---

14 최인훈, 「전쟁과 죽음」, 앞의 책, 120쪽.

15 최인훈은 '전쟁은 정치의 연장'이라는 클라우제비츠의 유명한 공리에 근거하여 해방기와 한국전쟁을 "생활이 정치라는 모습을 띠고 정치가 전쟁이라는 모습을 띠었던 시대"로 파악하며 중요한 소설적 장치로 작동시킨다. 여기에 남북한 양 국가에 대해 사회가 국가를 결정하는 국가 및 사회 형성의 모델이 아니라, 군사가 정치를, 정치가 경제사회를 결정하는 국가 형성의 모델인 '군사주의 국가'로 보는 김동춘의 설명이 작가의 시각을 뒷받침한다(김동춘, 『전쟁과 사회: 우리에게 한국전쟁은 무엇이었나』, 돌베개, 2000, 50-51쪽 참조).

16 북한은 처음에는 의용군을 동 단위로 모집했으나 나중에는 거리에서 무조건 잡아가기도 했다. 남한에서만 약 20만 명에 달하는 젊은이가 의용군으로 징집되었다. 집결된 의용군부대 중 경북은 안동여단, 충남은 대전여단, 전남은 광주여단으로 불렸다. 이렇게 반 자원 반 강제로 모집된 의용군의 수는 전국에서 모두 40만을 헤아렸다고 한다(위의 책, 175쪽); 이러한 통계적 사실은 서울 거리에서 우연히 붙들려 인민군이 되었다는 A라는 인물 설정은 작위적이라기보다 오히려 A라는 명명법이 환기하듯 한국전쟁 당시의 일반적 상황을 재현한 것이다.

질소비료공장의 생활은 하나의 움막에서 50명의 노동자가 거처하고, 그들을 "1200칼로리 아래로 처지는 성욕마저 아슴푸레하게 만드는 생활"로 "불거진 광대뼈, 푹 꺼진 눈동자, 늙은 노동자의 그것처럼 지쳐" 있는 상태에 놓이게 했다. 그런 상황에서 대남 간첩으로 발탁된 것은 A에게는 그런 상태에서 어쨌든 벗어난다는 기쁨을 주는 것이었다. 몇 달이 걸린 밀봉교육 기간 동안 A는 남하하자마자 자수하고 어머니께 효도하자고 다짐한다. 그러나 A는 깜깜한 밤 임진강을 건너다 간첩 현상금을 노리던 일당에게 죽임을 당한다. A의 허망한 죽음으로 끝을 맺는 「금오신화」에는 시체에서 빠져나온 넋이 자신의 운명을 애도하는 다음의 소설적 장치가 부여되어 있다.

> 그는 이제야, 그 시체가 얼마나 못났는가를 어렴풋이 깨달았다. 멍청하니 학교를 다니다가, 길거리에서 붙잡혀 의용군이 되고, 하필 간첩으로 월남하다가 이 꼴. 그 마디의 어느 하나에도 그의 뜻이 들어 있지 않았다. 그러나 내가 무엇을 잘못했단 말인가. 내가 잘못한 것은 무엇인가.
>
> 그 두 가지 생각이 A에게 노여움과 슬픔을 한꺼번에 가져다주었다.[17]

"의용군", "간첩"과 같은 말에는 "그의 뜻이 들어 있지 않았다"는 A의 뒤늦은 깨달음에 의하면 넋은 상징계의 잉여분, 즉 실재의 형상에 해당한다.[18] 살아생전 A는 사회주의든 민주주의든 어떤 이념적 집단에도 소

---

17 최인훈, 「금오신화」, 『웃음소리』, 최인훈 전집 8, 문학과지성사, 2009, 254-255쪽.

18 라캉에 의하면 실재계란 상징화를 벗어나는 모든 영역을 의미한다. 일상 속에 나타나는 환상, (상징계적) 주체 탄생 시 잃어버린 어떤 것, 언어적 질서로 표현하지 못하는 욕구의 찌꺼기 등이 그것이다. 실재는 상징계에 동화되지 않는 여분 혹은 상징화에 대한 저항을 통해 자신을 알리는 것이라 할 때, 상징계적 질서에 속하지 못한 A의 넋이 유령으로 되돌아옴은 실재의 형상이라 해석 가능하다(김석, 『에크리: 라캉으로 이끄는 마법의 문자들』, 살림, 2007,

속되어 있지 않았다. 그러나 한반도는 거대한 두 집단으로 나뉘어 어느 편으로든 소속될 것을 요구했으며, 두 집단의 갈등이 전쟁으로 치닫게 된 상황에서 A는 우연히 북한체제에 의해 "의용군"으로 호명된다. 그에 따라 A는 의용군이 되지만 북한체제의 호명에 완전히 복종하지 못한 채 잉여 부분을 남기게 된다.[19] 매일 밤 소리 없는 울음을 우는 A만의 의식,[20] 그런 상태에서 벗어나게 됐을 때의 기쁨은 완전한 복종이 이루어지지 않았음을 증명한다. 이후 "간첩"으로 호명되었을 때도 마찬가지다. 그는 당의 명령에 복종하지만 반복 복종은 잉여분을 남긴다. A는 밀봉교육을 성실히 이수함으로써 충실한 복종을 수행하지만, 남하하자마자 자수하고 어머니께 효도하자는 다짐을 통해 당의 명령을 삐딱하게 수행한다. 그는 당의 명령에 완전히 복종하지 않고 상징계에 잉여분이 남음으로써 그의 정체성은 불확실해진다. 마침내 깜깜한 밤 임진강을 건너던 A는 간첩 현상금을 노리던 일당에게 허무하게 죽는다. "돈 벌고 대한민국 애국자야."라는 남쪽 사람들의 말은 반공주의와 자본주의의

---

236-243쪽 참조).

19 알튀세에게 주체는 이데올로기가 호명할 때 그에 응답함으로써 탄생하는 것이라면, 버틀러가 말하는 주체는 그 호명에 완전히 복종하지 않고 잉여 부분을 남김으로써 완전한 복종도, 완전한 저항도 아닌 복종을 하는 것이다. 말하자면 오인의 가능성 때문에 주체는 호명된 이름이 지칭하는 정체성을 완전하게 달성할 수 없다. 그에 따라 상징계에 의해 완전하게 총체화될 수 없는 상상계적 요소가 남고, 상징계적 질서를 불안정하게 만든다고 이해되는 버틀러의 '반복 복종의 정체성'은 최인훈 작품의 상상계(환상)적 영역을 설명하는 데 유효한 시각을 제공한다(주디스 버틀러, 『젠더 트러블』, 조현준 옮김, 문학동네, 2008, 27-28쪽 참조).

20 50명의 인원이 잠자는 자리로서는 너무나 비좁았으나, 그래도 A는 이 움막을 사랑하였다. 왜냐하면, 잠자는 시간에만은 그는 자기가 되어볼 수 있었기 때문이었다. 때에 전 이불을 뒤집어쓰고, 그 밑에 가려진 캄캄한 공간 속에서, 그는 소리 없이 울 수 있었기 때문이었다. 그는 소리도 내지 않고, 느끼지도 않고, 물론 눈물도 흘리지 않고 울음을 운다는 기술에 익숙해 있었다(최인훈, 앞의 책, 223쪽).

절합을 보여줌으로써[21] 왜곡된 이데올로기와 변질되어버린 기의로서 남한의 체제를 암시한다. 분명한 것은 전쟁 이후의 한반도에서는 북한 체제든 남한체제든 이념의 호명에 응답하지 않는 자는 상징계적 주체로 설 자리가 주어지지 않았다는 점이다. 불확실한 정체성으로 상징계적 질서에 온전히 응답하지 못한 A는 비극적인 죽음 후 유령으로 귀환한다. 시신에 올라타 자신을 내려다보는 유령은 사회주의와 민주주의, 혹은 북한체제와 남한체제의 충돌이었던 '전쟁'이라는 거대한 사건과 그것이 함의하는 거대서사가 떨군 잉여와 다름없다.[22] 최인훈의 전쟁소설에는 상징계적 질서에 소속되지 못한 A와 같은 사람들, 자신의 뜻과 무관하게 전쟁에 동원된 사람들, 그리고 존엄이나 가치 없는 죽음을 맞이한 숱한 사람들의 유령이 출몰한다. 전쟁을 일으키고 지탱한 수많은 당위의 말들과 이념의 체계를 지워나가는 과정에서 A의 넋과 같은 유령들, 실재의 형상들이 보이기 시작한다. 전쟁은 정치에 전혀 무관심한 당대의 한 젊은이의 삶을 송두리째 바꾸어놓고 심지어 목숨까지도 박탈한다. 최인훈의 소설은 이처럼 실재의 귀환을 통해 억압된 것의 회귀를 가시화한다.

여기까지 살펴봤을 때, 『광장』의 이명준과 「금오신화」의 A는 사회를 대하는 자세에서 언뜻 대조적 인물형으로 보일 수 있다. 이명준은 주체적으로 체제를 선택하고 자발적으로 체제를 이탈하는 것처럼 보이기 때문이다. 그러나 싸늘한 주검이 되어버린 이명준과 A의 운명이 다르지 않듯이 애초부터 이들의 삶은 다르지 않았다. 명준이 북으로 가는 밀수

---

21 허병식, 「간첩의 시대」, 『한국문학연구』 46, 2014, 25쪽 참조.

22 지젝은 실재를 상징계 이후에 발생하는, 상징계 내부의 실패나 공백으로 나타나는 상징화에 저항하는 잉여로 본다(토니 마이어스, 『누가 슬라보예 지젝을 미워하는가』, 박정수 옮김, 앨피, 2013, 61쪽).

선을 타게 된 것도 썩은 밀실만 가득한 남한 사회에 대한 환멸과 북한 사회에 대한 이상 때문이 아니다. 갑자기 자신의 아비가 북한의 유력인사로 생존해 있다는 것을 알게 되고, 그로 인해 형사의 취조와 구타를 당해야 했기 때문이다. 그런 그에게 이념이나 체제는 선택 가능한 것이 아니었다. 앵무새처럼 구호만 외치는 잿빛 공화국인 북한 사회에 대한 환멸과 부적응, 자아비판의 괴로움에 이념의 세계를 등지고 은혜와의 사랑이 충만한 세계를 꿈꾸었으나 전쟁으로 인해 은혜를 잃는다. 넓은 부채꼴에서 점점 안으로 오므라들다 부채의 사북자리까지 쫓겨온 이 과정의 어디에도 명준의 뜻은 한 오라기도 들어 있지 않았음을 알 수 있다. 이처럼 『광장』의 명준은 상징계적 호명에서 애초에 배척당한 자로서 남한체제에도 북한체제에도 소속되지 못한 개인으로 표상된다.

은혜의 죽음으로 명준의 삶은 철저히 파괴되었다. 전쟁통에 은혜를 잃고 인민군 장교로 참전한 명준이 서울에서 변태식을 고문하고 윤애를 능욕하려는 장면은 비열하지만 그래서 개연성을 갖는다.[23] 삶이 송두리째 망가진 개인이 온전한 정신을 유지할 수는 없다. 은사의 아들과 과거의 연인에게 가하는 위악적 행위는 악의 화신으로 변모하고 미쳐가는 명준의 정신 상태를 잘 보여준다. 그리고 이어서 다음 『광장』의 마지막 장면을 보면 환각에 시달리고, 갈매기를 은혜와 딸로 착각하는 명준이 나온다.

> 큰 새 작은 새는 미칠 듯이, 물속에 가라앉을 듯, 탁 스치고 지나가는가 하면, 되돌아오면서, 그렇다고 한다. 무덤을 이기고 온, 못 잊을 고운 각시

---

23 이런 맥락에서 봤을 때 최근의 개작은 변태식을 폭행하고 윤애를 능멸하는 이 에피소드를 이명준의 꿈으로 처리하고 있다는 점에서 채택하지 않고자 한다. 점차 광기의 영역으로 넘어가는 이명준에 집중하고 있는 이 글은 개연성의 측면에서 2010년 판본을 따르지 않는다.

들이, 손짓해 부른다. 내 딸아. 비로소 마음이 놓인다. 옛날, 어느 벌판에 서 겪은 신내림이, 문득 떠오른다. 그러자, 언젠가 전에, 이렇게 이 배를 타고 가다가, 그 벌판을 지금처럼 떠올린 일이, 그리고 딸을 부르던 일이, 이렇게 마음이 놓이던 일이 떠올랐다. 거울 속에 비친 남자는 활짝 웃고 있다.[24]

거울에 비친 명준의 웃음에서 광기가 감지된다.[25] 전쟁의 폭력성에 삶과 정신까지 송두리째 파괴당한 개인으로서 이명준은 환각에 시달리다 자살하고 만다. 이때 갈매기 환상은 상징계 내부의 실패와 공백에 해당하는 실재의 귀환일 것이다. 결국 남한 사회에도 북한 사회에도 온전히 소속되지 못한 잉여로서의 명준은 상징계 질서의 틈, 광기의 영역에 위치하게 된다. 이에 『광장』은 한국전쟁을 전후한 당대의 상징계 질서의 부정성을 가시화하고 그 질서에 의해 망가진 개인을 암시하는 서사로 읽히게 된다.

「9월의 달리아」에는 지쳐 무기력해진 패잔병 인민군 장교가 등장한다. UN군이 발행한 귀순권(歸順券)을 도랑물에 띄워보내는 그의 행위는 전쟁의 무의미함과 더불어 삶에의 무의지와 체념을 보여준다. 또한 그가 인민군에 소속되어 있으면서 UN의 귀순권을 쥐고 있다는 점은 또 다른 해석을 요한다.

친애하는 인민군 장병 여러분!

---

24 최인훈, 『광장/구운몽』, 최인훈 전집 1, 문학과지성사, 1994, 208-209쪽.

25 실재는 환각적 형태로 상징계에 침투한다. 특히 라캉은 정신병의 사례들에서 볼 수 있는 환각이 억압된 것의 회귀와 관계된다고 말하면서 그것을 실재계의 예시로 제시한다. 이런 의미에서 라캉을 실재를 광기의 장소로 정의하기도 한다(김석, 앞의 책, 241-242쪽).

이 귀순권(歸順券)은 여러분이 UN군 진지로 귀순해올 때 여러분의 안전을 마련하기 위하여 보내드리는 것입니다. 여러분의 뜻을 알리기 위하여 이 귀순권을 UN군 장병에게 내놓으십시오.

년 월 일

UN군 총사령관

더글라스 맥아더[26]

위의 귀순권은 소속을 강제하는 상징계의 호명 행위에 해당한다. 귀순권을 내놓으면서 UN의 호명에 복종하든지 귀순권을 버리고 인민군의 호명에 복종하든지 둘 중 하나에 소속되어야 상징계의 주체가 될 수 있다. 그러나 전쟁에 지쳐 발걸음도 겨우 내디디는 이 젊은이의 앞날은 위태로워 보인다. 그는 마치 악의 화신처럼 우연히 맞닥뜨린 민가의 아낙을 우발적으로 살해한 뒤 소중히 간직해온 듯한 귀순권을 도랑물에 띄워 보낸다. 이러한 그의 손길에서는 짙은 체념이 배어난다. 이후 그를 발견해 태운 인민군 트럭이 전복되어 탑승해 있던 인민군들이 몰살한 장면에서는 기총소사의 흔적을 통해 인민군 장교의 의도적 자해 행위가 짐작된다. 전쟁의 피로, 폭력의 만연, 명분의 부재, 소속감 부재를 강렬하게 보여주는 장편(掌篇) 「9월의 달리아」는 '인민군'과 'UN'의 사이에서 어디에도 온전히 소속되지 않음으로써 초래된 한 젊은이의 비극을 보여준다. 상징계적 질서의 분열에 복종하지 않으려 했던 그 젊은이는 광기의 영역으로 이행하고, 결국 죽음을 맞이하게 된다.

이처럼 최인훈의 초기작 『광장』과 「금오신화」, 「9월의 달리아」는 '전쟁'이 함의하는 이념의 체계와 상징계의 질서에 미처 소속되지 못한 수

---

26 최인훈, 「9월의 달리아」, 『웃음소리』, 최인훈 전집 8, 문학과지성사, 2009, 109쪽.

많은 젊은이들이 남긴 잉여가 광기와 유령으로 출몰하는 실재의 귀환을 보여주는 작품이라는 점에서 의미심장하다. 그리고 이후 작가의 소설은 적대적 실재가 출몰하는 환상성의 영역으로 나아감으로써 합리적 이성의 영역 대신 불온한 광기의 영역이 펼쳐진다. 그리고 자신이 새로이 열어젖힌 그 소설적 공간은 현실에서는 불가능했던 자유로운 개인의 영역이 중요함을 암시한다.

## 3. '대상-그녀' 합체의 우울증적 주체

현재까지 논의된 바에 의하면 원체험과 그에서 비롯한 죄의식은 최인훈의 여러 작품을 관통하는 중요한 기제이며,[27] 그 기원에는 전쟁이 도사리고 있다. 「크리스마스 캐럴 4」(1966)는 주인공 '철'의 유학시절을 다루고 있다. 유럽의 도시 R에서 철이 떠올리는 고국은 다음과 같은 죄의식을 동반한 기억이 된다. 이국의 유학생활 중 느끼는 외로움은 동창생의 전사 소식으로 말미암아 사치스러운 죄의식으로 바뀌고 만다. 고국에서 "산다고 해서는 미안할 그런 삶을 치르고 있는 사람들에게서 멀리 달아나서 너무나 안전한 곳에서 사치스럽게 외롭다고 하는 스스로에 대한 죄스러움이었다."[28] 이처럼 전쟁에서 '살아남은 자'의 죄의식은 '철'

27 김인호, 앞의 글; 서영채 앞의 글; 유예현, 「최인훈 소설에 나타난 공포와 죄의식 연구」(서울대학교 석사학위논문, 2016) 참조. 원체험의 재현과 관련해서는 김영찬의 「최인훈 소설의 기원과 존재방식」(『한국근대문학연구』, 2002)에서 치밀한 규명이 이루어지고 있다. 그러나 이 글은 근대성의 측면에서 창작 시점의 사후적 구성의 논리를 갖고 있으므로 원체험 형성과 죄의식의 상관관계는 포함하고 있지 않다.

28 최인훈, 「크리스마스 캐럴 4」, 『크리스마스 캐럴/가면고』, 최인훈 전집 6, 문학과지성사, 2009, 110쪽.

의 경우처럼 최인훈 소설 작품 곳곳에서 불쑥불쑥 튀어나오곤 한다. 특히 살아남은 자의 죄의식은 폭격 체험과 여성 이미지의 결합으로 최인훈의 작품을 지배하는 원형질의 심상을 형성한다. 그것은 「우상의 집」에서의 거짓말로, 「9월의 달리아」에서의 가해자로, 『회색인』의 방공호 성체험으로, 『서유기』의 운명의 여인으로 형상화된다.

최인훈의 초기작에서 살아남은 자의 죄의식은 죽은 여인을 합체한 우울증적 글쓰기 주체로 탄생한다. 그리고 「우상의 집」은 우울증적 글쓰기 주체의 탄생 서사로서 알레고리적으로 읽힌다. K선생의 경우 실제 최인훈 작가를 추천하여 등단시켜준 안수길 선생을 모델로 했다는 점,[29] 환도 이후 허물어진 명동의 한 찻집을 배경으로 한 등단 직전의 풍경이라는 점, 결국 거짓으로 판명난 '그'의 이야기가 실제 최인훈 작가의 전기적 사실과 흡사하다는 점에서 그러하다.[30] 특히 그의 이야기 중 사랑하는 여인을 폭격 당시 죽게 내버려두었다는 죄의식에 그녀를 자신의 내면에 합체한 우울증적 정체성을 갖게 되었다는 점에 주목한다면,[31] 눌려 죽은 여인에 관한 반복적 이야기는 거짓말, 즉 소설쓰기에 해당한다

29 최인훈은 안수길의 추천을 받아 1959년 「그레이 구락부 전말기」(『자유문학』 10월)와 「라울전」(『자유문학』 12월)으로 등단한다.

30 "나의 고향은 북한의 동해안 항구 W시다. 6·25사변이 나던 해 나는 고등학교 1년생이었다."(최인훈, 「우상의 집」, 『웃음소리』, 92쪽)로 시작되는 '그'의 이야기 중 상당 부분이 최인훈의 자전적 사실과 일치한다.

31 프로이트에 의하면, 애도(trauer)는 보통 사랑하는 사람, 혹은 조국, 자유, 이상 등의 상실에 대한 반응이다. 보통 애도는 대상에 부과되었던 모든 리비도를 철회시킴으로써 작용이 완결되는데 반해, 우울증(melancholie)은 애도에 실패할 때 발생한다. 사랑하는 대상 상실을 받아들이지 못하는 주체는 현실에 등을 돌리고 환각적 소원 성취의 정신병을 매개로 하여 예전의 대상에 그대로 집착한다. 이처럼 고통스러운 애도의 과정 대신 상실한 대상을 에고에 합체한 우울증적 주체가 탄생한다. 우울증 환자는 자기 폭로를 통한 만족을 얻기 위해 집요하게 떠들어 대며, 도덕적인 이유에서 자아에 대한 불만을 갖는다. 기본적으로 나르시시즘에 기반한 우울증적 주체에게 대상 상실은 자아 상실과 관련된다(프로이트, 「슬픔과 우울증」, 『정신분석학의 근본 개념』, 윤희기·박찬부 옮김, 열린책들, 2014, 243-265쪽 참조).

는 것을 알 수 있다.[32] 이 작품에서는 이후의 다른 작품에서도 지속적으로 출현하게 되는 여인이 최초로 등장한다. 살아남은 자의 죄의식을 표현하기 위한 '대상-그녀'가 작품에서 탄생하는 순간이다.

> 이튿날엔 싸움이 나고 가장 큰 공습이 있었다. (…) 그 집에 이르렀을 때, 집채는 뒤켠이 절반쯤 날아가버리고 부엌 쪽에서 불길이 타오르고 있었으나, 잘 보니 그 불길은 옆집을 휩싼 불길이 가끔 건너오는 것임을 알 수 있었다. 이런 마당에 용기가 생긴 나는 현관으로 뛰어 들어갔다. 마루가 그치는 곳에 그 여자는 커다란 기둥에 가슴을 눌린 채 반듯이 누워 있었다. 그 얼굴을 들여다보자 나는,
>
> "악!"
>
> 하고 소리쳐버렸다.
>
> 그 무서운 얼굴.
>
> 온통 피투성이가 된 얼굴에 입을 벌리고 나를 향하여 손을 허우적거리는 것이었다. 나는 올 때의 배나 되는 속도로 달음질쳐 집으로 뛰어드는 길로 이불을 뒤집어쓰고 드러누워버렸다.[33]
>
> "그러나 문제는 그다음부터야. 우리 집은 함께 월남했어. 그러나 나는 남에게 말할 수 없는 괴로움이 날이 갈수록 깊어졌단 말이야. 만일 내가

32 최인훈의 회고에 의하면, 이 모티프는 (원체험 자체라기보다) 그가 의식적으로 사용했음을 알 수 있다. "『회색인』에 나오는 에피소드는 「우상의 집」이라는 단편에 처음 나와 있는데, 이 경험이 나중에 좀 더 얘기해야 될 좋은 모티브인 것 같아서 또 생각해본 것이지요."(김현·최인훈 대담, 「변동하는 시대의 예술가의 탐구」, 『신동아』 9월호, 1981, 218쪽). 「우상의 집」에서 '그'에게 죄의식을 불러일으킨 여성이 실존인물이 아닌 허구였다는 점에서 전쟁 체험이 소설에서 가공되고 있음을 볼 수 있다.

33 최인훈, 위의 글, 96-97쪽.

그 자리에서 그 여자의 가슴에 얹힌 기둥을 옮겨놓았거나, 또는 달려가서 알렸던들 살았을 거야. '빨리만 발견했어도 살렸을 것을' 하던 그 소리가 나를 꾸짖는 저주가 되었어. 왜 그때 그런 어리석은 짓을 했는지, 지금 생각하면 도저히 알 수 없는 일이지만 어쨌든 나는 한 목숨을 고통에 발버둥치며 죽어가게 했단 말이야. 지나치는 길거리의 사람도 아니요, 나의 연인을… 지금 그 여자는 내 가슴에 살아 있어서 나의 잔인한 행위를 두고두고 저주하고 있단 말야. 여보게, 나는 살인자야, 살인자. 으흐흑."[34] (밑줄 필자)

『나나』를 보며 성에 눈뜨기 시작한 고등학교 1학년생이었던 그에게 바닷가 주택에 사는 20대 초반의 그녀는 현실의 나나로 현현하지만, 전쟁이 나고 큰 공습이 있던 날 무너진 기둥에 깔려 죽음을 맞이한다. 그는 그녀가 걱정되어 찾아가나 막상 피투성이가 되어 손을 허우적대는 그녀의 얼굴이 공포스러워 도망치고 만다. 결국 그녀는 죽고 그는 그녀를 구하지 못했다는 죄의식에 사로잡힌 채 남은 생을 살고 있다.[35] 이후 사랑하는 여인을 폭격이 일상화된 사지에 남겨두고 나만 안전한 곳으로 피란했다는 살아남은 자의 죄의식은 트라우마가 되어 끊임없이 고통스러운 원장면으로의 회귀를 요구한다. 인용문의 강조에서 확인되듯이 충분한 애도가 이루어지지 못한 채 주체에 합체되어 버린 대상-그녀는 끊

---

34 위의 글, 97-98쪽.

35 프로이트에 의하면 우울증 환자에게서 가장 두드러진 특징으로 나타나는 것이 바로 도덕적인 이유에서 비롯되는 자아에 대한 불만이며, 자기 평가에서 지배적인 위치를 차지하고 있는 것은 바로 자아가 빈곤해지고 있다는 것에 대한 두려움이라는 지적은 의미심장하다(프로이트, 위의 글, 249-50쪽 참조). 최인훈의 소설쓰기가 피란 후 실존의 공포에서 비롯되었다는 점과 이후 3년간 매일같이 들리는 원산시의 폭격 소식에 민감했다는 점 등은 상실한 대상을 합체한 우울증적 글쓰기 주체 탄생을 설명하는 데 적절한 논거가 된다.

임없이 잊지 않을 것을 요구하기 때문이다. 물론 서울이 고향인 '그'는 과대망상, 오이디푸스 콤플렉스, 히로이즘 등 복합적 증상을 갖는 정신병자로 진단됨으로써 그의 이야기는 사실이 아닌 것으로 판명된다. 그러나 작품 속 내화에 해당하는 그의 이야기는 "전쟁이 우리들에게 무엇을 했는가를 가르쳐준 창조적 거짓말"이며, 그 이야기 속에서 죄의식을 가진 인물이야말로 전쟁의 상처를 안고 전후를 살아가는 인물을 그리려는 작가의 창작 행위에 대한 설명이 된다는 점에서 중요하다.[36] 그리고 그가 들려주는 거짓 에피소드는 전쟁에서 살아남은 자의 죄의식을 덜기 위해 설정된 '대상-그녀'의 탄생 과정을 잘 보여준다. 이로써 잃어버린 대상을 합체한 우울증적 존재인 그는 창작의 원형질을 내면화한 소설가와 동일시된다. 「우상의 집」에서 '그'의 이야기는 『회색인』과 『서유기』에 등장하는 방공호 여인의 원형질 서사에 해당한다는 점에서 의미심장하다.

「9월의 달리아」에는 전쟁 중 홀로 귀환하던 인민군 장교가 우연히 들른 민가의 아낙을 살상하는 장면이 나온다. 공습은 없지만 이 장면은 「우상의 집」의 그녀와 닮은 데가 많다. '여름-한적한 주택가-젊은 여인'으로 연결되는 장면과 특히 피투성이가 된 하얀 얼굴은 합체된 대상-그녀를 떠올리게 하고, "그의 눈알에 문 앞의 달리아와 눈앞의 시체가 어울려 비쳤다"는 묘사는 여인의 하얀 살결과 붉은 피의 어우러짐을 환기하는 미학적 재현에 해당한다. 「9월의 달리아」에서는 화단에 피어 있는 붉은 꽃의 심상이 더해져 이후의 작품에서 원초적 여성은 화단의 꽃이 만발한 집에 사는 여성으로 재현된다. 특히 「9월의 달리아」에서 장교가 여

36 우울증적 주체가 괴로운 현실을 회피하기 위해 환상을 매개로 예전의 대상에 그대로 집착하는 점은 정신병, 거짓말, 집요한 반복적 발화의 특성으로 나타나며(프로이트, 위의 글, 245-249쪽 참조), 이는 「우상의 집」의 그의 이야기와 상황에 그대로 들어맞는다.

인을 직접 살상함으로써 살인자가 되는 장면은 일종의 자기 징벌에 해당하며, 살상 후 자살은 나르시시즘에 기반한 우울증적 주체의 성향을 잘 드러낸다.[37] 물론 「9월의 달리아」에서 젊은 여인은 인민군 장교와 아무 관계가 없지만, 「우상의 집」과 연관지어 해석해본다면 이 작품은 자아에 대한 극단적인 도덕적 처벌을 수행한다고 볼 수 있다. 살아남은 자의 죄의식이 상실한 대상에 의해 압도되고 있음을 보여주는 작품이다.

이 절에서 다루는 작품에서 전쟁 장면의 묘사는 늘 폭격과 더불어 시작된다. 폭격기의 무리들이 도시 상공을 뒤덮고 폭탄이 투하되면서 방공호로 대피하는 순서로 재현되어 있다. 『회색인』에는 합체된 대상-그녀가 방공호 여인으로 형상화되어 나타난다. 폭격이 예고된 새벽, 어린 독고준은 가족들 몰래 학교에 가기 위해 길을 나선다. 민청원이 일러준 소집에 응하기 위해서인데, 막상 도착한 학교에는 아무도 없고 준은 폭격으로 반쯤 부서진 교사를 뒤로 하고 W시의 거리로 나선다. 어느 주택가에서 화단에 꽃이 만발한 집을 발견한 순간이었다.

> 찢어지는 듯한 쇳소리가 머리 위를 달려갔다. 뒤를 이어 또 또. 공습. 닫혔던 문이 열렸다. 준의 누님 또래의 여자가 나타났다. 그녀는 달려나오면서 준의 팔을 잡았다. 준은 여자가 끄는 대로 달렸다. 어디서 나왔는지 그들의 앞뒤에는 사람들이 달리고 있었다. 제트기들은 낮게 날면서 총을 쏘았다. 준과 여자가 가까운 방공호에 다다랐을 때에는 와랑거리는 폭격기의 엔진 소리가 하늘을 덮었다. (…) 그때 부드러운 팔이 그의 몸을 강하게 안았다. 그의 뺨에 와 닿는 뜨거운 뺨을 느꼈다. 준은 놀라움과 흥분으

37 프로이트, 위의 글, 255-57쪽 참조. 김영찬은 자아와 세계의 미분리 이전으로 돌아가려는 욕망의 차원에서 원체험과 밀접한 관련이 있는 최인훈의 글쓰기를 나르시시즘적이라 해석한 바 있다(김영찬, 앞의 글, 292-295쪽).

로 숨이 막혔다. 살냄새. 멀어졌던 폭음이 다시 들려왔다. 준의 고막에 그 소리는 어렴풋했다. 뺨에 닿은 뜨거운 살. 그의 몸을 끌어안은 팔의 힘. 가슴과 어깨로 밀려드는 뭉클한 감촉이 그를 걷잡을 수 없이 헝클어지게 만들었다.[38]

갑자기 폭격이 시작되고 독고준은 마침 그 집에서 나온 여인의 손에 이끌려 방공호로 대피하여 목숨을 부지한다. 이와 같이 독고준에게 폭격의 체험은 누님 또래의 여인이 목숨을 구원해준 일, 게다가 방공호 속에서 무서움에 떨며 부둥켜안은 여인과의 육체적 접촉을 통해 최초로 성에 눈뜨게 된 경험과 연결된다. 꽃이 만발한 집에 살던 얼굴이 하얀 여인은 『회색인』에서는 독고준의 생명의 은인이자 구원의 여성이 된다. 결국 최인훈의 글쓰기 주체가 합체한 대상은 전쟁과 결부된 여인이라는 원형질의 심상을 형성하여 이후 여러 작품에서 전치되고 압축됨으로써 다양한 방식의 반복을 낳아온 셈이다.[39] 방공호 여인은 「우상의 집」에서 합체한 그녀의 '전치'에 해당하며, 「9월의 달리아」에서는 사랑하는 여인을 죽게 내버려두었다는 죄의식이 살인자로 '압축'되어 위장된 표현으로 나타난 바 있다.[40]

---

38 최인훈, 『회색인』, 최인훈 전집 2, 문학과지성사, 2010, 61-62쪽.

39 '트라우마(trauma)'라는 용어는 원래 정신이 아니라 육체가 받은 상처를 가리키는 말이었다(옥스포드 영어사전)는 점에서 "부드러운 팔"과 "뜨거운 뺨"을 느끼고 "고막을 울리는 폭음", "가슴과 어깨로 밀려드는 뭉클한 감촉"의 육체적 접촉과 감각에 의해 전쟁을 각인하게 된 방공호 성체험은 유의미하게 읽힌다. (…) 프로이트는 "격렬한 물리적 충격, 열차의 충돌 및 그 밖의 생명의 위험과 결부되어 있는 재해가 있은 후에" 나타나는 정신증상으로서 '외상성 신경증(traumatic Neurosis)'이라는 명칭을 사용한다. 특히 프로이트가 이러한 증상을 탐지한 시기가 "오늘날 종결된 지 얼마 되지 않은 저 공포스러운 전쟁(제1차 세계대전)이 수많은 이와 같은 병을 발생시킨" 직후였다는 점이다(오카 마리, 앞의 글, 50쪽 재인용).

40 프로이트는 꿈에서 형식의 변형을 초래하는 두 가지 기제로 전치와 압축을 들고 있는데, '전치(displacement)'는 두려움, 상처, 절망, 분노 등의 원인이 되었던 사람보다 덜 위협적 인물

한편 공포와 쾌락의 양가감정은 독고준을 자아비판대에 세웠던 체제에의 공포와 그것의 공격에서 얻는 통쾌함과도 연결된다.[41] 독고준이 겪은 폭격 체험에 비추어 볼 때, 유년시절의 작가에게 전쟁 체험은 단순한 공포가 아닌 쾌락을 동반하는 체험이었고, 죄의식을 야기하는 체험이기도 했다. 최인훈에게 전쟁은 성적 쾌락의 비밀을 간직하게 되었다는 점에서뿐 아니라 체제와 불화한 개인이 폭격에 무너지는 체제를 바라보며 갖게 되는 통쾌함까지 포함하는 복잡다단한 경험이었다. 이에 최인훈 소설에서 폭격과 더불어 재현되는 전쟁 체험은 "은은한 폭음을 울려보내며 날아가는" 폭격기가 "W시의 그 여름 하늘을 은빛의 날개를 번쩍이면서 유유히 날아가는 강철 새들의 깃소리"[42] 혹은 "맑은 호수의 물밑을 할 일이 없이 헤어가는 은빛 물고기같이, 노곤한 아름다움을 자아내는 광경"[43]으로, 폭격과 그 여인의 하얀 살결이 연결되어 아련한 그리움을 동반한 "저 새하얀 물건. 푸른 하늘에 자지러지듯이 새하얀 물건"[44]으로 그려지며, 폭격 당시 여인의 집에 피었던 꽃은 "피에 버무려진 눈덩어리

---

또는 대상에 그런 감정들을 풀어버리는 행위이며, '압축(condensation)'은 르네 마그리트의 점점 당근으로 변해가는 맥주병 그림처럼 두 개 이상의 기표가 포개짐을 뜻한다(프로이트, 『정신분석 강의』 상, 임홍빈·홍혜경 옮김, 열린책들, 1997 참조).

41 전쟁의 폭격 체험은 작가의 원체험 중 '자아비판회'와 긴밀하게 연결된다. 일단 독고준이 가족들의 만류에도 불구하고 가족 몰래 학교에서 소집한 건설과 간호 사업에 참가하기 위해 학교에 갔을 때 폭격이 발생했다는 것에 주목할 필요가 있다. 그것은 학교로 대표되는 상징계 질서에서 배척당한 어린 학생이 지도원 선생님에게 다시 한번 인정받아보려는 시도였다. 그럼에도 불구하고 현실은 역시 그런 개인의 소망을 외면하고 만다. 준이 학교에 도착했을 때 폭격으로 부서진 학교는 텅 비어 있었고 학교에서 나와 시가지의 골목으로 들어선 순간 시가지 전체에 폭격이 시작됐던 것이다. 따라서 폭격은 자아비판회와 환유적 연결고리로도 묶여 매우 밀접한 관계를 갖는 사건이 된다.

42 최인훈, 『서유기』, 14쪽.

43 최인훈, 「우상의 집」, 『웃음소리』, 95쪽.

44 최인훈, 『서유기』, 120쪽.

같은 달리아의 무더기"[45]로 묘사되어 뜰에 핀 달리아와 하얀 살결에 흐르는 붉은 피라는 전쟁의 선명한 심상으로 다가온다. 최인훈 작품에서 전쟁 체험은 아름답게 미적으로 각색되어 미학적인 성취를 동반하는 데 이르고, 그 여인을 살리지 못한 인물의 죄의식으로 귀환한다.

> 나의 운명을 만난 날. 폭음의 여름. 저 강철의 새들이 잔인한 계절의 장막을 열고 도시의 하늘에 날아온 그날을 오 나는 얼마나 사랑하는가. 그 아름다운 파괴를. 때 묻은 시간을 떼내기 위한 그 폭력을 나는 얼마나 사랑하는가. 나의 생애의 자북(磁北)을 알리던 그 바늘의 와들거림을 나는 생각한다.[46]

『회색인』의 후속작이자, 독고준의 환상 여행에 해당하는 『서유기』에서 인용된 구절은 계속 지연되던 독고준의 목적지가 '그해 여름 W시'였음을 알려준다. 다시 말해 폭격이 있었던 그날의 기억은 독고준이라는 개인을 형성하는 하나의 원기억, 원체험이 되었다는 것이고, 그만큼 전쟁은 한 개인의 인생을 바꾸어 놓을 만큼 결정적인 경험이었다는 말이 된다. 이를 작가는 '운명'이라는 용어로 설명한다. 이제 『서유기』의 그녀는 운명의 여인이 되어 등장한다. 현실에 안주하려는 독고준을 환상의 세계로 안내하여 대상을 합체하던 그날, 죄의식이 형성되던 그곳으로 데려가 우울증적 주체로서 글쓰기의 운명을 자각하게 한다. 앞서 밝힌 바대로 그날 폭격은 독고준에게는 단순히 생의 위협만을 의미하지 않는다. 학교와 폭격의 연결은 자아비판회와 여인을 환유적으로 연결해내

45 최인훈, 「9월의 달리아」, 『웃음소리』, 106쪽.

46 최인훈, 『서유기』, 325쪽.

며, 체제에서 배척당하던 인물이 구원되는 계기를 맞이하기 때문이다. 이에 따라 최인훈 소설에서 전쟁 체험은 '폭격-여성-운명'의 이미지를 연결 짓는다. 독고준 개인에게 전쟁이 가져다준 폭격은 자신을 배척하던 체제를 파괴하는 폭력이었으므로 "아름다운 파괴"가 되고, 새로운 "운명"이 시작되는 기원의 날이 되는 것이다.[47]

이와 같이 W시에서의 공습에 대한 기억과 주택가 여인의 형상화는 조금씩 다른 방식으로 작품 안에 재현되어왔다.[48] 전쟁에서 살아남은 자의 '죄의식'은 '폭격'과 '여성'을 중심으로 여러 국면을 더해가며 창작의 원형을 형성한 것으로 보인다. 「우상의 집」에서는 20대 초반의 그녀가 현실의 '나나'로서 성애의 대상이었다는 점과 죄의식에 의해 주체가 합체한 대상-그녀가 최초로 소개된다. 「9월의 달리아」에서는 붉은 달리아가 만발한 정원이 있는 집에 살고 있다는 점이 덧붙여지며, 『회색인』에서는 LST에 탑승하지 못한 채 사지에 남겨진 누이가 그녀와 동일시된 것임을 알 수 있다. 그리고 『서유기』에서는 운명의 그녀를 통해 마침내 폭격의 그날이 강렬한 원형질로 남게 되었음이 밝혀진다. 이처럼 살아

---

47 방공호 여인과 결부되어 있는 '자아비판회 체험'은 또 다른 의미에서 지면을 많이 요구하는 논제이므로 이 글에서는 소략한다; 자아비판회 체험은 체제와 개인의 화두를 환기하는데, 표면적으로는 소부르주아 출신 독고준이 북한체제에서 배제됨을 단적으로 보여주는 체험이고, 월남의 직접적 이유가 된다. 한편 월남한 독고준은 남한의 정치에도 비판적인 태도를 견지하는데, 이러한 『회색인』에서의 독고준의 태도는 다른 작품에서도 일관적으로 지속된다. 이는 집단이나 이념에 복속되지 않는 개인을 주목하는 작가의식으로 관철되며, 이러한 자유주의적 사상은 일관된 작가의식에 해당한다. 이 글에서 전쟁으로 나타난 정치에 비판적인 개인의 모습들도 이러한 논제와 일맥상통한다고 볼 수 있다.

48 근대라는 시대가 거기에 살고 있는 인간들에게 가져다 준 심적 외상 (…) 그처럼 말로는 이야기될 수 없는 체험, '사건'을 서사로서 말하라는 시대의 요청을 소설은 자신의 몸체에 받아들이고 있는 것은 아닐까. 바꿔 말하면, 소설의 말하기는 그러한 사건의 불가능한 나누어 갖기(分有)의 가능성을 내걸고 있는 게 아닐까(오카 마리, 앞의 책, 63쪽); 이러한 오카 마리의 견해에 의지하면 전쟁이 제공한 심적 외상을 서로 다른 인물의 경험으로 나누어 재현한 일련의 작품의 의미가 찾아진다.

남은 자의 죄의식은 대상-그녀를 합체한 우울증적 글쓰기 주체가 되어, 그날의 망각을 불허하고 끊임없이 운명의 그날로 회귀하는 소설쓰기의 원동력으로 작동한다.

## 4. 전쟁의 일상화와 실재의 귀환

작가의 자전적 사실에 비추어보자면 '살아남은 자'로서 갖는 죄의식은 피란 체험과 결부되어 있다. 전쟁이 발발하자 작가는 가족과 함께 원산항에서 LST를 타고 부산으로 월남했으며, 피란민이자 실향민으로의 삶을 살게 된다. 『화두』에는 1950년 12월 월남 후 전쟁의 대부분을 남쪽에서 겪으며, 떠나온 원산시의 폭격 소식을 매일 들었던 것을 강렬하게 기억하고 있노라고 밝히고 있다.[49] 작가 자신이 월남 직전까지 살고 있었던 도시에서 LST에 승선하지 못해서 발을 동동 구르던 사람들과 거기에 남아 고스란히 폭격을 당할 수밖에 없었을 이웃들에 대해서 그 불의 지옥에서 빠져나와 '살아남은 자'로서의 죄의식이 형성된 것이다. '빠져나온 자'로서의 죄의식은 '폭격'의 장면이나 혹은 불탄 도시로 작품에서 재현되어 나타나고, LST 승선과 이후의 피란생활은 삶의 불안정성을 경험하게 될 때마다 여러 작품에서 반복 재현된다.

49 1950년 12월에 우리 가족이 월남했으므로 1951-1953년까지 전쟁의 대부분은 남쪽에서 겪었다. 우리한테는 에누리 없이 피난 생활이었다. 그동안에 나에게 가장 큰 자리를 남긴 기억은 W시 폭격 뉴스다. 휴전이 되는 날까지 W시는 매일 폭격당하고 있었다. 전쟁 역사상 그런 도시가 달리 있었는지, 즉 3년 동안 매일 폭격당한 도시가 있었는지, 아마 없었을 것이다. (…) 그런데, 한국전쟁 3년 동안 W시는 매일 폭격당했다. 적어도 나는 매일 신문에서 확인했다. (…) 왜 W시가 그렇게 한시도 폭격작전에서 쉴 틈이 주어지지 못했는지 알 길은 없지만, 두고 온 산하에서 매일 벌어지고 있을 그 불의 지옥이 가끔 꿈에서 보였다(최인훈, 『화두 1』, 최인훈 전집 14, 문학과지성사, 2008, 436-437쪽).

작가가 강조하는 안정감의 상실은 LST 원체험과 피란민 의식으로 귀환하고 이러한 방식으로 한국전쟁과 '반공'으로 정신무장한 전쟁 이후의 삶은 결부된다. "아직도 우리는 이 전쟁 속에 있다"는 생의 감각은 「하늘의 다리」의 무교동 식당에서, 『화두』의 만원버스에서 불쑥불쑥 귀환한다.

「하늘의 다리」의 김준구는 원산에서 부산으로 피란 온 실향민 삽화가다. 서울에 살면서도 그는 문득문득 LST를 타고 피란 오던 그날을 떠올리게 된다. 사람이 한창 밀리는 점심시간에 친구와 함께 찾아간 무교동 식당에서도 그러했다.

> 준구는 홀에 가득찬 사람들이 그릇 위에 낯을 수그리고 끼니를 들고 있는 모습을 바라보았다. 피난 올 때 탔던 LST가 떠올랐다. 사람들은 갑판에서 밥을 지었다. 깡통에다. 그러고는 서로 한 치라도 자리를 더 차지하느라 애를 쓰면서 보따리로 벽을 쌓는다. 삽시간에 벌어지는 유목민(遊牧民)의 야영(野營) 모습이다. 전체를 통솔하는 지도자도 없거니와 통반장도 없다. 핵(核)가족 핵개인만 있는 사람의 무리. 사정없고 매정스럽고 아귀 같고. 울어대는 아이들. 욕지거리를 하는 아낙네들. 각기의 주변머리의 정도를 어김없이 폭로하면서 설치는 남정네들.[50]

수용 인원을 한참 초과한 배 위에서 준구는 극한 상황에서 먹을 것과 자리 차지에 혈안이 된 사람들의 모습을 보게 된다. 단순한 욕구와 생존 본능만이 남은 사람들은 전쟁 후에도 경쟁이 난무한 세상살이에서 크게 다르지 않게 살아가고 있다는 판단이다. 전쟁은 끝났지만 사회는 안정

---

50 최인훈, 「하늘의 다리」, 『하늘의 다리/두만강』, 최인훈 전집 7, 문학과지성사, 2009, 55쪽.

되지 않고, 사람들이 많이 모이는 곳이라면 언제든지 안 되는 일을 되게 하는 능력의 대소에 따라 생존이 결정되었던 난리통의 상황이 되풀이되고 있는 것이다. 이러한 상황은 휴전이 되고 꽤 오랜 세월이 흐른 1989년에도 잔존한다. 좌석 없는 좌석버스를 타며 『화두』의 화자는 다시금 피란열차를 떠올린다.

> 1989년 현재의 서울은 아직 전쟁 중인 도시의 피난생활 수준이다. 버스가 도착하면 사람들은 달려간다. 서로 앞다퉈 타려고 한다. 자리를 잡고 앉은 사람들은 피난열차의 찻간에 올라선 사람들의 표정이 된다. 전쟁 중이고 피난 중이다.[51]

교통수단의 정상성이 일상화되지 않고 있는 사회, 즉 교통수단에서 정원제나 안전이 지켜지지 않는 것은 피난열차의 모습과 유사하다. 전쟁통에는 기차 지붕에 올라앉는 위험을 감수하고서라도 일단 기차를 타고 안전한 곳으로 이동해야 했기 때문이다. 이런 기준에서 보면 전쟁 이후 오랜 세월이 흐른 뒤에도 삶의 방식은 여전히 전쟁과 다름없으며, 사람들의 생활은 피란생활과 다름없는 것이다. 정상적인 교통문화가 없다는 하나의 사례는 정상적인 사회가 운위되지 못하고 있다는 것을 방증한다. 최인훈은 생활의 안정이 이루어지지 않고 있는 정착 불능의 전후의 삶을 통해 전쟁의 일상화가 이루어진 것은 아닌지 반문한다.

이와 관련하여 『크리스마스 캐럴』 연작에서 작가는 크리스마스 풍속을 통하여 통행금지제도를 문제 삼는다. 통행금지제도야말로 "연속성 위에 구축되는 안정적인 생활감각을 어지럽히고 삶 자체의 연속성을 교

51 최인훈, 『화두 2』, 최인훈 전집 15, 문학과지성사, 2008, 131쪽.

란"시킨다는 점을 밝힘으로써 "개인의 정체성이 닻을 내릴 수 있는 토대로서 어떤 연속성의 체계를 강조하고 있"다는 것이다.[52] 전쟁 후에도 오랫동안 유지되어온 통행금지제도는 예외 상태인 전쟁을 상시화한 경우에 해당하지만,[53] 전쟁이 일상이 되어버림으로써 일상을 살아가는 사람들은 그 사실을 쉽게 망각한다. 때문에 통행금지제도를 문제 삼지 못하고 일 년 중 단 하루 통행금지제도가 해제되는 크리스마스 이브를 축제처럼 즐기는 한국인들의 모습은 작가의 눈에 해학적으로 비친다. 마치 한옥 안에서 한 팔을 들어올려 트위스트를 추는 옥의 모습이 우스꽝스럽듯, 전시와 다름없는 상태에서 축제를 즐기고, 기독교를 카니발화하며, 전통적 삶의 방식과 서양의 풍속이 뒤범벅된 상황을 그려 보여줌으로써 이질적인 것들이 결합하여 이루는 우스꽝스럽고 왜곡된 현실을 강조하고 있다.[54] 그렇기에 「크리스마스 캐럴 5」에서 '나'의 겨드랑을 들쑤셔 금지된 밤의 외출을 강행하게 만드는 '가래톳'은 예외 상태를 일상으로 받아들이는 것을 막으려는 적대적 실재에 해당한다. 인물의 일상에 침투한 환상은 일상생활을 방해하고 상징계적 질서 너머를 보게 만듦으로써 일상의 속성이 무엇인지를 되묻게 한다.

---

52 김영찬, 「한국적 근대와 성찰의 난경(難境): 최인훈의 『크리스마스 캐럴』 연구」, 『반교어문연구』 제29집, 2010, 325-326쪽.

53 이승만 정권은 반공주의를 앞세워 전후에도 통행금지와 일광시간 절약제의 시간 통제와 더불어 각종 법령에 의거한 사상 통제·감시를 지속했다. 5·16 이후의 군사정권 역시 반공주의와 더불어 통행금지제도까지도 이양한 채 사람들의 생활을 통제하는 방식으로 독재체제를 유지하였다(강인철, 「한국 전쟁과 사회의식 및 문화의 변화」, 한국정신문화연구원 엮음, 『한국 전쟁과 사회 구조의 변화』, 백산서당, 1999, 211쪽).

54 해학적인 장면의 분위기를 전달하기 위해 소설의 해당 부분을 인용하면 다음과 같다.; 크리스마스이브는 지나버린 것이다. 그녀는 한 팔을 머리 위로 들어올려 손가락 마디를 사내애들처럼 척 튀기더니 허리를 흔들면서 트위스트를 추기 시작했다. 그리고 노래를 불렀다./ 쟈니는 정말 나를 사랑해/ 합창대와 우리는 양쪽에 멍하니 서서 미친 듯이 추어대는 그녀를 바라보았다(최인훈, 「크리스마스 캐럴 1」, 『크리스마스 캐럴/가면고』, 30쪽).

1961년을 서사 시간으로 삼고 있는 소설 「낙타섬에서」는 소설가 화자가 해군의 초청을 받아 군함을 타고 낙타섬에 다녀오는 이야기로 소재 자체가 전쟁을 환기시킨다. 거기에서 '나'는 "LST를 탔을 때 뱃멀미가 괴롭던 일"[55]을 상기해낸다. 그리고 선실에서의 풋잠 속에서 LST를 탄 '나'는 "움직이는 마을, 바다에 뜬 촌락, 흔들리는 땅"을 경험한다. 결국 전쟁으로 비롯된 월남 후 생활은 흔들리는 유동의 삶이었고, 비정착민의 그것이었던 셈이다. 작가 스스로 피란온 다음의 가족과 자신의 생활을 "'난민수용소'의 생활"처럼 느끼고, "'수용소' 밖의 토박이들의 생활도 더 큰, 그만한 규모의 '난민촌' 생활로"[56] 술회하고 있는 바는 전쟁 이후의 삶에 대한 작가의 의식을 보여준다. 작가는 「하늘의 다리」에서 여자 다리가 하늘에 걸려 있는 환각을 보는 김준구를 통해 땅에 발붙이고 정착하지 못하는 흔들리는 삶에 대한 감각을 표현하고 있으며, 전쟁과 피란은 과거의 일인데도 통행금지 직전에 바빠지는 거리의 모습이나 사람들로 들끓는 무교동 식당에서 "LST의 뱃멀미 같은 삶의 느낌"을 갖게 되는 것이다.[57] '하늘에 걸려 있는 다리'의 환각은 예술을 포기하고 삽화가로서 일상을 영위하는 김준구에게 있어 상징계의 잉여, 실재의 속성에 해당한다. 상징계의 현실을 돌아보게 하는 장치로 작동하여 정상성이 유지되지 않는 사회에서 피란민처럼 정착하지 못하고 뿌리 뽑힌 삶을 사는 한민족 모두의 모습에서 우리는 전쟁의 영향에서 자유로울 수 없는 전후의 삶을 발견하게 된다.

---

55 최인훈, 「낙타섬에서」, 『총독의 소리』, 최인훈 전집 9, 문학과지성사, 2009, 222쪽.

56 최인훈, 『화두 1』, 124쪽.

57 'LST 피란 체험'은 강력한 원체험이 되어 "나의 의사와는 관계없이 나에게 찾아온다. 여기에서 주체는 바로 기억이다." 사건은 기억 속에서 여전히 생생하게 현재를 살아간다는 오카 마리의 견해에 의하면 작가의 피란 체험(사건)과 이후의 뱃멀미 같은 삶의 느낌이 설명된다(오카 마리, 앞의 책, 48-49쪽 참조).

이처럼 최인훈의 작품들은 주인공이 일상을 영위하려 할 때 어김없이 적대적 실재가 귀환한다. 현실의 틈을 열어젖히는 환상의 영역은 영위하려는 일상의 속성을 구성하는 상징계적 질서 너머를 보게 만들어 전쟁이 일상화된 삶, 예외 상태가 상시화된 삶은 아닌지 되묻는다.

## 5. 정직한 전사(戰史)의 기록

> 돌아가면 우선 학교를 마쳐야지. 그 다음에는 걸작을 쓰자. 위대한 전쟁소설을. 우리 세대가 거둔 이 검붉은 죽음과 삶의 몸부림을 표현한다(…) 하긴 전쟁의 의미를 알고 싸움터에 나간 사람이 어디 있을까. 우리 시대의 전쟁은 옛 시절의 무사들이 시합장으로 나가는 그런 의미가 허용되지 않는다. 전쟁은 죽음이니깐. 죽음은 무의미하니깐. 그뿐이다.[58]

인용된 「전사(戰史)에서」에는 전쟁의 막바지에 후방의 검문소를 지키는 보초병들이 등장한다. 아무 일도 일어나지 않을 것 같던 지루한 보초 노릇은 인민군의 습격으로 불시에 종결된다. 옷이 벗겨진 시체 두 구는 낭떠러지 아래로 굴러 떨어짐으로써 이들의 죽음은 기억되지 못할 것이다. 결국 '전사(戰史)에서'를 제목으로 달고 있는 이야기는 전쟁의 역사에 기록되지 못한 많은 젊은이들의 죽음을 정직하게 전달하고자 하는 소설을 의미하게 된다. 한 보초가 꿈꾸었던 "위대한 전쟁소설"은 아닐지 모르지만 사고사와 다름없는 죽음을 다루는 이 소설에는 "가장 정직하게 자기 얘길 하는"[59] 방식으로 전쟁이 기록되어 있다. 작가는 위대하지

58 최인훈, 「전사(戰史)에서」, 『총독의 소리』, 최인훈 전집 9, 문학과지성사, 2009, 28-29쪽.

않은 전쟁에서 아무리 영웅을 만들어 놓아봤자 그것은 거짓이 되는 것이고, 두 보초의 무가치한 죽음이야말로 실제 전쟁 중 죽음을 맞이한 숱한 사람들의 운명을 대표하는 진짜 '전사(戰史)'이며 자신이 정직하게 쓸 수 있는 전쟁소설임을 말하려는 것이다.

작가 자신이 스스로의 전쟁소설을 1960년대의 "개인사적-일상적 좌표"에 놓은 바대로, 이 장은 전쟁을 기억하는 대안적 방식으로서 최인훈의 소설을 살펴보았다. 초기작 『광장』과 「금오신화」, 「9월의 달리아」에는 전쟁과 정치와 같은 상징계적 질서에 소속되지 못한 젊은이들이 남긴 잉여가 광기와 유령으로 출몰한다. 이는 남북한 체제의 이념적 대립 사이에 끼여 비극을 맞이한 개인을 가시화하는 방식의 서사적 저항에 해당한다. 한편 전쟁에서 살아남은 자의 죄의식은 여성 이미지와 결합하여 「우상의 집」에서의 거짓말로, 「9월의 달리아」에서의 가해자로, 『회색인』의 방공호 성체험으로, 『서유기』의 운명의 여인으로 형상화된다. 살아남은 자의 죄의식은 '대상-그녀'를 합체한 우울증적 글쓰기 주체가 되어, 전쟁의 망각을 불허하고 끊임없이 운명의 그날로 회귀하는 소설쓰기의 원동력으로 작동하게 된다. 작가가 강조하는 안정감의 상실은 「하늘의 다리」에서 LST 원체험으로 귀환하고, 『크리스마스 캐럴』에서의 통행금지제도를 예외 상태가 상시화된 것은 아닌지 되묻는다. 이처럼 최인훈의 작품들은 주인공이 일상을 영위하려 할 때 어김없이 적대적 실재가 귀환하여 상징계적 질서 너머를 보게 만든다. 이와 같이 최인훈은 자신의 전쟁 체험에서 비롯한 전쟁소설을 통해 전쟁의 모습으로 나타난 정치가 개인의 일상에 폭력적으로 개입하고 있음을 폭로한다.

---

59 위의 책, 29쪽.

8장

# 냉전체제의 사유와 불화의 문학

– 『총독의 소리』를 중심으로

## 1. 『총독의 소리』에 주목하는 이유

분단과 피란이 낳은 작가 최인훈은 자신의 삶의 조건을 토대로 삼고, 자신의 삶을 내용으로 한 작품세계를 구축해냈다. 북한을 고향으로 둔 그는 공산주의체제 수립 후 가족 모두가 정치적 추방을 경험했고, 전쟁이 발발함과 동시에 피란선 LST를 타고 남쪽으로 이주한다. 이후 가족은 도미하고 그는 글을 쓰기 위해 한국에 남는다.[1] 이때 개인의 삶이란 '분단'과 '피란'과 '디아스포라'와 같은 어휘를 동원하며 시대와 정치에 종속된다.

1 회령–원산–부산–목포–서울(가족: 미국)로 정리되는 작가의 이주 경력이 스스로의 자발적인 선택에 의한 것이 아니었다는 사실에 주목할 필요가 있다. 자서전적 에세이 형태로 쓰인 소설 『화두』(1994)는 20세기 초 격동의 세계정세와 그 정치사에 종속적일 수밖에 없었던 개인사, 그리고 한평생 그 '화두'를 풀기 위해 골몰했던 작가적 행보를 주제로 삼고 있다.

작가로서의 그를 세상에 알린 문제작 『광장』은 한국문학사에 길이 남을 기념비적 저작으로 자리매김한다.[2] 그러한 판단에 이르게 되는 여러 이유 중에서도 『광장』이 1960년 당시 분단체제에서의 삶의 조건과 이데올로기의 문제를 전면적으로 다루는 획기적인 내용이었다는 점에 특히 주목해본다. 이후로도 최인훈의 작가적 행보는 『회색인』, 『서유기』, 『크리스마스 캐럴』, 『소설가 구보씨의 일일』 등을 통해 피란민으로서 분단의 상황을 사후적으로 파악하려는 노력, 1960년대에서 1970년대로 이어지는 국가체제의 경색화에 대응하려는 노력 등으로 일관된다.[3] 이와 같이 그의 작품세계가 시대와 정치에 매우 민감한 것이었다는 점은 1972년 유신 선포 등 어두운 시대에 처해 취약한 결과로 드러났다. 실제 최인훈은 『태풍』(1973)을 마지막으로 소설 창작을 일단락하고 한국을 떠난다.[4]

정치적 풍토에 매우 예민했던 작가적 행보에 근거했을 때, 그의 소설 창작 후반부 작품에 주목한다는 것은 다음의 몇 가지 해석을 가능하게 할 것이다. 첫째, 분단의 고착화와 냉전체제의 국내외 정세에 대한 상세

2 "정치사적인 측면에서 보자면 1960년은 학생들의 해이었지만, 소설사적인 측면에서 보자면 그것은 「광장」의 해이었다고 할 수 있다. 그것을 『새벽』 잡지에서 처음 읽었을 때의 감동을 나는 잊을 수가 없다"(김현, 「사랑의 재확인」, 『광장/구운몽』 최인훈 전집 1, 문학과지성사, 2010, 351쪽)는 김현의 유명한 발언은 한국문학사에 있어 『광장』의 파급력과 위상에 대한 증명으로 남아 있다.

3 『회색인』(『회색의자』라는 제목으로 『세대』 1963년 6월호-1964년 6월호 연재), 『서유기』(『문학』 1966년 6월호-1967년 연재), 『크리스마스 캐럴』(1963년 6월호-1966년 여름호), 『소설가 구보씨의 일일』(1969년 12월-1972년 5월)

4 "72년 10월 유신으로 박정희가 영구 집권을 하고 민주주의가 실종되자, 최인훈은 73년 초만 해도 기세 좋게 일본군 장교(박정희도 일본군 장교 출신이었다)의 정치적·인격적 심층 분석을 『태풍』에서 다루었지만, 이내 그는 분량상으로 보자면 더 많이 써야 했을 소설의 연재를 서둘러 종결짓고 미국으로 떠난다."라는 논평이 이 사실을 잘 설명해준다(김인호, 「탈식민, 탈형식, 탈이데올로기」, 『해체와 저항의 서사』, 문학과지성사, 2004, 65쪽).

한 증언, 둘째, 엄혹한 정치 현실에서도 정치적 증언을 가능케 한 문학 형식의 새로움, 셋째, 그가 소설 창작을 종결지어야 했던 이유와 관련된 것들이다. 작가의 진술이 허구 장르인 문학에 실려 전달됨에도 불구하고 어떠한 정치에세이보다도 당대 정세 파악에 천착할 뿐 아니라 일정한 성취를 거두고 있다는 점에서 이 장에서는 1960년대 후반부터 1970년대 초반의 냉전체제와 국내외 정세에 초점이 맞추어진 『총독의 소리』 연작을 중점적으로 살펴보고자 한다.[5] 『태풍』이 작가 전반기 소설 창작의 종착점이라 할 때, 「총독의 소리 4」는 1967-1968년에 연작된 1-3편과 8년이라는 시간차를 보이며 발표되었다는 점이 특징적이다.[6] 이에 4편이 『총독의 소리』 연작의 에필로그에 해당하는 글이자 『태풍』보다 늦게 발표되었다는 점에서 전반부 소설 전체를 마감하는 성격을 갖는다고 가정해본다면, 특히 4편에 대한 보다 면밀한 분석이 요청된다.[7] 소설 창작을 일단락지은 시점이었음에도 전달해야 할 전언이었을 거라는 점,[8]

5 한 정치평론가는 「총독의 소리」가 소설의 형식으로 발표되었음에도 정치적 논평으로 손색이 없다고 다음과 같이 밝힌 바 있다. "그가 하고 싶은 모든 말들을 숨김없이 할 수 있고 또 그렇게 하는데 있어서 아무런 장애를 받음이 없이 다만 소설이라는 이름 속에서 그의 생각을 숨김없이 털어놓고 말았다. 아마 이러한 멋있는 기교는 오직 소설이 가지고 있는 허구성의 논리라는 한 가지 사실 때문인지도 모른다."(진덕규, 「작가의 상상력과 현실」, 『세대』 1월호, 1977, 141쪽).

6 최인훈, 「총독의 소리 1」, 『신동아』, 1967년 8월호; 「총독의 소리 2」, 『월간중앙』, 1968년 4월호; 「총독의 소리 3」, 『창작과비평』, 1968년 12월호; 『태풍』, 1973년 『중앙일보』 연재; 1973년 9월-1976년 5월 미국 체제 후 「총독의 소리 4」, 『한국문학』, 1976년 8월호.

7 작가의 성향이 결벽에 가까운 완결성을 추구한다고 파악되는 바 개작 방식이나 에필로그 형식의 첨언이 제법 발견된다. 수차례에 걸친 『광장』의 개작은 익히 알려진 바 있고, 『화두』에 대한 「바다의 편지」(『황해문화』 41, 2003.) 관계에 대해서는 연남경, 「기억의 문학적 재생」, 『한중인문학연구』 28, 2009. 참조.

8 권보드래는 '중립의 꿈'이라는 의제로 냉전 너머의 아시아를 상상하는 최인훈의 작품을 독해한 바 있다. 그는 『태풍』에서의 인도차이나 반도의 중립국 실험 실패 후, 오스트리아 중립화론을 추천하는 우회로를 택한 「총독의 소리 4」가 다시 읽혀야 한다는 차후 과제를 제시하고 있다(권보드래, 「중립의 꿈, 1945-1968」, 『상허학보』 34, 2012, 305쪽).

『태풍』과 「총독의 소리 4」 사이에 자리하고 있는 3년간의 미국 체류가 작가의식에 모종의 변화를 가져다주었을 거라는 추정에서도 주목을 요하기 때문이다.

『총독의 소리』는 작품론의 측면에서 작가의 다른 작품에 비해 비교적 연구가 덜 되어 있는 편임에도 중요한 연구들이 상당히 축적되어 있다.[9] 이 글은 기존 연구에 상당 부분 빚진 채 다음의 국면에 보다 집중하기로 한다. 먼저 『총독의 소리』를 추동케 한 정치 현실과 소설 형식과의 관련성에 주목해보고자 한다. 이와 관련하여 1969년-1972년을 서사 시간으로 갖는 『소설가 구보씨의 일일』도 해당 시기에 자신이 몸담은 시대적 조건에서 소설쓰기란 어떤 것인가 하는 주제에 골몰했던 소설가를 다루었다는 점에서 함께 참조하게 될 것이다. 아울러 전편과 8년이라는 시간차를 두고 굳이 「총독의 소리 4」가 쓰인 이유와 그것이 미국 체류와 갖는 긴밀성을 밝혀보려 한다.

---

9 이 글에서 주로 참고한 논저는 다음과 같다; 김윤식, 「'우리' 세대의 작가 최인훈: 어떤 세대의 자화상」; 김동식, 「「총독의 소리」와 「주석의 소리」에 관한 몇 개의 주석」, 『총독의 소리』 최인훈 전집 9, 문학과지성사, 2009; 권영민, 「정치적인 문학과 문학의 정치성: 〈총독의 소리〉를 중심으로」, 『작가세계』 4, 1990; 양윤모, 「타자의 시선을 통한 현실의 이해: 최인훈의 『총독의 소리』 연구」, 『어문논집』 40, 1999; 서은선, 「최인훈 소설 〈총독의 소리〉, 〈주석의 소리〉의 서술 형식 연구」, 『문창어문논집』 37, 2000; 서은주, 「최인훈의 소설에 나타난 '방송의 소리' 형식 연구」, 『배달말』 30, 2002; 김인호, 「탈식민, 탈형식, 탈이데올로기」, 『해체와 저항의 서사』, 문학과지성사, 2004; 구재진, 「최인훈 소설에 나타난 타자화 전략과 탈식민성: 〈총독의 소리〉를 중심으로」, 『한중인문학연구』 13, 2004; 권보드래, 「중립의 꿈, 1945-1968」, 『상허학보』 34, 2012.

## 2. 이념의 허위성과 강대국의 카르텔

『총독의 소리』 연작은 1967년부터 1976년까지의 기간에 걸쳐 발표되었으며, 당시 한반도를 둘러싼 정세 변동과 밀접하게 관련되어 있다. 1편은 '한일 국교 파동'에 대한 대응으로 쓰였으며, 1967년 박정희의 관권부정선거 자행 사실과 관련하여 역대 정권의 매판성을 지적·비판하는 내용을 담고 있다. 2편은 1968년 1·21 무장공비 침투사건과 푸에블로호 피랍사건과 관련하여 군사안보와 대북관계, 미국의 한반도 정책에 대한 실상을 다루고 있다. 3편은 같은 해 일본 작가 가와바타 야스나리의 노벨문학상 수상과 관련하여 세계체제의 원리를 국수주의로 파악하고 있다. 그리고 1976년에 발표된 4편에서는 데탕트로 인한 국제 정세의 변동과 7·4 남북공동성명의 정치적 이슈에 대한 해석을 시도하고 있다. 그런데 4편에서 다루고 있는 데탕트 국면은 1969년 닉슨의 취임연설에서 전달된 이후 1972년 2월 닉슨의 중공 방문과 중미 화해로 가시화된 바 있으며,[10] 또한 7·4 남북공동성명은 1972년에 이루어진 남북협상이라는 점에서 「총독의 소리」 4편은 전편들에 비해 정치적 이슈에 대한 대응에 있어 시간차가 발생했음을 발견할 수 있다.

『총독의 소리』 연작이 전달하는 중심 전언을 파악해보면 다음과 같다. 남북 긴장과 이데올로기 대립의 상황에 대해 작가는 총독의 조롱어린 시선을 통해 강도 높은 비판을 가하고 있다. 남북한체제는 정통성이 보장되지 않는 "귀축미영(鬼畜米英)"과 "적마(赤魔) 러시아"의 대리 정권의 성격을 띠는데, 남과 북은 서로를 견제하느라 군사적 대치 상태를 유

10 최인훈은 당시 연재하고 있던 『소설가 구보씨의 일일』에 중공을 방문한 닉슨 대통령을 다룬 신문기사 내용을 직접 소개하며 냉전체제에서 비롯한 전쟁 피란민으로서의 당혹스러움을 전달하고 있다.

지하고 있으며, 이런 소모전은 "경제건설"을 요원하게 한다는 것이다. 김일성을 천황처럼 받드는 북한의 공산주의체제와 남한의 허울 좋은 소비지향적 서구화와 청년의 욕망을 억누르는 방공(防共) 정책이 천황제의 충실한 계승이라는 조롱은 남북체제가 여전히 식민 상태의 연장에 놓여 있으며 여전히 외세에 의존적이라는 점에서 비판의 대상이 된다.

소설에서는 냉전체제의 근본원리는 이념의 대립이 아니라 실상은 국수주의(민족주의)에 근원을 두고 있음을 지적한다. 작가에 의하면 공산주의와 민주주의라는 이데올로기는 말의 신기루일 뿐 애초에 실재하지 않는 것이다.[11] 남북을 분할 점령한 포츠담 회담의 골격은 전승국들의 전리품 나눠 갖기였으며, 냉전체제란 귀축과 적마 사이 전리품의 소화과정이다. 데탕트는 귀축과 적마의 더러운 야합놀음일 뿐, 평화공존은 요원하다. 결국 1945년부터 오늘(1976)까지의 세계사는 영미와 러시아를 두 개의 축으로 하는 강대국들이 자국의 이익을 위해 협상하는 방식, 다시 말해 강대국 간의 카르텔일 뿐이라는 파악이다.

결론적으로 데탕트의 분위기에도 냉전체제에 평화공존이 찾아온 것이 아니며, 귀축과 적마 두 강대국을 축으로 한 세계체제가 여전하다는 냉정한 현실 판단이 내려진다. 그러나 최인훈은 데탕트의 최대 과실로서 7·4 남북성명을 꼽고 있다. 그는 7·4 성명이야말로 반도문제 해결의 열쇠이며 그 구체적 해결방안으로 독일이나 베트남이 아닌 오스트리

---

11 "이데올로기는 짧고 종족은 영원하다, 본인은 감히 이렇게 말하는 것입니다. (…) 왜냐하면 종족은 이데올로기보다 영원하기 때문입니다. 공산당이라고 이 벽을 뛰어넘지는 못하기 때문입니다. 그렇기 때문에 그들은 거짓말쟁이입니다. 그들의 공산주의 선전은 이 세상에서 가장 좋은 것을 다 늘어놓은 것입니다. 이것이 '말'하는 공산주의입니다. 공산권의 실태는 귀축미영의 그것과 아무 다름없는 권력 정칩니다. 이것이 '실재'하는 공산주의입니다."(최인훈, 「총독의 소리 3」, 『총독의 소리』, 최인훈 전집 9, 문학과지성사, 2009, 137쪽).

아식 중립 방안을 제안하고 있다.[12] 한반도의 분단이 독일이나 베트남과는 다른 조건을 갖고 있음을 간파한 현실 인식에서 나온 결론이다. 작가는 다음의 당부까지 첨언하며 냉전의 굴레에서 벗어날 길을 모색하고자 한다.

> 문화민족이란 것은, 금속활자를 만들었다거나, 불경을 나무토막에 파가지고 축수했다거나, 항아리를 구워낸다는 말이 아닙니다. 문화민족이란 누가 나의 적이며, 그 적을 몰아내자면 어떤 방책을 어떻게 힘을 모아서 실현시킬 것이냐를 아는 집단 슬기라고나 할까요, 그런 재주를 부릴 줄 아는 민족을 말합니다.[13]

작가는 오스트리아식 중립으로 나아갈 방책을 '문화'적 '집단 슬기'에서 찾고 있다. 집단 슬기를 동원했을 때, 국수주의를 근본원리로 한 냉전체제에서 남과 북은 적이 아니라는 파악이 가능하며, 비로소 외부의 적을 파악해 그 적을 몰아낼 수 있다는 것이다. 현실정치나 정치감각이 아닌 문화감각을 동원하자는 말인데, 결국 집단 슬기는 온전한 정치의식의 회복과 관련 있다는 점에서 문화감각과 정치의식은 동궤에 놓인다. 여기에서 자신의 소설을 통해 정치감각의 회복을 꾀하려는 작가의식을 발견할 수 있다.

이처럼 『총독의 소리』는 냉전체제의 허위성과 이데올로기의 허상,

12 "반도인들은 자신들을 분단 독일에 비유하면서 통일을 논하고, 구프랑스령 인도차이나에 비겨 내란의 전국(戰局)을 말하려 합니다. 염치없고도 눈 없는 자들입니다. 반도는 강국이 아니었고, 반도는 아 제국의 점령군과 교전한 적이 없습니다. 반도는 독일도, 베트남도 아니며, 가능적(可能的) 오스트리아입니다."(「총독의 소리 4」, 앞의 책, 193쪽).

13 앞의 글, 195쪽.

국수주의적 국제관계에서 남북한이 바로 알아야 하고 바로잡아야 할 것을 외부의 목소리를 통해, 풍자의 방식을 동원해 전달하지만 궁극적으로는 매우 직설적인 정치론에 가까워 보인다. 강대국의 카르텔이 여전하고 가까이에서 세력을 키우는 일본과 협정을 맺은 60년대 후반의 상황은 "한말(韓末)의 상황과 닮은" 것으로 보일 만큼 긴장 속에 놓여 있었으며,[14] 급변하는 국내외 정세를 제대로 파악하고 대처하기에는 턱없이 부족한 정보와 어지러운 형국 앞에서 독특한 소설적 장치가 고안된 것으로 보인다. 그러나 변동 없는 완강한 현실 앞에서 3편에 이르면 심지어 시인마저 등장하지 않는 등 작가는 글쓰기를 지속할 기운과 여력을 소진한 것처럼 보인다.[15] 그렇게 잠정적으로 종결된 듯하던 『총독의 소리』 연작은 4편으로 이어지고, 4편의 경우 작가의 다급한 태도마저 전달된다. 오랜 기간 동안 공고하게 유지되던 냉전체제에서 7·4 남북회담이 가져온 '자주'에의 요구와 희망을 담고 집필된 4편은 1–3편과는 달리 역설과 풍자가 줄어든 반면 직설적이며, 여유가 줄어든 반면 다급한 어조로 정보 전달의 욕망이 과잉되어 있는 것으로 보인다. 남과 북을 주체의 자리로 호명하고 '자결(自決)'과 '자주(自主)'가 부각되어 있는 4편은 작품 발표 직전 작가의 미국 체류와 1975년 베트남 종전이라는 상황과 결부지어 해석될 필요가 있다.

---

14 최인훈, 「한말의 상황과 오늘」, 『유토피아의 꿈』, 최인훈 전집 11, 문학과지성사, 2010, 368쪽.

15 『총독의 소리』 연작은 지하방송을 통해 나오는 총독의 목소리와 방송이 끝난 후 그것을 청취하는 시인의 독백이라는 특이한 형식을 갖는 소설이다. 1편과 2편에서 짧게나마 등장하던 시인이 3편에서는 심지어 등장하지 않는데, 이와 관련된 내용은 4절에서 분석될 예정이다.

## 3. 미국의 재발견과 '자주(自主)'의 의미

먼저 『태풍』과 「총독의 소리 4」 사이에 놓여 있는 1973년 9월부터 1976년 5월까지 이어진 작가의 미국 체류에 대해서 몇 가지 검토를 해 보려 한다. 최인훈은 미국 아이오와 대학의 '세계작가프로그램 IWP'에 초청되면서 도미한다. 장편 『태풍』의 연재를 막 마친 1973년 9월이었다. 아이오와 대학의 작가프로그램이 끝난 후에도 작가는 귀국하지 않고, 버지니아로 이민 가 살고 있는 가족들과 함께 지내게 된다. 체류가 길어진 데는 여러 가지 요인이 작용한 듯하다. 어머니의 죽음이 있었고, 한국의 정세가 안정되지 않았다는 판단하에 장남을 "폭력 집단이 국가를 볼모로 잡고 국민을 억누르고 있는" 곳으로 보내기 싫어하는 아버지의 만류가 있었고, "등단 이후 10년 남짓한 그동안에 쓸 만한 것은 모두 써본 상태"에서 "귀국한다는 것은 본국에서 피잔치를 벌이고 있는 자들과 '싸우러' 가는 것"이며, 미국의 풍요에 압도당한 상태에서 "귀국한다 해도 나에게 돌아올 것은 그 맹물 같은 가난뿐"[16]이라는 판단으로 귀국은 잠정 보류 상태에 놓인다.

해방공간 북한의 고향 회령에서 시작된 가족의 이주는 지구 반대편 대서양 근처에 도달해 있었다. 작가가 파악하기에 가족들의 마지막 피란지인 미국은 서양에 자리 잡은 "양간도(洋間島)"이고, 분단이라는 조건에서 안전한 곳으로의 이주를 뜻하게 된다.[17] 월남 실향민으로서 최인훈은 "정신적 작업자"인 작가였기에 가족들과 함께 이민을 떠날 수 없었지만, 아무리 글을 써도 현실은 나아지지 않고 오히려 유신이 한창인 엄

16 최인훈, 『화두』 1권(1994), 최인훈 전집 14, 문학과지성사, 2008, 412-417쪽.

17 위의 책, 402쪽 참조.

혹한 고국의 현실로 인해 미국에서 다른 일을 찾고, 가족들과 함께 살 수도 있다는 가능성을 열어놓게 된다.[18] 그리고 그 기간 동안 작가가 하게 된 일은 노예(한국인)의 입장에서 로마인(미국인)을 보고, 둘을 비교하는 것이었다. 그는 미국 체류 내내 한국이 처한 상황과 한국인에 대해 사유를 전개했으며, 그러한 과정에서 오히려 미국을 재발견하게 된다.

작가가 발견한 미국은 자국민(로마인)과 외국인(한국인)에 다른 기준을 적용하는 야누스의 얼굴을 가진 나라였다. 우선은 정치적 모럴이라는 측면에서 판단해볼 수 있다. 닉슨 대통령의 선거 부정 사건인 '워터게이트 사건'을 처리하는 과정을 지켜보면서 작가는 엄한 로마의 법을 느낀다. 야당과 언론의 공격에 탄핵이 불가피한 상태에 놓인 닉슨의 상황은 유신을 선언하고 독재를 일삼고 있는 고국의 현실과 극명한 대조를 이룬다. 그러나 이때 자국의 대통령에게는 엄한 법을 시행하는 국가인 미국에서 의외로 "반란부대의 수괴를 즉시 워싱턴으로 불러들여 국가원수끼리의 형식으로 회담을 가진" 점을 기억해낸다.[19] 자국과 남의 나라에 다른 기준으로 적용되는 법을 가진 나라로서 미국의 이중성이 드러나는 지점이다. 인디언의 땅을 정복한 '약탈자 미국'과 정치적 모럴을 갖춘 '선량한 미국'의 이중적 면모는 이미 『소설가 구보씨의 일일』에

---

18 "그런데 아무리 써도 정신적 작업자로서의 확신을 가질 수 없다는 것을 깨닫게 되었고, 그래서 특히 유신이 한창이던 『태풍』을 쓰고 있을 때는 내가 정말 소설을 써야 하는 것인지 아닌지 알 수 없을 정도로 고민이 심각했어요. 뭔가를 잘못 쓰면 죽기도 하는 그런 세상인데 뭘 쓰겠다는 생각이 도대체 무엇인지 알 수 없었던 그런 상태에 빠졌던 것이지요. 그리하여 난 다시 소설을 쓸 수 없었던 거고, 그러고도 20년이 다 지나서야 다시 『화두』를 쓸 수 있게 된 것이지요."라는 작가의 회고는 미국 체류의 이유와 전반부 소설 창작의 절필 이유에 대한 보충 설명이 된다(김인호 대담, 「작가의 세계인식과 텍스트의 자기 증명」, 앞의 책, 284쪽).

19 1961년 5·16쿠데타 당시 미국은 친일과 좌익 전력 때문에 박정희를 의심했다. 그러나 케네디는 반공과 친미, 그리고 현실 권력을 이유로 그를 인정했다. 케네디는 자신의 결정을 "미국은 힘을 가진 자"와 상대한다는 말로 정당화했다(김정배, 「미국, 유신, 그리고 냉전체제」, 『미국사연구』 38, 2013, 177쪽).

서 제기되었다. 미국 서부영화 〈솔저 블루〉를 관람한 구보씨는 백인 기병대와 인디언들의 희생이라는 구도에서 침략의 역사를 스스로 비판하는 미국 영화의 정치 수준에 감탄하는 동시에, 선량한 미국인 인물의 설정으로 윤리적인 측면을 놓치지 않고 있음을 발견한 바 있다.[20] 그리고 이러한 원리는 당대적 사건인 베트남전쟁과 연관지어 해석될 필요가 있었다.

최인훈이 미국에 체류하던 1975년 4월 미군은 베트남에서 철수하고 베트남전쟁은 호치민이 이끈 공산당의 승리로 끝난다. 베트남전은 여러모로 미국에게 소모전이었지만, 미군이 주둔해 있는 분단국 작가의 눈에 베트남전쟁의 의미는 "국지전의 해결을 위해 미군이 직접 행동하지는 않는다는 원칙의 실천"으로 보인다.[21] 민주주의를 수호하자는 냉전체제의 전쟁 와중에도 자국민을 희생시키지 않으려는 국가주의가 작동하는 지점이 포착되며, '한미수호조약'의 시점으로부터 '동맹자'의 관계에 이른 한국과 미국의 결속이 얼마나 부실한가를 알아차리게 하는 계기가 된다. 일본 점령시대에 우리에게 '적의 우호국'에서 '해방자'로서의 모습을 거쳐 이념을 같이하는 '동맹자'로 지위를 바꾸어온 절대적 타자 미국의 실체가 결국은 자국의 이익을 추구하는 국가집단일 뿐임을 간파한 작가는 "우리 국토 안에 있는 미국의 무력이 언제 우리들에게 선전포고를 할지 모른다"는 위기감을 갖게 된다.[22]

---

20 최인훈, 『소설가 구보씨의 일일』(1969-1972), 최인훈 전집 4, 문학과지성사, 2009, 94-99쪽 참조.

21 최인훈, 『화두』 1권, 398쪽.

22 이하나는 해방 당시 하지 중장을 비롯한 미군이 한국에 대해서 무시와 경멸을 일삼았음에도, 한국에서는 미군을 해방군이라 믿었고, 일본으로부터의 해방이 또다른 점령세력을 불러들였다는 자각이 있기까지는 수십 년의 시간이 필요했다고 밝히고 있는데, 최인훈의 「총독의 소리」 4편이 그러한 자각을 하는 데 일정 정도 기여했을 것으로 추정된다(이하나, 「미국화와 욕망하는 사회」, 『한국현대생활문화사: 1950년대』, 창비, 2016, 139쪽).

이러한 미국의 모습은 1969년 아시아 지역에 위기감을 조성했던 닉슨독트린과 관련해 남한 사회에도 상당한 충격으로 다가온 바 있다.[23] 특히 분단된 한반도의 남쪽에 살고 있는 월남 피란민 소설가 구보씨와 동일한 정체성을 갖고 있는 작가 최인훈은 1969년부터 1972년을 서사 시간이자 창작 시간으로 가진 소설 『소설가 구보씨의 일일』에서 데탕트 모드의 혼란스러움을 고스란히 재현한 바 있다. 냉전체제에서 전쟁과 분단을 맞은 구보씨는 미국 대통령이 중공을 다녀가고, 김일성 회갑을 맞아 미국 기자들이 평양을 다녀간다는 뉴스에 기절초풍할 정도로 놀란다. 그 시기는 구보씨에게 "'공식(公式)으로 돌아가던 세상이 거짓이요, 탈바가지고 그 뒤에서 구보씨 수준인 인물은 언감생심 짐작도 못할 꿍꿍이가 익어간다는 이 현실의 진행 방식"[24]을 짐작케 해주었으며, 그렇기에 작가는 스스로를 삼류 지식인, 삼류 생활자, 민중의 한 사람이라는 의미에서 "소설노동자"라 호명한다. 개인이 역사의 놀음에 휘말려든 20세기 초반을 산 작가로서 정치에 관심을 가지는 건 당연하지만 신문을 통해서밖에 들을 길 없는 뉴스는 매번 놀라울 따름이고, 늘 그랬듯이 개인의 예측을 넘어서는 수준에서 일방적으로 정보가 하달되는 시대를 살아가는 실향민 작가는 어김없이 예상을 빗나가는 세상살이를 맞닥뜨린다. 이에 "소설노동자"라는 자조적 명명은 이처럼 정치적 소외와 경제적 빈곤까지도 여실히 담아내는 명칭이 된다.

---

23 닉슨은 1969년 7월 25일 닉슨독트린을 통해 미국의 동아시아정책을 선언했다. 그 내용의 핵심은 향후 아시아 국가들은 내란이나 외부의 침략 문제를 스스로 해결하고 미국은 측면 지원하겠다는 것이었다. 그것은 미국이 아시아에서 퇴각하는 듯한 인상을 풍겼기 때문에 일부 아시아 국가들에게 위기감을 주기도 했다. 그러나 닉슨독트린은 미국의 퇴각이 아니라 변화된 조건에서 미국의 힘에 걸맞은 새로운 방식으로 미국의 이익을 추구하려는 시도였다(김정배, 앞의 글, 155쪽).

24 최인훈, 『소설가 구보씨의 일일』, 118쪽.

작가의 산문에서도 냉전체제의 동아시아 상황에서 닉슨의 행보는 혼란스러운 기록으로 남아 있다. 우선 작가는 우리 "민족의 문제를 미·소 사이의 전후사의 궤적인 냉전에서 데탕트에로라는 테두리"의 국제적 문맥에서 볼 때 미군의 철수는 많은 사람들에게 당혹감을 안겨줬으며, "자주란 것은 남의 행위의 결과를 면책시켜주는 것일 수 없"으므로 "한국문제를 단순한 한국의 국내 정치화하려는 논리에 저항해야" 한다는 입장을 취하고 있다.[25] 다른 한편, 작가가 미국에서 베트남전에 대한 미국의 입장을 파악한 바대로 "대리전쟁의 형태로 자신들의 이익을 관철하려 한 월남전 이후" "외국이 이런 입장을 취하는 동기가 어디 있든 우리에게는, 그것을 '자주'라는 조건이 강화되었다는 가능성으로 전용(轉用)할 이점을 준다"는 입장을 취하기도 한다.[26] 특히 7·4 남북공동성명에서 민족의 동질성을 찾고, 남북문제를 평화의 방법으로 해결하자[27]는 작가의 논리는 민족 '자주'의 입장에 토대를 두고 있는 것으로 보인다.

한편으로는 분단 한반도의 현실에서 책임을 회피하고 슬그머니 발을 빼려는 미국의 태도에 당황하고 회의적이면서 다른 한편으로는 자주를 외치는 작가의 여러 자아들은 당시 급변하던 국내외적 정세에서 노출되는 당혹감에 해당한다. 전쟁을 겪은 분단국 작가에게 '자주'는 미국에 의해 박탈되었다가 부여되는 개념에 해당했다. 그렇기에 급작스럽게 주어지는 '자주'의 개념은 의심하게 되면서도 때마침 7·4 남북성명과 결부될 때 전용해야 하는 필요한 개념이기도 했다. 냉전체제이든 데탕트 분위기든 그것을 주도하는 미국에 철저히 종속적인 상황에서 미국에 의해 부여된 '자주'는 그만큼 의미 변동이 심한 단어가 되었다. 분명한 것은

25 최인훈, 「공통의 대의」, 『유토피아의 꿈』, 360-361쪽.

26 최인훈, 「한말의 상황과 오늘」, 위의 책, 371쪽.

27 최인훈, 「평화의 길」, 위의 책, 366-367쪽.

데탕트 모드의 혼란을 설명해줄 수 있는 유일한 원리는 미국의 국가주의였으며, 최인훈은 미국 체류 기간 중에 이 원리를 분명히 확인했다는 점이다.

한편 설상가상으로 닉슨독트린으로 비롯한 데탕트 모드, 중미화해, 한국에서의 미군 감축 등의 일련의 화해 분위기는 박정희 정권이 국가안보를 내세워 1971년 국가비상사태 선언과 1972년 유신선포를 하는 데 역설적으로 기여하게 된다.[28] 최인훈에게 1960년대 후반부터 1970년대 초반 국내외를 둘러싼 데탕트 모드와 급격한 정세 변동은 분단을 야기한 주체가 자국의 이익을 위해 책임을 회피하는 것으로 보였고, 한편 그 와중에서 호출된 '자주'의 개념은 7·4 성명과 더불어 적극적으로 전용해야 할 태도로 인식되기도 한다. 혼란기 최인훈이 전용할 것을 요청한 7·4 성명에서의 '자주'는 4·19의 정신을 잇는 자주였으며 통일의 가능성을 열고자 한 미약한 가능성에 대한 염원이었다.[29] 그러나 박정희 정권은 오히려 아시아의 화해 모드를 한반도 긴장 고조 상황으로 왜곡하고, 정치적으로 악용하여 유신정국을 건설한다. 그로 인해 정치적 '자주'는 경제적 '자주'로 기의가 이동, 축소되고 만다. 결국 잠시 열렸던 '자주'의 긍정적 모색은 요원해지고 작가는 양간도에서 발이 묶인다.

---

28 김정배, 앞의 글 참조.

29 1950년대 반공주의 이념하에서 억눌려 있던 통일 논의가 4·19와 더불어 짧은 기간 동안 공론화된다. 4·19 1주년에 민통전학련의 선언문의 '반봉건', '반외세', '반매판'의 삼반 테제는 자유세계의 일원으로 냉전 진영의 쇼윈도 역할을 자처해온 한국의 위상에 대한 도전이었으며, 한국사회의 '자주'적 노력에 대한 동참을 촉구하는 것이었다. 이 4·19 국면의 삼반 테제가 5·16 쿠데타의 발발과 함께 수면 아래로 잠복했다가 1964년과 65년 한일협정의 국면에서 저항담론으로 구체화된다. 문제는 '자주'가 박정희 정권에 의해 탈빈곤의 '자주'로 전유되며 자주와 자립이 경제근대화를 향한 박정희 정권을 대표하는 트레이드마크처럼 되었다는 것에 있다(공임순, 「1960-70년대 후진성 테제와 자립의 반/체제 언설들」, 『상허학보』 45, 2015 참조).

미국 체류가 장기화되면서 서적 창고에 일자리를 마련한 작가는 어느 날 아기장수설화가 실린 도지(道誌)를 발견하고, 희곡 「옛날 옛적에 훠어이 훠이」를 단숨에 써내려간다. 또한 미국에 있는 동안 작가는 『광장』을 개작하는 작업에 매달린다. 특히 한자어를 고유어로 대폭 개정한 방향성에서 "이방에서 겪고 있는 정신의 위기에 대한 대처 방법"으로 개작이 이루어졌음을 알 수 있다. "밤이 지배하는 고향으로 가기가 두려웠으나" "꿈꾸는 힘이 남아 있"었기에 작가는 1976년 5월 귀국길에 오른다.[30] 3년간의 미국 체류와 그간에 보고 들은 미국의 대베트남 전략을 통해 그는 선량한 정치적 모럴이 타민족에게는 작동되지 않는 야누스 미국의 얼굴을 직접 확인하게 되었고, 동시에 그와 밀접하게 결부되어 있는 위태로운 자기 민족을 발견한 것이었다.[31] 닉슨 행정부가 주도하는 일련의 화해 분위기는 변화된 조건일 뿐, 미국의 자국 중심주의 원칙은 확고부동하다는 확신이 섰고, 이에 작가는 자신의 책무를 발견하고 대응할 방법을 찾은 것이다.

귀국 후 최인훈은 개작한 『광장』이 포함된 문학과지성사의 전집 준비에 들어가고[32], 「옛날 옛적에 훠어이 훠이」와[33] 「총독의 소리 4」를 발

30 최인훈, 『화두』 1권, 504-511쪽.

31 "이삼백 년 동안 세계 역사 속에서 중요한 역할을 했던 민족·국가·문화권이니 하는 것들을 지금 이 시점에서 의미가 없다고 말할 수는 없습니다. 그래서 민족이라는 개념이 불필요하다고 생각하는 사람들의 의견에 나는 찬성하지 않습니다. 다른 나라가 민족이라는 개념을 어떻게 받아들이는가에 상관없이, 우리의 경우에 민족이라는 개념 없이 지난 백여 년의 역사를 설명할 수 없습니다. 민족이라는 개념을 빼놓을 때 20세기를 설명할 수 없을 뿐만 아니라 우리의 고뇌라든가 하는 것들도 공동화(空洞化)될 염려가 많습니다. 국가나 민족이라는 개념은 한반도에서 인연을 가지고 살았던 인간 집단들에게 가장 실존적이고 종교적인 문제이자, 정치적이고 경계적인 문제라고 할 수 있습니다."라는 작가의 언급에서 찾아볼 수 있듯이 최인훈에게 민족의 문제는 문학을 하는 데 있어 중요한 화두가 된다(김인호 대담, 앞의 글, 266쪽).

32 문학과지성사에서 맡은 최인훈 작가의 전집 발간은 1976-1979년에 이루어졌다.

33 『세계의 문학』 가을호, 1976.

표한다. 이로써 작가의 설명이 누락되었더라도 위의 과정을 통해 베트남 종전, 미국의 재발견, 그리고 위태로운 민족의 발견에서 「총독의 소리 4」가 비롯되었음을 알 수 있다. 특히 제한된 정보하에 정치적 소외 상황을 살아가는 구보씨를 통해서는 민족의 당면한 과제와 입장에 대한 태도를 분명히 하려는 작가의 목소리가 전달되기 어렵기에 『총독의 소리』 형식을 다시 채택한 것으로 보인다.

## 4. 공적 언술에 대응하는 시인의 독백

『총독의 소리』 형식은 일반적인 소설 양식에서 벗어나 있다. 해방 이후에도 한반도 지하에 남아 유령방송을 내보내는 총독의 목소리와 그것을 듣는 시인의 독백이 소설 전문을 구성하고 있다. '화자-청자'의 텍스트 소통 구조만이 부각되어 있는 셈이다. 그중 총독이라는 타자의 시선을 통해 역설적으로 해결 방법을 제시하고 있다[34]는 견해와 작가 자신의 정치적 이념과 태도를 위장하기 위한 수사적 고안[35]이라는 의견에 귀 기울일 만하지만 서사가 파괴된 채 소리만 남아 있는 형식적 특이함에 대해 논자들은 『총독의 소리』를 난해하거나 전위적인 형식의 작품군으로 분류한다. 이에 대한 작가 스스로의 의견은 다음과 같다.

> 첫째는 나는 이 소설에서 문학의 형식을 파괴하면서라도 온몸으로 부딪쳐야 할 위기의식을 느꼈다는 일이다. 둘째는 그렇다면 정말 문학 장르의 테두리를 넘었느냐 하면, 나는 그렇지 않다고 말할 수 있다. 이 형식은

34 양윤모, 앞의 책, 364쪽.

35 권영민, 앞의 책, 75쪽.

별다를 것 없는 풍자소설의 정통 적자다. 적의 입을 빌려 우리를 깨우치는 형식이다. 빙적이아(憑敵利我)이다.

여기서 말하는 연설은 바로 풍속적으로 그 연설에 가장 합당한 풍속적 의상 즉 총독의 옷을 입고 있다. 전위적이기는커녕 너무 소심할 정도의 용의가 아닐까 한다. 전위적이라면 오히려 방송 뒤에 붙인 익명의 독백 부분이다. (…) 이 두 부분이 어울려서 빚어내는 어떤 비전, 그것이 이 소설의 진정한 최종적 '작중 상황'이다.[36] (밑줄 필자)

인용문의 골자는 다음과 같다. 한일협정이라는 엄청난 위기의식에 대한 충격은 문학 형식의 파괴를 초래했다. 그러나 총독의 소리 방식은 기실 소설 전통에 충실한 풍자일 뿐이고, 오히려 방송 뒤에 붙인 독백 부분이 전위적이다. 따라서 총독의 방송과 시인의 독백의 두 부분의 연관 관계를 함께 파악해야 한다는 말이다. 작가의 의견을 경청하여 총독의 소리와 시인의 청취가 빚어내는 관계에 주목한다 하더라도 이미 총독의 소리가 설정되어 있다는 것만으로도 전위적이라는 수식어를 피해 갈 수는 없을 것이다. 그렇지만 일단은 서로 어울리지 않는 총독과 시인의 관계에 대해 살펴보기로 한다.

작가의 전언대로 이 소설은 방송(총독의 소리)-청취(시인의 청취와 그 후의 독백)의 간명한 전후 구조로 되어 있다. 방송은 공적인 언술을 전달하는 매체이며, 청취는 개인의 수준에서 이루어진다. 이때 방송은 이데올로기 전달에 있어 쉽게 객관성과 합리성을 획득한다.[37] 공적인 담론

36 최인훈, 「원시인이 되기 위한 문명한 의식」(1979), 『길에 관한 명상』 최인훈 전집 13, 문학과 지성사, 2010, 27쪽.

37 서은주는 최인훈 소설 전반에 나타난 방송의 소리 형식을 연구한 결과 이데올로기적 담론의 성격을 지니는 방송이라는 존재 방식 자체가 근대 이데올로기와 담론을 주입하는 효과적인

의 일방적 전달 구조는 이데올로기의 전달과 주입이라는 맥락에서 사회-개인 : 초자아-자아의 구조로 전이될 수 있다. 이러한 도식성은 일찍이 『광장』에서 볼 수 있었던 사회-개인 : 광장-밀실의 구조에서 크게 벗어나지 않는다. 다만 『광장』에서 보였던 북의 광장 : 남의 밀실이라는 이데올로기의 단절 구조는 『총독의 소리』에서는 사회의 공적 담론-개인의 내면 언술 : 이데올로기-탈이데올로기의 변형된 구조가 된다. 이 변이 구조는 화자로 하여금 전 세계 정세를 한 번에 그려낼 수 있게 하므로 풍자적 포즈만 이해하면 손쉽게 작가의식 파악이 가능하다는 장점이 있다. 동시에 초자아의 억압 아래 왜소한 자아의 관계는 총독의 소리가 힘없는 시인(개인)에게 이데올로기를 강제하고 있다는 점을 알아차리게 한다. 그렇다면 청취 후 방언처럼 터져 나오는 시인의 발화는 억압된 개인의 무의식에 해당하는 부분이 될 것이다. 방송-청취의 구조는 사회적 언술-개인적 언술의 치환이며, 초자아-자아의 관계 사이에 발생하는 이데올로기의 강제적 주입에 억압된 무의식적 내면이 수면 위로 떠오르게 된다. 이 도식화된 이중 구조야말로 『총독의 소리』를 이해하는 요체이며, 파시즘적 냄새가 짙은 총독과 정치적 영향력 없는 시인 사이의 관계는 그에 상응한다.

그러나 라디오 방송이라는 공적 언술에 해당하는 총독의 소리는 단일한 목소리로 전달되지 않는다. 오히려 「총독의 소리」 1-4편에 펼쳐져 있는 총독의 발화는 다성적이며, 여러 입장이 중첩되어 있음을 발견할 수 있다. 여러 갈래의 언술이 착종되어 있는 총독의 소리를 다음과 같이 분류해볼 수 있다.

방식이 되며 개인은 이에 의존할 수밖에 없는 권위를 지닌다는 결론을 도출한 바 있다(서은주, 앞의 글, 202-203쪽).

우선 총독의 입장이 전면화된 발화들은 반어적으로 읽어내야 한다. 가령, 일본 소설가 가와바타 야스나리의 노벨상 수상에 대해 "이번에 국수(國粹)로 이름난 소설가가 상을 받게 된 것은 지극히 만족스러우며 본국의 귀축미영 추종자들에게 좋은 경종이 될 것입니다"[38]라는 진술은 국제 질서가 국수주의에 놓여 있음을 파악하고, 일본의 국제적 위상을 확인하는 것으로 볼 수 있다. 이러한 유형의 발화는 총독의 입장에 반발을 불러일으키며, 작가의 입장과는 반대에 놓여 있다.

다음으로 반도인을 조롱하고 멸시하는 발화들은 작가의 비판의식에 상응한다. 가령, "막걸리는 흘러서 강을 이루고 부스럭 돈은 흩어져 낙엽을 이루었습니다. 또다시 피아노표, 쌍가락지표, 다리미표, 무더기표, 대리투표, 개표 부정의 난장판이었습니다. 민주주의가 난장 맞은 것입니다"[39]의 진술은 1967년 부정선거를 신랄하게 비판하고 있는 것으로, 발화자가 총독이라는 점에서 식민담론의 재현이라는 위험성도 배제할 수는 없지만 듣는 이의 자기비판과 반성이 요구되는 지점이다.

또 다른 유형은 냉철한 현실 진단이 이루어지고 있는 발화들이다. 가령, "독일이 분할되어 있으며, 팔레스타인이 분할되어 있으며, 인도가 분할돼 있으며, 프랑스령 인도차이나가 분할돼 있으며, 중국이 분할돼 있으며, 조선반도가 분할돼 있습니다. 이 분할들은 모두 귀축미영과 적마 러시아가 못질해놓은 세계 지배의 손잡이들입니다"[40]의 진술은 냉전체제를 날카롭게 이해하고 가치중립적으로 해석하는 경우에 해당한다. 이것은 총독의 발화지만 작가의 목소리와 입장이 그대로 반영되어 있다. 주지할 것은 이 유형의 발화가 「총독의 소리 4」의 담론을 주도하고

38 최인훈, 「총독의 소리 3」, 『총독의 소리』, 130쪽.

39 최인훈, 「총독의 소리 1」, 위의 책, 100쪽.

40 최인훈, 「총독의 소리 2」, 위의 책, 117쪽.

있다는 점이다. 당대 국제정세의 주도적 흐름이었던 데탕트를 주제로 한 총독의 발화는 냉철한 국제정세 진단과 비판으로 많은 부분이 구성되어 있으며 심지어 반도 문제 해결의 열쇠를 7·4 성명에서 찾고, 오스트리아식 중립화라는 해결 방안까지 제시한다. 이는 미국의 실체를 파악한 작가가 데탕트 국면의 혼란한 국제정세를 역이용하여 한민족이 취해야 할 입장에 대해 전달하려는 의지가 강하게 나타난 것으로 보인다.

분석 결과 공적 담론의 대표로 설정되어 있는 총독의 소리가 하나의 목소리를 전달하는 매끄러운 담론이 아니라 오히려 여러 목소리들로 혼재되어 있음을 발견할 수 있었다. 『총독의 소리』가 정치적인 사안에 민감한 작가가 국제정세에 남다른 관심을 가진 결과물로 내놓은 소설이라 하더라도 제한된 정보 아래 정치적으로 소외되어 있는 작가에게 실제 정치는 예측 불가능한 것이며 그것에서 배제된 채 여파만 고스란히 당하며 살아가는 삶은 불확실하고 모호한 것이다. 분단과 전쟁을 초래한 냉전체제가 화해 모드로 전환되고 있던 당대의 정치적 움직임이야말로 예측 불가능하고 부조리한 것이었고, 다성적인 발화로 나타난 공적 언술은 이러한 작가의식의 반영에 해당할 것이다.

이번에는 작품의 후반부에 놓여 있는 미미하나 간과할 수 없는 시인의 존재에 주목해볼 차례다. 총독의 기나긴 방송이 그치면, 그것을 듣는 시인이 나타난다. 공적 언술에 대한 시인의 내면은 외부의 상황에 예속된 개인의 모습으로 그려지고 있다. 시인이 바라보는 현실은 어두운 밤이며, 이번에는 어두운 시대를 살아가는 사람들의 소리가 들린다. 이에 대해 1편에서는 흐느낌으로 일관했던 시인이 4편에서는 여전히 암울한 현재에도 불구하고 희망적 미래를 보고자 한다. 시인의 말은 쓰는 행위로 발전하고, "빼앗긴 들에도 봄은 온다"는 희망찬 비전을 향해 "말을 건설하기 위해 시인은 오늘도 불면제를 먹는"다. 특히 4편의 시인의 발화는 「하늘의 다리」 13장을 발췌한 것으로서 전달되는 내용이 거의 동일하다.[41] 부조리하고 어두운 현실의 단상들이 의식의 흐름처럼 나열되고 있는 이 부분이 그대로 인용되고 있음은 「하늘의 다리」 집필 당시와 별반 다를 바 없이 여전한 부정적 현실을 드러내기 위함이겠지만, 불가해한 정치 현실에 대응하는 시인의 태도는 한결 단호해진 것을 발견할 수 있다. "거짓말을 지키기 위한 전차들이 장갑을 끼고 밤 속에 웅크리고 있다. 깡패처럼"은 쿠데타에 이어 유신을 통해 폭력적으로 자행되는 어두운 밤의 현실에 상응하지만, 그에 따라 반복 기술되는 시인의 책무 또한 재차 강조되고 있는 것이다. 그리고 작가는 시인에게 다시 한번 "말을 건설하기 위해서 불면제를 먹을" 것을, "말을 존경하는 마음을 해소기침처럼 앓을 것을" 요청한다.[42] 그리고 『총독의 소리』가 갖는 독창적 형식 창출과 시인의 자세에는 리얼리즘 일변도로 치닫고 있던 당대 문단에 대한 비판이 포함되어 있다.

> 책임도 질 수 없는 주장을 사실주의의 수법으로 제시한다는 것은 얼마나 무책임한 생각인가, 하는 것입니다. 그러므로 그들은 사실주의(寫實主義)를 포기한다는 것입니다. 진보와 변화를 따르면서 사실주의의 입장에서 영원을 가시화하는 길은 없다는 것입니다. 그들은 대상인 현실을 버리고 현실의 매체인 언어를 택합니다. 여포, 관우, 장비, 조자룡, 홍길동, 이순신, 안중근 하는 식으로 영웅은 시세 따라 변하지만, '영웅'이라는 '말'은 영원하다는 식입니다.[43]

---

41 「하늘의 다리」는 1970년 연재된 작품이므로, 「총독의 소리」 편이 「하늘의 다리」 13장을 인용한 것으로 보인다. 13장은 준구의 꿈에 해당하는 내용이다.

42 최인훈, 「총독의 소리 4」, 앞의 책, 198쪽.

43 최인훈, 「총독의 소리 1」, 위의 책, 94쪽.

리얼리즘 일변도의 문단에의 예속에 저항하는 작가의 목소리는 인용문 외에도 작품 여러 곳에서 들려온다. 이 논리에 의하면 진보와 변화를 가져오는 문학은 사실주의 방식으로는 가능하지 않다. 결국 현실(대상)이 언어(상징)의 방식으로 대체되어야 진보와 변화의 정신이 지켜질 수 있다는 논리다. 최인훈은 한국문단의 이단아 격인 자신의 문학이 지닌 형식 파격의 이유를 설명하며, 동시에 진보와 변화의 입장에 선 본인의 문학적 태도를 강조하고 있다. 근대 문학의 양식인 리얼리즘에 대한 거부는 서양의 문학 형식을 맹목적으로 따를 수 없다는 작가의식의 발현이다. 서양과 다른 근대를 맞았다는 날선 정치의식은 서양의 문학 형식과 다른 형식적 주체성을 도모하게 한다. 그러므로 리얼리즘의 거부와 문학 형식의 실험이야말로 냉전 질서에 의해 강제된 한반도의 타율적 삶에 대한 시인의 거부 반응이며, 윤리적으로 올바른 정치의식에 해당하는 것으로 볼 수 있다.

여기까지 추출된 시인, 말(언어)의 건설, 문단의 헤게모니와 같은 중심 개념어를 통해 미학의 정치성에 대해 논구한 랑시에르의 시각이 겹쳐진다. 랑시에르의 용어를 빌리자면, 시인에게 요구된 바는 감각적인 것의 분배를 통해 성취하는 미학의 정치성 획득일 것이고, 『총독의 소리』는 그것이 구현된 텍스트에 해당할 것이다. 랑시에르가 말하는 정치적 예술은 이중의 효과—어떤 정치적 의미의 가독성 그리고 반대로, 섬뜩함(uncanny)으로부터, 의미에 저항하는 것으로부터 야기된 감각적 충격—를 보장하는 것이다.[44] 작가가 작품의 내용적 측면에서 '치안'[45]을

44 자크 랑시에르, 『감성의 분할: 미학과 정치』, 오윤성 옮김, 도서출판b, 2008, 90쪽.

45 필자 강조. 랑시에르에게 '정치'는 실제 권력의 행사와 권력을 위한 투쟁이 아니다. 상징적으로 규정된 자리와 신분의 분배와 재분재, 감각의 분할이 그에 해당한다. 그리고 현실 정치의 조직적 체계를 '치안'이라 명명하고 있는데, 이 문장에서 '치안'은 글 전체의 용어 사용에 맞춘

고발하는 활동뿐 아니라, 그가 자신의 언어(형식)를 통해 치안(물론 여기에는 문학적 치안도 포함된다)에 대해 한 다양한 저항 활동에서[46] 미학의 정치성이 찾아진다. 『총독의 소리』는 이 두 가지 측면에 모두 조응한다. 안으로는 분단 상황에서 반공주의를 이데올로기로 삼은 독재정권이 세력을 키워가고, 밖으로는 냉전체제를 유지하는 이데올로기의 허울을 목도하게 되는 현실에서 안팎의 정치를 주제로 삼고 있다는 점이 첫 번째 근거에 해당한다. 그리고 이처럼 과잉된 치안의 시대에 살고 있었던 작가는 소리만 남은 소설, 화자와 청자만 있는 소설, 여러 소리가 뒤섞인 담론의 재현을 통해 고정된 형식이나 의미에 저항한다. 이것이 두 번째 근거에 해당한다. 그리고 최종적으로 시인의 책무가 강조되고 있는데, 유일하게 총독의 방송에서 진위 여부를 가려들을 수 있는 청취자이며, 해소 기침을 앓으면서도 말을 건설하기 위해 불면의 밤을 보내는 시인의 초상에서 작가 자신의 모습이 겹쳐 보인다.

최인훈에게 작품이란 "현실의 몸은 노예일망정, 자유민의 꿈을 유지하는 것"이며, 소설이라는 형식으로 증상을 되풀이하는 가운데 증상에 대한 공포를 조금씩 진정시키는 효과를 갖는 것이다. 작가는 당시의 정세에 걸맞은 방식으로 『총독의 소리』를 택했고, 문학의 언어와 형식의 감각적 충격을 표현함으로써 냉전체제에 예속된 상태에서 불안한 현실이 주는 공포에 대응하고자 했다. 작가 최인훈에게는 도달할 수 없지만

---

다면 '정치'로 읽어도 무방하다(자크 랑시에르, 『미학 안의 불편함』, 주형일 옮김, 인간사랑, 2008, 54-58쪽 참조).

46 랑시에르의 사상을 한국문단에 본격적으로 소개한 진은영은 "식민주의에 대한 문제의식과 이데올로기적 체제 구분으로는 해소되지 않는 정치성에 대한 고민이 랑시에르의 미학적이고 철학적인 사유의 근저에 있었다고 추측"하며, 김수영의 문학/비문학적 행보에서 문제의식이 공명함을 발견하고 있는데, 동일한 이유로 필자는 최인훈에게서 공명하는 문제의식을 발견했다(진은영, 「한국문학의 미학적 정치성」, 『문학의 아토포스』, 그린비, 2014, 45-46쪽).

끊임없이 추구해야 하는 정치의 유토피아처럼 형식 실험을 통한 소설적 성취도 완벽할 수 없지만 포기해서는 안 되는 것이었다.[47] 그렇기에 미학적인 동시에 정치적인 것이 되는 '말'을 건설하기 위한 시인의 불면의 밤은 1976년까지 이어졌던 것이다.[48] 그리고 여기에서 그의 문학적 성취와 절필의 이유가 동시에 찾아진다.

## 5. 미학적이며 정치적인 글쓰기의 과제

최인훈은 개인의 삶이 '분단'과 '피란', '디아스포라'와 같은 어휘를 동원하며 시대와 정치에 종속적인 것이 되어왔음을 밝히는 데 천착해왔다. 정치적 풍토에 예민했던 작가적 행보에 근거했을 때, 1960년대 말부터 1970년대 초반의 국내외 정세의 급격한 변동은 그의 후반부 작품세계를 상세한 증언과 형식의 발명으로 응답하게 하고 급기야는 그로 하여금 소설을 절필하게 만든다. 이러한 맥락에서 이 글은 냉전체제를 사유하고 그에 대응하는 방식으로서 최인훈의 『총독의 소리』 연작을 살펴보았다.

---

47 작가의 정치적 입장은 현실의 어떤 정치 이론, 정치 현실이라 할지라도 백지위임적(白紙委任的)인 신임, 절대적인 신뢰를 부여하는 것이어서는 안 된다는 점이다. 작가의 정치적 입장은 '정치적 유토피안'의 그것이어야 한다고 표현하면 어떨까. 어떤 현실의 정치도 궁극의 것으로 받아들여서는 안 된다는 것이 근대인의 정치 감각이기 때문이다(최인훈, 「정치와 문학」, 『문학과 이데올로기』, 최인훈 전집 12, 문학과지성사, 2009, 348쪽).

48 "현실의 어이없음에 맞먹는 표현형식을 실천하고 싶은 깊은 충동에 비하면 내가 막상 써낸 작품은 아직도 너무 습관의 눈치를 보고 있는 느낌이 언제나 들었다. 더 대담해지고 싶은 것, 더 파격이고 싶은 것, 그렇게 해서 현실의 질감에 대해서 더 솔직히 반응하는 것이 정직한 표현태도라는 생각이 날로 갈수록 깊어지면서도, 지난 10여 년에 나는 그 이상을 흡족하게 실천하지는 못했다."(최인훈, 『화두』, 1권, 347쪽).

『총독의 소리』 연작은 1967년부터 1976년까지의 기간에 걸쳐 발표되었으며, 당시 한반도를 둘러싼 정세 변동과 밀접하게 관련되어 있다. 1편은 한일 국교 파동에 대한 대응으로 쓰였으며, 1967년 박정희의 관건부정선거 자행 사실과 관련하여 역대 정권의 매판성을 지적·비판하는 내용을 담고 있다. 2편은 1968년 1·21 무장공비 침투 사건과 푸에블로호 납치 사건과 관련하여 군사안보와 대북관계, 미국의 한반도 정책에 대한 실상을 다루고 있다. 3편은 같은 해 일본 작가 가와바타 야스나리의 노벨문학상 수상과 관련하여 세계체제의 원리를 국수주의로 파악하고 있다. 그리고 1976년에 발표된 4편에서는 데탕트로 인한 국제 정세의 변동과 7·4 남북공동성명의 정치적 이슈에 대한 해석을 시도하고 있다. 그런데 데탕트 국면과 중미 화해, 7·4 성명은 1972년에 발생한 사건들로 「총독의 소리 4」는 전편들에 비해 정치적 이슈에 대한 대응에 있어 시간차가 발생했음을 발견할 수 있다. 또한 냉전체제의 근본 원리는 이념 대립이 아니라 강대국들의 국수주의와 카르텔에 의해 작동되고 있음을 강조한다. 이에 남과 북을 주체로 호명하고 '자주'를 요청하는 4편은 작품 발표 직전 작가의 미국 체류와 베트남 종전이라는 상황과 결부지어 해석될 필요가 있다.

1973년부터 1976년까지 작가는 미국에 체류하면서 자국과 타국에 다른 기준을 적용하는 미국의 이중성을 발견한다. 또한 1975년 베트남전의 종전과 그에 대한 미국의 태도는 철저한 자국민의 이익 논리에 의한 국가주의가 작동함을 보여준다. 데탕트로 불거진 '자주'는 한편으로는 미국의 책임 회피임에도 불구하고 다른 한편 7·4 남북공동성명과 더불어 전용되어야 할 가치로 주목된다. 그러나 미국 주도의 아시아 화해 모드는 박정희 정권에 의해 한반도 긴장 상황으로 왜곡되고 유신선포로 이어진다. 마침내 작가는 문학적 책무와 대응을 마련해 귀국길에 오른다. 「총독의 소리 4」는 이에 응답하는 작품임이 입증된다.

총독의 소리와 시인의 독백만이 전문을 구성하고 있는 『총독의 소리』는 '화자'-'청자'의 텍스트 소통 구조만이 부각되어 있는 소설이다. 공적 언술에 해당하는 총독의 소리는 오히려 여러 목소리들이 혼재된 공간이 되며, 그동안 주목받지 못했던 시인에게는 새로운 말을 건설해야 할 책무가 부과된다. 작가 최인훈의 모습이 겹쳐지는 시인의 모습에서 미학적인 동시에 정치적인 글쓰기의 과제와 고충이 찾아진다. 그리고 그 결과물로서의 『총독의 소리』는 냉전체제와 데탕트 국면을 둘러싼 한반도 내외의 정치를 주제로 삼고 있으며, 소설 언어와 형식의 파격을 통해 치안의 형식이나 의미에 저항한다는 점에서 미학적 정치성을 갖는다.

9장

# 최인훈 문학의 미학적 정치성

## 1. '시와 정치' 논쟁과 최인훈 문학 연구

최근 최인훈 문학 연구를 검토하다 보면 소설, 희곡 등 문학작품 위주의 연구에서 예술론, 문학론 등 산문에 관한 연구의 비중이 높아지고 있는 경향을 발견할 수 있다. 여러 요인이 작용했을 수 있겠으나, 몇 년 전 문단의 주요 담론이었던 '시와 정치' 논쟁의 영향도 적지 않으리라 생각된다. 사실 논쟁이 지속되는 가운데 미래파 시인들을 제외하고 가장 자주 언급되었던 문인은 김수영이었다. 논자들이 난해한 서구이론의 실현가능성을 우리 문학사에서 증명할 필요가 있을 때마다 김수영을 소환했다고 보는 게 적절한 이유일 것이다. 한편 '시와 정치' 논쟁을 주시했고, 이론적 토대를 제공한 랑시에르와 바디우 등에 관심을 가졌던 연구자들에게 최인훈이 환기되는 것은 당연한 일이었을 것이다. 이에 따라 2010년 이후 최인훈 문학 연구의 주요 동향은 이와 유사한 문제의식을 공유하던 연구자들이 주축을 이루고 있는 듯하다. 이 연구 경향이 갖는 하나의 특징은 상론했듯이 특히 최인훈의 산문에 관심을 갖는다는 점이고, 또 다른 특징은 최인훈 문학의 정치성을 규명하는 데 초점을 맞추고 있다는 점이다.

먼저 최인훈 문학의 정치성을 다소 넓은 범주의 정치 개념을 통해서 두루 포함하려는 차미령의 논의와 랑시에르와 바디우의 개념을 후경화하여 '존재론적 정치'로서의 최인훈의 정치성을 규명한 양윤의의 논의가 있다.[1] 이들은 정치 개념을 유연하게 적용하여 최인훈 문학을 분석해내고 있다는 의의가 있음에도 소설 장르에 국한된 적용이라는 한계를 갖는다. 다음으로 4·19와 관련하여 최인훈 문학의 정치성을 재검토하려는 일련의 논의들이 있다.[2] 4·19가 (바디우적 의미에서의) 정치적 '사건'이라 할 때 최인훈의 문학 역시 문학적 '사건'인가를 입증하려 했다는 공통점을 갖는다. 권명아가 「구운몽」이 4월 혁명의 유산이며 문학적 혁명이었음을 처음 언급했다면, 김형중은 4·19 이후 비평담론 점검을 통해 최인훈, 김수영의 문학의 정치성을 증명해낸다. 이를 잇는 김영삼의 논의 역시 바디우의 사건 개념으로 4·19 문학의 정치성을 특히 『광장』과 「구운몽」을 중심으로 밝히고 있다는 점에서 '바디우-4·19-최인훈'이 연계된 논의는 상당한 진척을 이룬 것으로 보인다. 임태훈의 논의[3]는 사운드스케이프라는 전혀 새로운 개념을 도입했지만 '시와 정치' 논쟁과 접합점이 찾아지며 최인훈과 김수영을 동시에 언급하고 있다는 점에서 참조

---

1 차미령, 「최인훈 소설에 나타난 정치성의 의미 연구」, 서울대학교 박사학위논문, 2010; 양윤의, 「최인훈 소설의 정치적 상상력」, 『국제어문』 50, 2010.

2 권명아, 「죽음과의 입맞춤: 혁명과 간통, 사랑과 소유권」, 『문학과사회』 89, 2010; 김형중, 「문학, 사건, 혁명: 4·19와 한국문학」, 『국제어문』 49, 2010; 김영삼, 「문학적 진리 공정의 가능성: '사건'과 4·19」, 『한국문학이론과비평』 63, 2014.

3 임태훈, 「'사운드스케이프 문화론'에 대한 시고」, 『반교어문논집』 38, 2014.

할 만하다. 권성우의 논의[4]는 최인훈의 산문을 대상으로 '시와 정치' 논쟁에서 제기된 문학의 정치와 관련한 선구적 통찰력이 보임을 입증하는 글이다. 산문으로 장르를 국한하고 있다는 점을 제외하고는 근본적인 시각에 동의한다.

2010년 이후 최인훈 문학 연구의 중요한 한 축을 형성하고 있는 논의들을 검토하면서 필자에게는 다음의 확신과 문제의식이 생겨났다. 확실히 '시와 정치' 논쟁 이후, 감각적인 것의 재분배로서의 정치 개념(랑시에르)과 '사건' 이후의 충실성을 요구하는 진리 주체의 정치성(바디우)의 시각으로 최인훈 문학은 재검토가 필요하다. 그럼에도 기왕의 논의가 놓치고 있는 몇 가지 지점들이 발견된다. 그를 위해 잠시 '시와 정치' 논쟁을 살핌으로써 보충되어야 할 점들을 찾아보려 한다.

시인이자 철학자인 진은영이 『창작과비평』 2008년 겨울호에 「감각적인 것의 분배」를 발표한 이후 본격적으로 촉발된 '시와 정치' 논쟁은 시와 정치 주제의 평문들이 3여 년 동안 30여 편 가까이 문예지와 학술지 지면에 제출되었던 것으로 요약된다. 이 논쟁은 여러 쟁점과 한계, 성과를 남겼고 그에 대한 정리가 있어왔으나, 여기에서는 최인훈을 염두에 두고 쟁점을 간추려보려 한다.

우선, 첫째로 시와 정치라는 "서로 이종적인 것을 결합하는 다양한 방식에 대한 상상"[5]을 요구했던 이 논쟁은 '시란 무엇인가', '정치란 무엇인가', '문학은 무엇을 할 수 있는가'와 같은 본질론적 질문을 야기했다.

둘째, 본질론적 질문에 대한 답을 찾기 위해 진은영은 랑시에르의 이론을 소개했다. 랑시에르에 의해 기존의 정치 개념은 '치안'으로, '정치'

4 권성우, 「최인훈의 에세이에 나타난 문학론 연구」, 『한국문학이론과비평』 55, 2012.

5 진은영, 「감각적인 것의 분배」, 『문학의 아토포스』, 그린비, 2014, 20쪽.

는 "감각적인 것을 새롭게 분배하는 활동, 즉 감성적 혁명을 가져오는 활동"[6]이라는 개념으로 대체된다. 이 개념을 빌려옴과 더불어 시와 정치 논쟁은 "1980년대 논쟁을 경험한 이들의 후속 세대가 작품의 미학적 형식을 훼손하지 않으려는 강한 욕망을 보여"[7]줌으로써 이전 세대와 결별한다. 기존의 '리얼리즘', '모더니즘' 등 낡은 어휘들의 부활을 경계하며, 이들은 랑시에르의 이론을 빌려 "직접적으로 정치적이며, 첨예하게 미학적"[8]인 시에 근접하려 한 것이다.

셋째, '시와 정치' 논쟁의 가장 큰 수혜자는 김수영이다. 2000년대의 시에서 시작된 논쟁은 진행되는 가운데 오히려 4·19와 김수영에게로 집중되는 결과를 낳았다. 본질론적 물음에 맞닥뜨릴 때마다 김수영을 찾는 현상이 반복되었기 때문이다. 김수영의 시론이 재평가되는 과정에서 4·19와 1960년대 문단, 사르트르의 참여론, 김현의 비평 등이 환기된다. 당연히 1960년대의 순수·참여논쟁의 이분법적 시각을 경계했고, 이미 그에 비판적이었던 김수영의 시론에 주목한 것이다.

넷째, 문학의 전통적 장르 구분에도 회의적이며 반성적 태도를 촉구했다. 랑시에르의 표현을 빌리자면 전통적 장르 구획 감각에 대해서도 불일치가 요구된다. 시 장르를 중심으로 논의가 진척되었기에 김수영이 소환되었지만, 김수영의 시론(산문)에 집중되었다는 점이 주목을 요한다. 또한 랑시에르와 바디우가 들고 있는 사례는 예술 전반에서 두루 찾아질 뿐 아니라, 플로베르의 소설, 방리유 도시 야영이라는 퍼포먼스, 노동자들의 수기, 베케트의 희곡 등 장르에 구애되지 않는다는 점에서

6 위의 글, 26쪽.

7 정한아, 「운동의 윤리와 캠페인의 모럴: '시와 정치' 논쟁에 대한 프래그머틱한 부기」, 『상허학보』 35, 2012, 191쪽.

8 신형철, 「정치적 진보주의와 미학적 보수주의」, 『창작과비평』 145, 2009, 370쪽.

근원적으로 시에 국한되지 않은 '문학과 예술' 전반에 관한 논쟁이었다는 점을 환기할 필요가 있다.

'시와 정치' 논쟁에서 얻은 위의 몇 가지 쟁점은 최인훈 문학의 미학적 정치성을 재규명하고 나아가 재평가할 필요를 요구한다. 우선 초창기 최인훈 문학이 4·19의 영향 아래 놓여 있다는 점, 자신이 처한 시공간에서 '문학이란 무엇인가', '문학은 무엇을 할 수 있는가'와 같은 본질론적 물음을 평생의 화두로 삼고 창작에 임했다는 점, 최인훈의 문학론이 김수영의 시론, 다시 말해 랑시에르와 바디우 등의 이론과 상당히 부합한다는 점, 소설, 희곡 등의 창작뿐 아니라 예술론, 비평 등 다양한 산문을 통해서도 자신의 문학론을 개진했다는 점에서 그러하다. 최인훈이 '시와 정치' 논쟁에서 거론되지 않은 이유는 이 논쟁이 실상은 '문학과 정치'에 관해 논했음에도 미래파 시와 관련한 의문에서 시작되었고 시인과 평론가들이 가세하면서 시 장르를 중심으로 진행되었기 때문이었던 것으로 보인다. 그렇기에 김수영과 더불어 철저한 문학론을 개진하고 작품세계를 구축한 최인훈을 환기하고 재평가하는 것이야말로 논쟁의 한계를 보완하고 성과를 나누는 일이 될 것이다.

이 장의 진행은 최인훈 문학의 정치성을 규명하려는 선행 논의들의 성과를 계승하되, '시와 정치' 논쟁의 쟁점과 연결 지으며 보충하는 차원에서 이루어질 것이다. 연구의 시각을 확보하기 위해 랑시에르와 바디우의 정치 개념을 도입할 것이며 동시에 이들을 전유했던 논쟁 참여자들의 의견을 참조하려 한다. 더불어 1960년대 상황과 관련하여 최인훈이 천착했던 본질론적 질문들을 살펴보려 한다. 연구 대상은 최인훈의 문학작품, 산문, 태도 등을 모두 포함할 것이다.

## 2. 개념의 재검토: 언어, 미학, 정치

'시와 정치' 논쟁의 쟁점 중 하나는 '언어'의 문제에 놓여 있었고, 언어의 미학적 효과를 놓고 신형철과 백낙청의 서로 첨예하게 다른 입장이 개진되었다. 먼저 신형철은 쉽고 편안한 언어로 쓰인 시는 독자에게서 사유할 기회를 박탈하고, 미학적으로 보수적일 수밖에 없다는 견해를 제출한다. 언어에 대한 태도가 미학적 진보와 보수를 규정한다고 결론짓는 이 글을 통해 신형철은 창비시선의 기조가 '민중적 서정시'의 틀에서 벗어나지 않았던 점을 강조하며 예술적(시적) 형태가 창비가 36년간 표방해온 진보라는 가치에 부합했는가를 따져 묻고 있다.[9] 이에 창비 36년간의 진보노선을 대표하는 이데올로그 백낙청은 미학적인 진보가 반드시 난해한 언어를 통해 이루어지는 것은 아니며, 신경림과 정지용의 시를 예로 들어 시어/형식의 혁신 없이도 문학의 실험이 가능하다고 주장한다. 그는 진은영의 시와 랑시에르의 이론을 통해 자신의 주장을 입증하려 했으나,[10] 결과적으로는 랑시에르가 결별하고자 했던 재래의 리얼리즘과 모더니즘 체계를 더 강화하고 과거로 회귀하고 있는 것처럼

9 신형철은 "시인은 함부로 진실을 진술하기보다는 진실이 거주하는 고도의 언어적 구조물을 구축해야 한다."며 그 근거로 아우슈비츠 경험과 관련한 브레히트와 첼란을 예로 들고 있다. 이 글은 창비시선 300번 돌파를 언급/기념하며 시작하고 있다는 점, 창비시선의 기조가 '민중적 서정시'라는 틀에서 벗어나지 않았다는 점을 강조하며 창비가 표방해온 예술 형태가 진보노선과 부합했는가에 관한 점검을 요청하고 있다는 점에서 그간 한국문단에서 통용되던 언어, 정치, 미학 개념에 대한 문제 제기에 해당한다(앞의 글).

10 백낙청은 신형철의 논의를 전혀 언급하지 않은 채, 그러나 바로 그 논의에 정면으로 반박하는 글을 제출했다. 그는 진은영의 시와 랑시에르의 이론을 가져와 논쟁에 참여했음에도, "한국에서의 리얼리즘 논의를 제대로 되새기고 천착할" 것을 요구했다는 점에서 과거 자신의 입장에서 크게 벗어나지 않은 것으로 보인다(백낙청, 「현대시와 근대성, 그리고 대중의 삶」, 『창작과비평』 146, 2009).

보인다.[11]

여기에서 잠시 이 논쟁에 주요 개념을 제공했던 랑시에르의 미학 이론을 검토할 필요가 있겠다. 지난 2세기 동안 담론으로서의 '미학'은 예술의 자율성만을 부과하여 사회에서 분리되어버렸다는 반성에서 시작되는 랑시에르의 논의는 미학 개념을 재사유하기 위해 모더니즘을 대체할 '미학적 예술 체제'라는 개념을 제안하며 시작된다.[12] 이 체제 안에서 미학은 더 이상 이론이나 학문이 아니라 칸트의 용법처럼 감각적인 것이 수용되는 시간과 공간 표상을 다루는 감성론(미학)을 뜻한다.[13] 그러므로 랑시에르가 말하는 미학의 정치는 감각적인 것을 새롭게 분배하는 활동, 즉 감성적 혁명을 가져오는 활동을 의미하게 된다. 예술은 반드시 예술이 지배 또는 해방의 기획들에 빌려줄 수 있는 것, 몸의 움직임, 말의 기능들, 보이는 것과 보이지 않는 것의 분배들만을 빌려준다.[14] 이처럼 '정치'가 감각적인 것의 분배와 관련된 것으로 규정되는 한, 정치 활동은 예술 활동과 연관될 수밖에 없다. 예술이야말로 감각적인 것에 대한 합의된 분배 방식에 이견을 제기하고 새로운 분배 방식을 만들어내

11 '시와 정치' 논쟁은 처음에는 지난 세기에 일단락된 것으로 간주되고 있었던 특정한 사고방식 ―순수 대 참여, 리얼리즘 대 모더니즘처럼 이항 대립 구도를 통한 문학과 사회 사이의 분명한 관계에 고착된 갈등과 고민이, 작가와 비평가 등에게 개입하여 '바람직한 것'과 '아름다운 것'을 일정한 방식으로 재현하기를 강제하는―에 다시금 불을 지핀 것처럼 보였으나, 시와 정치 논쟁을 촉발한 장본인인 진은영은 처음부터 지난 시대의 '운동'의 의미를 회의하며, '어떻게'를 묻고 있었다고 생각한다는 정한아의 재기발랄한 지적은 아마도 백낙청의 이 글을 향해 있었던 것으로 보인다(정한아, 앞의 글, 180-184쪽).

12 랑시에르는 '윤리적 이미지 체제', '재현적 예술 체제', '미학적 예술 체제'의 세 가지 예술 체제의 분류법을 제안하는데, 이에 따르면 '미학적 예술 체제'는 사회와의 통로가 막힌 기존의 순수모더니즘 개념과 달라지게 된다(자크 랑시에르, 『감성의 분할: 미학과 정치』, 오윤성 옮김, 도서출판b, 2008, 25-40쪽 참조).

13 진은영, 「숭고의 윤리에서 미학의 정치로」, 앞의 책, 77쪽.

14 자크 랑시에르, 앞의 책, 23쪽 참조.

는 활동이기 때문이다. 이런 맥락에서 랑시에르를 원용했음에도 불구하고 과거의 리얼리즘과 모더니즘 개념으로 손쉽게 치환해버린 백낙청의 논의는 "한국에서의 리얼리즘 논의를 제대로 되새기고 천착할" 것을 요구했다는 점에서 1960-70년대의 문단을 환기시킨다.

또한 '시와 정치' 논쟁이 김수영의 시론에 주목함으로써 4·19혁명과 1960년대 문학을 여러 차례 소환했다는 점에서도 당대 비평의 장에서 최인훈 문학에 대한 평가를 다시금 살펴볼 필요가 있다. 1966년 창간 이후 당대 문학담론 형성에 주요한 역할을 담당했으며 1970년대 이후의 진보담론을 주도했던 『창작과비평』의 입지를 고려한다면, 이 검토 작업은 신형철의 질문이 향해 있는 창비 진영의 대표적 이데올로그 백낙청과 주요 집필진이었던 염무웅의 비평을 중심으로 이루어지는 것이 온당할 것이다.

> 예컨대 최인훈씨의 경우를 살펴보자. (…) 그의 소설 속에 완전히 용해되지 않은 요소들, 서구문학의 직접적인 영향과 연결짓지 않을 수 없는 요소들이 눈에 뜨이며, 이 틈바귀에서 이루어지는 성과도 폐쇄적인 자아의 세계 속에 멈추고 있다. 최근에 발표된 「크리스마스 캐럴 5」(『한국문학』 제2호)는 좋은 예가 되겠다. 통금시간마다 屋外에 있기를 강요하는 야릇한 가래톳 때문에 주인공은 밤마다 거리를 몰래 산책한다. 이러한 다분히 환상적인 설정에 의해 서울의 텅 빈 밤거리는 독특한 강도로써 체험되어 있다. 날개(가래톳)의 모순된 생리에 얽힌 주인공의 딜레마도 절실하게 표현되어 있으며, 5·16 등에 대한 해학적 비판도 작품의 재미있는 일부를 이룬다. 그에 비해 '나'와 '아버지' 간의 긴 대화는 부자연스러운 관념의 유희로 남은 셈이다. (…) 그러나 「크리스마스 캐럴 5」를 일단 성공한 작품으로 치더라도 이 작품의 끝에서 주인공이 부딪치는 내성적 自問의 막다른 길은

어떤 근본적인 한계를 암시해 준다. (…) 그것이 여운 이상의 것이 되려면 리얼리즘과의 어떤 새로운 대결이 있어야 할 것이다. 이 작가의 때때로 신랄한 현실비판도 그때야 비로소 하나의 奇想 또는 순전히 개인적인 述懷 이상의 권위를 갖게 될 것이다.[15]

백낙청은 최인훈 문학을 "완전히 용해되지 않은" 서구문학의 부작용 사례로 언급하며, 환상적, 관념적, 내성적 성격이 작가의 근본적 한계라 지적한다. 이처럼 리얼리즘 작법에 따르지 않는 작가의 새로운 언어, 형식적 실험은 섣부른 서구문학의 모방으로 폄하되며 개인(밀실)의 영역이라 극복되어야 할 것으로 평가된다. 그러나 정작 최인훈은 서구적 현실에 대한 남다른 자의식과 비판의식을 갖고 있었기에 작가에게 가해진 이러한 평가처럼 소재 위주의 소박한 리얼리즘론에 저항하며 비판적 자세를 견지한다.[16] 물론 백낙청은 성실한 자기 갱신을 보여주는 비평가였으며, 「시민문학론」에서 자신이 노정한 한계를 스스로 비판하고[17] 있기도 하다. 그러나 「시민문학론」에서도 최인훈 문학의 결함을 관념 유희, 자의식 과잉에서 찾으며 자신의 소시민적 한계를 비판하고 넘어서려는 노력을 통해 한국적 시민문학의 숙제를 해낼 것을 요구한다는 점에는 변함이[18] 없는 것으로 보인다. 그 이유는 "백낙청의 비평에는 작품

---

15 백낙청, 「서구문학의 영향과 수용: 그 부작용과 반작용」, 『신동아』, 1967년 1월호, 402쪽.

16 최인훈은 발자크 시대인 근대 프랑스에서 사실주의가 이루어졌듯이 사실주의란 정치적 자유와 표현의 자유의 토양 위에서 꽃필 수 있는 장르라 본다. 그러므로 사실적 민주주의를 이루지 못한 한국의 역사와 정치의 토양에서 문학도 사실주의를 이룰 수 없다는 논지를 꾸준히 전개한다.

17 권성우, 「1960년대 비평에 나타난 '현대성' 연구」, 『한국학보』, 1999, 12쪽.

18 "최인훈 문학의 적극적인 성과는 자신의 소시민적 한계를 비판하고 넘어서려는 노력에서 오는 것이요, 그럼에도 불구하고 그의 작품이 순전히 개인적인 자아에의 집념이나 그에 따른 무절제한 관념유희에 흔히 빠지는 것은 작가로서의 결함이면 결함이었지 미덕일 수는 없는

에 대한 나이브한 패러프레이즈만 있을 뿐 형식 분석이 거의 존재하지 않"[19]는다는 점에서 찾아지며, 이는 리얼리즘과 시민문학 사이의 유대를 발견하며 본격화된 그의 '시민문학론'이 정치적 내용을 담보한 사실주의 기법에 고착되어 있었기 때문이다. 이러한 리얼리즘 프리즘을 통과할 때 최인훈 문학이 형식(언어) 실험이 과잉된 내성적 성격, 관념 유희, 자의식 과잉의 부정적 자질로 치부되며 시민문학을 달성하기에 "미진"한 상태로 평가되는 것은 자명하다.

> 사실적인 수법으로 씌어진 『광장』의 주인공이 도피와 패배의 생애를 보낸 데 반하여, 고도의 방법적 조작을 거친 「가면고」, 「구운몽」의 주인공이 구원과 화해에 이르렀다는 것은 매우 의미심장한 현상이다. 그것은 현실적 패배가 관념적 승리로 위장되었음을 나타내는 것이다. (…) 그는 시대적 문제와의 문학적 연결을 날카롭게 의식하고 있다. 그러나 그의 주인공은 그런 사회악과 구조적 모순의 제거에 행동으로써 뛰어들지 않고, 그것들을 못마땅하게 여기면서도 끝내 자기 유지와 자아탐색에 몰두한다. (…) 그러나 그것이 현실 속으로 들어오면 패배주의로 나타날 따름인 것이다.[20]

위의 염무웅의 논지는 『광장』의 작가로서 최인훈을 주목하고, 『광

---

것이다. (…) 바로 그 점이 60년대 소시민의식의 선구자라는 호칭을 이 작가에게 안겨주었는지는 모르나, 필자로서는 현실이 허용하지도 않는 밀실을 자꾸만 만드는 것이 바로 그러한 自意識過剩이며 그 극복은 최인훈 개인에 국한되지 않는 한국적 시민문학의 숙제로 남아 있다는 사실을 강조하고 싶다."(백낙청, 「시민문학론(『독서신문』, 1974.10.6.)」, 『민족문학과 세계문학 1』, 창비, 2011, 82-83쪽).

19 김형중, 「문학, 사건, 혁명: 4·19와 한국문학」, 『국제어문』 49, 2010, 146-147쪽.

20 염무웅, 「상황과 자아: 최인훈론」(1964), 『최인훈』, 은애, 1979, 13-28쪽.

장』 이후 행보가 논의의 중심을 이루고 있다. "과거의 문학적 터부를 깨뜨리고 남북 분단의 비극을 정면에서 다루어 작가를 한때 토픽의 첨단에 올려놓은 문제작 『광장』"[21]으로 미루어보건대, 『광장』은 바로 과거에 발화하지 못했던 정치적 문제를 다루고 있다는 점에서 가장 정치적인 의미의 문제작으로 평가된다. 그러나 곧이어 이명준의 "도피와 패배의 생애"를 지적하며, "『광장』 이후 최인훈의 작품은 더욱 내면화의 길을 걷는" 것으로 정리된다. 『광장』의 작가로서 그는 문제적 작가임에 틀림없으나 내면화의 길을 걸음으로써 "문단의 주도적 경향으로부터 경원되어 왔"[22]고 그것은 『광장』의 이명준으로부터 비롯되었다는 지적이다. 최인훈이 『광장』, 다시 말해 4·19 세대를 열었다는 무게감으로 인해 '참여' 문학의 새로운 진보를 보여주었고, 그로 인해 문단의 기대를 한몸에 받고 있으나, 이후 작품 경향은 내면세계로 침잠함으로써 '참여'로부터 멀어졌다는 판단이 엿보인다. 이때의 '참여' 문학이란 직접적으로 정치적 내용을 담고 있는 문학, 소재로서의 정치성에 머물러 있음은 물론이다.[23]

여기에서 염무웅이 초창기 비평에서 19세기적 리얼리즘과 구별되는 리얼리즘론을 전개하며 바람직한 리얼리즘 작가로 최인훈과 이호철을

21 위의 글, 13-14쪽.

22 위의 글, 13쪽.

23 김현은 염무웅이 최인훈에 대해 처음으로 체계적인 설명을 시도했으며, 초기 염무웅 비평이 문학의 대사회적 실천력보다는 작품의 미세한 분석에 더 관심을 쏟고 있었다는 점에서 (염무웅이 의도적으로 그의 작품 목록에서 64년의 최인훈론을 지워버리고 있음에도) 1964년에 나온 이 글을 최인훈 작가론을 연구할 경우 반드시 참조해야 할 문헌으로 강조하고 있다(김현, 「전반적 검토」, 앞의 책, 7쪽 참조). 김현의 설명대로 이 글을 쓸 당시만 하더라도 염무웅은 『산문시대』에서 『68문학』으로 이어지는 동인들과 시각을 함께하고 있었던 것으로 보인다. 그러나 이후 창비의 대표 필진으로 문학의 방향성을 급선회하기 이전에도 이미 언어와 정치에 관한 이분법적 시각이 엿보이는 글이라는 점에서 검토의 대상으로 삼았다.

호명했던 바를 상기할 수 있다.[24] 그러나 그 과정에서도 '관념론'과 결별하려 했으며 『창작과비평』의 주요 필진이 되면서 구체적 리얼리즘론을 수립하는 데 일조한 궤적을 참고한다면, 초창기 비평에 해당하는 위의 인용문은 최인훈에 대한 양가적 평가가 분열증적으로 양립하고 있는 것으로 보인다. "그는 시대적 문제와의 문학적 연결을 날카롭게 의식하고 있다."는 문장은 이미 작가의 '미학적 정치성'에 대한 단초를 내장하고 있으나, 글이 전개되면서 당대 문단의 패러다임에서 최인훈의 작품들은 정치성으로 해석되지 못하고 '패배주의'로 귀결되고 만다. 리얼리즘이 기술형식의 도식성에 빠지는 것을 경계하고 상상력의 중요성을 강조했던 김현과 입장을 달리했던 염무웅의 리얼리즘론은 최인훈의 인물을 행동하지 않고 내면으로 침잠했다는 점에서 관념적이며 패배주의적인 평가로 귀결짓는다.[25] 그러나 '시와 정치' 논쟁을 경유한다면, 부정적 현실(시대적 문제)이 인물의 행동이라는 표면적인 내용을 통해야만 한다는 당위가 희석되고, "관념적 승리"야말로 "현실적 패배의 위장"이 아니라, 예술적 방식의 성취이며, 미학적 정치성을 획득하는 방식이 된다. 동일한 구절이 '미학의 정치성'이라는 개념을 통해 부정적 평가에서 긍정적 평가로 전환되는 순간이다. 더 상세한 논증을 위해 이와 관련 있는 최인훈 본인의 문학론을 점검해볼 필요가 있다.

> 정치적 소재를 회피함으로써 정치로부터 초월하려 할 것이 아니라, 정치의 핵심을 돌파하여 정치를 극복하는 입장에서 문학이 영위되도록 힘쓰

24 염무웅, 「풍속소설은 가능한가: 현대소설의 여건과 리얼리즘」, 『세대』, 1965, 9월호.

25 김현을 중심으로 한 4·19세대 문인들의 에콜이 중요시한 언어, 상상력, 자유주의(개인주의) 경향의 문학담론이 최인훈 문학의 의의를 찾는 데 기여한 바는 크지만, 이 글에서 말하는 미학적 정치성의 규명은 미처 이루어지지 못한 것으로 보인다.

겠다. 현재까지의 한국문학의 참여·순수 논의는 미학적으로 불모한 개념 혼란이었다. 이 논의는 동계의식同系儀式(구상具象) 속에서의 사회적 견해의 대립이었기 때문에 '순수'란 표현은 무용하고 잘못된 명명이다.[26]

최인훈은 한국의 현대문학사에서 '순수문학'이라는 관념이 그 실제적인 함의에 부합되는 개념이 아니라, 특정한 이념이나 정치적 입장과 은밀하게 공모하고 있는 '문학적 이데올로기'의 일종이라는 사실을 정확히 갈파하고 있다.[27] 그렇기에 한국문학의 '순수', '참여'는 미학(예술)적으로 불모한 개념이라는 판단을 내리고, 자신은 기왕의 그러한 개념과 결별하고 현실을 극복하는 입장에서 창작할 것임을 다짐하고 있다. 1970년대 과제를 묻는 데 대한 답이었던 윗글의 논지는 여러 형태의 글과 작품에서 재론된다. 특히 '소재'의 범주로 정치성을 판단할 수 없다는 최인훈의 비판적 시각은 소박한 리얼리즘과 모더니즘의 관습적 독법에 대한 문제 제기이며,[28] 이렇듯 당시 문학제도와 불화했던 최인훈은 "정치의 핵심을 돌파하여 정치를 극복하는 입장에서 문학을 하겠다"며 '문학의 정치'를 통해 현실에 개입할 것이라는 의지를 다졌던 것이다. 개인의 자유를 억압하는 어떤 규범에도 동조하지 못했던 최인훈은 자신의 창작과 문학론을 통해 창비가 주도하는 민족문학, 즉 '시민문학'을 향해 가는 문학적 전체주의에 저항해야 했다. 이러한 상황에서 글쓰기와 관련한 엄

---

26 최인훈, 「인공人工의 빛과 따스함: 1970년대의 문턱에서」, 『유토피아의 꿈』, 문학과지성사, 2010, 150-151쪽.

27 권성우, 「최인훈의 에세이에 나타난 문학론 연구」, 『한국문학이론과비평』 55, 2012, 292쪽.

28 "최인훈의 비판을 사실주의에 대한 거부와 모더니즘에 대한 경도로 독해해온 관성적인 독법은 사실과 역사, 인간적인 것과 신적인 것, 개인적인 것과 보편적인 것에 대한 질문과 탐색을 소박한 리얼리즘과 모더니즘의 관습적인 층위로 해소한 결과"로 보는 권명아의 논의 또한 본고와 이해를 같이한다(권명아, 앞의 글, 304쪽).

격함, 끊임없이 기존 지식체계에 회의하는 태도는 자신의 창작물과 문학에 관해 메타적으로 진술하는 글들로 남았다. 가령, 다음과 같은 진술들이다.

> 소설에서 고진을 면치 못했다고 볼 수 있겠죠. 소설이라고 하는 그 자체를 또 생각하고 그랬으니까. 비유적으로 말한다면 자동차 운전하는 사람이 운전하면서 기어를 뽑아가지고 좀 관찰하다가 다시 집어넣구서 또 운전한다고 하는 것은 있을 수 없는 얘기잖아요. 그런데 그런 식으로 주행을 했다는 얘기에요.[29]

> 나는 허구의 이야기로 엮는 창작 장르 못지않게, 그 창작이란 것은 대체 무엇인가 하는 이론적 파악을 주기적으로 하지 않으면 늘 견딜 수 없이 불안하다.[30]

백낙청에 의해 정치성이 미달하는 것으로 낙인찍혔던 최인훈의 작품은 신형철의 논지에 의거할 때 언어의 새로움을 고민해온 미학적 진보에 해당함으로써 정치적으로 투철한 작품으로 거듭난다. 백낙청이 언어(형식)는 개인적 영역으로 치부한 채 "현실 비판적" 내용으로만 작가의식을 평가했다면, 신형철은 언어(형식)에서 현실에 대한 작가의 "태도"를 길어올리고 있기 때문이다. 염무웅에 의해 "패배주의"로 해석된 관념성은 랑시에르의 감성론에 의하면 합의된 분배 방식에 이견을 제기하는 정치성을 획득한다. 궁극적으로 최인훈은 창작뿐 아니라 비평과 스스로

---

29 최인훈·진형준 대담, 「기억을 찾아가는 소설의 길」, 『상상』, 1994 여름호, 213쪽.

30 최인훈, 「원시인이 되기 위한 문명한 의식」, 『길에 관한 명상』, 최인훈 전집 13, 문학과지성사, 2010, 28쪽.

의 문학론을 통해서도 끊임없이 언어(형식)와 현실(사회)에 관한 질문과 답변을 거듭하고 있었기에, 최인훈의 문학은 시대마다 달라지는 이론과 해석을 견뎌왔으며 현재 '시와 정치' 논쟁을 마주한 상황에서 '미학적 정치성'을 끊임없이 견지해온 작가로 재평가될 수 있는 것이다.

## 3. 문학론: 두 극('정치적 유토피아'와 '언어와의 싸움')의 조우

'시와 정치' 논쟁의 핵심은 '문학의 정치성'을 어떻게 이해하느냐는 것이었다. 어떻게 시가 "직접적으로 정치적이며, 첨예하게 미학적"일 수 있는가의 질문에 답하는 과정에서 이 논쟁은 김수영의 시론을 우회로로 삼는 특이성을 갖게 된다. 김수영이 표방한 '삶-되기'의 문학을 어떻게 성취할 것인지를 두고 의견이 둘로 나뉘는데, 하나는 문학 자체가 이미 정치성을 내포하고 있다는 견해였고, 다른 하나는 문학이 자기 밖의 삶의 실재에 다가가려고 끊임없이 시도해야 한다는 입장이었다. 전자는 미학적 자율성(삶에 저항하는 예술)을 중요하게 해석한 경우이며 후자는 미학적 타율성(예술의 삶-되기)을 적극적으로 찾고자 한 경우였다.

전자의 입장을 갖는 이장욱은 문학의 자율성을 통해 시가 삶의 모든 부면에 맞닿는 과정을 '성애학'으로 설명한다. 성애학은 세계를 온몸으로 끌어안으며 감각으로 느끼는 것인데,[31] 김수영의 시론을 인용해 시 자체가 가지고 있는 정치성에 대해 입증한다.[32] 이장욱은 시의 본질과

---

31 이장욱, 「시, 정치, 그리고 성애학」, 『창작과비평』 143, 2009, 295쪽.

32 "시는 문화를 염두에 두지 않고, 민족을 염두에 두지 않고, 인류를 염두에 두지 않는다. 그러면서도 그것은 문화와 민족과 인류에 공헌하고 평화에 공헌한다. 바로 그처럼 형식은 내용이 되고 내용은 형식이 된다."(김수영, 「시여, 침을 뱉어라」, 『김수영 전집 2: 산문』, 민음사,

문학의 자율성에 방점을 찍으며 삶의 부면에 맞닿으려 하기 때문에 삶의 실재를 문학으로 끌어들여 정치성을 획득하려는 입장과는 결별한다.

이장욱이 김수영의 '온몸시학'을 통해 문학의 정치성을 삶에 저항하는 예술 자체에서 찾고자 했다면, 진은영은 김수영의 '시 무용론'을 통해 "미학적 타율성에 대한 분명한 사각이 드러나는 새로운 자율성"[33]을 찾으려 한다. 새로운 미학적 자율성은 미학적 타율성과 반드시 관계해야 할 것이라 못박으며 진은영은 김수영이 말한 "선천적인 혁명가"로서 시인에 주목한다.[34] 진은영은 김수영이 보여주는 미학적 정치성을 불일치 혹은 불화의 미학으로 규정할 때, 이 불화의 미학이 이미 랑시에르가 말한 미학 안의 이중운동을 담지하고 있는 것으로 보고 있다. 나아가 이러한 불일치/불화의 미학은 김수영이 창작에서만이 아니라 "언어를 통해 기성 세계의 합의된 질서에 불일치를 제기하는 모든 활동을 문학적 활동이라 외치며 자신의 미학적 정치성을 입증하고자 했다"[35]는 점에서도 찾고 있다. 이상에서 문학의 정치성을 해명하기 위해 김수영의 시론이 예술의 자율성과 타율성을 각각 강조하는 입장으로 전유되었음을 발견할 수 있다.

---

2014, 403쪽).

33 진은영, 「한국문학의 미학적 정치성」, 앞의 책, 41쪽.

34 "결론부터 말하자. 시의 '뉴 프런티어'란 시가 필요 없는 곳이다. 이렇게 말하면 벌써 예민한 독자들은 유토피아를 설정하고 나온다고 냉소할지도 모른다. 그러나 시 무용론은 시인의 최고 혐오인 동시에 최고의 목표이기도 한 것이다. 그리고 진지한 시인은 언제나 이 양극의 마찰 사이에 몸을 놓고 균형을 취하려고 애를 쓴다. 여기에 정치가에게 허용되지 않는 시인만의 모랄과 프라이드가 있다. 그가 사랑하는 것은 '불가능'이다. 연애에 있어서나 정치에 있어서나 마찬가지. 말하자면 진정한 시인이란 선천적인 혁명가인 것이다."(김수영, 「시의 '뉴 프런티어'」, 앞의 책, 239쪽).

35 가령, 국회의 부정선거, 언론의 부자유, 문학에서의 권위적인 관행에 대한 문제 제기, 이북 작가들의 작품 출판 및 연구에 대한 정책 제안에 이르기까지 언어를 통해 기성 세계의 합의된 질서에 불일치를 제기하는 모든 활동을 말한다(진은영, 앞의 책, 47쪽).

여기서 잠시 랑시에르가 말한 '문학의 정치성'을 점검해보자. 랑시에르는 최초로 '글쓰기'와 '민주주의'의 관계에 관심을 가진 이로 플라톤에 주목한다. 플라톤은 정치적·사회적 전복 형태에서 이 단어들의 초과/과잉이 갖는 중요성을 인지하고, 철학적·정치적인 이유로 글쓰기(시인)를 추방했던 것이다. 그러므로 이에 따르면 문학은 애초에 정치적이었다. 랑시에르는 문학이 사물들에 이름을 다시 붙이고, 단어와 사물들 사이에 틈을 만들고, 단어들(언어)을 통해 탈정체화하며 그로부터 해방의 가능성이 초래됨을 말한다. 언어 구조물인 문학의 정치란 언어의 감각적 재/배치와 관련되기 때문이다. 미학적 질문은 정치적 질문이며, 공통세계를 편성하는 것(공동체 자체)에 대한 질문이 된다.[36] 언어의 감각적 재배치와 관련되면서 미학과 정치가 조우하지만, 랑시에르의 플라톤 이해에 따르면 애초부터 '글쓰기'와 '민주주의', '미학'과 '정치'의 두 극이 설정되어 있었던 것으로 보인다. 진은영의 질문 역시 그 두 극이 어떻게 조우하는가였기 때문이다. 혼란한 논쟁의 과정을 통과했음에도 미학과 정치의 두 극은 예술의 자율성과 타율성의 두 극으로 합치되지 못한 채 여전히 해석의 여지를 남겨둔 상태다. 따라서 '문학의 정치성' 개념이 여전히 해명되어야 할 현재 진행형이라면 김수영의 '온몸시학', '시 무용론'과 시각을 같이하며 문학의 정치성에 관한 의견을 개진해온 최인훈의 문학론을 살펴보아야 한다.

> 문학의 매재인 언어는 사물이 아니라 공동체의 사고형과 정서에 의해 조직된 '관념'이다. 문학작품을 쓴다는 것은 작가의 의식과 언어와의 싸움이라는 형식을 통하여 작가가 자기가 살고 있는 사회에 대하여 비평을 행

36 자크 랑시에르, 『미학 안의 불편함』, 주형일 옮김, 인간사랑, 2008, 57-82쪽 참조.

하는 것이다. 그러므로 그것은 작가의 자유가 현실에 부딪혀서 일어나는 섬광이며, 작가에게 있어서의 현실은 언어 속에서의 싸움이다.[37]

김수영이 온몸시학에서 시의 내용과 관계없이 시를 쓴다는 것 자체만으로 사회에 공헌하는 것이므로 저질로 내용과 형식은 소우하는 것이라 말했다면, 최인훈은 유사한 결론에 도달하기 위해 다른 절차를 밟는다. 그에 의하면 이미 문학의 언어가 공동체의 산물이므로 그 언어로 작품을 쓴다는 것 자체가 사회에 대한 비평이며, 대사회적 행위다. 이때 작가의 정치성은 언어 속 싸움에서 획득된다는 단서를 달고 있다. "작가에게 있어서 현실은 언어 속에서의 싸움"이라는 단서에서 언어의 감각적 재배치가 발생하는 문학 행위는 정치적이라는 입장 정리가 이루어진다. 이는 이장욱의 입장이었던 문학의 자율성에 방점을 찍으며 삶의 부면에 맞닿으려 한 문학의 정치성과 관련한 보다 명쾌한 증명이 된다.

문학이라는 것도 이 편차의 존재 위에 성립하는 예술이다. 정치적 주제를 다루는 소설은 말할 것도 없이 현실 정치에 대해 내면적으로 이해하는 것이 당연히 요청된다. 그러나 그것이 집권 권력의 당원용 교육 문서가 아니고 예술이고자 한다면, 그 소설은 한편으로는 가장 비정치적이어야만 한다. 이것이 정치소설의 구조를 이루는 두 극이다. 이 두 극은 정치소설의 내부에서 자기 자신의 역할에 충실함으로써 상승하여 소설을 풍부하게 만든다. 국민적 규모의 소설이면서 정치적 유토피아에의 개방성과 공상을 잃지 않는 소설의 공간—이런 성격이 아마 좋은 정치소설의 요건일 것이다.[38]

---

37 최인훈, 「문학과 현실」, 『문학과 이데올로기』, 최인훈 전집 12, 문학과지성사, 2009, 37쪽.

38 최인훈, 「광장의 이명준, 좌절과 고뇌의 회고」, 『길에 관한 명상』, 190-191쪽.

이 인용문은 정치소설이라는 소설의 하위 범주로 국한해 설명되어 있어 랑시에르가 말하는 문학의 자율성과 타율성에 대한 이해를 더 진작시킨다. 최인훈은 정치소설(소설)의 두 극을 '현실 정치에 대한 내면적 이해'와 '비정치적 예술(공상을 잃지 않는 소설의 공간)'로 설정하고 있는데, 두 극의 설정을 통해 좋은 정치소설이란 현실과 유리되지 않되 소설의 자율적 형식으로 이루어져야 함을 강조한다. 이는 랑시에르가 말한 예술의 삶-되기(타율성)와 삶에 저항하는 예술(자율성)의 개념과 부합한다.[39] 또한 랑시에르가 진정한 예술은 이 두 극 사이의 운동이라 본 것처럼 최인훈도 두 극 사이의 운동이 소설을 풍부하게 만든다고 설명함으로써 문학의 정치에 관한 이해를 근본적으로 같이한다. 이 글은 앞서 「문학과 현실」에서 규명한 바대로 문학의 자율성을 전제하면서도 진은영이 김수영의 '시 무용론'을 통해 찾고자 한 "미학적 타율성에 대한 분명한 자각이 드러나는 새로운 자율성"을 암시하기도 한다. 최인훈은 "사실주의적 방법으로 묘사되는 정치소설에서는 이 좌절과 희망의 철저함으로 추구한다는 데 한계가 있"음을 덧붙임으로써 타율성을 극대화하기 위한 예술의 자율성을 강조하고 있다. 최인훈에게 있어 예술의 자율성과 타율성의 두 극은 모순이 아니라 감성의 재배치가 발생하고 언어와 형식이 실험될수록 더욱 현실에 깊이 개입하는 관계에 놓여 있는 것이다.

---

39 랑시에르는 미학적 자율성과 타율성을 진정한 예술의 두 극으로 이해한다. 그는 그 두 극을 '삶에 저항하는 예술'과 '예술의 삶-되기'라는 두 개념으로 다시 표현하면서, 진정한 예술은 언제나 두 극 사이를 운동하며 그 극들 사이의 불편한 긴장을 해소해 버리려 하지 않는다고 말한다(자크 랑시에르, 앞의 책, 114쪽). 이때 미학적 자율성은 단순히 예술가가 예술의 형식이나 내용 면에서 무한한 자유를 누려야 한다는 순수모더니즘의 관념과 달리, 미학적 자율성을 이루는 조건들에 대한 직접적 개입을 추구한다. 미학적 타율성은 예술이 새로운 공동체적 삶을 형성하는 방식으로 삶에 기여한다는 것을 의미한다(진은영, 앞의 책, 41-44쪽 참조).

진은영이 '시 무용론'에서 김수영의 미학적 정치성이 단순한 불일치의 미학을 넘어서서 새로운 세계의 긍정을 향해 있음을 강조했다면,[40] 정치적 유토피아를 향해 있기에 가장 비정치적인 예술이어야 한다는 최인훈의 문학론이야말로 그에 부합한다. "언어와의 싸움"으로 문학적 현실에 충실함으로써 "정치적 유토피아"를 향하는, 즉 언어(형식)와 불화할수록 바람직한 현실을 노정할 수 있다는 최인훈의 문학론은 문학의 정치성을 정확히 설명해주고 있다. 나아가 최인훈이 스스로에게 요구하는 태도—'책임감'과 '용기', '미래의 가능성에 대한 겸손'[41] 역시 공동체 자체를 끊임없이 회의하는 가운데 보다 나은 미래를 모색하는 작가의 모럴에 해당할 것이다.

## 4. 작품에 드러난 문학의 정치성

정작 '시와 정치' 논쟁은 시 장르를 중심으로 진행되었지만, 그 이론적 토대를 형성한 랑시에르와 바디우가 제시한 사례의 경우 시 장르를 넘어서서 소설, 산문, 희곡 등을 망라했으며, 예술 체제 내의 평등과 문

---

40 랑시에르의 불일치는 낡은 "권력의 관계들을 중지"시키는 동시에 "자유로운 일치"를 추구하는 개념이다(앞의 책, 47쪽 참조).

41 "어느 장르의 예술이건, 그 예술에서 약속된 저항의 극복이 곧 작품인데, 저항이 크면 극복에 쓰이는 힘도 크며, 그 힘이 곧, 작품의 힘이다. 어떤 예술이 스스로 저항에 대면하기 않고 저항의 산물인 스타일(기성의)이라는 모의模擬 저항에만 의지하면 감동은 줄게 마련인데, 생활이란 모사 대상을 매개로 하는 문학의 경우에는 이 원칙은 치명적이다. (…) 만일 절대가 있다면, 작품 중의 인물이나 사회에가 아니고 그것들을 다루는 작가의 이 책임감과 용기에 있다. 이것은 자기 당대까지에 도달한 인간의 전리품에 대해서 인색해서가 아니라, 인간의 미래의 가능성에 대한 겸손 때문이다."(최인훈, 「소설을 찾아서」, 『문학과 이데올로기』, 251-252쪽).

학제도의 불일치까지 추구했다는 점에 주목한다면 문학의 전통적 장르 구분에 구애되지 않아야 한다. 따라서 최인훈이 산문에서 밝힌 문학론이 작품에서 어떻게 미학적 정치성으로 구현되는지 함께 살펴보는 것이야말로 최인훈 문학의 정치성을 온전히 규명하는 방식이 될 것이다.

### 1) 불일치의 글쓰기와 감성적 재배치

『총독의 소리』는 작가 스스로 산문에서 설정한 "정치적 유토피아에의 개방성과 공상을 잃지 않는 소설의 공간"을 염두에 둔 미학의 타율성과 자율성 사이의 운동으로 풍부해진 좋은 정치소설에 해당한다. 라디오를 통해 흘러나오는 소리만 남은 소설, 인물이 사라지고 화자와 청자만 있는 소설, 여러 소리가 뒤섞인 담론의 재현을 통해 고정된 형식이나 의미를 거부하는 소설인 『총독의 소리』는 최인훈 스스로 문학론에서 밝힌 바대로 소설의 공간이 보장되고 언어 속에서의 싸움이 행해진 자율적 방식에 의거한다. "진보와 변화를 따르면서 사실주의의 입장에서 영원을 가시화하는 길은 없다"[42]는 첨예한 미학적 정치관이 작품 안에 포함되어 언어와의 싸움을 통한 사회 비평 방식을 보여준다. 특히 청각이라는 감각과 사회적 신체를 연관지은 연구에 따르면 1960년대 라디오는 국민 미디어와 집단적 신체의 사회화에 관련된 매체이며 이를 통해 『총독의 소리』가 "국가의 사운드스케이프에 반응하는 특유의 병증에 주목"했다[43]는 점은 치안에 대한 감각적인 재배치가 일어난 미학의 정치성으로 충분히 설명될 수 있다. 이처럼 『총독의 소리』는 안팎으로 반공주의와 냉전체제의 국가의 사운드스케이프에 언어의 감각적 충격으로

42 최인훈, 『총독의 소리』, 최인훈 전집 9, 문학과지성사, 2009, 94쪽.

43 임태훈, 앞의 글, 29쪽.

반응한다는 점에서 현실정치를 향한 "타율성이 분명히 드러나는 새로운 자율성"을 가진 소설이 된다.[44]

「구운몽」이 4월 혁명을 죽은 자의 몸과 목소리를 통해 재현하며, 살아남은 자의 시간으로 환원될 수 없는 죽음의 경험을 되사는 '유일한 형식'으로서 꿈을 설정함으로써[45] '몫 없는 자들의 몫'을 가시화하고 '셈해지지 않는 것들의 셈하기'를 행하는 불화의 정치성을 보여주는 작품이었다면, 이에 이어 「크리스마스 캐럴 5」도 4·19 이후 "굉장히 많은 학생과 시민들이 싸운" 시청 앞 광장의 밤 풍경을 보여준다는 점에서 4·19를 사유하는 작가의식이 연속되어 있다고 볼 수 있다. 그 밤의 광장에서 시체들이 피에타를 세우는 "행위는 정치적인 시위라기보다는 연극적인 퍼포먼스에 가깝"기에 "피에타의 고통이 심미적인 대상, 곧 미적 체험의 문제가 되고"[46]있다. 이처럼 망령들의 퍼포먼스는 은폐되었던 주체들을 가시화했다는 점에서 미학의 정치성에 해당한다.

이에 더해 겨드랑의 가래톳이 들쑤셔 시작된 밤의 산책은 작품 말미에 가면 이장욱의 용어 그대로 '성애학'적 국면을 이룬다. "나는 밤의 서울에 홀려버렸"으며, 밤의 서울과 사랑을 나누기 시작한다.

> 서울역 광장의 공중변소를 나는 사랑한다. 그렇다고 해서 내가 '더러움'에 치우치는 것은 아니다. 창경원의 차단한 고풍의 담을 못지않게 나는 사랑한다. 나는 그녀들 모두를 오르가슴에 올려놓기를 바란다. 그리고 내게는 그런 힘이 있다. 그녀들은 내가 만지기만 하면 벌써 색색 숨을 몰아쉬

44 이 책의 212-213쪽 분석 참조.

45 권명아, 앞의 글.

46 양윤의, 앞의 글, 190-192쪽.

기 시작하는 것이다.[47]

여기서 중요한 것은 해석학이 아니라 성애학, 즉 감성의 직접성이 강조되고 있다는 점이다. 통행제한에 걸려 있는 고요한 서울의 밤거리에서 금지된 외출을 통해 그 치안질서를 위반하는 '나'는 치안질서 하에서는 보이지 않고 들리지 않았던 서울역의 공중변소와 창경원의 담을 뜨겁게 감각하게 된다. 이처럼 성애학을 통해 감성의 교란을 야기하는 바는 치안적 질서에 대한 감성적 재배치이며, 아직 마주치지는 않았으나 나처럼 서울의 밤거리와 사랑을 나눌 줄 아는 "우리"[48]를 호명함은 감각적인 것의 재배치 이후의 공동체를 상상하는 타율성의 극에 대한 입장 표명이다.[49] 새롭게 상상되는 이 공동체는 각자의 방법으로 사랑함으로써 전체주의와 결별하며, 서로 만나 실제로 집단을 형성할 수 없게 은밀하다는 점에서 '공동체 없는 공동체'[50]가 된다. 이들의 공동체는 기존의 공동체가 갖는 '동일성'과 '내재성'에 대한 환상을 폭로하고, 지금까지 한 번도 없었던 방식으로 선언한다[51]는 점에서 정치적인 것이 된다. 최인

---

47 최인훈, 「크리스마스 캐럴 5」, 『크리스마스 캐럴/가면고』, 최인훈 전집 6, 문학과지성사, 2009, 180쪽.

48 "나와 꼭 같은 취미를 가진 사람들은 나와 꼭 같은 방법으로 그녀들을 소유할 수 있다. 그러나 어느 사람도 나와 완전히 같은 방법일 수는 없다. 비록 대상은 하나일망정 우리는 각기 다른 시간에 그녀들의 침대에 들어가며 조금씩 다른 방법으로 사랑한다. 이 조금씩이 중요하다. 그것은 양의 문제가 아니라 질의 문제다. 이 조금씩의 뜻을 아는 사람은 인생을 아는 사람이다."(위의 글, 181쪽).

49 여기서 작가의 소설적 성취가 향해 있는 지점은 미학적 질문들(감각적인 것의 분배와 관련한)은 정치적 질문이며, 결국 공동체 자체(공통세계를 편성하는 것)에 관한 질문이라는 랑시에르의 견해와 동일하다.

50 "어떤 공동체도 이루지 못한 자들의 공동체"라는 점에서 '부정의 공동체'로도 불리운다(모리스 블랑쇼·뤽 낭시, 『밝힐 수 없는 공동체/마주한 공동체』, 문학과지성사, 2005, 47쪽).

51 위의 책, 52쪽.

훈의 문학론에 의하면 언어와 불화함으로써 '정치적 유토피아'를 향하고 있는 셈이다. 과거에 「크리스마스 캐럴 5」는 결말이 "내성적 자문이 갖는 근본적인 한계"를 가진다고 하여 정치성이 미진한 작품으로 평가받은 바 있었지만,[52] '시의 정치' 논쟁 후 이 작품은 오히려 이 결말로 인해 미학의 자율성과 타율성의 두 극이 첨예하게 긴장하는 가장 정치적인 문학으로 평가받게 되었다.

### 2) '유적'[53] 글쓰기와 진리에의 충실성

진은영이 랑시에르의 개념을 통해 김수영의 '시의 삶-되기', '시인의 모럴'에 도달했다면, 함돈균은 바디우를 경유하여 시의 정치성에 도달하고자 했다. 바디우가 제안하는 '넘침의 윤리(계속하시오! 의 윤리)'는 "동물적 생존명령에 예속된 존재의 끈질김과 단절하고, 삶의 질서를 초과하는 과잉을 지속적으로 사랑"[54]하는 결단에서 발생하며, 이 "단절과 과잉과 초과와 잉여를 욕망"하는 것이 시의 정치성이라고 말한다.[55] 바디우는 정치적인 문학은 진리가 발생하는 자리가 된다고 보며, 베케트 분석을 통해 문학의 진리 공정을 설명한다. 그는 베케트 문학에서 시적

---

52 백낙청, 「서구문학의 영향과 그 수용: 그 부작용과 반작용」, 402쪽.

53 '유적인(generic) 것'은 경험의 복잡성을 몇몇 주요한 기능들로 축소하는 것, 엄격한 경제성(절약)의 원칙에 의해 통제되는 행위를 말한다. 존재에 대한 '감산/빼기(subtraction)'를 통해 인류의 형상에서 장식과 여흥거리를 제거함으로써 도달할 수 있다. 바디우는 베케트의 글쓰기를 유적인 것으로 보고 진리에 도달하는 과정을 설명한다(알랭 바디우, 『베케트에 대하여』, 서용순·임수현 옮김, 민음사, 2013, 11-15쪽 참조).

54 함돈균, 「잉여와 초과로 도래하는 시들: 과정으로서의 시 그리고 정치」, 『창작과비평』 146, 2009, 53쪽.

55 위의 글, 54쪽.

명명의 윤리와 아름다움을 발견하며, “절도와 엄밀함과 용기의 교훈”[56]을 찾아냄으로써 허무주의와 패배주의에 빠져 있던 베케트 해석을 정치적이며 윤리적 지평으로 이동시키고 있다. 선행연구에서 바디우로 최인훈을 읽는 독법이 4·19와 연관되어 있으며, 정치적 사건을 입증하는 방식에 국한되어 있다면, 이 글에서는 바디우가 베케트의 유적 글쓰기를 ‘윤리적’인 ‘사유’의 기획으로 읽은 독법을 참조하여 ‘관념적/사변적’ 글쓰기로 굳어져 있던 최인훈 문학의 해석 지평을 확장해보려 한다.

이 장의 2절에서 최인훈의 한계를 관념성에서 찾고, 『광장』의 결말에서 이명준의 행보를 패배주의라 평가한 염무웅의 글을 검토한 바 있다. 이처럼 최인훈이 관념의 작가라 일컬어졌던 바, 그의 소설에서 찾아지는 일련의 인물은 현실에 대응해 직접 행동하기보다 생각하는 인간형에 해당한다. 『회색인』의 독고준을 가족으로부터 독립시킴[57]으로써 생각에 전념할 수 있는 인간형으로 만들어낸 이래로 일상의 너절한 복잡성을 걷어내고 생각의 자리를 마련하는 작업은 계속 이어졌다. 『회색인』의 후속작이자 독고준의 “두개골 화석의 대뇌 피질부에 대한 의미론적 해독”에 해당한다는 서문을 달고 있는 『서유기』와 내화인 구렁이로 변신한 독고준 일화 역시 생각의 자리를 마련하기 위한 장치로 보인다. 월남한 후 어린 동생들을 먹여 살리느라 가장 역할을 하던 독고준이 어느날 구렁이로 변신하게 되어 쓸모없어지면서 자기 방에서 또아리를 틀고 생각에 잠기는 일이 잦아진다.[58] 갑작스런 변신으로 생활인의 분주한 삶에서 축출된 설정은 바쁜 삶에서 잊고 있었던 고향 W시의 운명적 기억

56 알랭 바디우, 앞의 책, 82쪽.

57 “가족은 없다, 그러므로 자유다.”는 주인공 독고준의 근대 선언에 해당한다(최인훈, 『회색인』, 최인훈 전집 2, 문학과지성사, 2010, 139쪽).

58 최인훈, 『서유기』, 최인훈 전집 3, 문학과지성사, 2008, 213-236쪽.

을 환기해야 하기 때문이다. 카프카의 「변신」이 시민사회의 가족적이고 오이디푸스적 선분에 갇혀버린 욕망의 흐름을 절단하여 새로운 탈주선을 작동시킨다는 해석에 따르면,[59] 「변신」을 패러디하고 있는 이 일화 역시 전쟁 후 국가주도적이며 서구화된 타율적 시민사회 건설 체제에 갇혀버린 독고준에게 '그 여름의 W시'의 기억을 찾아주는 장치다. W시로의 상상 여행을 지속하게 해줌으로써 기존 지식체계를 절단하는 탈주선이 그려진다. 들뢰즈와 가타리가 카프카 문학을 재해석함으로써 기존의 어둡고 절망적이었던 해석 지평을 소수적인 문학이 갖는 정치적 영역으로 이동시킨 바대로 최인훈의 작품 중 가장 난해하다고 평가되는 『서유기』야말로 "자신의 언어 안에서 이방인이 되는"[60] 소수적인 문학에 해당하며 기성의 문학에서 탈주하는 혁명적 조건을 갖추게 된다. 이처럼 관념형 인물 유형과 사유 행위는 기성 문학의 언어와의 싸움을 동반함으로써 소수적인 문학, 진리 창출이 가능한 문학에 근접한다.

한편 바디우에 의하면 베케트는 유적 인류, 감산적 인류의 형상을 통해 빼기의 글쓰기를 보여준다. 존재의 장식거리나 여흥거리가 제거되어 사유(이념)가 비로소 현현된 것이다. 결국 「최악을 향하여」에서는 말이 스며나오는 두개골로만 이루어진 인류의 형상이 나타나는데, 이를 사유하는 코기토의 존재라고 바디우는 설명한다.[61] 최인훈의 「바다의 편지」[62]에서 백골 역시 사유가 비로소 현현된 형상으로 볼 수 있으며, 단순히 시체가 60여 년 동안 썩어서, 풍화작용에 의해 백골이 되었다고만 볼 수는 없다. 백골이란 바디우가 말한 유적 인류에 관한 작가의 형상화

---

59 질 들뢰즈·펠릭스 가타리, 『카프카: 소수적인 문학을 위하여』, 이진경 옮김, 동문선, 2001.

60 위의 책, 51쪽.

61 알랭 바디우, 앞의 책.

62 최인훈, 「바다의 편지」, 『황해문화』 41, 2003.

에 해당한다. 모든 것을 다 겪고 이제는 어떤 것에도 연연할 필요가 없는 "어떤 존재"[63]인 것이다.

「바다의 편지」는 해저에서 조류에 흔들리며 여기저기 누워 있는 백골이 등장하며 시작된다. 베케트의 「없이」, 「그것이 어떻게」와 같은 작품에서 장소는 존재에 대한 사유를 위치 짓는 회색 암흑 지대로 설정되어 있으며, 그 장소가 무 또는 공백인 최종적이고 유일한 장소, 공간의 궁극적인 정화라고 해석된다면,[64] 빛이 관통하지 않는 어두운 해저에서 조류에 자신을 내맡긴 채 있는 것밖에는, 그래서 생각밖에 할 수 없는 사유를 위치시키는 장소로 해저는 적절하다. 이처럼 실존이 구별되지 않는 회색 암흑의 장소에서 존재가 현시된다면, 백골의 존재는 기존의 언어체계에서 벗어나 있는 '비-존재'의 탐구를 위해 "실존하지 않을 수 없는 실존"으로서 바로 '코기토의 주체'가 된다.[65]

기존의 지식체계로는 비식별 지점에 위치한 비-존재이자, 그렇기에 스스로의 존재를 탐구해야 하는 코기토의 주체인 해저의 백골은 본질적 기능만을 갖춘 유적 인류의 현시에 해당한다. 잠수정 폭격으로 정신을 잃은 뒤 60년 후 백골의 형태로 의식을 되찾은 주체는 더 이상 단일한 모습이 아닌 "느슨한 나 연합 같은 것"의 형상이며, 단일한 기억을 갖기 힘든 새로운 존재로 변화한다. "주체에 대해 거리를 두도록 물리적으로 배치된"[66] 백골의 형상은 점차 물고기가 되고, 바다의 물결이 되고, 빛이

---

63 "「바다의 편지」에서 나는 전능의, 초전능의 신과 같은 존재가 되어서, 옛날의 기억을 다 가지고 있지만 이미 그것은 아쉬워할 필요가 없는 어떤 존재가 되어서 어머니와 차를 마시죠. 그땐 차밖에 마실 게 없으니까."(최인훈·연남경 대담, 「두만강에서 바다의 편지까지」, 『길에 관한 명상』, 424쪽).

64 알랭 바디우, 앞의 책, 18-20쪽.

65 위의 책, 21-25쪽 참조.

66 위의 책, 136쪽.

되어간다. "빛이 되려고 이 백골이라는 알 속에서 나는 깨어나고 있는 것인가."라 자각하는 백골에게 자신의 기억이 아닌 타자의 말소리들이 "혼선이 된 전화선 속의 말소리들처럼 섞이기" 시작한다.[67] 갑자기 해저에서 의식을 되찾은 백골에게 타자의 기억이 뒤섞이는 방식으로 타자와의 만남이라는 '갑작스럽고 급격한 추가'가 이루어지는 것이다. 바디우는 베케트 문학의 진리 공정에서 침묵을 언술 행위의 순수 지점으로, 그로부터 갑작스레 도래하는 것, 즉 '사건'을 불연속, 단절, 혹은 명명에서 비롯하는 것으로 설명한다. 「바다의 편지」의 백골에게 갑작스레 들려오는 여러 소리는 타자와의 만남이자, 상황 속에 공백이 출현하는 돌발적 사태로 기존의 지식체계로 설명 불가능하다는 점에서 '사건'으로 명명할 수 있다. 또한 이러한 기억의 뒤섞임은 기존의 작품인 「구운몽」의 삽입시 「해전」과 「하늘의 다리」의 13장이 교차 편집되는 구성을 통한 추가라는 점이 독특하다. 이때 기존 텍스트의 재인용은 과거를 단순히 현재의 시점에 불러내어 반복한다는 단순한 의미만을 갖는 게 아니라 새로운 배치 안에서 새로운 내용을 구성한다.[68] 텍스트 재배치를 통해 내용의 새로움을 추구한다는 점은 텍스트의 단절이자 공백에 해당한다. 이처럼 타자와의 만남, 텍스트 재배치는 「바다의 편지」가 문학적 사건임을 증명하는 근거가 된다.

"누구의 의식인지도 알 수 없는 이 넋두리들"[69]은 60년간 한국전쟁과 정부수립과 산업화의 국가 주도적 담론에서 말해지지 못했던 몫 없는 자들의 목소리라는 점에서 감성의 재분할을 가져오며, 상황으로부터 단절됨으로써 보이는 것에서 벗어나고 의미에서 벗어난(의미에 속하는 모

---

67 최인훈, 「바다의 편지」, 15-19쪽.

68 연남경, 「기억의 문학적 재생」, 『한중인문학연구』 28, 2009, 204쪽 참조.

69 최인훈, 앞의 책, 25쪽.

든 것에서 분리된) '잘못 말하기'[70]에 해당한다. "가위눌린 잠 속에서 잃어버린 꿈넋두리들이 흘러들어온"[71] 바는 기존 언어체계의 일치의 지배를 받지 않는 자유로운 말하기로서 예술적인 글쓰기를 뜻한다. 진리는 사건의 자리, 공백의 가장자리에서 출현하므로, 타자의 목소리가 유입되며 자아가 해체되는 백골의 모습이야말로 존재의 이전 상태를 넘어서는 사건의 발생 지점이며 진리의 창출을 가능하게 한다.

마지막으로 바디우는 베케트에게서 "자기 자신의 폐허 위를 떠다니는 '다시'의 말하기"[72]를 보며 그러한 방식으로 글쓰기를 계속하는 용기, 충실성을 요구한다.[73] 「바다의 편지」는 머나먼 미래의 어느 날의 희망을 말하며 끝난다. 먼 미래에 백골은 "나이면서, 또 다른 나"임을 발견하게 되며, "지금의 이 무섭고 슬픈 기억, 이 무서운 이야기"는 "진화한 인류가 되어 있을 우리"를 절망시킬 힘을 가지지 못할 것이라 다짐한다. 백골의 진리의 말하기(글쓰기)는 현재의 슬프고 무서운 인류에서 벗어나 희망을 향해있다. 그러나 "그것은 먼 먼 미래의 어느 날. 그러나 지금은 아니다"라는 단서는 미래의 희망을 향해 현재의 '사건' 이후에도 '잘못 말하기'를 계속할 것임을, 글쓰기에의 충실성을 견지할 것임을 다짐하는 결말이 된다. "충실성에 충실한 것"으로 설명되는 진리의 과정에 관한 일관성은 또한 윤리적이다.[74]

70 '잘못 말하기'는 '잘 말하기', 즉 일치의 가설과 대립되는 것으로 일치의 지배를 받지 않는 자유로운 말하기, 특히 예술적인 말하기를 뜻한다(알랭 바디우, 앞의 책, 190-200쪽 참조).

71 최인훈, 앞의 책, 25쪽.

72 알랭 바디우, 앞의 글, 242쪽.

73 바디우가 특히 베케트의 말년작 「최악을 향하여」에서의 마지막 구절 "nohow on"이야말로 사건 이후, 진리 짜임 이후의 말하기, 다시 말해 글쓰기에의 충실성을 증명하는 것이라 해석한다는 점을 참조할 만하다.

74 "너의 끈질김을 초과하는 것을 끈질기게 밀고 나가기 위해 네가 할 수 있는 모든 것을 행하라. 중단 속에서도 끈질기게 밀고 나가라. 너를 포획하고 단절시킨 것을 너의 존재 속에서 포

사유가 현현하여 기존 지식체계를 중단시키고 사건 이후에도 글쓰기에의 충실성을 다짐하는 최인훈의 가장 최근작을 살펴보았다. '시와 정치' 논쟁에서 불거진 문학의 정치성에 의거한 바, '관념적/사변적' 글쓰기로 굳어져있던 최인훈 문학의 해석 지평을 정치적이며 윤리적인 의미에서의 '사유의/미적' 글쓰기로 넓힐 수 있었다. 기왕의 연구에서 「바다의 편지」를 『화두』의, 또는 작가세계를 총결산하는 에필로그라 평한 바 있었으나,[75] 이 글을 통해 「바다의 편지」야말로 글쓰기에의 충실성과 지속할 용기를 다짐하는 정치적이며 윤리적인 작품으로 재평가할 계기를 맞게 되었다.

## 5. 최인훈 문학 지평의 확장

'시와 정치' 논쟁 이후 최인훈 문학 연구는 또 다른 국면에 접어들었고, 이 글은 '문학의 정치성'을 둘러싼 새로운 개념들을 통해 최인훈 문학을 재검토하고 재평가하고자 기획되었다. '시와 정치' 논쟁이 랑시에르, 바디우 등의 개념을 통해 문학과 정치에 관한 본질론적 질문을 야기했다는 점, 김수영과 4·19를 소환함으로써 1960년대 문학에 다시금 주목했다는 점, 문학의 전통적 장르 구분도 파기할 것을 요구함으로써 근원적으로 문학과 예술 전반을 검토할 필요가 제기되었다는 점에서 최인훈 문학에 새롭게 접근할 시각이 확보된 것이다.

4·19와 더불어 주목되었던 최인훈은 당대 참여문학을 주도했던 '창

착하라."로 '진리의 윤리학'은 언표된다(알랭 바디우, 『윤리학』, 이종영 옮김, 동문선, 2001, 61-62쪽).

75 연남경, 앞의 글.

작과비평' 사단에 의해 개인주의적, 관념적 작가로 폄하되는데, 미학적 정치 개념에 의하면 '패배주의'로 오인됐던 점이 오히려 문학의 정치성을 획득하는 방식으로 재해석된다. 당대 소박한 리얼리즘론에 경도되어 있던 문학제도와 불화했던 최인훈은 문학작품뿐 아니라 산문의 메타적 진술을 통해 문학적 전체주의에 저항하며 미학적 정치에 관해 숙고해왔다. 최인훈은 랑시에르가 말하는 문학의 자율성과 타율성의 두 극의 긴장을 이미 간파하고 있었는데, 그에게 문학의 자율성과 타율성의 두 극은 모순이 아니라 언어(형식)과 불화할수록 바람직한 현실을 노정할 수 있다는 문학의 정치성으로 정확히 설명된다. 또한 이러한 문학론은 일련의 작품으로 구현되어왔다. 『총독의 소리』는 국가의 사운드스케이프에 반응하는 언어의 감각적 충격이 전면화되어 있는 정치소설이며, 『크리스마스 캐럴』은 통행금지제도라는 치안적 질서에 대응해 서울 거리와 사랑에 빠지는 성애학을 통해 감성의 교란을 야기하는 불일치의 글쓰기에 해당한다. 한편 『광장』에서 시작되어 『서유기』를 거쳐 「바다의 편지」까지 보이는 사유의 주체는 유적 글쓰기를 통해 현현하며, 사건 발생 후 진리 창출의 글쓰기를 향한 충실성이 지속되어왔음이 밝혀진다. 결국 산문과 문학작품을 망라하는 최인훈의 글쓰기는 가장 첨예하게 정치적인 문학임이 입증됨으로써 과거에 '관념적/사변적' 글쓰기로 굳어져 있던 최인훈 문학의 해석 지평은 이제 정치적이며 윤리적인 글쓰기로의 확장을 이루게 된다.

# 3부

# 디아스포라의 역사,
# 외상 사건과 기억의 윤리

'사건'이란 이 세계의 시·공간에 새겨 넣어진 상처일지도 모른다. 레코드에 난 흠이 똑같은 음을 계속 되풀이하게 만들듯이 그것은 자신의 기억을 반복하는 것이다. 마치 유령처럼.

—오카 마리, 『기억·서사』

## 10장

# 조선족 작가의 항일 투쟁 서사와 만주의 형상화

– 김학철의 『격정시대』를 중심으로

## 1. 김학철 문학의 재평가와 한국문학 연구

김학철은 중국 조선족 문학의 초기 형태를 잘 보여주는 작가로, 항일운동 체험을 중심으로 한 문학세계를 형성하고 있다. 김학철은 생애에 있어서나 문학적 성과에 있어서나 주목을 요하는 작가로 중국 조선족 문학의 산맥으로 일컬어져왔다.[1] 또한 그는 리근전, 최홍일과 더불어 일제강점기 민족의 고난과 항일 운동을 소설화한 초창기 작가군을 형성하고 있으며, 일제강점기/만주지역에서의 조선인들의 삶과 투쟁의 역사를 문학적으로 형상화한 조선족 문학이 일구어낸 업적은 남북한 문학에 결코 뒤지지 않는다는 평가를 받고 있다.[2] 김학철의 소설 창작은 해방기

1 김형규, 「중국 조선족 소설 연구의 현황과 현재적 의의」, 『중국 조선족 문학의 탈식민주의 연구』 1권, 국학자료원, 2008, 54쪽.

2 최병우, 「중국 조선족 문학연구의 필요성과 방향」, 위의 책, 29–30쪽.

우리 문단에서 처음 시작되었고, 조선의용대로서 항일전에 참전하여 다리를 잃고 감옥살이를 한 실제 체험을 그 내용으로 삼았다는 점에서 주목을 끌었지만 당시 문단에서 작가로서의 역량을 인정받지는 못하고 만다.[3] 이후 연변에 자리 잡은 후에 당의 정책에 따른 소설을 쓰기도 했지만,[4] 『20세기의 신화』[5]로 투옥되는 시련 후에 다시 창작의 권리를 되찾았을 때 조선의용대 전우들의 삶의 흔적을 기록한 『격정시대』와 『최후의 분대장』을 집필했다는 점은 조선의용대 체험의 형상화가 그의 글쓰기에 중요한 축을 이루는 것임에 대한 증명이다. 1952년 연변 조선족 자치구 인민정부 수립에 대응해 중국 조선족으로 거듭나기 위한 일환으로 철저한 사회주의 사실주의 원리에 입각해 집필된 『해란강아 말하라』나 중국의 소수민족 억압 정책에 대항해 집필된 『20세기의 신화』는 해방 후 중국 조선족 사회의 수립과 변동에 밀접하게 관련되어 있으며 중국땅에 정착해야 하는 소수민족 작가로서의 행보에 해당한다. 그러나 그와는 달리 『격정시대』는 일제강점기 시절 조선의용대의 항일 투쟁을

---

3 김학철은 『신문학』(창간호, 1946. 4)에 「균열」로 평론가 윤규섭의 추천사와 더불어 우리 문단에 첫 등장한다. 이 잡지를 통해 여덟 편의 단편이 실린 단편집 「조선의용군」 인쇄 중이며, "조선의용군으로 항일전에 참전하야 다리를 잃고 연안서 돌아온 가장 기대되는 작가의 피로 기록된 역사적인 주옥편이다!"라고 선전되고 있다(김윤식, 「항일 빨치산문학의 기원: 김학철론」, 『실천문학』 12, 1988, 398쪽 참조).

4 이에 해당하는 작품인 『해란강아 말하라』는 선전부에서 임무를 맡겨서 쓴 소설로 "정치의무감에서 쓴" 것이었다. 따라서 이 작품은 1950년대 '만주 조선인'이 '중국 조선족'으로 다시 태어나기 위해 당대 연변에서 확보하고 있던 정치감각·현실감각의 문학적 실현 형태였다(이해영, 「1950-1960년대 중국 조선족 장편소설의 두 양상」, 『청년 김학철과 그의 시대』, 역락, 2006, 207-209쪽 참조).

5 『20세기의 신화』는 1957년 중국의 '반우파투쟁' 및 '대약진운동' 시기를 배경으로 조선족 자치주 지식인의 비참한 삶을 조선족의 시각으로 형상화한 소설로 1965년 탈고된 후 이듬해 '문화대혁명'으로 인한 가택수사로 압수되고 30여 년이 지난 후 한국에서 발표된 작품이다. 이 작품으로 인해 김학철은 10년(1967-77) 동안 징역을 살아야 했다(김학철, 『20세기의 신화』, 창작과비평사, 1996, 359-360쪽).

그린 만주체험 기록이라는 점과 철저하게 원체험에 의존한 자서전적 서사라는 점, '그의 작가적 역량의 정점을 이루었다는 평가를 받고'[6] 있다는 점에서 조선족 문학 내부의 평가에서 벗어나 한국문학으로서의 새로운 위상을 재점검 받을 필요가 있다.

김학철의 문학은 국내에 중국 조선족 문학이 소개되고 연구되기 시작하면서 동시에 조명 받게 되었다. 역사주의 비평적 고증을 통해 한국 문단에 김학철이라는 작가를 소개하고 재평가를 촉구한 김윤식의 연구가 기반을 마련해주었으며,[7] 중국 조선족 문학을 본격적으로 연구 대상으로 삼고 그 계보 내에서 작가의 위상을 밝혀낸 최병우, 김형규, 한명환 등의 연구가 토대를 형성하고 있다.[8] 한편 단독 작가 및 작품세계를 깊이 있게 탐구한 이해영의 논의[9]와 탈식민주의 시각에서 의의를 찾고자 한 일련의 기획 연구 등 다양한 연구가 축적되어왔다.[10] 최근에는 재외한인문학을 모두 포괄한 한민족문화권의 문학 범주에서 다루어지는가 하면[11] 보다 구체적으로는 한반도를 넘어 디아스포라 문학의 가능성을 진단한 고명철, 고인환의 연구가 뒤를 잇고 있다.[12] 이렇듯 최근 연구

---

6 이해영, 앞의 글, 179쪽.

7 김윤식, 앞의 글.

8 최병우, 『조선족 소설의 틀과 결』, 국학자료원, 2012; 김형규, 「중국 조선족 소설 연구의 현황과 현재적 의의」, 앞의 책, 41-74쪽; 한명환, 「중국 조선족 소설의 재인식과 역사체험」, 『국제어문』 44, 2008, 169-198쪽.

9 이해영, 앞의 글.

10 송현호 외, 아주대학교 인문과학연구소 연구총서, 『중국 조선족 문학의 탈식민주의 연구』 1권, 국학자료원, 2008, 『중국 조선족 문학의 탈식민주의 연구』 2권, 국학자료원, 2009.

11 김종회 엮음, 『한민족문화권의 문학』 1권, 국학자료원, 2003, 『한민족문화권의 문학』 2권, 국학자료원, 2006.

12 고명철, 「혁명성장소설의 공간, 민중적 국제연대 그리고 반식민주의: 김학철의 〈격정시대〉론」, 『반교어문연구』 22, 2007, 229-253쪽; 고인환, 「중국 조선족 디아스포라 문학의 한 가능성: 김학철의 〈20세기의 신화〉에 나타난 작가의식을 중심으로」, 『한국문학논총』 55, 2010, 341-363쪽.

의 한 흐름은 조선족 문학, 특히 김학철 문학이 한국문학사에서 갖는 의의를 밝히는 작업 및 디아스포라 문학으로의 연결을 모색 중이다.

이 장에서는 이러한 선행연구에 이어 『격정시대』가 작가 김학철의 원체험인 조선의용대 항일 투쟁을 형상화한 자전소설이라는 점에 착안하여, 실제 기억이 소설의 형식을 통해 근대적 서사로서 탄생해야만 했던 당위성을 밝히고, 소설에서 기억된 만주는 어떤 공간적 자질을 갖는지, 인물 형상화 및 정체성 형성 과정은 어떠한지를 면밀히 추적해보고자 한다. 이를 통해 김학철의 소설 『격정시대』가 조선족 문단에서 차지하는 위상만이 아니라 한국문학으로서 중요하게 재평가 받아야 하는 근거를 찾을 수 있을 것이다.

## 2. 민족국가와 근대 소설의 형식

"『격정시대』는 소설의 형식을 빌어서 엮어놓은 전기문학이다. 그러므로 모종의 원인으로 조성되었던 역사의 공백을 능히 메울 수 있으리라고 자신하는 바이다."라고 작가 김학철 스스로가 소설 후기에서 밝힌 바대로 『격정시대』는 작가의 체험을 바탕으로 한 자전적 소설이다. 이에 김윤식은 한국문단에서 김학철 소설이 가진 체험적 성격이 폄하되었던 이유를 해방기 문단의 콤플렉스에서 기인한 것으로 보고, 우리 근대 민족해방투쟁사의 거의 유일한 증언의 기록문학이라는 점에서 재평가를 촉구한 바 있다.[13]

13 해방공간에서 김학철의 소설은 이태준에 의해 르포르타주의 일종으로 치부되었고, 김남천에 의해 너무 작위적이라는 비판을 받았다. 이에 대해 김윤식은 성스러운 것에 대한 죄의식과 낙천성에 대한 멸시감 사이에서 형성된 콤플렉스의 반영이라 판단하고, 김학철 문학이 우

문학 텍스트에서 중요한 줄거리는 역사에서 발견되어야 한다는 루카치의 명제처럼 대부분 자신의 조선의용대 및 만주에서의 체험을 다루고 있는 김학철의 소설은 "역사의 공백을 능히 메울 수 있으리라는 자신"에서 비롯되었고, 체험이 녹아나 있는 전기문학이기에 한국문단에서 부족한 부분을 보충할 수 있다는 점에서 중요성을 획득한다.

> "우리 민족의 자랑스러운 아들딸들이 걸어온 발자취를 망각의 흐름모래 속에 묻혀버리지 않게 하려고 나는 총이 아닌 붓을 들고 또 한바탕 분투를 해야 하였다. 일찍이 태항산의 험준한 벼랑길을 톺아오르고 또 미끄러져 내리며 나는 꿈에도 생각을 못하였었다. ―나중에 내가 살아남아서 전우들의 피흘린 역사를 기록하게 되리라고는."[14]

작가 스스로 밝힌 바와 같이 『격정시대』는 조선의용대로서의 체험을 기록하기 위해 쓰였다. 조선의용대 체험이란 나라를 잃고 고향을 떠난 젊은이들의 항일 투쟁의 기록이며 전장에서의 기록에 해당한다. 예술은 특별한 기억의 순간에 발생하며, 예술적 토대가 되는 것은 바로 '상흔'이라는 점에서[15] 이것을 기록한 김학철의 소설은 중요한 예술의 한 형식이 될 수 있다. 이 소설은 한편으로는 개인의 실존적 위기의식에서 비롯된 것이며, 다른 한편으로는 숱하게 죽어간 조선의용대의 역사를 잊지 않기 위한 민족의식의 기록물에 해당한다. 김학철은 『격정시대』의 마지

---

리 근대민족해방투쟁사의 거의 유일한 증언의 기록문학이라는 점에서 재평가를 요구하고 있다(김윤식, 앞의 글, 399-405쪽 참조).

14 김학철, 후기, 『격정시대』 하, 풀빛, 1988, 305-306쪽.

15 알라이다 아스만, 『기억의 공간』, 변학수·백설자·채연숙 옮김, 경북대학교출판부, 2003, 26쪽.

막 장면에 해당하는 호가장 전투에서 실제로 허벅지에 관통상을 입고 일본의 나가사키 형무소에서 징역살이를 하게 된다. 다리를 절단한 의용대원이 전쟁터로 복귀하기도 힘들뿐더러 10년 징역을 선고받은 자가 할 수 있는 실존적 행위는 이번에는 총이 아닌 붓을 들고 항일 투쟁을 같이한 동지들의 피 흘린 역사를 기록하는 것이었다. 또한 반우파 투쟁 및 문화대혁명에 연루되어 오랜 수감생활을 하고 한참 후에야 창작의 권리를 되찾았을 때, 저자가 『격정시대』를 통해 어린 시절부터 항일 무장 투쟁 시기까지의 삶을 소설화하고, 이후 자서전 『최후의 분대장』을 발표하여 자신의 인생을 전기 형태로 정리한 바[16]는 실존적 위기를 경험한 한 개인이 자신의 체험과 관련한 역사의 한 단면이 소실되지 않도록 반드시 기록해두어야 하겠다는 소명의식에서 비롯되었다고 볼 수 있다. 특히 전쟁, 재난 등은 중요한 기억의 주제이며, 파괴와 기억은 관련성이 있다[17]는 점에서 조선의용대의 항일 투쟁을 다룬 『격정시대』는 위기의식을 기록한 문학이라는 의의를 갖게 된다.

근대의 민족국가는 개개인이 공동의 역사를 공유하고 있다는 점에서 애국적 긍지심을 만들어냈으며, 역사의 기념비화는 기억에 남을 만한 인물들과 사건들을 제시하는 드라마들을 통해서 만들어진다는[18] 바에 의하면 『격정시대』는 민족의 위기를 극복하고자 투쟁했던 민족문학으로서 자리매김할 수 있다. 『격정시대』에는 실로 수많은 인물들이 등장하는데, 가령 자신의 목숨을 걸고 위기에 처한 사람을 구해내는 의협심 강한 씨동이, 일본 유학 후 귀향하여 자신의 재산을 처분하며 반일 활동

---

16 최병우, 「김학철 문학에 있어 체험의 형상화 방식」, 앞의 책, 79-80쪽 참조.

17 알라이다 아스만, 앞의 책, 20쪽.

18 아스만은 셰익스피어의 드라마에서 보이는 두 원리 "상상의 주체"와 "격정의 표현", 이 두 가지가 역사를 민족적 기억으로 편입시켰다고 말한다(위의 책, 97-101쪽 참조).

에 열을 올리는 한정희, 광주학생운동을 지지하며 학생들을 선동하다 퇴학처분을 받은 학생대표 김봉구, 이러한 인물들의 영향을 받고 성장하면서 윤봉길 의사의 의거에 고무되어 항일 투쟁을 위해 만주로 떠난 주인공 선장이, 그리고 만주에서 만난 독립운동가들과 조선의용대 동지들이 선장이를 중심축으로 공동의 역사를 공유하고 있다. 또한 아무리 사소한 인물이라도 제각각 개성이 부여되어 있다. 고지식하고 고집불통인 윤지평, 술고래지만 연을 잘 만들어 삐라 투척에 큰 공을 세운 김문, 만졌다 하면 어떤 기계든 고장내놓는 고장왕 장준광, 사격의 명수이나 야맹증이 심한 이태성 등 실로 많은 개성 넘치는 인물들이 전장에서 죽어나가고 항일 투쟁의 과정에서 희생된 것으로 그려진다. 이렇듯 이 소설에서 형상화되는 인물들의 설정에는 특별히 그들과 함께 만들어낸 역사를 기념하기 위해 공들여 기록해놓은 작가 김학철의 의도가 녹아 있음을 알 수 있다.

한편 『격정시대』는 식민지 시대를 배경으로 원산총파업, 광주학생운동, 만보산사건 등 국내의 굵직굵직한 역사적 사건과 선장이가 독립운동을 하기 위해 만주로 망명한 후 황포군관학교를 졸업하고 조선의용대가 결성되어 활동하기까지의 일련의 사건과 활동들이 시간의 순서대로 기록되어 있다. 이러한 성격을 고려하건대, 해방 문단에서 이루어진 김학철 소설 전반에 걸친 낙천성에 대한 폄하나 김학철 소설의 특징으로 언급되는 "혁명적 낙관주의"[19]가 기억의 미화에 해당한다는 견해는 재고되어야 한다. 그 이유는 역사의 기념비화를 통해 민족의식을 고취한다는 근대 소설 구성의 요건에 의하면 김학철 소설이 갖는 낙천성과 낭만성은 어찌 보면 당연히 요구되는 속성이기 때문이다. 이와 같이 『격

---

19 김명인, 「어느 혁명적 낙관주의자의 초상: 김학철론」, 『창작과비평』 119, 2002.

정시대』는 근대 소설의 자명한 형식을 통해 국가 상실이라는 위기를 극복하고 민족의 자부심을 창출해내고 있다는 의의를 획득한다.

이와 같이 소설이라는 문학 형식은 근대의 국민화, 민족국가의 형성이라는 문제와 밀접하게 관련되어 있다. 근대에 들어서 사회가 체험한 격렬한 변용, 민족국가 사이에서 일어나는 전쟁에는 국민 전체가 어찌할 도리 없이 휘말려 들어가게 된다. 식민지주의 침략에 의해 조국에 있으면서도 자신들이 귀속되어 있으며 자신들에게 마땅히 귀속되어야 할 대지로부터 소외되어간다는 부조리. 근대라는 시대라 거기에 살고 있는 인간들에게 가져다준 심적 외상을 불러온 사건을 서사로서 말하라는 시대의 요청을 자신의 몸체에 받아들이는 것이 바로 소설이라고 할 때,[20] 식민지화를 통해 병리적 근대를 맞이하고, 민족국가 수립에서 근본적으로 소외되어 있는 식민지인으로서 망국이라는 사건과 그에 맞서는 항일투쟁을 서사로서 말하는 김학철의 소설쓰기는 국민화를 염원하는 시대적 요청이었다고 볼 수 있다. 이러한 맥락에서 고향땅에서 소외된 식민지 성장주체가 망명지로 선택하는 만주는 조선의용대 항일 투쟁의 역사가 쓰이는 중요한 혁명의 공간으로 부상하게 된다.

## 3. '장소애' 형성의 공간, 만주

『격정시대』의 주요 배경에 해당하는 만주는 실제 항일민족운동의 요람이자 격전지였다. 만주에서는 1920년대의 민족주의 계열을 중심으로 한 독립군 활동, 1930년대 이후 중국공산당과 연계하여 전개된 유격대

20 오카 마리, 『기억·서사』, 김병구 옮김, 소명출판, 2004, 59-63쪽 참조.

중심의 항일무장 투쟁 등 무장 활동 외에도 민족주의, 사회주의, 무정부주의 계열을 중심으로 항일독립운동이 전개되어왔다.[21] 이에 따라 한국문학에서 만주공간이 갖는 의미 중 주목해야 할 한 가지는 조국의 독립을 위한 제2의 공간으로 자리했다는 사실이다.[22] 실제로 조선인들은 정든 고향을 등지고 독립운동의 웅지(雄志)를 펼 수 있는 이념실현의 자유지대, 토지가 기름지고 산림이 울창한 '유토피아' 만주로 향했다.[23] 김학철의 실제 체험에 근거한 『격정시대』에 그려진 만주는 1935년부터 해방까지의 시기에 해당하며,[24] 희망과 저항의 공간으로서 형상화되어 있다.

우선 『격정시대』의 서사 공간은 크게 국내와 국외로 나뉘며, 선장이의 성장에 따라 고향인 원산, 학창시절을 보낸 경성, 이후 독립운동을 위한 망명지로서의 상해 및 중국 여러 지역과 조선의용대의 본거지인 태항산으로 연결된다. 다시 말해 이 소설은 식민지화로 인한 장소상실의 국내 공간을 떠나 혁명의 땅인 만주 태항산에 적극적으로 '장소애'[25]를 부여하는 공간 구조를 보인다.

국내는 일본의 식민지로 정상적인 근대화와 민족국가 건립이라는 희

---

21 김경일 외, 『동아시아의 민족이산과 도시: 20세기 전반 만주의 조선인』, 역사비평사, 2004, 346쪽.

22 김창호, 「만주라는 하나의 공간과 한중 두 민족의 마주보기」, 『만주연구』 7, 2007, 54쪽.

23 위의 글, 47쪽.

24 김학철은 1935년 상해에 도착, 그곳에서 민혁당 상해특구에 소속되었다가 다시 남경으로 건너가 정식으로 민혁당에 입당한다. 그 후 1937년 중국황포군관학교에 입학하게 되며, 1938년 조선의용대의 창립과 더불어 조선의용대원이 된다. 조선의용대는 1941년 항일의 최전선인 태항산으로 이동하여 팔로군에 합류하여 전투에 참여한다. 이러한 김학철의 실제 만주 체험이 소설에 고스란히 재현되어 있다.

25 '장소애(topophilia)'는 이푸 투안이 "인간존재가 물질적 환경과 맺는 모든 정서적 유대"라는 뜻으로 사용한 용어이다. 장소애란 인간을 둘러싼 자연적, 지리적, 인공적, 사회적 환경을 장소로 만들고자 하는 인간 본연의 성향을 의미한다. 즉 그것은 보편적, 추상적, 객관적 공간을 특수하고 구체적이고 주관적인 체험 장소로 만들고자 하는 장소에 대한 애착이라 할 수 있다 (이푸 투안, 『공간과 장소』, 구동회·심승희 옮김, 대윤, 1995 참조).

망을 상실한 공간이다. 근대화와 식민지화가 동시에 진행된 조선의 경우 국권의 박탈과 민족적인 것의 억압으로 인한 공동체적 집단 동일성의 해체라는 충격적 장소상실이 이미 이루어졌기 때문이다.[26] 그렇기에 실제 부모님과 누이가 살아가는 원산이라는 고향땅은 이미 장소상실의 공간으로서 진정한 고향으로 기능하지 못한다. 특히 선장이가 유학하는 제국의 식민 수도 경성은 전차, 백화점, 공원, 홍등가 등 소비문화와 도시 문명이 발달된 곳으로 그려진다. 가난한 고향을 등지고 먼 친척 아주머니의 양자가 되어 경험하는 경성은 물질적으로는 풍요롭고 편리하지만 낯선 곳이자 곧 떠나야 할 곳이다. 조선의 수도이자 일본 제국의 식민 수도인 경성은 민족적 공동체 가치의 해체를 여실히 보여주는 장소상실의 대표적 공간이기 때문이다. 이와 같이 선장이는 가난한 고향 원산과 식민 수도 경성을 떠나는데, 국내 공간은 이미 장소상실이 이루어져 희망을 상실한 곳이기에 그러한 전개가 이루어진 것으로 보인다.

반면 국외의 대표 공간인 만주는 충격적 장소상실을 경험한 망명자들, 식민지인들이 의도적으로 '장소애'를 획득한 공간으로 나타난다.[27] 외적 폭력에 의한 장소상실의 경험 이후 인위적으로 만들어진 장소애를 의도적 장소애라 할 때, 낯선 지역의 지형이나 풍습에서 정서적 유대를 형성하고 편안함으로 느끼려면 필연적으로 미적 형식화가 동반되어야

26 일반적으로 장소상실은 근대화와 도시 문명의 발달로 인한 지방 문화의 퇴색과 문명적 획일화라는 측면에서 다루어진다. 인간의 근원적 장소애는 변화하는 사회문화적 환경에 따른 장소상실로 인해 왜곡되거나 억압된다(에드워드 렐프, 『장소와 장소상실』, 김덕현·김현주·심승희 옮김, 논형, 2005 참조).

27 만주를 희망과 동경의 땅으로 보는 시각은 시기와 계층에 따라 차이는 있었지만 1930년대 '만주국' 건설 이후 '만주광'의 시기나 1940년대 『만선일보』의 시대에도 지속되었다는 사실을 만주 이주자의 꾸준한 증가를 통해 확인할 수 있다(김창호, 앞의 글, 47쪽).

한다. 다음은 선장이가 소속된 조선의용대가 막 태항산에 도착했을 때의 장면이다.

> 밤새도록 기구한 산로를 더듬고 또 더듬은 끝에 마침내 먼동이 텄다. 그리고 얼마 오래지 않아 동녘 하늘에 등적색 구름에 싸인 아침해가 서서히 떠올랐다. 선장이는 그제야 비로소 산아래 골짜기에 1백명도 더 되는 초록색군복을 입은 사람들이 의용대가 서 있는 산등성이를 쳐다보며 손을 흔들고 또 모자를 흔드는 것을 똑똑히 보았다.
>
> '오, 저것은 팔로군. 우리의 마중을 나온 팔로군이다!'
>
> 선장이는 난생 처음 자유로운 땅을 디디었다. 왜냐면 그의 조국이 망하던 그해에 그의 어머니도 겨우 열다섯살 홍안의 부끄럼타는 소녀였으니까.
>
> '아, 태항산! 세상에도 빈궁하구 또 세상에두 부요한 태항산아, 우리는 그예 네 품속에 뛰어들었다!'[28]

끊임없이 이어지는 조선의용대 이주의 원인은 식민지 조국에서 태어난 태생적 운명에서 비롯한다. 이들이 도착한 태항산은 선장이가 자발적으로 선택한 곳이며, 조선의용대의 실제 전투가 벌어지는 곳, 다시 말해 조선의 독립을 위해 투쟁할 수 있는 희망을 담보한 공간이자 자유의 공간이다. 이에 실제 고향이 아님에도 불구하고, 선장이를 포함한 조선의용대원들은 태항산에서 타향의식보다는 친근감을 느낀다. 망한 조국에서 태어난 이들은 낯선 중국땅 만주에서 오히려 고향의 속성과 '고향애'[29]를 발견하고 "부요한 태항산의 품속에 뛰어드는" 감격의 순간을 경

---

28 김학철, 앞의 책, 206-207쪽.

29 '고향애'는 귀속성, 뿌리에의 욕망, 노스탤지어로 설명된다. 이러한 고향에 대한 근원적 애착은 범세계적이며 초역사적인 현상이다(이푸 투안, 앞의 책, 246-247쪽).

험한다. 이러한 만주의 장소애는 조선의용대에게 본성적으로 무의식적 장소애가 아니라, 외적 폭력에 의한 장소상실의 경험 후 만들어진 의도적 장소애라 할 수 있다. 그 외에도 새벽 행군길에 전쟁터에 늘어서 있는 포대에서 신라시대의 유적인 첨성대를 떠올리는 장면이나 태항산의 맑은 추색에 매혹당하는 의용대원들의 모습에서 미적 형식화를 통한 장소 만들기 양상을 발견할 수 있다.

선장이가 조선의용대이자 중국공산당에서 활동한 바는 '민족주의에 바탕을 둔 세계주의를 주장'[30]한 다음과 같은 팽덕회의 시각에 동조했기 때문이다.

> "팽장군의 의견두 역시 마찬가집니다. 우리나라가 망하기 전에 쓰던 깃발이 무슨 깃발이었는가구 물어서 태국기였다구 우리가 말씀했더니…그럼 지금두 그 깃발을 써야지요. 그래야 호소력이 있을 것 아닙니까. 조국을 광복하자면 민중이 익히 아는, 전민족이 익히 아는, 민족독립의 상징으로 될 만한 깃발을 내세워야 할 게 아닙니까. 그래야 민중이 기꺼이 따라올 게 아닙니까. 붉은기는 아무리 좋더라두 민중의 눈에는 설단 말입니다(…) 그러니 돌아가 젊은이들을 잘 설복해서…태극기를 높이 쳐들도록 하십시오. 사회주의, 공산주의는 나중에 할 일이구 우선 나라의 독립부터 쟁취해놓구 봐야잖습니까."[31]

인용문에서 보이듯 조선의용대가 중국공산당 소속으로 만주에서 활동하게 된 이유는 민족적 정체성을 되찾기 위함이었고, 사회주의니 공

30 송현호, 「김학철의 〈격정시대〉에 나타난 탈식민주의 연구」, 송현호 외, 앞의 책, 228쪽.

31 김학철, 앞의 책, 249쪽.

산주의니 하는 것은 민족독립을 위한 발판이었다. 따라서 조선의용대가 비록 중국공산당 소속으로 활동하고는 있지만 여기에서 중요한 요소는 '중국'이 아니라 조선의 독립을 가능하게 해줄 국제적 단체인 '공산당'이었던 것이다.[32] 이러한 맥락에서 조선의용대가 장소애를 형성하는 만주는 단순히 중국땅이 아니라 제국주의를 반대하는 공산주의가 구현된 국제적인 공간으로 표상된다.

한편 선장이는 프랑스의 진보적 신문 『유마니떼』의 기자의 입을 통해 '코리안 볼룬티어', 즉 외국어로 된 조선의용대라는 말을 처음 듣게 된다. 그리고 일본파의 침략에 대항하는 '코리안 볼룬티어'의 탄생을 본국에 돌아가면 신문에 대대적으로 소개하겠다는 기자의 말에 "우리의 벗은 전 세계 어디에나 있다는 것을 알려준 사건"으로 크게 감동 받는다. 또한 동경제국주의 졸업생이면서도 제국주의 침략전쟁을 반대하는 반전 작가로 당국의 박해를 받아 중국으로 망명한 가지 와다루 부부를 통해 "왜놈이라면 무조건 악귀, 살인귀로만 보여 이를 갈아왔"던 선장이는 만주라는 공간에서 편협한 민족주의를 넘어선 시야를 확보하고, 그들에게 망명자로서의 동지애까지 느끼게 된다.

이와 같이 만주는 일본 제국주의가 소멸하기 전에는 고국땅을 밟아볼 수 없는 신세의 디아스포라들이 머무는 공간이며, 국가를 잃은 식민지인들의 목소리에 귀를 기울이고 국제적 연대의 가능성을 보여주는 공간이다. 식민지주의 침략에 의해서, 조국에 있으면서도 고향땅으로부터 소외되어 있다는 부조리를 경험한 망명자들로 구성된 조선의용대는 잃어버린 나라의 독립을 응원하고 일본 제국주의를 반대하는 국제주의가

32 "남의 나라의 수치스러운 내전에 가담할 수는 없는 일이었다."(김학철, 앞의 책, 24쪽). 조선의용대가 국민당과의 내전에 연루되는 것에 속이 타는 선장이의 모습에서 이를 발견할 수 있다.

구현된 희망의 땅 만주에서 장소 만들기를 통한 장소애를 느끼게 된다. 요컨대 『격정시대』에서 김학철이 자신의 개인적 체험을 조선의용대의 역사 기록으로 확장시킬 수 있었던 것은 실존적 개인이자 독립적 민족국가 수립을 염원하는 공동체의 일원으로서 장소 만들기에 성공했기 때문이다.

## 4. 식민지 주체와 정체성의 균열

한 혁명 주체의 성장소설로서의 성격을 지니고 있는 『격정시대』는 다음과 같이 시작된다.

> 평생을 버들잎같은 나무배—야거리 한 척에 목숨을 걸고 고기잡이를 하여 근근히 생계를 유지하는 서서방이 세상에서 제일 부러운 것은 돛도 노도 다 필요없는 20톤급 발동선의 선장이었다. 그래서 그 아들의 이름을 선장이라 지었는데 그 선장이도 그럭저럭 자라서 인제 보통학교, 즉 소학교의 4학년생이 되었다.[33]

주인공 선장이는 원산 어촌의 가난한 어부의 아들로 태어난다. 천둥벌거숭이로 마을을 누비는 선장이에게 늘 고기잡이로 바쁜 아버지는 거의 존재감이 없다. 오히려 선장이는 목숨을 걸고 거친 바다에 뛰어들어 인명을 구하는 의협심 강한 씨동이 형님, 일본 유학 후 무정부주의자에서 차차 공산주의자로 변모하는 지식인 한정희, 일본 교장의 눈을 피해

33 위의 책, 상, 11쪽.

조선의 역사를 가르쳐주는 담임 선생님 김영하 등의 인물들로부터 영향을 받으며 유년시절을 보낸다. 중학생이 된 선장이는 유복하지만 아이가 없는 먼 친척 숙자 아주머니에게 양자로 보내져서 경성의 보성고보에서 수학하게 되는데, 거기에서도 양부에 해당하는 아저씨 연갑수 변호사는 돈 버는 것과 오입쟁이질에만 관심이 있는 속물로 그려진다. 선장이는 아저씨와 별 유대관계를 형성하지 않은 채 교장 축출 사건이나 광주학생운동이 터졌을 때, 키케로라는 별명을 가진 4학년 선배 김봉구의 웅변에 감동 받고 그의 선동에 따르며, 경성으로 직장을 옮긴 김영하 선생과 교류하며 가르침을 받는다.

앞서 살펴본 바대로 『격정시대』가 역사의 기념비화를 도모하는 소설 쓰기라는 점에서 선장이의 성격과 태도는 침략자 일본에 대한 증오, 식민지 현실의 타계를 위한 망명 및 군 입대 등 애국적 면모를 보인다. 특히 만주로 망명하기 이전 고향에서나 경성 유학시절의 그는 국가를 위해 목숨을 바치려는 열혈 청년 그 자체다. 그러던 중 윤봉길의 기사가 신문에 대문짝만하게 나고, 결심을 굳힌 선장이는 나라를 위해 목숨을 바칠 각오로 경성을 떠난다.

"인간이 한세상 났다가 나라일에 목숨을 바친다면 한세상 났던 보람이 있잖습니까. 이순신 장군처럼, 안중근처럼, 그리고 요전날 그 윤봉길이처럼." 인용문에서 보이는 각오대로 선장이는 씨동이, 한정희, 김봉구, 김영하 등의 영향을 받아 동지애를 형성하며 독립투사로 주체성을 형성하고, 이를 실현하기 위해 만주로 떠난다. 그리고 장소애를 형성하는 공간 만주에서 아버지의 자리는 팽덕회 등으로 대체되어 그를 공산주의자로 거듭나게 한다. 이와 같이 선장이의 경우, 힘없고 비루한 친부의 자리를 대체하는 것은 친부를 살해한 나쁜 계부인 일본 제국이 아니라 나쁜 계부를 물리칠 수 있는 힘 있는 아버지인 공산당이었다.[34]

한편 어린 시절 고향 원산에서 일어났던 원산 부두파업에서 자신의 국적과 관계없이 전 세계의 프롤레타리아들이 하나로 뭉치는 장면을 목격한 선장이는 의문과 더불어 엄청난 감동에 휩싸인다. 무조건 적으로만 알고 있었던 일본 선원들이 파업노동자들의 편을 들어 "파업 만세!" "형제들 버텨라!"라고 응원했던 것이다. 일본사람이 조선사람의 편을 드는 이 장면은 어린 선장이에게는 아무리 궁리해보아야 알 수 없는 일로 다가왔다. 그리고 이 사건은 그가 후일 중국공산당이 되는 데 중요한 계기로 작동한다. 국가 없는 식민지인들로 구성된 조선의용대는 중국공산당 팔로군에 소속되어 항일 투쟁을 해야 했으며 프롤레타리아 국제주의에 몸을 던지는 것이 조선민족해방의 방안일 수밖에 없었다.[35]

> 개회벽두에 전체가 기립하여 '인터나쇼날'을 불렀다. 그것은 선장이가 생후 처음 공개적인 집회에서 큰소리로 불러보는 '인터나쇼날'—언제나 힘을 북돋아주고 용기를 북돋아주는 프롤레타리아트의 노래였다. 그리고 또 선장이는 바로 그 회장에서 난생처음으로 자기 당의 깃발—마치와 낫이 수놓인 붉은기를 보았다. 격동되어 글썽한 눈물을 머금으며 선장이는 가슴속에 부풀어오르는 파도를 가라앉히느라고 한동안 애를 썼다.[36]

---

34 한국의 근대문학이 공통적으로 고아의식과 고아들의 연대라는 오이디푸스 구조를 갖고 있다는 나병철의 논의는 중요한 참조점이 된다(나병철, 『가족로망스와 성장소설: 반오이디푸스 문화론』, 문예, 2007 참조).

35 조선공산당의 존재기간은 1925년에서 1928년까지이다. 프롤레타리아국제주의의 이념 아래에서 코민테른 제6차 대회(1928)가 확인한 것은 '일국 일당의 원칙'이었는데, 이 때문에 국가가 없는 조선공산당은 일본공산당이나 중국공산당에 흡수되지 않으면 안 될 운명에 놓여졌다. 중국 지역의 마르크스·레닌주의자들이 중국공산당으로 당적을 옮기거나 신규 가입할 수밖에 다른 도리가 없었는데, 이는 곧 프롤레타리아국제주의에 몸을 던지는 것이 막바로 조선민족해방의 지름길이라 생각한 때문이다. 그러니까 조선민족해방투쟁은 중국민족해방투쟁을 통해서 달성되는 것이기도 하였다(이해영, 앞의 책, 94쪽).

36 김학철, 앞의 책, 하, 178쪽.

'인터나쇼날'가와 공산당의 붉은 기는 "언제나 힘과 용기를 북돋아주는" 프롤레타리아트의 상징이다. 선장이는 힘없는 아버지를 대신하여 나쁜 계부를 물리칠 힘과 용기를 북돋아주는 힘 있는 아버지를 선망한다. 조선의용대로서 공산당에 소속되어 일본 제국에 저항하는 일은 의롭고 강한 아버지에 의탁함으로써 "가슴속에 부풀어오르는" 미래에 대해 희망을 갖는 일로 나타난다. 이에 팔로군의 주둔지 만주는 희망과 혁명의 땅이 된다. 한편 다음의 인용문을 보면, 국제공산주의자로서의 감동과 조선인으로서의 감동의 차이가 발견된다. 인터내셔널가가 환기하는 미래에의 희망과 달리 광복군과 더불어 애국가를 부를 때의 "야릇한 감격"의 실체가 무엇인지 살펴보자.

> "국기 게양!"하고 외치는 소리가 들렸다.
>
> 주인인 광복군과 손님인 의용대가 다같이 정렬하여 거수 경계를 하고 주시하는 가운데 태극기가 아침하늘에 서서히 떠올랐다. 다음 순서는 '애국가'의 제창인데 선장이는 그 '애국가'를 같이 부르면서 이름 못할 감격에 휘감겼다. '인터나쇼날'을 부를 때와는 다른—야릇한 감격이었다.[37]
>
> 한국광복군의 서안지대 본부는 역에서 걸어서 한 20분 걸리는데 어마한 삼문 앞에 권총을 찬 광복군의 위병이 서 있었다. 삼문 바로 안에 서 있는 깃대에는 태극기가 달려서 삭풍에 펄럭이고 있었다. 선장이는 가슴속에서는 케케묵은 대한제국의 국기—태극기를 너절하게 보는 마음과 민족독립의 상징으로 보지 않으래야 않을 수 없는 태극기에 끌리는 마음이 서로 뒤얽혀서 용트림을 쳤다. 참으로 야릇한 심정이었다. 이런 모순된 감정

37 위의 책, 190-191쪽.

에 사로잡힌 것은 선장이 하나만이 아니었다. 맑스주의자로서의 조선의용대대원들은 누구나 다 그러하였다.[38]

광복군 서안지대 본부에서 발견한 '애국가'와 '태극기'는 "케케묵은 대한제국의 국기"이자 "민족독립의 상징"이기도 하다. 애국가와 태극기로 상징되는 대한제국은 이미 망해서 없고 국가 잃은 국민들만이 남의 나라에서 유령처럼 떠돌고 있다. 타지에서 맞닥뜨린 과거의 유산 앞에서 식민지 유민들은 고향 잃은 설움과 힘없고 비루한 조국에 대한 애수를 느낀다. 동시에 이는 민족독립을 이루고자 하는 강한 애국심이 선취되는 순간이기도 하다. 망국 국민으로서 느끼는 수치심과 제국 일본에 대한 증오에서 비롯한 민족의식이 동시에 발현되는 균열의 지점이다.

한편 망국적 상황에서 애국가와 태극기에 대해 갖는 "야릇한 감격", 다시 말해 선장이가 애수와 동시에 느끼는 수치심은 무의식적으로 내면화된 식민주의적 감각에서 비롯된 것으로 보인다. 조선의용대가 비밀지하조직으로 활동하던 어느 날, 이동하던 중 어느 마을에서 "무어라고 형언하기 어려운 비명 같은 것"이 들려온다. 이들은 "뿐만 아니라 그 부르짖음 사이사이 무슨 속이 굵은 나무통—타악기 같은 것을 치는 소리"[39]도 듣게 되는데, 그 순간 선장이는 아프리카 오지의 열대 밀림 속에서 창을 들고 활을 든 악귀같은 야만인들의 습격을 받지나 않나 하는 환각에 사로잡힌다. 결국 그 소리의 실체는 인근 주민의 설명에 의해 돌림병을 몰아내는 의식으로 판명된다. 이 상황에서 '아프리카=야만인=악귀'를 연상하는 식민지인은 일제하 교육을 통해 자신도 모르게 식

38 위의 책, 190쪽.

39 위의 책, 170쪽.

민주의 무의식을 내면화한 것으로 보인다. 제국의 식민통치란 결국 '문명/야만', '선/악', '우월/열등', '서구/아프리카', '제국/식민지'의 이분법적 사고에서 비롯한 통치의 정당화로 연결되었기 때문이다. 선장이가 만주 땅에서 망국인으로서 느끼는 수치심과 중국 군대에서 유창한 일본어 실력을 인정받으며 느끼는 우월감은 강렬한 반일감정과 애국심 이면에 자리 잡고 있는 식민지인의 자격지심에 상응하는 양가적 속성이다.

이 지점에서 대타자의 호명에의 인지를 통해 정체성을 형성하는 주체의 행위가, 사실은 존재에 대한 근본적인 불확실성에 대응하기 위한 조치[40]라는 지젝의 말을 참조할 수 있다. 근대 민족국가화에서 소외된 식민지인이 주체의 자리를 찾을 수 있는 방법은 '나'에게 정체성을 부여해 줄 새로운 공동체를 발견하는 일이었다. 이러한 이유로 선장이는 친부를 살해하고 자리를 차지한 일본 제국이라는 나쁜 계부 대신 '인터나쇼날가'를 공유하는 의로운 공산주의 이념의 호명에 의지한다. 그리고 중국공산당이라는 실체에 소속되려 한다. 국제적 공산주의는 망해버린 아버지의 공백 상태를 메울 수 있는 강력하고 거대한 대타자가 된다. 그러나 팽덕회의 배려 이면에 숨어 있는 민족에의 호명과 프랑스 기자들의 취재를 통해 호명되는 망국 국민으로서의 정체감 등을 통해 볼 때 조선의용대는 망국 국민, 혹은 식민지인으로서의 호명에서 자유롭지 못하며 식민지 조선인으로서의 비루함과 국제적 공산주의자로서의 자부심 사이의 균열 지점에 서 있게 된다.

40 슬라보예 지젝, 『부정적인 것과 함께 머물기』, 이성민 옮김, 도서출판b, 2007, 144쪽.

## 5. 식민지 공산주의자의 실존적 서사

김학철은 조선족 초기 문학의 대표 작가로 일제강점기 항일운동 체험을 중심으로 한 문학세계를 갖고 있다. 초창기 한국문단에서 김학철의 소설은 자전적 서사와 낙천적 성격을 갖는다는 점에서 폄하되었으나 이후 연구를 통해 중요성이 회복되고 있다. 이 장은 이러한 선행연구에 이어 김학철의 『격정시대』가 작가의 원체험인 조선의용대 항일 투쟁을 형상화한 소설이라는 점에 착안하여, 기억과 소설 형식의 관련하에 근대적 서사로서 탄생해야만 했던 당위성을 밝히고, 소설에서 기억된 만주가 어떤 공간적 자질을 갖는지 살피며, 인물의 정체성 형성 과정은 어떠한지 추적해보았다.

소설이라는 문학 형식이 근대의 민족국가 수립과 밀접하게 연관되어 있다는 점에서 『격정시대』는 식민지화를 통해 병리적 근대를 맞이하고, 민족국가에서 근본적으로 소외되어 있는 식민지인으로서 목숨을 내걸고 항일 투쟁을 벌인 조선의용대의 숭고한 행위를 기록하기 위한 역사의 기념비화 작업에 해당한다. 이러한 맥락에서 고향땅에서 소외된 식민지 성장주체가 망명지로 선택하는 만주는 조선의용대 항일 투쟁의 역사가 쓰이는 중요한 혁명의 공간이 된다. 팔로군의 주둔지인 만주 태항산은 조선의용대가 독립을 위해 투쟁할 수 있는 희망을 담보한 곳이자 자유의 공간으로 형상화된다. 그들은 잃어버린 고향땅 대신 일본 제국주의를 반대하는 국제공산주의가 구현된 희망의 땅 만주에서 장소 만들기를 통해 장소애를 갖게 된다. 이렇게 장소애를 형성하는 만주에서 주인공 선장이는 조선의용대원이자 중국공산당원으로 거듭난다. 선장이로 대표되는 조선의용대에게 국제적 공산주의는 일본 제국이라는 나쁜 계부 대신 선택한 강력하고 거대한 대타자이다.

이와 같이 『격정시대』는 근대화와 민족국가 수립에서 소외된 식민지 조선인들이 존재의 불확실성에 대응하기 위한 방안으로 호출한 강력한 대타자 염원의 기록이자 작가 자신의 실존적 당위를 확립하기 위해 민족의식을 소환한 필연적 서사로 해석할 수 있다. 그리고 의도된 서사 이면에는 국제공산주의자로서의 희망적 미래와 식민지 조선인으로서의 망국적 현실이 착종되어 있음이 발견된다. 결국 『격정시대』는 작가 자신의 실존적 회복을 위해 민족의식을 소환한 서사이자, 항일 투쟁 역사의 기념비화로서의 당위성을 획득한다는 점에서 현재적 의의를 갖는다. 한편 희망의 땅으로 표상되는 만주와 낙천적 서사 이면에서 식민지 공산주의자로서 정체성의 균열 지점이 발견된다는 점은 주목을 요한다.

11장

# 제노사이드의 기억과 서사적 대응

## – 이청준의 『신화를 삼킨 섬』을 중심으로

### 1. 21세기와 기억의 위기

20세기는 전쟁과 집단학살이 난무한 시대였다. 한반도는 그 시대적 흐름의 전방에 위치해 수많은 사건을 겪었고, 당시의 역사적 상처는 곳곳에 흔적을 남겼다. 현재 남북한은 세계에서 유일무이한 분단국가이며, 최근 계속되는 김정은 정권의 핵미사일 도발은 분쟁 지역으로서 역사의 현재성을 상기시킨다. 한반도는 사건 종료의 공간이 아니라 지금도 무차별 폭격이 발발하고 피해대중이 양산될 가능성을 가진 현재 진행형의 공간인 것이다. 이렇듯 현재의 정치적 상황은 이전 시대의 역사에 그 원인을 묻게 한다. 1991년 구소련 멸망 이후 중국이 시장경제체제를 받아들여 경제적 성장 가도를 달리고 있는 현재, 이 땅은 남북이 여전히 휴전선을 두고 대치 중인 상태로 한국전쟁 발발 67주년을 맞이했다. 세기가 바뀌고 이미 세계의 패러다임은 변동되었는데 아직도 한반도만은 '냉전의 박물관'[1]이 된 연유에 대한 의문은 이 땅의 작가들에게 숙제로 남겨져 있다.

루카치는 문학 텍스트에서 중요한 줄거리는 역사에서 발견되어야 한다[2]고 하며 역사와 문학의 밀접함을 강조한 바 있으며, 아스만은 2차 대전 때의 파괴와 망각의 재난만큼 활성화된 기억은 없을 것[3]이라고 함으로써 파괴와 기억의 관련성에 주목했다. 즉 예술은 특별한 기억의 순간에 발생하며, '상흔'을 토대로 하는 파괴는 중요한 기억의 주제가 된다[4]는 의미에서 21세기, 최근에 기억 담론이 대두되고 있는 이유와 작가들이 문학작품에서 집단학살의 기억을 다루고 있는 이유는 무관하지 않다. 우선은 경험 기억이 빠르게 소멸되고 있는 시점에서 과거 기억의 보존 문제가 시급하기[5] 때문이며, 또 하나는 정치적 환경의 변화가 기억의 소멸을 가져올 수 있다[6]는 위기의식 때문에 그러하다.

그런 의미에서 2003년, 제주 4·3사건을 다루고 있는 이청준의 『신화를 삼킨 섬』[7]은 이러한 시대적 요구에 발맞추어 탄생한 작품이라는 점에서 유의미하다. 『신화를 삼킨 섬』에 대해 김윤식[8]은 '자생적 운명' 개념을 통하여 4·3 체험자가 아닌 작가가 그 사건을 자신의 문제로 만들

1 김학재, 「자유진영의 최전선에 선 국민」, 『한국현대생활문화사: 1950년대』, 창비, 2016, 57쪽.

2 김영목, 「기억과 망각 사이의 역사 드라마와 과거 구성」, 최문규 외, 『기억과 망각』, 책세상, 2003, 168쪽.

3 알라이다 아스만, 『기억의 공간』, 변학수 외 옮김, 경북대학교출판부, 2003, 20쪽.

4 위의 책, 26쪽.

5 위의 책, 15쪽.

6 위의 책, 165쪽.

7 이청준, 『신화를 삼킨 섬』 1·2권, 열림원, 2003.

8 김윤식, 「제주도로 간 『당신들의 천국』: 『신화를 삼킨 섬』론」, 『문학과사회』 84호, 2008, 322-340쪽.

어가는 방식을 보여주고 있음에 주목했고, 고인환[9]은 탈식민주의 시각을 통해 좌/우, 주변/중심의 대립을 넘어서서 소통과 화해를 시도했다고 평가했으며, 한순미[10]는 제주 신화가 역사적 사건을 구조화하는 데 주요한 이미지적 상징으로 수용되어 해원과 풀이로 나아가는 과정을 따라가고 있다. 이 논의들과 더불어 제주 4·3을 새롭게 기록하고 있는 『신화를 삼킨 섬』을 역사적 사건의 서사화라는 측면에서 최근의 기억 담론과 관련하여 읽어볼 필요가 있다.

제주 4·3은 여순사건과 더불어 이 땅의 대표적인 집단학살 사건으로 거론되고 있으며,[11] 이념의 대립과 관련하여 비극적 사건의 중심부에 위치해 있다. 이미 제주 4·3은 현기영, 현길언, 김석범 등의 체험 작가를 중심으로 경험자의 현장 고발의 입장에서나 고향 상실의 원체험으로 꾸준히 다루어졌다. 이들과 달리 4·3을 체험하지 않은 작가 이청준이 21세기에 다시 그 사건을 불러와 밝혀내고자 한 것은 무엇이었을까. 비체

---

9 고인환, 「이청준의 『신화를 삼킨 섬』에 나타난 탈식민성 연구」, 『한국언어문화』 29, 한국언어문화학회, 2006, 109-30쪽.

10 한순미, 「역사적 물음을 구조화하는 이미지의 위상학-이청준의 『신화를 삼킨 섬』을 중심으로」, 『현대문학이론연구』 39, 2009, 233-53쪽.

11 2005년에 출범해 2010년에 활동을 마친 국가기구 '진실·화해를 위한 과거사 정리위원회'의 조사에 의해 밝혀진 역사적 진실은 다소 충격적이다. 한국전쟁 시기에 군인이 아닌 수많은 민간인이, 북한군이 아닌 대한민국의 군과 경찰에 의해 학살당했다는 것이다. (…) 더 놀라운 사실은 한국전쟁 발발 이전부터 이런 비극들이 발생했다는 것이다. (…) 1948년 제주도에서는 남북 분단이 기정사실화되고 정부의 억압이 심해지는 것에 저항한 제주도민들을 정부가 파견한 군대가 잔혹하게 진압한 바 있다. 이때 제주도에선 수만 명의 민간인이 살해당했다(제주 4·3사건). 이어서 1948년 10월에는 정부의 제주 4·3사건 진압에 불만을 품은 군인들이 정부의 명령에 불복종해 반란을 일으켰다. 정부는 이를 진압하는 과정에서 반란군 부대에 협력했다는 이유로 여수와 순천 일대의 시민 수만 명을 죽거나 다치게 했다(여수·순천사건: 약칭 여순사건). 이렇게 한국사회에서는 한국전쟁 전부터 냉전적 대립으로 내전 수준의 봉기와 반란이 발생했고, 수만 명의 민간인들이 살해되었다(김학재, 앞의 글(「자유진영의 최전선에 선 국민」, 『한국현대생활문화사: 1950년대』, 창비, 2016), 41-42쪽).

험 작가이자 한 세대라는 시간적 격차를 두고 다시 제주 4·3을 소환하고 있는 이청준의 『신화를 삼킨 섬』에 대한 이러한 질문에 대해 기억 담론의 대두와 관련하여 역사적 사건의 기억 문제, 특히 논란의 쟁점이 되는 집단학살의 기억 문제와 문화적 기억 문제에 초점을 맞출 때 유의미한 답을 도출해낼 수 있을 것이다. 이에 이 장에서는 기억 담론을 중심 시각으로 삼고, 이청준이 말년에 제주 4·3사건을 소설화한 궁극적인 이유와 집단학살의 기억을 수용하는 새로운 방식을 찾아보고자 한다.

## 2. 의심의 시선과 공적기억의 허위성

『신화를 삼킨 섬』에서 진술되고 있는 제주 4·3사건 관련 기록의 진실성 여부는 바로 시선의 문제와 연결된다. 오카 마리는 사건의 전체상을 조망할 수 있는 시선이 존재하는가, 진실로 투명한 사건 기록이 가능한가에 대해 회의적이다. 그녀는 전쟁, 학살 등의 역사적 사건을 사실로 기록해내는 것에 의문을 제기하고 있다.[12] 그러므로 소설작품에 쓰인 역사적 사건과 그에 대해 진술하는 서술자를 신뢰할 수 있는가에 예민하게 주의를 기울여야만 그것의 진실에 다가가볼 수 있을 것이다.

『신화를 삼킨 섬』의 서사는 4·3사건 2세대인 정요선, 추만우, 고종민의 세 인물을 중심으로 전개되고 있다. 추만우는 아버지 추 심방, 고종민은 아버지 고한봉 등 4·3을 체험한 1세대와 연결된다. 한편 정요선과 추만우는 각각 육지부 무당과 섬 심방의 아들로 외부인과 내부인으로서 대립적 정체감을 보인다. '역사 씻기기 사업'을 수행하러 섬에 들어온 외

12 오카 마리, 『기억·서사』, 김병구 옮김, 소명출판, 2004, 81쪽.

지 굿잡이 정요선은 섬 심방들의 배타적 태도를 못마땅하게 여긴다. 애시당초 그는 큰당집의 '사업'을 돕겠다고 제주도에 왔지만 사실상 그것을 돈벌이 수단으로 여겼을 뿐이며, 그런 점에서 그는 4·3의 원혼을 씻겨준다는데 시큰둥한 섬사람들을 이해하지 못한다.

한편 작가는 제주도민이자 4·3 경험자 가족인 추만우의 입장에서의 사건 기록은 침묵의 벽에 부딪힐 수 있다는 점을 상기시킨다. 그 상처의 크기가 큰 만큼 내부인은 당시의 사건에 대해 말하려 하지 않는다. 그것은 외지인에게 협력도 대항도 하지 않고 그저 침묵으로 일관하는 섬사람들 특유의 '고적기(고립감과 외로움기)'로 나타난다. 특히 4·3으로 아우를 잃은 추 심방은 아우를 산으로 내몬 것과 자수를 종용한 것에서 평생을 이중의 채무의식에 시달린다. "내가 내 아우를 죽게 한 거다. 내가 네 삼촌을 죽인 거다."[13] 집단학살이 휩쓸고 간 곳에서 살아남은 사람의 대다수는 자신만 살아남았다는 죄의식을 심적 외상으로 갖고 있다.[14] 가족 중 적어도 한두 명은 4·3에 연루되었다는 제주도민 중 생존자는 경험기억 세대의 트라우마를 가질 수밖에 없다. 그로 인해 추 심방은 이후 그토록 회피하고자 했던 심방으로서의 대를 잇고, 아우에 대한 속죄의 뜻으로 평생 무주고혼들만을 찾아 정성껏 '씻겨온' 것이다. 추만우의 말더듬 병증도 당시 사건에 대해 침묵하려는 섬사람들의 상징적 대처 방식으로 해석된다.

이때 재일교포 2세인 고종민은 국외자이자 제주도 출신 아버지를 둔 자로서 추만우와 정요선의 대립적 관계를 파악하고 있으며 두 사람의 입장에 대해 중립적이다. 태생적으로 경계인인 고종민은 섬을 객관적인

13 이청준, 앞의 책, 1권, 83쪽.

14 오카 마리, 앞의 책, 104쪽.

견지에서 바라볼 수 있는 능력과 섬사람들의 아픔을 공감할 수 있는 능력을 동시에 가지고 다른 인물들과의 관계 맺기를 통해 4·3의 정보를 구축해나가는 비중 있는 서술자이다. 서사는 민속학도 고종민의 제주도 신화 탐색이라는 표면적인 이유와 제주 4·3의 전모를 구성해내려는 심층적 의도의 이중 구조로 이루어져 있다. 고종민은 민속학도로서 제주도 굿을 연구한다는 명분으로 '역사 씻기기 사업'을 조사 중이나 실상 그가 구성해나가는 서사는 제주 4·3의 진상규명에 해당하므로 4·3의 역사적 기억을 따라가며 진실을 추구하는 진실 탐색담으로 볼 수 있다. 그는 탐색자로서 추만우, 정요선의 대립적 시각과 이 과장이 던져주는 모호한 정보, 그리고 『제중일보』 국장 송일의 견해 등 서사 전반에 걸쳐 혼재하는 정보를 좇고 재구성해나간다. 이제 고종민의 탐색 과정을 잠시 따라가보자.

> (가) 종민은 무언지 아직 석연하게 납득이 잘 안 가는 대목이 있는 것 같았지만, 그 역시 목록을 들출 때마다 늘 그래 왔듯이 여전히 미진한 기분 속에 다음 차례로 눈길을 옮겨갔다. (1권 52쪽)
>
> (나) 종민으로선 물론 알 수 없는 수수께끼였다. (1권 135쪽)
>
> (다) 김상노의 증언이 사실이라면, 그리고 새 무장대 생존자의 출현도 사실이라면 어느 쪽이 진실이고 어느 쪽이 거짓인가. 그 참극 현장의 진실은 무엇인가. (2권 61쪽) (밑줄 필자)

고종민은 4·3과 관련된 '역사 씻기기 사업'이 진행되는 도중 벌어지는 과정에 대해 지속적으로 호기심과 의구심을 표명한다. (가)는 청죽회 측이 제공한 '제주 4·3사건 희생자 목록'을 읽으면서 고종민이 의문을 제기하는 부분이다. (나)는 아버지 고한봉의 이름이 1950년의 집단

희생사건 공동 추모비에서 발견된 것에 대한 반응이며, (다)는 한라산 유골 연고자에 대한 청죽회와 한얼회의 상반된 진술로 인한 의문이다. 요컨대 고종민의 시선은 호기심에서 의구심으로, 정보 수집 후 그 정보에 대한 의문 제기로 지속적으로 이동한다. 이와 같이 더듬더듬 역사적 진실을 찾아다니는 고종민에게서 4·3에 대한 기억을 새롭게 구성해보려는 작가의식을 발견하며, 진실에 도달하기 힘든 탐색 과정을 엿볼 수 있다.

(가) 부분을 보면 우선 고종민은 청죽회 측이 제공한 '제주 4·3사건 희생자 목록'을 살펴보며 무장대와 민간인 학살 참극 장면을 확인한다. 희생을 면해보려 더 깊은 산중으로 들어갔다 계속 조여들어오는 토벌대의 포위망에 갇히고 어린 자식이 울음소리를 내지 못하게 입을 틀어막았다가 질식을 시켜 죽인 경우, 남선리 마을에서 무장대의 기습으로 토벌대 두 명이 죽었는데 이후 토벌군의 보복에 의해 남녀노소 약 3백 명이 총살된 사건, 토벌대 사람들이 마을에 불을 질러놓고 도망쳐 나오는 사람들을 향해 어른 아이 할 것 없이 무차별로 총을 쏘아댄 사건, 이래도 저래도 죽을 처지에서 반신반의 마지막으로 자수 권유에 응해 산을 내려갔다 집단처형으로 죽어간 사람들 등[15] 토벌대의 잔학상에 대한 진술은 끝이 없을 정도다. 그러나 고종민은 내용에 대해 진저리치면서도 한편 피해 희생자들이 한결같이 군경 토벌대에게 당한 경우뿐이라는 데에 의구심을 제기한다. 애초 폭력의 원인이 어느 쪽에 있었든 사생결단의 싸움판 속에서는 양측 모두 죽이고 죽임을 당할 수밖에 없었을 텐데, 청죽회 측의 자료에 의하면 이 섬에 무장대의 책임으로 기록될 희생자는 하나도 없고, 섬사람 모두가 똘똘 뭉쳐 토벌대에 대항해 싸웠다는 것

15 이청준, 앞의 책, 1권, 55쪽. 참조.

이 의심스러운 것이다.

의심의 시각은 토벌대의 원혼을 씻기는 굿판에서 은폐되어 있던 다른 기억을 불러낸다. 너무도 가난해 군대밥이라도 얻어먹으러 경비대에 들어온 한 사람이 지시에 따라 제주도로 건너왔고, 다시 지시에 따라 동네 뒷길을 가다가 총에 맞아 죽은 것이다. 그 원혼은 죽은 후에도 자신이 누구한테 죽임을 당했는지 모른다. 비록 혼령의 진술이지만, 이 진술은 그때까지 인두겁을 뒤집어쓴 금수 떼로만 알려져온 토벌대의 희생자 가운데에도 무고한 피해자가 섞여 있을 수 있음을 보여주며, 이는 청죽회 측 공식 기록에 대한 반증에 해당한다.

(나)의 공동 추모비에 대한 의구심은 아버지 고한봉으로부터 직접 대답을 듣고 해명된다. '백조일손지묘(百祖一孫之墓)'란 1950년 전쟁이 터지자 성향을 의심받은 4·3 전력자들이 예비 검속 명목으로 끌려가 또 집단희생을 당했는데, 나중에 유족들이 현장을 찾았을 때는 1백여 구가 넘는 백골만 엉켜 있어 할 수 없이 공동 무덤을 조성한 것을 이른다.[16] 그런데 그 공동 추모비에 아버지 '고한봉'의 이름이 끼어 있었던 것이다. 아버지로부터 들은 실상은 다음과 같다. 예비 검속에 끌려간 고한봉씨는 한 노인 덕분에 목숨을 부지하고 죄과를 씻기 위해 입대를 했는데 운이 좋게 전쟁터에서 살아남아 일본으로 건너간 것이었다. 하마터면 집단처형의 희생양이 될 뻔한 아버지의 진술을 통해 고종민은 당시 사건

---

16 소설에서 '백조일손지묘'라 명명된 '백조일손(百祖一孫)의 묘'는 제주 서귀포시 대정읍 상모리에 실재하는 문화유산으로 한국전쟁에서 희생된 예비검속자들의 묘지다. 1950년 8월 20일, 모슬포경찰서에 의해 예비검속된 민간인들이 묘지 인근 일제강점기 탄약고 터에서 집단학살되었고, 6년 후에야 132구의 시신을 수습할 수 있었으나, 신원을 구별할 수 없어 큰 뼈만을 대충 수습하여 현재의 묘지에 이장한 것을 말한다. 전면에는 "백조일손묘령 위령비(百祖一孫墓靈慰靈碑)"로 되어 있고, 후면에 희생경위 및 명단이 새겨져 있다. 이 묘비는 제주 지역 민간인 학살에 대한 생생한 증거물이며, 2008년부터는 음력 7월 7일에 합동위령제가 열리고 있다.

의 잔학상에 치를 떨면서도 희생자에 대한 기록이 정확하지 않을 수 있음을 알게 된다. 도청의 이 과장이 공동 추모비의 허점에 대해 종민에게 조용히 입을 다물 것과 귀국을 종용한다는 점에서도 명쾌하지 않은 공식기록의 문제점이 드러난다.

(다)를 통해서는 다음을 알 수 있다. 한라산 유골을 둘러싼 청죽회와 한얼회의 상반된 진술에 대한 의구심과 그 수수께끼를 풀어가는 과정에서 청죽회와 한얼회의 대립이 극명해지는데, 청죽회의 전신이 무장대이고, 한얼회의 전신이 토벌대라는 점에서 이는 4·3 당시 무장대와 토벌대의 대립 양상을 그대로 답습하는 것에 상응한다. 더 나아가 청죽회 측 기사를 쓴 문정국 기자가 토벌대로부터 희생당한 가족사를 갖고 있으며, 한얼회 측 정보는 '큰당집' 하수인에 해당하는 이 과장으로부터 흘러나온 것이라는 점에서 양측의 대립은 새로운 국면으로 접어든다.

첫 번째로 두 단체는 서로 다른 연고자를 내세우고 있다. 1948년부터 5년여 동안 무장대와 동굴에 은신한 채 생활했던 김상노씨가 바로 청죽회 측이 내세운 연고자다. 『제중일보』 기사에 의하면 그의 가족은 무장대에 의해 동굴생활을 시작하게 되었고, 가장 어렸던 자신이 마을로 먹을 것을 구하러 간 사이에 모두 총을 맞고 몰살당한 것으로 진술되고 있다. 즉 토벌대가 저지른 무장대와 마을 주민 학살에 해당한다. 그러나 한얼회 측은 무장대 가운데 살아나간 한 사람이 있다는 주장을 펼치며 그 참극은 무장대원 상호간의 갈등이나 극단적 대립의 결과라는 상이한 의견을 내놓는다. 여기에서 역사적 사건에 대해 정치성과 집단의 이익을 토대로 한 상이한 해석 지점이 드러난다.

두 번째로 합동 위령제를 치르는 자리에서 양측이 4·3 희생자 수를 다르게 진술한 점에 주목할 수 있다. 청죽회는 "우리가 조사한 바 무고한 피해자가 3만여 명에 이른다"고 밝히고 있는데, 한얼회 측은 "2만 3천

기백 명 정도"라고 말해 조사된 자료와 수치 면에서 차이가 난다. 사건의 기록을 어느 측이 담당하는가에 따라 역사가 달리 기술된다. 그뿐 아니라 청죽회 측이 방점을 찍으며 강조한 '우리가'와 '무고한'은 한얼회 쪽과의 대립을 노골적으로 드러내보이는 의도에 해당한다. 희생자 수 부풀리기와 집단성분 구별하기의 문제는 유골함 쟁탈전으로 이어지고, 이는 '합동' 위령제가 청죽회와 한얼회 젊은이들의 폭력사태로 전이되어 극단적인 '분열'의 장으로 변질되는 실상을 드러낸다.

이와 같이 의심의 시선으로 추동된 일련의 진실 탐색담은 역사적 기억 자체에 대한 의구심으로 번진다. 청죽회 측이든 한얼회 측이든 4·3과 관련한 자료의 수치나 진술은 허위로 가득하기 때문이다. 이에 대응한 '역사 씻기기 사업'에 관한 추만우와 정요선의 대립적 시선, 한라산 유골의 연고자를 둘러싼 문정국 기자와 이 과장의 상이한 진술, 청죽회와 한얼회 측의 골 깊은 갈등의 증폭과 같은 4·3을 둘러싼 다층적 시점 배분은 진실에 대해 쉽사리 단정 짓지 않고 거리를 두며 관찰하는 이청준 특유의 작가 태도를 반영한다. 그리고 작가는 고종민이라는 중립적 인물을 내세워 의심과 회의의 시선으로 역사적 사건을 탐색하고 있다. 고종민이 공적기억에 대해 견지한 의심의 시선은 다시 말해 기억에 대한 투쟁이며, 이는 현실에 대한 투쟁에 해당한다.[17] 그는 과거 사건과 관련된 모든 공적 기록을 의심하며 과연 어느 쪽이 진실일지에 대해 고민한다.

17 알라이다 아스만, 앞의 책, 104쪽 참조.

## 3. 국가권력 메커니즘과 반(反)기억의 정치성

고종민은 한라산 유골을 놓고 벌이는 청죽회와 한얼회의 맞대응사태에서 어느 편의 말이 진실인지 밝히지 못한 채 합동위령제 장에서 양측 젊은이들이 벌이는 폭력사태를 맞이하게 된다. 여기서 이청준은 제주 출신 비평가 송상일의 저서 『국가와 황홀』을 그 '진실'을 밝히는 데 필요한 자료로 활용한다.[18] 송상일의 글은 작중 『제중일보』 국장 송일의 저서 『국가와 시의 충동』으로 소개되고, 이를 통해 작가는 국가권력이 피해대중을 형성해내는 메커니즘을 밝히고 4·3을 포함한 일련의 역사적 사태를 해석하고 있다. 그 내용을 요약하면 다음과 같다.

> 국가, 교회, 철학, 역사 영역의 언어들을 검토한 끝에, 언어의 주어(국가)는 자신과 대상 사물(인민)들을 욕망하고 명명(의미부여, 규정)하며 유지, 지배, 확장해가는 권력적 '술어의 세계' 가운데에 자리함을 밝힌다. 그것은 그 보상으로 인민의 삶을 보장해야 하는 의무이자 권리처럼 보인다. 국가가 시의(시적) 충동(죽음, 황홀, 작열)을 일으킬 때, 그 권력적 술어의 세계를 프로이트의 초자아(아버지, 국가, 이성)와 이드(아들, 인민, 충동)의 대위관계로 번역할 수 있다. 초자아는 이드의 에너지를 빨아먹고 사는 흡혈박쥐와 같은 존재이며, 이드는 (아버지의 보상적 보호 속에) 안전할수록 점점 더 빈혈이 되고, 아버지의 거래는 늘 흑자를 기록한다. 이것이 정치의 예술화(충동, 황홀)가 홀로코스트(대학살)를 부르는 생물학적 이유다. 정염에 휩싸인 국가는 불을 지필 에너지를 인민의 이드로밖에 달리 얻을 곳이 없다. 저

18 소설에 소개된 부분은 제주 출신 비평가 송상일의 『국가와 황홀』(문학과지성사, 2001)이라는 실재하는 저서의 내용에 해당하며, 이청준은 '작가의 말'에서 이 책을 참고했음을 밝히고 있다.

나치즘의 유태인 학살, 군국 일본의 가미가제 광란이 바로 그 끔찍스런 본보기 아닌가….[19]

문정국 기자는 고대 멕시코인들이 태양신에게 살아 있는 심장을 꺼내 바치는 인신공희 제의에서 구원의 기쁨을 누렸다는 놀라운 사실을 이해해보려 송일의 논리를 가져온다. 말하자면 고대 멕시코인들도 국가가 일으킨 시적 충동에 빠졌다는 것이다. 원래 국가의 존재는 인민의 희생을 토대로 하는데, 나치즘, 반공 등의 정염에 휩싸인 국가는 점점 큰 권력을 갖게 되며 엄청난 규모의 민중 희생을 부른다는 것이다. 집단최면은 대규모의 희생을 불러오며, 여기에서 민중의 희생은 나치즘의 유태인 학살이나 군국 일본의 가미카제 광란의 예처럼 자발적인 인신공희의 성격을 띤다. 요컨대 권력을 갖는 국가가 '정치의 예술화'라는 정염에 휩싸일 때 인민들의 '자발적' 희생을 창출한다는 것이 인신공희와 관련한 국가권력 메커니즘의 핵심이다.

그렇다면 실제 '제주 4·3사건 진상 규명 및 희생자 명예 회복 위원회'에서 작성한 「제주 4·3사건 진상조사보고서」[20]에서 4·3의 발발 원인은 어떻게 기술되어 있을까.

1947년 3월 14일 제주를 방문한 경무부장 조병옥은 "원래 제주도는 주민의 90퍼센트가 좌익 색채를 띠고 있다"고 밝히고, 3·1사건과 이후 사태의 원인이 제주도민의 정치적 성향에 있음을 강력하게 시사했다. 이런 인

---

19 이청준, 앞의 책, 69-71쪽.

20 1999년 국회본회의에서 '제주 4·3사건 진상 규명과 희생자 명예회복에 관한 특별 법안'이 통과되고, 이 법에 따라 '제주 4·3사건 진상 규명 및 희생자 명예 회복 위원회'가 구성되어 2003년 10월 15일 공식적인 「제주 4·3사건 진상조사보고서」가 작성되었다(최호근, 『제노사이드: 학살과 은폐의 역사』, 책세상, 2005, 357-358쪽).

식에서 경찰은 300명 이상의 경찰 병력과 그 이상의 서북청년회 단원들을 제주에 증파했다. 이들은 제주도민 2000명 이상을 체포하고 200명을 구속했으며, 1948년 4월 3일, 남로당이 주도하는 봉기가 시작되면서, 제주도민과 미군정은 정면 대결로 치닫게 되었다.[21] (밑줄 필자)

이 진술에서 반공 논리로 시의 충동을 일으킨 국가가 대규모의 민중학살을 불러왔음이 입증된다. 남한 단독정부 수립에 반발하는 3·1사건에 대해 반공을 국시로 삼았던 이승만 정권은 반공 논리로 불을 지펴 제주도민 전체를 대상으로 대학살을 자행할 수 있었던 것이다. 말하자면 수많은 집단학살을 불러온 한국의 시적 충동은 반공주의, 즉 '빨갱이 이데올로기'였고, 국가권력이 던진 그물망에 걸린 자들은 거기서 빠져나갈 방도를 찾지 못했다. 이에 문 기자는 "여기 지금 우리 땅엔 이른바 국가수호의 책임이란 미명 아래 그 같은 권력의 폭력적 징후가 일렁이고 있지 않은지 심히 우려스런 의구심을 덧붙여"[22] 두면서 조만간 광주에 닥칠 5·18 군부정권의 민간인 대학살을 조심스레 예측한다.

이제 소설에서는 빨갱이 정염에 휩싸인 국가라는 동일한 원인을 통해 4·3을 5·18로 연결해내고 있다. 4·3의 무고한 원혼을 위무하려고 모인 합동위령제 자리는 청죽회와 한얼회의 대립이 극에 치달으며 유골탈취극이 벌어지고 이는 곧 폭력사태로 변질된다. 그리고 그와 동시에 육지에서는 그를 따르는 수많은 사람들과 함께 지팡이 사내가 K시에 도착한다. 군부정권이 빨갱이 충동을 불러올 적기가 도래한 것이며 전국은 국가계엄령이 내려지고 곧 광주사건이 발발할 것임을 알게 한다.

---

21 위의 책, 364-365쪽.

22 이청준, 앞의 책, 2권, 72쪽.

이렇게 발발한 광주 5·18은 학살의 주체가 국민을 보호하는 것을 임무로 하는 국가기관인 군대였다는 점과 피학살자들이 무장하지 않은 민간인이었다는 점[23]에서 다시 한번 집단학살의 희생제의가 반복되고 있음을 증명한다. 이 땅에 국가권력을 살찌운 시적 충동은 반공주의 이데올로기였으며 『신화를 삼킨 섬』에서 제주 4·3을 중심으로 언급하고 있는 집단학살의 기억인 여순사건, 지리산 토벌대 역시 모두 이 원리에 의해 작동되고 있다.

한편 위의 역사적 기록에 대해 국가권력 메커니즘을 통해 살펴볼 수 있는 두 가지 논의점이 남아 있다. 첫째는 인신공희와 관련한 서북청년회의 활동이고, 둘째는 「제주 4·3사건 진상조사보고서」에 따라 이 사건을 제주도민 대 국가의 대결로 볼 수 있을 것인지, 이때 위의 인용문에서 '제주도민'을 누구로 볼 것인지에 대한 문제다.

먼저 토벌대 하면 대표적인 단체로 정부와 미군정을 배후에 두고 대규모 학살의 주축을 이룬 서북청년회[24]를 들 수 있는데, 이들은 대부분 월남한 청년들로 공산당에 대한 적개심이 강했고, 스스로 좌익이 아니라는 것을 증명하기 위해 자발적 충성을 발동했다는 점에서 인신공희의 희생과 유사한 면모를 지닌다. 좌익 콤플렉스는 역으로 이들에게 애국심으로 포장되어 국가를 위한 잔인함과 희생을 부추길 수 있었다. 그리하여 작중 화자가 견지한 의심의 시선은 무장대뿐 아니라 토벌대에게도

23 김동춘, 『전쟁과 사회』, 돌베개, 2000, 198쪽.

24 서북청년회가 제주도에 1947년 3·1시위 이후 4·3까지 5-7백 명쯤 들어와 백색테러 등을 자행하고, 4·3 발발 직후 경무부장 조병옥의 요청에 의해 500여 명이 급파되어 기존 단원들과 함께 토벌에 나서고, 1948년 11, 12월에 최소한 1천 명 이상이 들어와 경찰이나 경비대원 곧 군인으로 급히 옷을 갈아입고 토벌의 한복판에 섰다(…) 서북청년회의 배후에는 이승만 등 우익의 주요 인물들이 있었고, 그 뒤에는 미군정이 있었다(서중석, 『피해대중과 학살의 정치학』, 역사비평사, 1999, 648-649쪽).

향한다. 고종민이 의심의 잣대를 들이댄 바대로 '역사 씻기기 사업' 중 발견한 이름 없는 원혼들 가운데에는 무고한 토벌대 희생자도 있었다는 사실에서 그동안 가해자의 위치에만 놓였던 토벌대도 다른 한편 집단학살의 피해자에 속한다는 것, 그리고 그 배후에는 국가권력이 창출해낸 집단최면이 작동했다는 것이 분명해진다.

다음으로 보고서에 적힌 '제주도민'을 과연 어떤 집단으로 규정해야 하는가의 문제이다. 제주도민 전체가 4·3의 참여자가 아닌 것처럼 제주도민 전체가 국가권력에 반항한 것이 아니며, 전체가 좌익이라고 규정될 수 없음은 자명하다. 그러나 국가는 제주도민의 대부분이 빨갱이라고 충동질하여 실로 수많은 사람들을 희생시켰다. 이 소설은 이분법적 역사 기술에 의문을 제기하며, '반(反)기억' 모티프가 공적기억과 마찬가지로 정치적이라는 점[25]에 역점을 둔다. 반기억이란 이전의 공적기억에 대해 비판적으로 전복된 기억이며,[26] 기득권의 공적기억에 대항해 패자와 억압받은 자들이 주도적인 역할을 담당한다. 그러나 선택되고 보존되는 기억은 현재가 아니라 미래에 기반을 둔다는 점에서 반기억은 정치권력이 바뀌는 순간 또 다른 공적기억의 역할을 하게 된다. 다시 말해 4·3 당시의 기억이 국가권력에 의해 공적기억으로 기록되었다면, 청죽회 측 자료는 반기억에 해당하는데 정권과 시절이 바뀜에 따라 공적기억과 반기억은 전복되고 자리바꿈을 한다는 점에서 소설의 화자는 청죽회 측 자료를 의심하고, 이분법적 구도에 지속적인 비판을 가하는 것이다. 이를 위해 작가는 우선 소설의 지면 네 쪽 분량을 할애하여 청죽회 측 자료를 그대로 옮겨 싣는 방식으로 기록을 전달하고, 그 기록이

25 알라이다 아스만, 앞의 책, 176쪽.

26 위의 책, 175쪽.

정확하지 않을 수 있으며, 반기억의 정치성을 내포하고 있음을 경고하고 있다.

여기에서 4·3을 다룬 기존의 작품들과 비교해 『신화를 삼킨 섬』이 갖는 차별점이 발견된다. 20세기에 작가 체험 위주로 구성된 작품이 동시대 내부인의 시각에서 고발하는 서사로서 이분법적 굴레에 갇혀 있었다면, 『신화를 삼킨 섬』은 거기서 한 걸음 밖으로 걸어나와 공적기억과 반기억을 동시에 견제하고 있다. 이청준은 문정국 기자처럼 청죽회 입장에 서서 한얼회의 만행을 고발하는 인물보다는 송일 국장과 양서진 교수 같이 양극화된 대립 구도를 비판하는 지식인이나 추만우 부자처럼 양쪽 어느 편에도 무관심한 제주도민의 경우를 더 비중 있게 내세우고 있다. 『제중일보』 송일 국장의 "반정권 세력화의 길 또한 또 다른 상대적 권력의 추구"라는 견해는 반기억이 내포한 정치성을 가리키며, 그는 앞서 밝힌 국가권력 메커니즘에 따르면 "누가 친체제 반체제 혹은 친정권 반정권 어느 쪽에 서느냐는 결국 별 뜻이 없는" 것이라 충고하며 다음의 말을 덧붙이고 있다.

> 이 섬 역사에서 보면 자신이 어느 쪽 권력권에 서려 했든지 결국은 이 섬 전체가 국가 권력의 한 희생 단위로 처분되곤 했지요. 고 형도 아시겠지만 그래 이 섬 사람들, 이번 역사 씻기기 사업의 희생자 신고 사업에도 전혀 협조를 하지 않으려는 이들이 많잖아요. 그 사람들은 그 양지나 음지, 이를테면 한얼회나 청죽회 어느 쪽 영향권에도 속하지 않으려는 제3의 도민층인 셈이지요.[27]

27 이청준, 앞의 책, 2권, 77쪽.

각자의 입장에서는 정의요 진실이라 믿었을 것이고, 공적기억에서 반기억으로 번갈아가며 권력이 옮겨졌지만, 긴 역사를 되짚어봤을 때는 공적기억과 반기억의 긴장 사이에서 국가권력이 시의 충동을 일으켜 집단학살이 발생하고 섬의 초토화를 가져왔다는 것이 섬사람들이 체득한 교훈이다. 송일 국장이 동굴 유골을 둘러싼 섬의 갖가지 갈등과 국가 상황 모두에 대해 중립적이며, 어찌 보면 현실의 방관자처럼 보이는 이유도 이러한 교훈에서 비롯된 것이다. 그리고 섬 토박이이자 역사 전문가 양서진 교수가 합동 위령제에서의 청죽회와 한얼회의 팽팽한 대립을 보며 '새ᄃᆞ림'[28]이 필요하다고 중얼거리는 말은 반복되어온 이분법적 대응 양상에 대한 반성적 사유에 해당한다. 이제 작가는 추만우 부자처럼 어느 편에도 속하지 않은 채 침묵으로 일관하는 대부분의 제주도민은 토벌대나 무장대에 속하지 않은 이중의 희생자였다는 것을 알게 하며, 그 기저에는 공적기억뿐만 아니라 반기억의 정치성도 작동해왔다는 것을 이들의 태도를 통해 알려주려 한다.

이와 같이 4·3이라는 과거의 역사적 사건이 동일한 반공 이데올로기라는 국가권력의 시적 충동에 자극받아 소설의 현재시점인 5·18광주에서 반복되며 효력을 발생시키는 일련의 과정을 보여주는 『신화를 삼킨 섬』의 서사는 국가권력 메커니즘이 집단학살을 불러오는 과정의 기록이자 기억의 정치성에 대한 작가(이청준)의 조심스러운 염려의 목소리이기도 하다.

28 제주굿에 무당이 사람들을 앞에 죽 앉혀놓고 그 머리 위에 신칼을 두르면서 안에 숨은 잡귀를 내쫓는 것을 말한다(위의 책, 156쪽).

## 4. '분유(分有)'의 텍스트와 서사적 기억

고종민이 찾고자 했던 진실은 이제 '청죽회와 한얼회 중 어느 쪽의 기억이 진실일까'의 문제가 아니라 그것이 국가권력과 희생양의 구도임을 알게 된 이상 '과연 진실을 기록할 수 있을까'의 문제에 봉착한다. 공적기억이든 반기억이든 역사적 기억의 진실성이 확보될 수 없다면, 그 대안으로 제기될 수 있는 기억이 바로 서사적 기억이다. 이청준은 '작가의 말'에서 다음과 같은 입장을 표명하고 있다.

> 나는 결국 우리 굿 문화와 현실상황 양쪽에서 모든 사실성을 단념하고 오직 상상적 허구 속에 이야기를 조직해 나가기로 작정했다. (…) 모든 역사적 현실적 사실성을 무시한 채 오직 필요한 국면의 상상적 근거로만 삼는 식이었다. (…) 1947, 8년의 '제주도'나 1980년대의 '광주' 같은 우리 정치 상황의 역사적 사실들이 소설 공간 속에 전혀 다른 모습으로 그려진 것들이 그런 예이다.[29]

이청준은 자신의 소설 공간에서 정치, 역사적 상황이 '상상'에 의해 구성되었다고 고백한다. 소설이라는 문화적 기억 양식은 상상의 역사를 구축하는 방식인데, 이 상상의 소산은 허구나 왜곡보다는 생산과 고안에 더 가깝다[30]는 견해에 의지하면, 이청준의 『신화를 삼킨 섬』은 단순한 허구라기보다 제주 4·3에 대해 새로운 해석을 시도한 것으로 볼 수 있다. 4·3이 동반한 집단학살과 같은 아픈 역사적 사건과 그로 인한 심

29 위의 책, 1권, 7쪽.

30 알라이다 아스만, 앞의 책, 105쪽 참조

적 외상은 이야기될 필요가 있다. 그러나 '사건'이란 본질적으로 있는 그대로의 재현, 즉 진실의 기록이 불가능하므로 '사건'을 '서사'로서 말하라는 시대의 요청에 이청준은 부응하고 있는 것으로 보인다. 다른 한편 그것은 소설에서 작가의 상상력을 통해 재현된 '현실'이 아무리 리얼하게 보이고 체험자 자신의 증언에 기초하여 쓰인 것이라 하더라도 그것을 '사건' 그 자체로서 받아들여서는 곤란하다는 의미이기도 하다. 그러므로 사건의 기억을 타자와 공유하기 위해 이야기된 서사는 '분유(나누어 갖기)'[31]를 통해 사건의 소재(所在)를 알리고, 다양한 기억으로 나뉘어 기술된다.

『신화를 삼킨 섬』에서 4·3사건은 다양한 인물에 의해 각자 다른 위치와 시각에서 기억되고 있다. 우선 4·3을 직간접적으로 체험한 제주도민 중에서 『제중일보』의 문 기자는 청죽회의 입장에서 과거 토벌대의 행위를 고발하고 공격한다. 반면 도청의 이 과장은 신군부의 '역사 씻기기 사업'의 실무자로서 과거 4·3 기억의 진위 여부에 철저히 무관심하며 오히려 정보를 조작하는 데 앞장선다. 『제중일보』 국장 송일이나 양서진 교수 같은 지식인층은 4·3의 원인을 파악하고, 동일한 원리에 의해 5·18이 촉발되는 것을 염려한다. 추 심방 부자나 재일교포 고한봉과 같이 직접 4·3의 피해를 입은 민중 당사자들은 4·3의 기억에 대한 외지인들의 호기심에 묵묵부답, 무관심으로 일관한다. 이와 같이 소설 내부에는 의심하는 서술자, 침묵하거나 고발하는 체험자, 국가권력에 의

---

31 '분유'의 개념은 관련된 다음의 진술들을 통해 짐작해볼 수 있다. 1)역사적 사건은 본질적으로 재현 불가능하다. 2)근대의 격렬한 사건들-전쟁, 식민지 체험 등이 가져온 심적 외상은 소설적인 이야기를 요청한다. 3)'사건'의 기억을 타자와 공유하기 위해 우선 이야기되어야 한다. 4)소설은 언어로 재현될 수 없는 '사건'의 소재를 지시한다. 5)한 사람에 의해 재현되는 현실은 사건의 현실로서 불완전하다. 6)소설은 사건의 불가능한 재현의 가능성을 내걸고 있다(위의 책, 38-63쪽 참조).

탁한 위정자, 고질병이 된 이분법적 시각을 비판하는 식자층, 굿판에 찾아온 원혼의 목소리 등 실로 다양한 시점이 존재한다. 이런 다양한 진술의 배치는 그중 무엇이 진실인가가 중요한 게 아니라 진실은 하나의 시각만으로 이루어질 수 없음을 알린다. 엄청난 피해를 양산한 역사적 사건일수록 수많은 이해관계가 얽혀 있다. 요컨대 이 소설은 역사적 사건이 있는 그대로 재현될 수 없다는 사실을 알리고, 서사적 기록을 통해 사건 자체를 다시 한번 환기시키고, 공적기억 속에서 망각된 타자들을 불러낸다는 의미를 지닌다.

역사적 상흔의 기억을 타자와 나누어 갖기 위해서 그 사건은 우선 이야기되지 않으면 안 된다. 그것은 전달되어야만 한다.[32] 고통스러운 경험일수록 다양한 서사 텍스트에 실려 반복 전달됨으로써 서사적 기억이 된다. 『신화를 삼킨 섬』에서는 국가권력 메커니즘과 희생양에 대한 이야기가 제주도 무속신화마다 반복되어 전해 내려오고 있음이 발견되며, 3절에서 설명한 제주 4·3, 광주 5·18 등 근대사의 비극은 무굿의 본풀이에서 동일한 원리를 보여준다. 송일의 인용문 첫 부분으로 되돌아가 보면 역사가 국가와 동일한 주어의 자리에 위치했음을 상기할 수 있다. 역사도 국가와 마찬가지로 시적 충동에 의해 거대한 권력을 형성하고 희생양을 산출해낼 수 있다는 말이 된다. 그러나 신화는 그와 달리 반(反)주어, 즉 소설과 같은 허구의 세계에 속하는 서사체라는 점에서 서사적 기억에 해당한다. 이청준 소설의 대표적 특징인 중층 구조는 『신화를 삼킨 섬』에서도 예외 없이 적용되어 국가권력과 학살을 설명하는 역사적 사건들이 소설뿐 아니라 제주도 섬 심방들이 섬기는 '당신'의 본풀이 서사를 통해서도 분유되고 있다.

---

32 위의 책, 39쪽.

그런 의미에서 이청준이 제주도 신화 중 김통정, 김방경 장군 본풀이에 주목한 이유를 살펴볼 필요가 있다. 이 신화는 '삼별초의 난'이라는 실제 사건에 바탕을 두고 있다는 점에서 역사적 사건이 서사적 기억으로 옮겨진 경우에 해당한다. 현재 제주도의 마을에서 당신으로 모셔져 본풀이로 읊어지는 두 장군의 이야기는 다음과 같다. 고려조 때, 김통정은 삼별초의 우두머리가 되었으나 관군에게 쫓겨 육지를 버리고 제주도로 와서 제주도를 다스린다. 그리고 고려 장수 김방경이 김통정을 잡으러 와서 도술 대결을 벌인다. 김통정은 아기장수의 모습으로 태어난 인물로 그의 무훈담과 불행한 좌절은 민중 자신의 이야기가 되기도 한다. 그러나 김통정의 실체는 외래 지배자로 민중의 고혈과 희생을 토대로 자신의 해상왕국을 만든 권력자로 드러난다. 이에 백성들은 김통정에 대항하여 김방경 장군을 내세워 영웅 전설을 만들고 당신으로까지 섬겼으나, 김방경 역시 외래 장수로서 섬사람들을 다스리는 지배 권력자일 뿐이었다. 이야기의 저변에는 두 인물을 모두 부인하는 부정적 정서가 깔려 있다. 이 신화는 두 장군이 변신하고 도술대결을 벌이는 등 역사적 사실 자체는 이미 신화화되어 전해지고 있으나 고려조 삼별초의 난 때 엄청난 집단희생이 있었던 것을 미루어 짐작하게 한다. 그리고 이 신화는 소설에서 청죽회와 한얼회로 일컬어지는 육지부 세력의 제 편 힘 불리기라는 점과 유사하며 국가권력 메커니즘을 상기시킨다. 다시 말해 오래전부터 제주도는 국가권력에 의한 대규모의 희생이 빈번히 발생한 곳이었고, 그 역사적 상흔을 서사적 기억으로 변환하여 부르고 듣기를 반복해왔음을 알 수 있다.

국가권력 메커니즘은 아기장수 신화에서도 그 작동원리를 보여주고 있다. 『신화를 삼킨 섬』의 프롤로그와 에필로그를 차지하고 있는 아기장수 신화는 자기 자식을 스스로의 손으로 죽이려 하고, 관가에 밀고하여 두 차례에 걸쳐 죽음에 이르게 하는 부모가 나온다. 이것은 결국 민중 지도자를 진정으로 염원하나 자발적으로 아기장수를 밀고하는 민중의 이야기이기도 하다. 이 이야기에서 국가권력의 공포 아래서 자발적인 인신공희를 하는 민중의 모습은 국가권력과 희생양 원리에 부합하며, 제주도민은 근대의 역사 이전에도 이미 국가권력이 작동되는 방식을 신화의 내림을 통해 오래 전부터 알고 있었고, 그것이 무속신화의 본풀이를 통해 전해 내려오고 있었던 것이다.

이와 같이 이청준은 무속신화를 통해서 국가가 국민을 보호한다는 미명하에 민중의 수탈과 희생을 가져온 것은 되풀이된 역사임을 알린다. 그러나 신화의 기억은 고발이 아니라 고통의 내면화를 드러내는 일이다. 그리고 제주 무속에서 신화가 풀이라고 호칭되고 있다[33]는 점에 특히 주목할 수 있다. 굿의 넋두리의 경우 죽은 이의 마음 깊은 속 후회가 표출되고 그것을 드러내어 지껄임으로써 해소하고 마음의 위안을 얻는다.[34] 보통 넋굿은 원한의 서사체에서 이루어지는데, 이때 원한은 역사화된 고통이고 사회화한 고통[35]이라고 한다. 이런 신화를 통해 과거를 새롭게 삶으로써 평가와 이해가 이루어지고, 망자는 삶에 대한 미련을 떨쳐버리고 저승으로 갈 수 있으며, 생자는 망자를 후회 없이 보내고 남은 삶을 살 수 있게 되는 것이다.

문학은 마음에 두면 불편한 것을 끄집어내 이야기하면서 정리하고 왜곡하면서 상처를 치유해간다.[36] 문학 역시 넋굿과 마찬가지로 과거 경험의 정보를 재경험하고 추체험하여 이해와 평가가 이루어지는 공간

---

33 김열규, 「한국인의 원한론」, 한국라깡과현대정신분석학회, 『코리안이마고 2』, 1998, 32쪽.

34 황루시, 「한국 무속의 특성」, 김열규 외, 『한국의 무속문화』, 박이정, 1998, 43-44쪽.

35 김열규, 앞의 책, 39쪽.

36 변학수, 『문학적 기억의 탄생』, 열린책들, 2008, 251쪽.

이다. 이러한 과정을 통해 소설의 기록은 마음속의 번민이나 고통을 글을 읽거나 글로 정리함으로써, 다시 말해 외부 기억 장치로 옮김으로써 더 쉽게 아픈 기억에서 해방될 수 있게 한다. 문학은 기억을 잊기 위해서 쓴다. 즉 망각되지 않은 것을 불러내어 화해를 이루게 하는 과정이다.[37] 결국 국가권력의 교묘한 선동에 취해 집단학살의 사건을 경험한 제주 4·3을 다룬 소설 『신화를 삼킨 섬』은 상흔의 소재를 기억하고, 아픔을 치유하려는 의도를 갖는 서사가 된다.

## 5. 구성적 서사로서 제주 4·3

이청준의 『신화를 삼킨 섬』은 21세기적 비전에서 제주 4·3을 새롭게 기억하는 한 방식에 해당한다. 특히 경계인의 자질을 갖는 재일동포 2세 고종민을 통해 과거의 사건인 4·3이 재구성된다. 고종민은 4·3 관련 기록에 대해 지속적으로 의심과 회의의 시선을 견지하며 공적기억에서 진실을 찾는 것은 불가능함을 깨닫는데, 이러한 진실 탐색담을 통해 역사적 기억을 새로이 구성해보려는 작가의식을 엿볼 수 있으며, 그 대안으로 제주도민인 추만우, 외지인 정요선 등 여러 인물의 시선을 배치하는 다층적 시점이 사용되고 있다.

한편 한라산 유골에 대한 청죽회와 한얼회의 대립구도는 폭력사태를 불러오고, 정염에 휩싸인 국가권력이 집단학살을 불러오는 메커니즘을 보여주며 과거 4·3과 이후 국가계엄령이 선포된 5·18 광주를 연결해 냄으로써 국가권력 작동원리를 입증한다. 이렇게 과거 4·3 당시 무장

37 위의 책, 19쪽.

대와 토벌대의 대립양상이 이후의 비극으로 연결됨을 보여주고, 반(反)기억도 공적기억의 또 다른 이면임을 알려 기존 4·3을 기억하던 이분법적 시각을 지양할 것을 제안하고 있다.

이청준은 공적기억과 반(反)기억 모두를 부정함으로써 기존 4·3 형상화의 이분법적 대립양상에서 벗어나 다른 시각에서 역사를 바라보고자 한다. 진실 기록이 과연 가능한가를 의심하여 동일한 사건에 대해 여러 서술자를 등장시켜 서로 다른 입장에서 진술하게 하며, 유사한 신화를 통해 반복 기술한다. 이렇게 과거의 아픈 역사적 상흔은 신화와 소설의 알레고리적 반복 구조와 이청준 소설 특유의 중층 장치를 통해 분유(分有)되어 그 소재를 기억하게 하고, 새로운 이해와 해석을 시도한다. 이와 같이 『신화를 삼킨 섬』은 집단학살이라는 역사적 상처를 단순히 기록하는 게 아니라 공적기록의 허위성과 반기억의 정치성을 지양하며 신화적 반복과 소설 시점의 배분을 통한 서사적 기억 방식을 그 대안으로 제시하고 있다.

12장

# 탈북 여성작가의 서발터니티와 자기 증명의 글쓰기

– 김유경, 김혜숙, 최진이의 자전 서사를 중심으로

## 1. 서발턴의 목소리를 듣기 위하여

스피박은 새로운 세계 질서 속에서 점차 출현하고 있는 새로운 '서발턴'[1]을 상기할 것을 요구한다.[2] 그녀는 현재의 초국적 자본주의와 국제노동 분업을 19세기 영토 제국주의의 분할된 장이 전위된 것으로 파악하며, 지구적인 것과 지역적인 것 사이의 경계가 비결정적인 것이 될 때, 즉 국가의 경계를 넘어서는 자본의 논리가 작동할 때, 새로운 서발

1 지구적인 것과 지역적인 것 사이의 경계에 놓인 "남반구에서 제일 가난한 여성들", 즉 "제3세계 여성들"이 스피박이 말하는 새로운 서발턴에 해당한다. 이 장에서 번역어 '하위주체' 대신 '서발턴'을 쓰는 이유는 한편으로는 번역자의 뜻을 좇은 것이기도 하고, 다른 한편으로는 번역되었을 경우 고유명으로서 서발턴이 갖는 정확한 의미가 희석될 우려 때문이기도 하다.

2 가야트리 차크라보르티 스피박, 「서발턴은 말할 수 있는가?」, 가야트리 차크라보르티 스피박 외, 『서발턴은 말할 수 있는가?: 서발턴 개념의 역사에 관한 성찰들』, 로절린드 C. 모리스 엮음, 태혜숙 옮김, 그린비, 2013, 86쪽.

턴이 탄생하게 된다며, 남반구에서 가장 가난한 여성들을 서발턴으로 지목한 것이다. 요컨대 스피박은 국가 단위 상위에서 위력을 발휘하는 초국적 자본에 의해 착취당하는 제3세계 여성 노동자, 그리고 생존회로를 따라서 지구지역적(glocal)으로 이동하는 여성이주민이야말로 우리 시대의 서발턴이라 보고 있다. 그중에서도 탈북여성이야말로 가장 취약하고 소외된 타자라는 것에 주목할 필요가 있다. 특히 '고난의 행군'[3]과 더불어 생존 회로를 따라 이동하는 탈북여성이 급증했는데, 이는 대기근으로 인한 일시적인 곤궁 현상이 아니라 재분배, 복지 등 국가의 기본 역할이 마비된 것에 해당한다. 이처럼 실질적 '국가 없음'[4]의 상태에 놓인 북한 주민들은 국경을 넘는 순간 다른 국가의 불법체류자로 포섭(배제)된다. 특히 다수의 북한 여성들의 탈출 방식은 인신매매를 통해 이루어지기에 국경을 접하고 있는 중국에서의 삶은 매매혼에 따른 인권 유린까지 포함된다.[5] 그들은 초국적 자본과 국가의 폭력, 성적 폭력에

---

3 '고난의 행군'은 북의 중앙 기관지인 『노동신문』에서 1996년 1월 1일 신년 공동사설에서 내세운 구호로서, 식량난에 따른 사회적 혼란과 체제의 질서가 문란해지자 이를 극복하기 위해 전개된 운동이나, 이후 1990년대 중후반 경제난을 대변하는 표현으로 사용되고 있다. 대기근으로 인해 북한 사회의 경제 체제가 마비되어 이전까지 지급되던 배급과 임금이 끊겼으며, 기본적 생존마저 확보할 수 없는 상황으로 설명된다(권세영, 「탈북 작가의 장편소설 연구」, 아주대학교 박사학위논문, 2015, 124-140쪽 참조).

4 이 용어는 자본의 세계적 통치하에 남반구 국가들의 소외를 설명하기 위해 쓰이고 있다. 국가의 기본 역할인 재분배, 복지, 헌법주의 등이 국가 내부에서 소멸 중이며, 그에 따라 '국가 없음'의 상태에 놓인 남반구 사람들이 국경을 넘어 이주 중이라 스피박은 설명한다(주디스 버틀러·가야트리 스피박, 『누가 민족국가를 노래하는가』, 주해연 옮김, 산책자, 2008, 78-81쪽 참조).

5 중국 당국에 의해 중국내 탈북자는 '경제적 이주민', '불법 이민자'로 간주됨으로써 법적인 보호를 받지 못하고 있다. 그리고 북한의 형법은 북한 주민의 탈북을 '일반행정질서를 침해하는 범죄'로 규정하고 허가 없이 국경을 넘는 자는 처벌하도록 규정하고 있기에 중국은 북한과의 범죄인 인도조약에 따라 검거된 탈북자들을 북으로 송환하는 정책을 펼치고 있다. 이로 인해 매매혼으로 팔려간 탈북여성들은 중국 남성들에 의한 폭력과 감시에도 불구하고 제도적인 차원에서 사회적 보호를 받지 못하고 있다(권세영, 앞의 글, 144쪽).

맞서 끊임없이 탈출하지만 그곳에서 벗어날 길 없는 절대적 타자라는 점에서 스피박의 서발턴 개념에 가장 적합한 현재적 형상에 해당할 것이다.

최근 탈북여성을 소재로 한 한국소설들이 자주 등장하는 것도 이런 이유에서일 터이다. 소설 장르가 갖는 산문정신을 감안한다면, 2000년대 한국소설에 탈북여성들이 등장하는 것은 자연스럽다. 그러나 한국인 작가들의 선량한 의도에도 불구하고 그들을 재현하는 일은 윤리적인 난제에 해당한다. 문제는 재현의 주체와 대상의 불일치에 놓여 있기 때문이다. 스피박이 글로컬한 주체(서발턴) 개념을 중심으로 비판하고 있는 것은 단지 전 지구적 자본주의에 그치지 않는다. 그에 공모하는 서구이론 및 메트로폴리탄 페미니즘, 혹은 자신과 같은 토착 정보원도 경계와 비판의 대상이다.[6] 스피박에 의하면 재현(represent)에는 정치에서처럼 누군가를 '대변(speaking for)'한다는 것과 예술이나 철학에서처럼 '다시-제시(re-presentation)'한다는 것의 두 가지 의미가 함께 작동한다.[7] 그런데 이론이야말로 행동이기 때문에 이론가는 피억압자들을 재현(대변)하는 것이 아니다. 서구 좌파 지식인들은 서발턴들을 재현(대변)하는 대신 서발턴 뒤에 숨어서 복화술로 말함으로써 자신들을 투명한 존재로 재현[8]한다고 스피박은 비판한다.[9] 결국 유럽 지식인들의 서구 중심적 입장과 3세계 여성을 단일화하는 메트로폴리탄 페미니스트와 토착 정보원의 재현 행위는 서발턴 주체가 지워지는 여정[10]이 된다.

---

6 임옥희, 『타자로서의 서구: 가야트리 스피박의 포스트식민 이성 비판 읽기와 쓰기』, 현암사, 2012, 16-20쪽 참조.

7 가야트리 차크라보르티 스피박 외, 앞의 책, 61쪽.

8 위의 책, 62쪽.

9 임옥희, 앞의 책, 149쪽.

10 가야트리 차크라보르티 스피박 외, 앞의 글, 86쪽.

재현 행위와 관련하여 최근 탈북여성을 형상화한 한국소설의 문제를 다소 간략하게 도식화하자면 '한국인-남성/여성-작가'의 '북한(탈북)-여성-인물' 재현 구도로 정리되는데, 이때 한국인 지식인 주체가 탈북여성을 대상으로 재현한다는 점에서 스피박의 비판적 시각이 유효하게 적용된다.[11] 그리고 현재까지 기존 비평에서도 재현 과정에서 인식론적 폭력이 작동하는 지점을 발견해내고 경계할 필요가 있음이 끊임없이 제기되었다. 정주민(한국인)이 휴머니즘적 관점에서 이주민을 선량한 희생자로 상상하는 인식론적 문제를 제기한 비평들[12]은 그들을 단일하게 재현함으로써 하나의 탈북자 서사를 구성하는(worlding) 인식론적 오류를 범하게 됨을 공통적으로 지적하고 있다. 또한 한국인-남성-지식인 작가가 탈북-여성-인물을 타자화함으로써 정치적 올바름을 회복하거나 세계문학의 중심으로 다가서려 한 글쓰는 주체의 서사 전략을 비판한 연구[13]는 지식인 작가가 토착 정보원에 상응하는 경우를 날카롭게 지적했다. 그렇기에 서발턴 재현이라는 난제에 접근하기 위해서는 첨예한 윤리적 감각을 벼려야 할 것이며, 우선적으로 탈북여성들의 목소리에 귀를 기울일 필요가 있다. 젠더화된 말 없음으로서의 '서발터니티'[14]에

---

11 이러한 문제의식에서 한국 여성작가의 탈북여성 재현을 서사학적으로 분석한 글이 5장에 실려 있다. 이 장은 동일한 문제의식을 밀고 나가 탈북 여성작가의 자기 서사를 다루는 데 이르렀다. 문제의식은 동질적이나 재현 주체에 따른 결론은 매우 상이했으며, 같은 문제의식을 공유하는 두 편의 글이 서로 다른 챕터에 실려 있는 이유는 이 때문이다.

12 복도훈, 「연대의 환상, 적대의 현실」, 『문학동네』 49, 2006; 오윤호, 「디아스포라의 플롯: 2000년대 소설에 형상화된 다문화 사회의 외국인 이주자」, 시학과언어학회, 『시학과 언어학』 17, 2009; 허병식, 「2000년대 한국소설에 나타난 다문화주의와 정체성 정치 비판」, 성결대 다문화평화연구소, 『다문화와 평화』 6-1, 2012. 이상의 비평은 넓은 범주에서의 이주민 형상을 다루고 있지만, 탈북여성 재현의 경우도 이에 속한다.

13 김은하, 「탈북여성 디아스포라 재현의 성별 정치학」, 한국문학회, 『한국문학논총』 55, 2010.

14 '서발터니티'는 대상-구성의 재현 메커니즘에 내재되기 마련인 배제와 억압에 의해 공적 시야에서 흐릿하게 사라지는 '차이의 구조적 공간'이며, 권력에 접근하는 능력을 근본적으로 가

접근하고 말을 거는 것은 우리 시대를 새로 읽어가는 이론과 다른 세상에 관심을 갖는 사람들의 윤리적 과제이기 때문이다.[15]

언어의 장벽으로 인해 아직 이주민 창작 주체가 부재하는 한국문학의 내부에서 탈북 여성작가의 작품은 서발턴의 목소리를 직접 접할 수 있다는 점에서 특수하고 소중하다. 기존의 탈북 작가 소설 논의를 검토해보면, 탈북자를 형상화한 작품을 창작 주체의 구별 없이 소재 위주로 접근하거나,[16] 탈북자를 대상으로 하고 있는 소설과 탈북자 주체의 자기 서사를 구분하고 있다 하더라도 첨예한 재현의 문제를 간과한 채 작품의 완성도와 수준을 문제 삼거나,[17] 또는 한국문학에서 탈북 작가를 특수한 집단으로 보고 증언 문학,[18] 혹은 소수집단 문학으로[19] 특수하게 다루고 있다. 이상의 연구는 탈북자 창작 소설이 체험의 강렬함으로 수기에 가까워 내용이 단순하다는 점, 개별 체험에 치우쳐 객관성을 결여하고 있다는 점[20] 등 탈북 작가의 소설을 향해 특수함과 미달태로 여기는 시선이 공통적으로 작동하고 있다. 그중에서 객관적 거리가 확보되고 여러 인물의 형상화가 이루어진 김유경의 『청춘연가』는 탈북 작가 소설의 본격적인 시작[21]으로 여겨지고 있으며, 현재 탈북 작가 소설 연

---

로막는 구조화된 장소로서 말 없는 공간이다(태혜숙, 옮긴이 해제, 가야트리 차크라보르티 스피박 외, 앞의 책, 530-531쪽).

15 태혜숙, 위의 책, 528쪽.

16 김세령, 「탈북자 소재 한국 소설 연구」, 한국현대소설학회, 『현대소설연구』 53, 2013.

17 김효석, 「탈북 디아스포라 소설의 현황과 가능성 고찰」, 중앙어문학회, 『어문논집』 57, 2014.

18 권세영, 앞의 글.

19 권세영, 「소수집단 문학으로서의 북한 이탈 주민 창작 소설 연구」, 한중인문학회, 『한중인문학연구』 35, 2012.

20 이성희, 「탈북자의 고통과 그 치유적 가능성: 탈북 작가가 쓴 소설을 중심으로」, 부경대학교 인문사회과학연구소, 『인문사회과학연구』, 16-4, 2015, 3쪽 참조.

21 이영미, 「현대소설교육에서의 또 하나의 다문화성: 탈북자 소설에 나타난 북한 문학정체성

구는 『청춘연가』를 중심으로 이루어져 있다고 해도 과언이 아니다.[22] 이와 달리 이 글은 재현의 차원에서 서발턴은 말할 수 있는가에 관심이 있으므로, 경험의 진정성이 전달되는 서발턴의 목소리를 듣고자 하며, 그에 따라 창작소설은 물론이고, 작품의 완성도 차원을 넘어 자전소설과 수기도 함께 분석의 대상으로 삼고자 한다.

이 장에서는 한국에 정착하여 탈북 경험을 글로 쓴 '탈북 여성작가' 3인의 작품을 연구 대상으로 설정한다.[23] 최진이의 『국경을 세 번 건넌 여자』,[24] 김혜숙의 『인간이고 싶다』,[25] 김유경의 『청춘연가』[26]가 이에 해당한다. 최진이의 『국경을 세 번 건넌 여자』는 작가의 탈북 경험을 중심으로 이루어진 수기로서, 유년시절부터의 연대기적 구성을 취하고 있다는 점에서 자서전의 성격을 띠고 있기도 하다.[27] 김혜숙의 『인간이고 싶다』는 인물의 성장담을 포함하여 탈북과 북송 후의 수감 체험이 강조된

의 의미화에 관련하여」, 한국평화통일학회, 『평화학연구』 15-1, 2014, 79쪽.

22 김효석과 이성희의 연구를 보면 탈북 디아스포라 소설의 현황을 살피고 가능성을 고찰하려 하고, 탈북 작가가 쓴 소설을 대상으로 탈북자의 고통과 치유의 가능성을 보려 했음에도 대상 작품이 김유경의 『청춘연가』 한 편에 국한되었다는 점에 주목할 필요가 있다.

23 최진이, 김혜숙, 김유경은 공통적으로 북한에서 작가로 활동했었다는 점에서 이들을 탈북 여성작가라 칭한다. 최진이는 김형직사범대학 작가반을 졸업하고 월간 『조선문학』에 시를 발표하면서 조선작가동맹 중앙위원회 시분과에서 활동했으며, 김유경 역시 조선작가동맹 출신으로 평양에서 작가로 활동했다. 김혜숙은 평양연극영화대학 창작학과를 졸업하고 조선중앙방송위원회의 창작부서에 배치되었다.

24 최진이, 『국경을 세 번 건넌 여자』, 북하우스, 2005.

25 김혜숙, 『인간이고 싶다』, 에세이퍼블리싱, 2009.

26 김유경, 『청춘연가』, 웅진지식하우스, 2012.

27 최진이의 『국경을 세 번 건넌 여자』는 총 4부로 구성되어 있다. 1부는 유년 시절과 평양 시절, 2부는 평양 축출 후 청진 시절, 3부는 월경 이후의 중국 시절, 4부는 한국 시절을 다루고 있다. 3부까지는 통시적으로 작가의 체험을 자진적으로 기술하고 있으며, 4부는 각 절마다 독립된 주제를 다룬 에세이 모음에 해당한다. 작가, 화자, 인물이 동일하고 유년 시절부터의 인성형성 과정과 탈북 체험을 기록하고 있다는 점에서, 독립적인 4부를 제외하고, 1-3부까지 자서전과 수기의 성격을 가진 글로 보아야 할 것이다.

자전소설이며,[28] 김유경의 『청춘연가』는 정선화라는 주인공과 복녀, 경옥, 미선, 화영 등 탈북여성들의 하나원 출소 후 한국 정착을 그려낸 창작소설에 해당한다.[29] 최진이와 김혜숙의 경험담은 연대기적 구성을 취하며, 탈북 과정에서의 경험을 강조한다는 특징을 공유한다. 그리고 최진이와 김유경의 글은 탈북 이후 매매혼으로 인한 트라우마를, 김혜숙의 소설은 북송 후 월경자 수용소 수감에 따른 트라우마를 원체험으로 한다. 이렇게 볼 때, 이 세 편의 글은 수기, 자전소설, 창작소설이라는 점에서 각기 다른 분류체계에 속할 것이나, 북한 여성으로서 탈북을 둘러싼 경험에서 비롯한 트라우마에 고착되어 있다는 점에서 공통된다. 이 장에서는 엄격한 장르의 규약을 따지는 대신, 철저하게 경험에 근거한 탈북 여성작가들의 글에서 서발턴의 목소리에 귀를 기울이고 '우리가 어떻게 들을 수 있는가'[30]를 고민하며 그들의 작품이 갖는 의의를 찾고자 한다.

---

28 김설아라는 허구 인물이 설정되어 있는 이 작품은 작가와 인물이 다르다는 점에서 소설의 규약에 부합하지만, '나'라는 1인칭 화자가 자신의 유년시절부터 탈북 체험, 수감 체험을 인물의 감정 차원까지 세밀히 기술하고 있다는 점에서 자서전과 수기에 가까운 자전소설에 해당한다 하겠다.

29 기존 연구자들도 적절히 구분해놓았듯이, 김유경의 『청춘연가』는 인물 형상화가 이루어지고 3인칭 서술로 인한 거리두기가 확보된 점에서 다른 탈북 작가들의 작품과 구별된다. 그러나 김유경 작가 역시 탈북 경험을 갖고 있고, '작가의 말'에 의하면 작가 정체성을 고향 사람들과 분리하지 않고 있으며, 『청춘연가』의 내용이 탈북 체험을 다루고 있다는 점에서 자신의 체험을 글로 쓴 체험 작가에 해당한다. 이러한 점에서 최진이, 김혜숙과 더불어 서발턴의 목소리를 듣기에 적합한 텍스트에 해당할 것이다.

30 로절린드 C. 모리스, 「서문」, 가야트리 차크라보르티 스피박 외, 앞의 책, 40쪽.

## 2. 기억의 침투와 증상의 글쓰기

'외상 후 스트레스 장애(PTSD)'는 베트남전쟁 이후에 새롭게 진단내려진 개념이지만[31] 성적 착취를 경험한 여성들 역시 참전 군인이 보이는 증상과 같은 신경증을 겪고 있는 것으로 밝혀졌다.[32] 대개 탈북여성들의 탈출 과정에는 중국 남성들과의 매매혼이 수반된다. 현실적으로 탈북여성들은 국경을 넘는 순간 불법체류자가 되므로 생존을 위해 농촌의 노총각들에게 헐값에 팔려갈 수밖에 없다. 폭력과 학대, 성적 착취를 겪고 중국인 남편으로부터 탈출에 성공한 경우에도 그 시기의 경험은 대다수의 여성에게 있어 평생 트라우마로 남는다. 외상 사건은 일반적인 인간 삶의 적응 능력을 압도한다는 점에서 특별하다. 외상은 대개 생명과 신체적 안녕을 위협하거나 폭력이나 죽음과 직접 맞닥뜨리는 경우와 관련되어 있다.[33] 의지가지없는 탈북여성들에게 행해지는 무자비한 폭력과 강간으로 점철된 결혼생활은 체험자를 무기력과 공포에 직면시키는 경험이 된다.

주디스 허먼에 의하면 외상 사건은 실제 위험이 종료되고 오랜 시간이 흐른 뒤에도 지속되는 경향을 보인다는 점에서 경험 이후의 삶을 지배한다 해도 과언이 아니다. 외상 사건은 시도 때도 없이 의식 안으로 침입하여 반복 재생된다. 프로이트는 이를 '반복 강박'이라 명하며, 신경증 환자들은 외상에 고착되어 자신의 과거를 벗어나지 못한 채 반복하고 재연하게 된다고 보았다. 외상적 재생은 침투적 기억, 꿈 등으로 나타나며 경험 당시의 정서적 강도를 동반한다. 경험자들은 계속하여 공

31 주디스 허먼, 『트라우마』, 최현정 옮김, 플래닛, 2007, 58쪽.

32 위의 책, 65쪽.

33 위의 책, 68쪽.

포에 시달리는데, 이 때문에 외상 사건의 영속성[34]을 말하는 것이다.

김유경의 『청춘연가』에는 탈북자들의 합숙소인 하나원에 오게 된 여러 탈북여성들이 등장한다. 그중 주인공인 정선화는 교수 아버지를 둔 중등교원으로서 단란한 지식인 가정에서 성장했으나 고난의 행군 시절 기근으로 아버지를 잃고 아픈 어머니의 1년치 식량과 약값을 마련하고자, 그리고 북한을 벗어나고자 자신의 몸을 중국돈 천 원을 받고 판다. 유복한 살림에도 불구하고 북한 여자를 결혼 상대로 사올 수밖에 없었다는 자격지심에 중국인 남편은 선화를 인간으로 대우하지 않는다. 그녀는 남편과 시형의 성적 노리개로 전락하고 감금과 폭력에 시달린다. 거기에서 탈출하기까지 6년간의 결혼생활은 선화에게 고스란히 트라우마로 남는다. 소설은 하나원에서도 중국에서의 악몽과도 같은 기억에서 벗어나지 못하는 선화의 꿈으로 시작된다.

> 다행히 꿈이다. 그러나 자신의 과거다. 꿈에서도 잊고 싶은 그 과거는 꿈에서 깬 후에도 한참이나 현실인 듯 헷갈린다. 가루약을 쏟아 넣었을 때처럼 입 안이 쓰고 목이 마르다. 누군가 올라타고 짓누르는 것처럼 가슴이 답답하다. (…) 도로 자리에 누웠으나 잠들기가 무섭다. 잠만 들면 또 생생한 과거가 찾아올 것이다. 이제는 돌아갈 일이 없는 지난날을 무 썩은 부위를 잘라내듯 버리고 싶다. 그렇게 기억 속에서 사라지기를 바란다. 그러나 그 과거는 매일 매 시각 현실을 비집고 나타난다. (…) 이렇게 밤만 오면 또 과거로 끌려간다. (…) 흔적은 없으나 온몸의 곳곳에서 고름 내를 풍기며 썩어가는 것 같은 상처들을 꼭꼭 손가락으로 짚는다.[35]

---

34 위의 책, 91쪽.

35 김유경, 앞의 책, 8-9쪽.

하나원에 입소한 정선화는 물리적으로는 과거에서 벗어났으나 꿈에서는 과거의 악몽이 '가슴이 답답한' 육체적 고통과 사건 당시 경험했던 정서적 강도를 동반하여 생생하게 찾아온다. 과거가 '기억 속에서 사라지기를 바라'고, 과거와 관련된 어떤 사람도 만나고 싶지 않은 선화이지만, 그것은 의지대로 되는 것이 아니다. 기억이 사람에게 도래하는 것이며,[36] 주체는 사람이 아니라 바로 '기억'이기 때문이다. 그래서 갑자기 나를 습격하는 기억은 통제가 불가능하며 외상 사건은 기억 속에서 여전히 생생하게 존재한다. 사건을 겪은 사람들은 고통스러운 기억에서 벗어나지 못한 채 평생을 산다 해도 과언이 아니다. 선화는 자신의 과거를 벗어나지 못한 채 트라우마에 고착된 상태이다. 이처럼 시도 때도 없이 선화의 의식 안으로 침입하여 반복 재생되는 외상 사건은 침투적 기억의 성격을 갖는다.

> 그녀는 번개 치고 비가 오는 밤을 제일 싫어한다. 끔찍할 정도로 무서워한다. 바로 그날에도 번개가 치고 비가 왔다. (…) 줄폭탄처럼 터지는 천둥 번개를 타고 그날의 악몽이 재생되었다. 이를 드러내고 야수처럼 달려들던 두 남자의 땀으로 번들거리던 얼굴이 현실인 듯 떠올랐다. 다시 입을 틀어막히는 것처럼 숨이 막혔다.[37]
>
> 그날 밤, 칠흑 같은 어둠과 광란하는 비바람 소리가 포위한 구석방은 세상 밖으로 완전히 굴러 떨어진 뒤웅박 같았다. 바로 그 뒤웅박 속에서 그녀는 필사적으로 맞섰다. 그러나 아무리 물어뜯고 발버둥을 쳐도 두 남자의 힘을 당할 수 없었다. 두 남자는 매로 선화의 맥을 절반 뺏은 뒤 남편

36 오카 마리, 『기억·서사』, 김병구 옮김, 소명출판, 2004, 48쪽.

37 김유경, 앞의 책, 132쪽.

은 선화의 팔을 붙들고 시형은 다리를 붙들었다. 남편은 소리 지르는 선화의 입에 지독한 냄새가 코를 찌르는 시형의 러닝을 틀어막았다. 숨이 막히는 순간, 선화는 차라리 죽어버리기를 바라며 맥을 놓아버렸다. 눈을 꼭 감고 캄캄한 나락 속으로 몸을 던져버렸다. 체념의 망각 속에 가물가물 정신을 잃어갔다.[38]

소설에서 여러 차례 재현되는 바, 외상 사건이 최초로 형성되던 그날의 기억은 번개 치고 비가 오는 밤이면 어김없이 선화를 찾아온다. 남편과 시형이 공모하고 선화를 윤간하던 그날의 외상 사건은 지워지지 않은 흔적으로 선화에게 매번 침투하여 본래 사건을 경험한 당시의 정서적 강도를 동반한 공포에 시달릴 수밖에 없다.

외상 사건은 언어화된 이야기가 아닌 몸의 증상으로 떠오른다. 선화는 우울증과 불면증에 지속적으로 시달린다.[39] 간헐적으로 찾아오던 하복부의 통증은 결국 자궁암이라는 질병으로 진단되고 한국에 정착하고 희망을 찾으려던 그녀는 시한부 인생을 선고받는다. 이처럼 『청춘연가』의 주인공 선화는 우울증, 불면증, 통증, 자궁암이라는 각종 증상으로서 탈북여성이 겪은 고통에 관한 이야기를 대신하는 셈이다.

김혜숙의 『인간이고 싶다』는 자전소설로 작가의 분신에 해당하는 허구적 인물, 김설아라는 여인의 탈북과 북송, 북송 이후의 감옥 생존기를

---

38 위의 책, 80쪽.

39 "그때부터 시도 때도 없이 눈물이 하염없이 흐르는 증상이 생겼다. 그 외에 그녀가 할 수 있는 일은 아무것도 없었다."(앞의 책, 82쪽), "또다시 머리가 멍해지고 가슴이 두근거린다. 불쑥 눈물이 솟구친다. 한번 나오기 시작한 눈물은 멈출 줄 모르고 하염없이 흐른다. 오래 전부터 생긴 증상이다."(12쪽), "내일은 의료원에 가서 수면제나 좀 타 올까 하고 생각해본다. 우울증 약을 먹고 있기는 하나 잠을 못 이루기는 여전하다."(30쪽), "딸의 얼굴이 언뜻 눈앞을 스치자 망치로 맞은 것처럼 머리가 멍해지고 가슴이 갑갑해온다. 그것은 그리움도 모정도 아니다. 그저 없어지지 않는 이상한 통증이다"(10쪽).

다루고 있다. 탈북 후 불법체류자로서의 중국생활 중 우연히 만난 혜주의 경우도 증상으로 이야기를 대신하는 경우라 할 것이다. 화자인 내가 기억하는 혜주는 처음 보았을 때 피해망상증인가 싶게 불안증을 보인다.

> 혜주를 처음 본 것은 한 달 전 일이었다.
>
> 철저히 중국 여자로 가장하느라고 애쓴 흔적이 완연한 그녀는 조금은 불량해 보이기까지 했다. 크리스털 매직을 해서 앞쪽으로 확 늘어뜨린 머리는 말쑥한 얼굴을 반 이상 가리고 있었다. 반짝이는 반달 모양의 커다란 니켈도금 귀걸이까지 했는데 머리칼 속에 가리어진 채 수시로 움직이며 곁을 살피는 허둥거리는 눈동자와 함께 보는 사람을 당황하게 했다.[40]

혜주의 부모는 기독교 방송을 들었다는 이유로 정치범 수용소로 끌려가 세상을 떠났고, 오빠와 함께 도망쳐 두만강을 건넜던 혜주는 스무 살 때 중국 장사꾼에게 팔려 타향에서 10년을 보냈다. 이처럼 혜주의 히스테리 증상 역시 트라우마로부터 비롯된 것으로, 몸이 기억하는 고통의 삶으로 설명을 대신한다. 한편 주인공 김설아의 트라우마는 신의주 월경자 수용소에서 형성된 것으로, 다른 두 편의 글이 탈북 후 중국에서의 매매혼과 성적 착취, 폭력의 상흔을 외상 기억으로 다루고 있는 것과는 구별된다. 김혜숙의 『인간이고 싶다』의 외상 기억은 북송 이후의 수감 경험에 고착되어 있는 것으로 보인다.

> 나는 3년이란 감옥생활이 다 그렇지만 그날만큼은 기억하지 않으려고 무진 애를 썼다.

---

40 김혜숙, 앞의 책, 242쪽.

훗날 여러 감옥소에서 노동고문을 받으며 몸무게 26킬로그램의 빼빼 마른 미친개 모양 소약자로 변하고 뱃가죽 허벅지 살이 뱀살처럼 주굴 주굴 말라가던 그때보다 더 고통스러웠다.

손과 발이 몽땅 얼고 데고 곪고 하여 한 달 동안 고열과 통증으로 시달리다가 오늘까지 그 곱던 손등은 모두 흉터로 남았지만 그때의 아픔보다 비할 수 없이 더 고통스럽던 날이었다.

온몸을 차디찬 얼음조각으로 쑤셔대는 듯 정신이 산산이 짓밟혀 나가던 매주 목요일, 힘이 약한 나에게 어김없이 찾아와 나를 벗기고 괴롭히던 그 지옥 같은 아침에 대해서 그만 말하고 싶다. 위생검열의 날의 치욕은 참말로 잊고 살고 싶다.[41](밑줄 필자)

불법체류자로 중국 공안에게 잡혀 북송된 사람들의 수용소인 신의주 월경자 집결소에서의 3년을 작가는 소설 시작과 끝부분에 배치하여 상세히 묘사하고 있다. 그중에서도 특히 매주 목요일 아침 여성 수감자들의 하체와 항문 검사를 한다는 명목으로 실시되었던 위생검열의 날은 화자 스스로 기억하고 싶지 않다고 반복해서 말할 만큼 잊고 싶은 과거다.[42] 위 인용문의 밑줄 부분에서 말하고 있다시피 위생검열은 애를 써서 망각하고픈 기억이지만, 아무리 애를 써도 잊히지 않는 강렬한 기억에 해당한다. 화자는 목요일 아침의 외상에 고착되어 있기에 벗어나려 애쓰지만 결국 벗어나지 못한 채 몸서리치며 잊기를 간곡히 갈망한다.

---

41 위의 책, 235쪽.

42 이 글에 의하면 목요일마다 실시된 하체검사는 남한 공작원들의 문건이나 중국 돈을 찾겠다는 명분에서 이루어졌는데, 여성 수감자 전원의 옷을 모두 벗게 하고 소독약을 묻힌 누런 고무장갑으로 질 내부를 헤집어 검사하고, 엎드리라 하고는 항문을 검사하는 방식으로 실시되었다(위의 책, 233-235쪽 참조).

외상적 재경험은 시도 때도 없이 경험자에게 침투하며 본래 사건을 경험한 당시의 정서적 강도를 동반하기 때문이다.[43] 이와 같이 탈북 여성작가의 글쓰기는 침투적 기억으로 도래하는 외상 사건에 고착되어 있는 인물(작가의 분신)의 현재적 고통을 증상으로 쓰는 작업인 것이다.

## 3. 애증의 대상 고향과 우울증적 주체

프로이트에 따르면 애도라는 정상적인 감정과 달리 우울증은 정상적인 정신과정을 벗어나 대상에 고착된 상태인 이상 증상이다. 보통 사랑하는 사람, 혹은 조국, 자유, 어떤 이상 등의 상실에 대한 반응으로서 애도의 작용은 고통을 수반하지만 완결된 뒤 자아는 다시 자유롭게 되는 반면, 우울증의 경우는 자아가 자신이 상실한 것이 무엇인지 의식적으로 인식하지 못한 채 결과적으로 대상에 의해 압도당하고 만다.[44] 우울증은 애도에 실패할 때 발생하며, 우울증 환자는 대상을 오히려 에고 자체에 합체한다. 사랑이라는 리비도 투여과정은 쾌락이지만 애도라는 리비도 철회과정은 고통이라면, 우울증은 이 힘든 과정을 마술처럼 해결해준다. 대상이 자신의 일부로 합체되면서 더 이상 고통스러운 리비도 철회과정을 거치지 않아도 문제가 해소되기 때문이다. 이는 사랑했다는 것도, 그 사랑을 상실했다는 것도 부인한다는 의미를 갖는다.[45]

『청춘연가』의 정선화는 우울증 약을 복용하는 실제 환자로 형상화되

43 주디스 허먼, 앞의 책, 91쪽.

44 지그문트 프로이트, 「슬픔과 우울증」, 『정신분석학의 근본개념』, 윤희기·박찬부 옮김, 열린책들, 2003, 243-265쪽 참조.

45 주디스 버틀러, 『젠더 트러블』, 조현준 옮김, 문학동네, 2008, 28-33쪽 참조.

어 있으며, 아무리 잊고 싶어도 벗어날 수 없는 외상 기억 가운데에는 중국에 두고 온 딸이 자리 잡고 있는 것으로 보인다. 그 딸에 대한 선화의 태도를 살펴보자.

> 남편을 닮아 눈이 가늘고 입이 비죽이 나온 딸의 얼굴이 언뜻 눈앞을 스치자 망치로 맞은 것처럼 머리가 멍해지고 가슴이 갑갑해온다. 그것은 그리움도 모정도 아니다. 그저 없어지지 않는 이상한 통증이다. 한국말은 한 마디도 할 줄 모르는 딸, 그녀가 그 지옥에서 도망치지 못하도록 발목을 잡던 원수 같은 딸이다. 절대로 없어질 수 없는 과거의 생생한 증거물이자 시시각각 지나온 모든 것을 상기시켜주는 딸이다. 축복도 행복도 아닌, 바라지 않던 존재이면서도 이상하게 가슴을 허비는 딸이다. 딸에 대한 미움으로 가슴은 멍이 든 것처럼 늘 아팠다.[46]

> 순간 선화는 자기의 젖가슴을 만지던 딸의 손길이 생각났다. 숨이 막히는 듯한 충격에 선화는 얼른 청이를 복녀에게 안겨주고 화장실로 달려 들어갔다. 갑자기 터져 나온 울음을 막느라 손바닥으로 입을 꽉 눌렀다. 너무도 뜻밖의 현상이다. 한 번도 이런 일은 없었다. 두고 온 딸을 두고 이렇게 울기는 처음이다.[47]

"원수 같은 딸"이자 미운 딸이라 선화는 "멍이 든 것처럼 늘 아픈" 가슴을 가진 어미가 된다. 선화에게 딸은 마냥 그리운 존재가 아니라, "여러 가지로 속상한 존재"이자 "버리지도 가지지도 못하는 존재", "과거의

---

46 김유경, 앞의 책, 10쪽.

47 위의 책, 135-136쪽.

생생한 증거물"이기에 과거와 이어지며 그렇기에 고통으로 다가오는 존재이다. 다시 태어나고 싶을 만큼 잊고 싶은 과거이지만, 고통스러운 기억은 잊히지 않고 트라우마의 그 장면으로 시도 때도 없이 소환되듯이, 고통스러운 과거의 증거로서 딸은 밉고 상처를 주는 존재이지만 선화의 내면에 합체하여 영원히 잊히지 않는 존재가 된다. 기억이 주체가 되어 사람에게 도래하듯, 애도에 실패하여 주체의 내면에 살고 있는 대상-딸은 언제든 선화의 의지와 무관하게 생생하게 도래하여 충격을 가한다. 이 소설의 시작은 딸에 대한 양가감정을 고백하며 시작되고, 끝은 딸을 찾아가는 것으로 마무리된다. 그만큼 이 서사를 추동하는 강력한 대상은 딸이다. 딸의 존재는 외상 사건 중핵에 자리 잡고 있기에 딸을 사랑했다는 것도 상실했다는 것도 부인할 수밖에 없는 선화는 그야말로 딸을 내면에 합체해버린 우울증적 주체다.[48] 또한 이러한 우울증이야말로 글쓰기의 원동력으로 작동하는 셈이다. 딸은 잊고 싶은 과거와 현재를 이어주는 존재이며, 중국(북한)과 한국을 이어주는 존재이기도 하다. 그런 관점에서 이 소설은 사랑하지도 버리지도 못하던 딸을 가슴에 품고 살던 여성이 시한부 인생을 선고 받고 딸을 놓아주는 과정, 즉 우울증적 주체가 애도를 시도하는 자기 치유 서사이기도 하다.

김유경의 소설에서는 선화가 딸과의 관계에서 우울증적 정체성을 갖게 되었으며, 그것은 탈북자와 북한(고향)의 관계에 대한 은유로 설명될 수 있다.[49] 그와 동시에 선화가 병든 어머니를 북한에 두고 탈북했다는

48 선화는 딸을 버리지도 가지지도 못한다. 딸을 과거로부터 분리시키지도, 그렇다고 완전히 잊지도 못한다(위의 책, 103쪽).

49 김효석은 소설의 결말에서 선화가 중국에 남겨두었던 딸 메이밍을 찾아가는 행위를 죄의식의 근원인 딸을 만나러 가는 것이자 그 끝에는 북한이 놓여 있다고 보고, 북한으로의 길이 막혀버린 상태에서 중국의 메이밍을 만남으로써 탈북 후 자신을 끊임없이 괴롭혔던 죄의식에서 벗어나려 한다고 해석하고 있다(김효석, 앞의 글, 325-326쪽).

점과 관련하여, 탈북자들에게 떠나온 고향 북한은 '어머니의 땅'으로 불리며, 두고 온 어머니와 동일시된다.[50] 그리고 이 관계는 다른 탈북자의 자전적 글쓰기에서도 동일하게 작동된다. 김혜숙의 자전소설과 최진이의 수기의 경우, 우울증은 주인공과 동일인에 해당하는 작가 층위에서 작용한다.

탈북자들은 최소한의 생존도 보장되지 않는 북한 땅을 떠날 수밖에 없어 국경을 넘었으나, 그들이 그려내는 유년의 고향은 모두 아름답다. 유년의 고향은 애정의 대상이지만 자신과 가족을 사지로 내몬 당국은 증오의 대상이다. 그럼에도 북한 여인이라는 정체성에서 벗어날 수 없기에 북한(고향)은 탈북자에게 애증의 대상이며, 주체는 과거의 기억에서 쉽게 벗어나지 못하는 우울증적 정체성을 갖는다. 따라서 탈북자의 글쓰기는 자신의 트라우마를 치유하는 과정이자, 고향 상실을 충분히 애도함으로써 한국에서의 삶에 적응하고자 하는 시도의 일환이다. 이에 대한 최진이의 직설적인 입장을 들어보자.

> 정말 내가 북한에 가지 않을 수 있을까? 나를 낳은 어머니가 그곳에 계시다면 나는 나의 번복 행위에 대한 어떤 책임을 지면서까지 북한행을 강행할 수 있을 것 같았다. 그러나 그곳은 내 어머니가 없는 땅이었다. 북한을 영원히 가지 않는다는 건 무엇을 뜻하는 걸까? 북한을 아주 잊는다는 의미였다. 그러나 그것은 "아주 잊지 않겠다"고 입으로 말하는 것보다 "더

---

50 한 달 전까지만 해도 나는 나를 낳아준 땅에서 살았다. 어릴 적 꿈이 있었고 친구가 있고 습관과 버릇이 있고 아름다운 추억과 귀중했던 모든 것이 깃들어 있는 곳이었다. 하지만 이제 그 모든 것을 뒤에 두고 가야 한다. (…) 평양의 대동강이 생각난다. (…) 사람들의 손길로 다듬어지고 세계적으로도 유명했던 대동강을 사람들은 어머니 강이라고 불렀다. 나도 내가 나서 자란 그곳을 사랑했다(김혜숙, 앞의 책, 62-63쪽).

잊지 않겠다"고 처절하게 부르짖는 애정의 다른 표현일 수가 있었다.[51]

남한에서의 삶을 다룬 짧은 에세이에서 드러나는 작가의 심경은 복잡하다. 자신은 한 인권운동가에게 절대로 북에 돌아가지 않겠노라 답했지만, 끊임없이 번민할 수밖에 없다. 그리고 자신이 말한 부정문이 이중적임을 확인한다. 북한에 절대 돌아가지 않는 이유는 절대 잊을 수 없는 곳이기 때문이다. "가지 않겠다"와 처절하게 부르짖는 '애정의 다른 표현'에 해당하는 "잊지 않겠다" 사이에서 발생하는 이중 부정은 애증의 양가감정의 발현이자 우울증의 증상이다.[52] 겉으로는 어머니의 땅임을 부정하고 결별을 선언하지만, 애정의 대상임을 인정할 수도, 부인할 수도 없는 양가적 대상이 북한이라 할 때, 한국에의 정착에 대한 과도한 의지를 보이는 수기의 내용에도 불구하고 작가는 애증의 대상을 내면화한 우울증적 주체로 보인다.

이처럼 탈북 여성작가의 글쓰기를 단순한 고향 상실의 애환, 혹은 북한체제 고발의 서사로만 단정 짓기는 어렵다.[53] 그들의 서사는 북한(고향)을 향한 긍/부정의 이분법적 논리에 포섭되지 않으며, 고향-대상을 내면에 합체한 채 애증 병존의 상황에 놓여 있는 것으로 보인다. 한국사회에 정착해야 하며, 누구보다 정착하고자 하는 욕망이 강한 이들에게 고향-대상과 분리 불가능한 탈북자 정체성은 이러한 우울증적 주체로

51 최진이, 앞의 책, 303-304쪽.

52 우울증은 상실된 대상의 애도를 거부하는, 즉 거부를 거부하는 '이중 부정'의 기제로 이루어진다는 점을 버틀러는 지적한 바 있다(주디스 버틀러, 앞의 책, 30쪽).

53 "북한을 대하는 남한의 사회단체와 개인들이 자기가 원하는 대로 북한을 보려고 하는 편향을 극복해주었으면" 하는 최진이의 바람은 탈북자들의 증언이 한국사회에서 이데올로기적 이용되는 것에 대한 우려이기도 하지만, 한편으로는 재현과 비평의 층위에서 탈북자의 입장을 체제 내/외의 하나의 시각으로 포획할 수 없다는 의미를 내포하기도 한다.

화한다. 그리고 이들의 서사가 애도의 시도까지만을 보여주는 데 그친다는 점이 우울증적 정체성을 발견하게 되는 또 다른 이유다.

## 4. 자기 증명의 시도와 실패의 기록

'작가의 말'을 통해 탈북 여성작가 모두가 공통적으로 들려주는 집필 의도가 있다. 자신이 겪은 외상 사건을 글로 씀으로써 증언하고자 하는 강렬한 소명의식에 대한 것이다.[54] 살아남아서 글을 쓰게 되었다기보다 증언하고자 글을 쓰겠다는 욕망이 자신을 살렸다고 말할 정도이다.

> 참으로 많은 날을 소설을 쓰면서 견디었다. (…) 나는 이미 10년 동안 이 글을 쓰고 있었던 셈이다. 오히려 너무 늦어져서 미안할 뿐이다. 우리의 이야기는 현실 그대로 동시대인을 감동시킬 수 있는 리얼리즘의 호소이고 애원이라고 생각한다.
>
> 나는 탈북자도 인간이고 싶다는 이야기를 하고 싶었을 뿐이다. 지금도 자유를 얻지 못하고 감옥에서 죽어가고 있는 생명에게 하루하루가 얼마나 절박한 것인가를 세상에 알리고 싶었다.
>
> 하지만 이런 수난 받은 영혼들에게 해줄 수 있는 것이 아무것도 없기에

54 최진이의 경우는 본문에서는 다루지 않았지만, 강력한 증언의 욕망은 다른 작가들과 다르지 않다. 맺는글에서 작가는 다음과 같이 자신이 글을 쓴 경위를 밝히고 있다. "내가 중국에서 다른 탈북자들을 만나기 직전까지만 해도 나의 탈북 노정은 나 혼자만이 겪은 전대미문의 것인 듯했다. 그것을 세상에 글로 남기지 않으면 나는 제대로 죽지조차 못할 것 같은 심리적 압박감에 늘 짓눌려 있었다. 북한에서 18여년간 연마해온 시적 영감은 탈북의 순간 나에게서 사라져버려 있었다. 가슴 벅차도록 걸음걸음 맞다들었던 대드라마적인 사건들만이 한시바삐 그것을 문자화하라는 요구로 밤이고 낮이고 지독하니 나를 괴롭혀댔다."(최진이, 앞의 책, 347쪽).

나는 펜을 잡기로 했다. 나는 철저하게 경직된 보위부의 철창 속에서 이 글을 썼다. 아마도 문장들을 구구절절 머릿속에 외워나간 덕분에 그 짐승우리 같은 곳에서도 인간으로서 최소한의 존엄을 지킬 수 있었는지도 모른다.[55]

정신을 차리자. 내가 할 일이 있다. 나에게 기적이 있어 죽지 않고 자유를 찾는다면 배고파 월경했던 이 불쌍하고 무고한 수많은 사람들을 위해서 할 일이 있다. (…)

꼭 살아서 이 사실을 세상에 알려야 한다.[56]

김혜숙의 자전소설에는 '작가의 말'뿐 아니라 소설 내용 곳곳에서 위와 같은 자기 다짐이 발견된다. 작품 안팎에서 화자와 작가는 짐승 우리보다 못한 감옥에서 견딜 수 있었던 원동력은 소설쓰기였다고 고백한다. 특히 소설의 마지막 장인 '네 잎 클로버'에서 화자의 목소리가 작가의 목소리로 바로 바뀌는 점이 독특하다. 허구 인물이 설정되어 있더라도 이미 작가의 체험담에 해당하는 내용이라는 점이 전제되어 있지만, 소설의 마지막 장에서 화자와 작가의 목소리가 바로 연결되면서 인물의 이야기는 작가의 이야기와 동일시되는 국면을 맞이한다.

위의 인용문에서 보듯 우선 소설쓰기는 자신을 살렸고 '불쌍하고 무고한' 사람들을 살릴 가능성을 갖는다고 말한다. 작가는 자신이 겪은 외상 사건을 세상에 알리고자 살아나왔고, 그렇기에 이를 고발하기 위해, 자신만이 할 수 있는 것을 증언하기 위해 소설을 쓰게 되었다. 위의 글에서 '나'의 이야기는 '우리'의 이야기이기도 하다. 이때의 우리는 "북한

55 김혜숙, 「작가의 말」, 『인간이고 싶다』, 12-13쪽.

56 위의 책, 273-274쪽.

여인으로 태어난 우리네들의 서러운 운명"을 공유한 공동체를 지칭한다. 그렇기에 외상 사건을 체험한 작가에게 있어서 자전적 글쓰기는 나를 치유하는 과정이자,[57] 우리의 고통과 특수성을 세상에 알리고 고발하려는 소명의식의 발로이다.

'우리'가 '그들'로 바뀌는 소설의 구절에 주목할 필요가 있다. 이는 '생존자 죄책감'[58]의 표출이자 대응에 해당한다. 혼자 살아 있다면 심각한 양심의 가책을 느끼게 되므로, 자신의 생존은 그들을 살리기 위함이었다는 온당한 이유가 부과되어야 하며, 이는 증언에의 소명을 재차 확인하게 만든다. 말할 수 없던 것들을 말함으로써 다른 이들을 도울 수 있다는 신념은, 이들을 말하기 활동에 동참시킨다.[59]

> 두려움을 이기고 용기를 가다듬어 소설을 집필하도록 나의 등을 떠민 것은 내 고향 사람들의 수난이었다. 너무도 비참해 스스로도 부끄러운 삶의 설움이 저도 몰래 터져 나왔다. 다만 이 소설은 고통의 일부만을 그렸다. 아픔의 조금만을 푸념하였다.[60]

김유경 작가의 말도 김혜숙 작가와 크게 다르지 않다. 다만, 김유경은 "숨어서 손만 간신히 내밀고 세상에 이 소설을 보낸다"는 말로 여전히 북한으로부터 자유로울 수 없음을 암시한다. 가명을 쓰고 신원을 밝

57 말한다는 측면에서 외상 이야기는 하나의 증언이 되며, 개인에게 이 증언은 치유의 의례로서 보편성을 지니고 있기도 하다(주디스 허먼, 앞의 책, 302쪽).

58 '생존자 죄책감(survivor guilt)'은 외상 사건의 후유증으로 전쟁, 자연재해, 원폭 피해를 겪은 사람들에게서 일반적으로 나타나는 경험이다. 죄책감은 생존자가 다른 사람의 고통이나 죽음을 목격했을 때 특히 더 심하다. 혼자 살아 있다면, 심각한 양심의 가책을 느끼게 된다고 허먼은 설명한다(앞의 책, 101쪽).

59 위의 책, 348쪽.

60 김유경, 「작가의 말: 숨어서 손만 간신히 내밀고 이 소설을 보낸다」, 앞의 책, 316쪽.

히지 않는 점, 작품에서도 객관화된 인물을 내세워 말한다는 점에서 김혜숙, 최진이와 구별된다. 이러한 맥락에서 김유경이 소설을 쓰는 원동력은 개인의 차원을 넘어선다. '내 고향 사람들의 수난'이 글을 쓰게 했지만, 그에 속해 있으면서도 한편 그들의 이야기를 소설로 쓰는 자신은 '부끄러움'을 느낀다. 이처럼 김유경의 작품은 그들의 이야기이기에 한편으로 내 고향 사람들의 갖가지 수난을 다 전달할 수 없는 것으로 보인다. 따라서 '고통의 일부만 그린 소설'이 될 수밖에 없지만, 작가는 인물을 매개로 '세상과 소통'하려는 욕망을 드러낸다.

버틀러에 의하면 인간은 말 걸기의 맥락 속에 노출된 존재이다. 자신에 대해 설명하기 위해서는 그 설명을 들어줄 타인이 필요하고, 정체성은 타인에게 나를 설명하는 가운데 존재하는 것이다.[61] 탈북 여성작가는 자신의 외상 경험을 증언함으로써 이 사회에 자신이 누구인지 설명하고자 한다. 그리고 김유경은 소설의 인물을 통해 자기 자신을 타자에게 알리기 위해 노력한다. 다음의 대화를 보자.

> "정선화 씨도 중학교 교사였고 아버지도 대학교수였으면 북한에서 엘리트층인데… 당장 먹고살 길이 없어서 탈북했는가요? 아니면 북한 체제에 환멸을 느끼고 자유를 찾아오셨나요?"
>
> 하나원으로 오기 전, 조사 기관의 담당관은 이렇게 질문을 했다.
>
> (…)
>
> "저도 잘, 제 인생이 왜, 오늘 이 지경까지 이르렀는지… 잘 모르겠어요."[62]

---

61 주디스 버틀러, 『윤리적 폭력 비판: 자기 자신을 설명하기』, 양효실 옮김, 인간사랑, 2013, 58-61쪽.

62 김유경, 앞의 책, 22-23쪽.

한국 입국 후 이루어진 위의 대화에서 조사 담당자는 정선화에게 자신에 대해 설명함으로써 누구인지 증명할 것을 우회적으로 요구하고 있다. 자신의 정체성을 밝힘으로써 그에 응답하는 것이야말로 이 사회에 정착하기 위한 필요조건이다. 그렇기에 정선화는 자신을 설명하기 위해 자신의 가족과 태생에 관한 이야기로 거슬러 올라가게 된다. 그리고 『청춘연가』는 주인공 정선화의 이야기를 중심으로 이루어져 있으며, 또한 앞서 밝혔듯이 그녀의 트라우마 장면으로 끊임없이 회귀하고 있다. 자기 자신을 설명하려는 말하기가 불면증과 우울증, 자궁암의 증상으로 대체될 때, 나의 '단수성'[63]이 현현한다. 그러나 나의 고통과 슬픔, 즉 단수성을 표현할 담론은 늘 부재하므로, 기성의 논리 정연한 언어로 자신을 설명하려는 시도는 늘 실패한다.[64] 인용문에서 볼 수 있듯, 정선화는 자신에 관해 자신 있게 설명하지 못한다. 그녀는 자신의 "인생"을 "잘 모르겠"노라 주저하면서, 자신에 관한 이야기를 시작하고 있다. 자기 자신에 관한 이야기에 적합한 언어를 찾지 못하는 그녀의 좌절이야말로 인간이라면 누구나 지닐 수 있는 단수성의 설명 불가능성을 잘 표현하는 지점이다. 고통의 극한, 죽음에 근접한 경험을 해본 탈북 여성작가의 글은 이처럼 자기 자신을 설명하는 데 실패하는 현장을 고스란히 보여주는데, 이러한 노력이 참됨에 접근하기 위한 실패[65]라는 점에서 인간 존재의 진실을 목도하게 한다. 이처럼 인물이 매개되어 있기는 하지만

63 '단수성(singularity)'이란 노출된 신체 자체의 환원불가능성이며 우리 모두를 평등하게 특징짓는 자질을 말한다(주디스 버틀러, 앞의 글, 62-63쪽). 보편 인간의 근본적 취약성과 상호의존성으로 설명 가능하다(조현준, 「주디스 버틀러의 정치 윤리학」, 경희대학교 인문학연구원, 『인문학연구』 24, 2013, 31쪽).

64 버틀러는 자기를 잃는 경험, 수동성의 경험에 내몰려본 경험이 없는 말은 일관되고 통일되어 있으며, 명료하고 논리적인 말일수록 구조에 포획된 말이라 설명한다(주디스 버틀러, 앞의 책, 243쪽).

65 위의 책, 77쪽.

탈북 체험을 증언하려는 김유경 작가의 글쓰기야말로 그 자체로 자기 증명의 시도와 증명의 실패를 여실히 보여준다.

탈북자들은 자신이 겪은 외상 사건을 있는 그대로 세상에 알리고 싶은 욕망이 있다. 그 참상이 얼마나 끔찍하고 인간 이하의 상황인지 고발하고자 글을 쓴다. 그러나 글쓰기의 욕망은 충족되지 않는다. 겪은 것(사건)과 느낀 것(감각)이 포함된 기억인 외상은 언어로 절대로 완전하게 재구성되지 않은 채 언어화의 실패에 이른다.[66] 언어를 통해 전달하고자 하는 경험자의 욕망과 재현되는 외상 기억의 불일치가 잘 드러난 다음의 구절을 보자.

> 그렇게 춥고 그렇게 허기지고 그렇게 다리 아프고 그렇게 기진했던…
>
> 그리고 이제 그만 누군가에게라도 잡히지 않으면 더는 살 수가 없다고 생각되던 끝이 없이 방황하던 그 사막의 밤을, 이루지 못한 '탈출의 밤'을 어떻게 설명할 수 있을까? 말이나 글은 물론이요 그림이나 영화의 한 장면으로도 묘사하기 쉽지 않을 듯하다.
>
> 나는 여기서 나의 한계를 느낀다.[67]

외상의 언어화는 실패한다. 외상 경험은 절대로 완전하게 재구성되지 않는다는 점에서 그러하다. 그렇기에 외상 사건은 증언의 욕망에 의해 한 편의 소설에서도 반복되고, 한 작가의 여러 작품을 통해서도 반복된다. 실제로 김유경 작가는 연이어 북한의 정치범 수용소의 참상을 고

66 주디스 허먼, 앞의 책, 325쪽.

67 김혜숙, 앞의 책, 245쪽.

발하는 『인간모독소』[68]를 써냈으며, 김혜숙 작가 역시 입국 2년 만에 부랴부랴 소설을 써내야 했던 이유를 밝히고 나서, 소설에서 불법체류자의 신분으로서의 중국생활을 다룬 차기작을 미리 기약한 바 있다.[69] 최진이 역시 장편소설 집필에 관한 포부를 밝히고 있다.[70] 이러한 원리에 따르자면 탈북 여성작가들의 창작은 꾸준히 계속될 것이다.

탈북 여성작가들이 글쓰기를 통해 증언하고자 하는 바는 각자의 유일무이한 외상 사건이며 동시에 자기 증명의 시도이다. 그러나 외상 사건은 사건의 통약 불가능성 때문에 전달이 불가능하며[71] 자기 증명의 서사는 기성의 담론으로 표현될 수 없기에 매번 실패한다. 결국 그들의 글쓰기는 언어로는 재현할 수 없는 현실이 있다는 사실을, 말하자면 '사건' 그 자체의 소재를 지시하는 기능을 하며,[72] 자신에 대한 설명 불가능성을 인정함으로써 겸손, 굴욕, 무지를 아는 인간 존재의 진실과 대면하게 한다. 결국 이들은 글쓰기는 자신이 무엇을 할 수 없는가를 드러내는 장소가 된다.

이러한 이들의 이야기가 '집합기억'[73]을 이룬다. 김유경의 경우는 한

---

68 김유경, 『인간모독소』, 카멜북스, 2016.

69 중국에서 겪은 가지가지의 일을 여기 잠깐의 대목에서 어떻게 다 말할 수가 있을까. 많은 이 이야기가 있지만 이번에는 아껴두고 이 다음에 중국에서의 이야기를 따로 쓰기로 하겠다(김혜숙, 앞의 책, 227쪽).

70 그러나 나는 내가 그렇게 원하고 고대하던 '세상에 남을 장편'을 쓰는 일에 좀처럼 착수하지 못하고 있다. 북한과 남한 사이에 있을 수밖에 없는 사유와 언어의 공백이 그만큼 크다는 뜻이기도 하다(최진이, 앞의 책, 310쪽).

71 '사건'의 외부에 있는 인간은 '사건' 내부의 일을 이해할 수 없다는 '사건'의 단독성, 유일무이함을 오카 마리는 강조하고 있다(오카 마리, 앞의 책, 25-37쪽 참조).

72 위의 책, 63쪽.

73 알박스에 의하면 공식기억인 역사와 달리 '집합기억(collective memory)'은 내용이 불확정적이며, 복수의 서사이며, 이를 통해 집단의 정체성이 유지된다(김영범, 「알박스의 기억사회학 연구」, 대구대사회과학연구소, 『사회과학연구』 6-3, 1999). 또한 역사에 대비되는 푸코의 '대항기억(counter-memory)'은 종속되거나 억압 받는 사람들의 사적이지만 집합적인 기억

편의 소설 안에서 여러 체험자를 등장시킨 집합기억의 시도에 해당하며, 동시에 서사를 추동하는 작가가 체험한 강렬한 트라우마의 기록이 집합기억의 부분을 이루기도 한다. 김혜숙과 최진이의 경험담 역시 집합기억의 부분에 해당한다. 대항기억은 종속되거나 억압 받는 사람들의 사적이지만 집합적인 기억이며, 우리 시대의 문학은 역사적 상흔을 기억하고 증언하라는 요구를 짊어지고 있다[74] 할 때, 탈북 여성작가들의 소설쓰기는 증언의 욕망에 의한 기록물이자, 각자에게 단독적인 사건을 전달하고자 하는 기억의 저작들이 모여 우리 시대의 서발턴인 탈북 여성들의 집합기억을 이룬다는 점에서 이미 충분한 의의를 갖는다. 그리고 그녀들의 글쓰기가 증언의 욕망과 정체성 구성이 번번이 실패하는 자리라는 점에서 우리는 이들의 서사에 드리워진 '서발터니티'를 발견한다. 그녀들을 향해 "너는 누구인가?"를 묻되, 완전한 대답이나 최종적인 대답을 기대하지 않고 그 질문을 계속 제기하는 데에서 윤리가 찾아진다면,[75] 계속 질문함으로써 그들의 이야기를 들으려 한다는 것에서 그들을 환대하는 주체의 윤리가 발견될 것이다.

---

이라는 관점에 의하면 사적 기억으로써의 문학적 기억은 집합기억으로서 대항기억이 된다.

74 와이즐은 '그리스인들이 비극을, 로마인들이 서간문을, 르네상스인들이 쏘네트를 창안했다면, 우리 시대는 증언이라고 하는 새로운 문학을 창안했다'고 지적했다. 이 주장은 역사적 상흔(와이즐에게는 아우슈비츠)을 기억하고 증언하라는 문학의 역할에 대한 문학적, 철학적 요구가 시대에 따라 어떻게 변해왔는가를 보여준다고 논자는 지적한다(유선무, 「숭고의 역사에서 트라우마의 역사로: 워즈워스의 『서곡』 읽기」, 영미문학연구회, 『안과 밖』, 2015, 12쪽).

75 주디스 버틀러, 앞의 책, 77쪽.

## 5. 단수적 주체와 독자의 윤리

지금까지 탈북 여성작가의 글쓰기를 살펴봄으로써 서발턴의 목소리에 귀를 기울이고자 했다. 우선 탈북의 과정에서 여성들이 겪은 폭력과 학대, 성적 착취는 트라우마를 형성해 반복적 기억으로 침투한다. 외상 기억은 경험 당시의 정서적 강도를 동반하여 침투하기에 탈북 여성작가의 글쓰기는 트라우마에 고착되어 있는 인물의 현재적 고통을 증상으로 쓰는 작업이 된다. 또한 그녀들의 글쓰기는 고통스러운 외상 사건의 소재를 증언하려는 욕망뿐 아니라 자신의 삶을 개선하겠다는 강고한 현재적 욕망에 의한 것[76]이기도 하다. 그러나 한국사회 정착에 의지를 보이는 글의 내용에도 불구하고 고향(북한)은 인정할 수도 부인할 수도 없는 양가적 대상이 되며 결국 글의 화자이자 작가는 애증의 대상을 내면화한 우울증적 주체로 남는다. 이처럼 탈북 여성작가의 글쓰기는 외상 사건을 고발하려는 증언의 욕망과 한국사회에의 동화라는 현재적 욕망 사이에서 동요하고 있는 중이다.

텍스트를 통해 작가와 독자가 만나는 소통 구조 안에서 탈북 여성작가는 자신의 정체성을 밝힘으로써 이 사회에 자신이 누구인지 설명하고자 한다. 그러나 그녀는 자신의 고통과 죽음에의 접근, 슬픔이라는 단수성의 경험을 전달하는 데 적합한 언어를 찾지 못하며, 자기 증명의 서사는 완성되지 않는다. 이때 자기 서사의 불가능성을 보여주는 이들의 글쓰기야말로 인간의 근본적 취약성과 상호 의존성을 보여주는 집합기억

76 치아는 서발턴을 재현의 지배적인 체제들을 통해 배제되는 것으로 이해하는 것에 그쳐서는 안 되며, 그녀들이 자신의 삶을 개선하겠다는 강고한 욕망을 가지고 움직인다는 것을 간과하지 말 것을 요구한다(팽 치아, 「동시대성들과 가능한 미래들: 말하(지 않)기와 듣기」, 가야트리 차크라보르티 스피박 외, 앞의 책, 300-355쪽 참조).

에 해당한다. 우리는 그녀들의 글에서 인간 존재의 겸손과 무지를 배운다. 그렇기에 완전한 대답을 기대하지 않고 계속 누구인지 물으며 그녀들의 글을 읽는 독자가 되는 것이야말로 그녀들에게 이 사회에 자리를 마련해주는 주체의 윤리일 것이다.

이 장은 최진이, 김혜숙, 김유경 작가의 수기, 자전소설, 창작소설을 모두 연구 대상으로 삼고 작가의 목소리에 귀를 기울이고 글쓰기의 행간을 들여다보고자 한 취지에서 쓰였으므로 결과적으로 세밀한 작품 분석은 미진했다. 이에 개별 작가 연구 및 작품에 대한 본격적인 분석은 후일을 기약한다.

13장

# 디아스포라의 기억과 초국적 문학의 공동체

## – 조해진과 최은영의 소설을 중심으로

### 1. 타인의 고통을 대면하여

지금까지의 한국문학은 근현대사를 관통하며 겪은 자신의 고통에 대해 말하고 상처를 어루만지기 바빴다. 피해자의 정체성에서 헤어나오기 힘들었기에 타인의 고통에 관심을 가질 여유가 없었던 것이 사실이다. 그러나 최근 민족과 국가 단위를 넘어서서 보편적 인류애를 구현하는 소설들이 발견된다. 이는 소위 하루키 식의 포스트모던한 무국적의 서사가 아니다. 민족주의와 국가주의에 고통 받은 과거의 경험을 직시하고 그에 대응하여 새롭고 성숙한 시각으로 다시 쓰기를 수행하고자 하는 움직임이 생겨나고 있다.

현재 고통 받는 얼굴, 즉 이방인으로 출현하는 타자들이 있다.[1] 근대

1 레비나스의 윤리학에서 '이방인-타자'는 얼굴로 현현한다. "나그네와 고아와 과부의 얼굴, 곧

국민국가의 틀로부터 내던져진 디아스포라야말로 '근대 이후'를 살아갈 인간의 존재형식이 앞서 구현되고 있는 것이다.[2] 고향을 떠난 이주민 중 다수는 전쟁, 학살 등의 불행한 역사적 사건이 배후에 도사리고 있는 경우가 많다. 그리고 다시는 귀향하지 못한 채 트라우마를 간직한 삶을 살게 된다. 역사적 사건은 종결되어도 그로 인한 상흔은 개인에게 남아 여전히 지속적으로 작용하기 때문이다. 상흔은 피해자 개인의 몫으로만 남아서는 안 되며, 민족의 단위를 넘어서고 국가의 경계를 넘어서서 인간 보편적 차원에서 사유되어야 한다. 우리 모두는 인간이라면 갖는 '단수성'을 공유하는 존재이기 때문이다.[3] 그렇기 때문에 고통 받는 얼굴로 출현하는 이방인들의 불행을 외면할 권리가 우리에게는 없다.

조해진은 타인의 고통을 대면한 작가의 소설쓰기 자체를 작품의 주제로 삼아온 작가다. 『로기완을 만났다』[4]에서는 사회의 약자들을 향한 자신의 호의가 순수하게 타인을 위한 것인지 회의에 빠진 화자가 등장하는데, 그녀는 우연히 기사를 보고 자신과 전혀 무관한 탈북자 로기완의 여로를 무작정 좇는다. 화자는 아무리 그의 행적을 그대로 따라가도 불법 난민이 아닌 이상 로기완을 이해하고 공감할 수 없음을 깨닫는데, 결국 이 소설은 타인의 고통과 처지를 함부로 공감할 수 있다고 단언하

---

고통 받는 사람의 얼굴로 출현하는 타자"는 '절대적 다름'이라는 측면에서 주체의 무능력을 인정하게 만든다. 따라서 타자에 대한 무조건적인 환대가 요구된다(강영안, 『타인의 얼굴: 레비나스의 철학』, 문학과지성사, 2008, 35-37쪽 참조).

2 서경식, 『디아스포라 기행: 추방당한 자의 시선』, 김혜신 옮김, 돌베개, 2006, 6쪽.

3 낭시가 말하는 '단수성(singularité)'은 모든 존재가 '나'의 관념의 단일성(동일성) 내에 고정되지 않은 채 '공동적'인 상호 얽힘, 관계의 사건을 의미한다. 단수성은 개인성과 대립하고 전체성을 벗어난다. 다만 우리가 서로를 향해 편위(偏位)되었다는 징표이다. 이처럼 낭시에 의하면 모든 존재는 단수적, 즉 유한한 존재이기에 탈자태(공동체)로 향한다(장-뤽 낭시, 『무위의 공동체』, 박준상 옮김, 인간사랑, 2010, 269-274쪽 참조).

4 조해진, 『로기완을 만났다』, 창비, 2011.

는 것은 주체의 오만이며, 그것을 경계하기 위해 고통의 단독성을 보존하되 언어로 재현될 수 없는 '사건' 그 자체가 있었다는 사실을 상기해야 함을 말한다.[5] 이처럼 조해진의 최근 소설은 국경을 넘어선 이방인들의 고통을 화두로 삼고, 그들의 고통을 대면하는 데 윤리적 철저함으로 일관하고 있다는 점에서 문제적이다. 그리고 「빛의 호위」[6]는 단편소설임에도 최근 조해진의 이러한 문제의식을 집약적으로 보여주는 작품이라 할 것이다.[7]

최은영은 단 한 권의 작품집을 갓 엮은 신인이지만 무궁무진한 잠재력을 감추고 있는 듯하다. 기법이 난해하지도 소재가 낯설지도 않지만 작품집 『쇼코의 미소』에 수록된 모든 작품은 그야말로 진정성이 담뿍 배어 있다는 것만으로 한 편 한 편이 특별하다. 타인의 불행에 민감하며 사람 사이의 온기와 유대에 지속적으로 관심을 보이고 있는 작가의 시선은 「비밀」과 「미카엘라」처럼 '세월호'라는 사건 이후에 집중되기도 했고, 「쇼코의 미소」와 「한지와 영주」, 「씬짜오, 씬짜오」처럼 국경을 넘나드는 우정과 사랑, 타인의 불행에 대한 공감의 불/가능성에 관심을 두고 있기도 하다. 그중 「씬짜오, 씬짜오」[8]는 낯선 독일에 거주하는 이방인들의 과거의 상흔에 매인 삶이라는 무겁고 어려운 문제들을 담고 있는 소

---

5 오카 마리, 『기억·서사』, 김병구 옮김, 소명출판, 2004, 63쪽 참고.

6 조해진, 「빛의 호위」, 『빛의 호위』, 창비, 2017(『한국문학』 여름호, 2013).

7 전쟁을, 학살을, 혹은 그와 비슷한 무게의 고통을 겪었거나 겪고 있는 사람들에게 우리는 무엇을 해줄 수 있는지…. 이 화두는 우리가 살아 있는 한 지속될 테지요. 그리고 우리의 죽음 이후에도 누군가는 짊어질 생의 무게일 것입니다. 아무리 시간이 흘러도, 세대와 세대가 지나가도, 우리가 잊어서는 안 되는 어떤 영원한 예의에 대해 쓰고 싶었다고 한다면 너무 거창하겠죠. 실은 저도 잘 모르는 영역입니다. 그러니 이 소설을 쓰게 된 계기를 저는 이렇게밖에 말할 수 없을 것 같아요. 대단하고 위대한 삶이 아니라 조금이나마 인간다워지는 순간에 대해서 쓰고 싶어서였다고요(조해진, 「영원한 예의를 향해: 「빛의 호위」 작가노트」, 『제5회 젊은작가상 수상작품집』, 문학동네, 2014, 69-70쪽).

8 최은영, 「씬짜오, 씬짜오」, 『쇼코의 미소』, 문학동네, 2016(『문장 웹진』, 2016, 5월호).

설이며, 국가와 민족적 동질성을 넘어서는 공감과 환대에서 갈등의 실마리를 찾으려 한다.

이 두 작가의 작품을 살펴보건대 고통 받은 이들을 환대하고 그들의 과거를 기억해주는 사람들은 그저 평범한 사람들이거나 오히려 우리 사회의 약자들, 혹은 그들과 무관한 이방인들이다. 단수성을 공유하는 이들은 서로를 향해 편위(偏位)하는 존재들이며, 낭시가 말하는 공동체적 존재이다.[9] 블랑쇼는 "모든 인간 존재의 근본에 어떤 결핍의 원리가 있"기에 각 인간 존재는 공동체를 부른다고 설명한다.[10] 낭시와 블랑쇼의 공동체 개념은 내재주의 혹은 동질성의 원리에 입각한 기존의 공동체와 결별한다. 인간에 대한 인간의 절대적 내재성—휴머니즘—과 공동체에 대한 공동체의 절대적 내재성—공산주의—을 벗어나[11] '어떤 공동체도 이루지 못한 자들의 공동체'를 추구한다.[12] 그렇기에 이들의 공동체는 특정한 집단을 형성하지 않으며, 어떤 공동의 과제를 수행하거나 생산을 목적으로 삼지도 않는다. 예외적으로 단 하나의 목적이 있다면 그것은 타인에 대한 헌신을 항구적으로 보여준다는 것이다.[13] 한 번도 만난 적 없기에 '밝힐 수 없는 공동체'이자 어떤 공통의 목표도 없기에 '무위의 공동체'로 불리는 이들의 공동체는 요컨대 기존의 공동체에서 추방당한 단수적 실존들이 서로에게 서로를 내맡기는 삶, '함께-있음'의 상태를 말한다. 인간은 누구나 유한한 존재라는 깨달음[14]과 죽음으로의

---

9 장-뤽 낭시, 앞의 글, 30-32쪽 참조.

10 모리스 블랑쇼·장-뤽 낭시, 『밝힐 수 없는 공동체/마주한 공동체』, 박준상 옮김, 문학과지성사, 2005, 17-19쪽.

11 장-뤽 낭시, 앞의 책, 24쪽.

12 모리스 블랑쇼·장-뤽 낭시, 앞의 책, 11쪽.

13 위의 책, 26쪽.

14 '유한성(有限性)'은 낭시를 이해하는 데 중요한 키워드로 여러 층위를 갖는다. 완전한 내재성을 가진 인간이란 존재할 수 없다는 차원에서 타인을 향한 우리의 유한성, 실존들의 접촉은

접근이나 불행과 같은 '바깥'의 경험[15]은 단독자로서의 실존 불가능성을 보여준다. 그럴 때 인간은 고립된 개별적 존재가 아니라 타자로 향해 있는 '외존(exposition)', 즉 '공동-내-존재'임을 상기하면 된다.

최근 문학에서 발견되는 윤리 또한 기존 공동체가 갖는 내적 논리와 결별한다.[16] 외부에서 강제되는 어떤 가치와 규율을 '도덕'이라 부른다면, '윤리'는 그것을 넘어서서 개인적 실천의 차원에서 작동되는 가치 개념이다. 기성의 질서와 가치를 부정했을 때, 인간에게는 '어떻게 행동하고, 살 것인가'라는 새로운 물음이 제기되고, 실상 이 물음이 '윤리'의 핵심이다.[17] 신형철의 적절한 비유에 의하면, 선(善)의 논리가 시스템을 유지하기 위해 필요한 방호벽이라면, 반면 진실의 윤리는 시스템을 다시 부팅하는 리셋 버튼이다.[18] 이처럼 기존 공동체의 내재주의가 디아스포라를 양산하고, 시스템을 유지하기 위한 선의 논리가 이방인에게 폭력으로 작동할 때, 그에 맞서 진실의 윤리를 밝혀 보여줌으로써 우리 삶에 희망을 건네는 것, 그것이 바로 문학의 방식일 것이다. 이에 이 장에서는 낭시와 블랑쇼의 공동체 이론을 통하여 조해진의 「빛의 호위」와 최

---

영원하거나 지속될 수 없다는 차원에서의 만남의 유한성, 죽음이나 병, 고독과 같은 한계 상황에 놓인 존재의 유한성 등이 그것이다(박준상, 「장-뤽 낭시와 공유, 소통에 대한 물음」, 『철학과 현실』, 58, 2003, 148쪽).

15 박준상, 『바깥에서』, 그린비, 2014, 68쪽.

16 기실 현재 '윤리(ethics)'와 '도덕(morality)'은 이론가들마다 용어의 선택과 해석이 상이하다. 블랑쇼, 벤야민, 아도르노, 랑시에르, 진은영이 선과 악에 대한 관습적 해석들을 낳는 것을 거칠게 나누었을 때 '윤리'라 보고 그에 대항하여 '도덕'의 개념을 내세운다면, 푸코, 레비나스, 데리다, 바디우, 김홍중, 신형철은 시스템 내부의 이데올로기화된 선의 원리에 반발하고, 주체 내면의 실천에 대한 판단원리로서 '윤리'를 주창한다. 이 글은 후자의 입장에서 개인적 실천 차원에서 작동되는 가치 개념인 '윤리'를 수용하여 작품 분석에 적용했다.

17 고봉준, 「윤리의 좌표」, 작가와비평 편집동인 엮음, 『키워드로 읽는 2000년대 문학』, 작가와비평, 2011, 58쪽.

18 신형철, 『몰락의 에티카』, 문학동네, 2008, 18-19쪽 참고.

은영의 「씬짜오, 씬짜오」가 보여주는 윤리의 가능성을 찾아보려 한다.

## 2. 「빛의 호위」: 윤리의 평범성

조해진은 대지의 삶에서 '뿌리 뽑힌' 삶을 예외적 상태가 아니라 삶의 기본적인 조건으로 받아들이는[19] 작가이다. 그중 기차는 디아스포라적 주체들의 불안과 슬픔을 육체화하여 형상화된 매개체이자 인간 존재의 근본적 결핍과 불안 의식의 기표가 됨으로써 조해진의 소설을 추동한다.[20] 그리고 최근작 「빛의 호위」는 타자에게 받은 선물을 또 다른 누군가에게 되돌려주는 증여의 윤리와 그 증여의 윤리를 공유하는 (시대와 공간을 초월한) 공동체를 제시[21]하는 소설이다. 지금부터 이방인 정체성의 보편성과 타자를 향한 윤리를 잘 구현하는 소설 「빛의 호위」에 대해 본격적으로 논의해보려 한다.

잡지사 기자인 '나'가 분쟁지역 사진작가 권은을 인터뷰하고 나서 서서히 그녀와 관련된 과거를 기억해내고, 나아가 단 한 번도 만난 적 없고 시공간을 공유하지 않는 홀로코스트 경험자들과 공동체를 이루는 신비로운 이야기를 가능하게 하기 위해 「빛의 호위」는 변형된 액자구성을 취하고 있다. 화자와 권은의 이야기가 겉이야기, 알마 마이어와 장 베른, 그리고 노먼 마이어의 이야기가 속이야기에 해당하는데, 이를 변형

19 한기욱, 「떠도는 존재의 기억과 빛」(해설), 조해진, 『빛의 호위』, 창비, 2017, 265쪽.

20 장예원, 「가장 쓸쓸하고 연약한 연대: 조해진론」, 2017 『세계일보』 신춘문예 평론부문 당선작.

21 류보선, 「진짜 증여의 힘」(해설), 한국현대소설학회 엮음, 『2014 올해의 문제소설』, 푸른사상, 2014, 358쪽.

된 액자구성이라 일컫는 이유는 한 번도 만난 적 없고, 시공간을 공유하지 않는 '권은-나'와 '마이어 모자-장 베른'이 숨결을 나누는 공동체를 형성하고 있기 때문이다.

먼저 곁이야기에 해당하는 권은과 '나'의 이야기를 살펴보자. 처음에 '나'는 권은을 기억하지 못하지만, 암순응에 시간이 걸리듯 서서히 열세 살 때의 기억을 되찾는다. 당시 반장이었던 '나'는 선생님을 대신하여 장기결석 중인 권은을 찾아간다. 햇빛이 거의 들지 않는 작고 추운 방에 방치된 열세 살의 그녀를 목격한 후, '나'는 권은이 죽을지도 모른다는 상상에 자주 빠져들었고, 권은과의 비밀을 지키기 위해 아무에게도 알리지 못한 채 만화책이나 건전지처럼 사소한 것을 들고 그 후로 몇 번 더 권은을 찾아간다. 이때 권은을 위해 자발적으로 이루어진 나의 행위는 고통 받는 타자를 외면하지 않고 그에 응답하는 책임적 주체에 해당한다.[22] 그러다 화자가 안방 장롱에서 우연히 후지사의 필름 카메라를 발견했을 때 일말의 주저도 없이 권은의 방으로 달려간 것은 그 수입 카메라가 먹을 것과 맞바꿀 수 있는 돈뭉치로 보였기 때문이다. 카메라를 훔친 행위는 사회의 도덕적인 기준에 의하면 악한 행동이겠지만, 그 카메라가 궁극적으로 한 사람을 살렸다는 점에서 윤리적이다. 죽음만을 기다리며 추운 방에서 떨고 있는 그녀의 불행을, 블랑쇼의 용어를 빌리자면 '바깥'에 몰린 그녀를 그냥 모른 체하지 않은 화자는 20년 후 분쟁지역 사진작가가 되어 있는 권은으로부터 이런 말을 듣게 된다.[23] "반장,

22 레비나스의 주체는 타자와의 윤리적 관계를 통해 얻어지는 주체성으로 설명된다. 고통 받는 얼굴로 출현하는 타자를 통해서 이기적인 욕망을 포기하고 타자에 응답하는 '책임적인 주체'가 레비나스의 윤리적 주체이다(강영안, 앞의 글, 41쪽 참조).

23 어느 날은 차가운 벽에 이마를 대고 간절히 기도도 했습니다. 이 방을 작동하게 하는 태엽을 이제 그만 멈추게 해달라고, 내 숨도 멎을 수 있도록. 내 손에 카메라가 들어오기 전까지 고작 그런 걸 난 기도했던 거예요. (…) 반장, 사람이 할 수 있는 가장 위대한 일이 뭔지 알아?

네가 준 카메라가 날 이미 살린 적이 있다는 걸 너는 기억할 필요가 있어." 라고.

속이야기는 알마 마이어와 장 베른, 그리고 아들 노먼 마이어에 관한 이야기다. 알마 마이어는 세계대전 당시 유럽을 잠식했던 제노사이드, 즉 홀로코스트의 희생자이다. 전도유망한 바이올리니스트였던 그녀는 1940년 벨기에에 유대인 등록령이 내려지면서 오케스트라에서 해고됐고, 목숨이 위태로운 상황에서 그녀의 연인 장이 식료품점 지하창고에 그녀를 숨겨준다. 이때 알마 마이어야말로 민족주의에 의한 폭력의 희생양이자, 민족국가가 갖는 강력한 동질성에 의해 배제되고 내던져진 디아스포라에 해당한다. 그녀는 다음과 같이 당시를 회상한다. "장이 작곡한 그 악보들은 식료품점 지하창고에서 날마다 죽음만 생각하던 내게는 내일을 꿈꿀 수 있게 하는 빛이었어요. 그러니 난 이렇게 말할 수 있어요. 그 악보들이 날 살렸다고 말이에요." 미국행 증기선에서 그녀는 노먼을 임신한 것을 알게 되지만, 생존을 위한 탈출은 장과의 영원한 이별을 의미했다. 그들의 사랑은 이루어지지 못했지만, 그들의 아들인 노먼이 이루어지지 못한 그들의 사랑을 재현함으로써 세상에 그들의 사랑을 알린다. 알마 몰래 평생 혼자 장의 소식을 전해 듣고 있던 노먼 마이어는 장이 사망한 후 그의 뜻을 이어 가장 위대한 일을 재현하고자 했던 것이다. 장은 평생 작곡가를 꿈꾸었지만 단 한 곡도 발표하지 못한 무명의 호르니스트였다. 세상의 잣대로 보자면 별 볼 일 없는 사람이지만, 아들 노먼에게 장은 "쓰레기 같은 전쟁에서 죽을 뻔했던 여성을 살린" 가장 위대한 일을 한 사람이다. 노먼은 "사람을 살리는 일이야말로 아무

---

누군가 이런 말을 했어. 사람을 살리는 일이야말로 아무나 할 수 없는 위대한 일이라고(조해진, 「빛의 호위」, 『빛의 호위』, 창비, 2017, 27쪽).

나 할 수 없는 가장 위대한 일"이라는 믿음하에 아버지의 위대함을 기리고자 자신의 전 재산을 털어 마련한 구호물자를 싣고 분쟁 지역인 팔레스타인으로 향하던 중 피폭된다. 그리고 이 '위대한 일'은 다큐멘터리 〈사람, 사람들〉에 담겨 전달된다.

전혀 무관한 두 사람, 권은과 알마 마이어의 말에서 공통점이 발견된다. 죽음만 기다리던 극한의 절망 상태에서 알마 마이어는 장이 보내준 "악보들이 날 살렸다"고 말했고, 권은은 "카메라가 날 살린 적이 있다"라 말한다. 장 베른도, 열세 살의 '나'도 성공 위주의 세상의 잣대에 의하면 평범하거나 별 볼 일 없는 사람에 불과할지 모른다. 그러나 서로 다른 시공간에서 알마 마이어와 권은이 증언하듯 그들은 인간을 살리는 가장 위대한 일을 해냈다. 깜깜한 지하창고에서 악보는 빛이었고, 역시 깜깜하고 추운 단칸방에서 카메라를 누르는 순간 피사체를 감싸는 빛은 죽음을 삶으로 바꾸어놓는 중대한 계기가 되었다. 이처럼 전혀 다른 시공간에 놓여 있는 그녀들이, 단 한 번도 만난 적 없는 그녀들이 같은 경험을 공유했다는 점에 주목할 필요가 있다. 그것은 단수성의 실존들이 숨결을 나누는 방식의 공동체의 구현을 뜻하기 때문이다. 나아가 권은은 자신의 블로그에 우연히 자신과 동일한 경험을 한 알마 마이어에게 보내는 편지를 쓰는 방식으로 문학적 공동체를 이룬다.

> 권은의 표현에 따른다면, 각기 다른 시대와 역사에서 출항한 배에 탑승한 승객들처럼 아무런 관련이 없는 알마 마이어와 그녀는 비슷한 경험을 공유하고 있었다. 마치 두 사람을 태운 전혀 다른 두 척의 배가 똑같은 섬에서, 똑같은 풍랑을 견디며 잠시 표류한 적이 있기라도 한 것처럼. 그래서 그때부터 시간이 날 때마다 알마 마이어에게 편지를 쓰곤 한다고, 권은은 쑥스럽다는 듯 웃으며 말했다.[24]

권은은 헬게 한센의 영향으로 분쟁지역 사진작가가 되었듯이, 또한 헬게 한센을 통해 알마 마이어를 알게 된다. 사진작가인 헬게 한센은 구호품 트럭의 피격으로 사망한 노먼 마이어와 하나뿐인 아들을 잃은 그의 어머니 알마 마이어를 통해 "역사의 폭력에 맞서는 개인의 가치 있는 용기"를 보았고, "생존자는 희생자를 기억해야 한다"는 신념에 따라 다큐멘터리 〈사람, 사람들〉을 제작한다.

그리고 '나'는 권은의 추천으로 그 다큐멘터리의 관객이 됨으로써 헬게 한센을, 알마 마이어와 노먼 마이어를, 그리고 장 베른을 알게 된다. 열세 살의 반장은 자신도 모르는 채 권은을 살리고, 세상 속으로 돌려보냈다. 위대한 행위를 하려는 의도가 없었음에도 권은의 불행을 모른 척하지 않고 타자의 고통에 응답한 것이 위대한 결과로 귀결된 것이다. 망각의 20년을 보낸 후, 성인이 된 반장, '나'는 열세 살의 권은을 기억해내고, 헬게 한센의 〈사람, 사람들〉을 보며 깨닫는다. 자신의 삶은 혼자 살아가는 것이 아니며 인간은 누구나 공동체의 일원임을 말이다. 한순간도 시공간을 공유한 적 없는 나와 권은이 알마와 장, 노먼과 '외존(外存)'을 이루는 순간이다. 이들이 이루는 '공동체 없는 공동체'야말로 기존의 사회 시스템에 대항하는 개인 차원의 윤리의 실천에 해당한다. 헬게 한센이 "역사의 폭력에 맞서는 개인의 가치 있는 용기"라 말한 바로 그것 말이다. 그리고 알마 마이어에게 쓴 편지 여러 통이 담겨 있는 권은의 블로그는 문학적 공동체이자 '밝힐 수 없는 공동체'가 있음을 알려주는 증거에 해당한다. 마지막으로 소설의 마지막 장면에 주목하자. 열세 살의 반장과 권은이 운동장에서 만나 얘기를 나누던 기억을 성인이 된 '나'가 회고하는 다음의 장면이야말로 지금까지 말한 바대로 작가가 전달하

24 조해진, 앞의 책, 13-14쪽.

고자 하는 윤리, 무위의 공동체, 기억의 윤리를 한 번에 전달해주는 아름다운 결론이다.

> 평소에는 장롱 뒤나 책상 서랍 속, 아니면 빈 병 속같이 잘 보이지 않는 곳에 얄팍하게 접혀 있던 빛 무더기가 셔터를 누르는 순간 일제히 펴져나와 피사체를 감싸주는 그 짧은 순간에 대해서라면, 그리고 사진을 찍을 때마다 다른 세계를 잠시 다녀오는 것 같은 그 황홀함에 대해서라면, 나는 이미 모든 것을 기억하고 있었다.[25]

사물에 깃들어 있다 셔터를 누르는 순간 피사체를 감싸는 우리 주변의 빛이란 광원이 있는 것도 아니고, 눈부실 만큼 밝지도 않으며, 찰나적이라 영원성을 담보하지도 못하는 미약한 것일지 모르나 잠시 다른 세계가 열릴 만큼의 황홀함을 선사한다. 권은이 경험하고 조해진이 말하고자 하는 윤리란 이런 것이다. 윤리를 행하기 위해 거대한 주체가 필요한 것도 아니고, 대단한 결심이 필요한 것도 아니다. 그저 평범한 사람이 불행에 노출된 사람을 보고 그 사람을 위해 무언가를 해야 한다고 믿는 것, 그리고 뭔가 행동으로 옮기는 것이면 된다. 죽음만 기다리던 권은이 반장이 가져다준 카메라에서 온기를 느끼고, 희망을 찾고 세상으로 나왔듯이.

이처럼 윤리는 인간이라면 누구나 공유하고 있는 단수성의 현시에서 발생하므로, 일방적인 시혜일 수 없다. 반장이 권은의 불행에 응답하자 권은이 분쟁 지역의 사람들에게 응답하고, 장 베른이 알마 마이어의 불행에 응답하자 노먼 마이어가 분쟁 지역의 사람들에게 응답했으며, 그

25 조해진, 위의 글, 32쪽.

의 육신은 다했으나 노먼 마이어의 위대한 뜻을 헬게 한센이 다큐멘터리 제작을 통해 세상에 알리고, 다시 성인이 된 반장, '나'는 헬게 한센의 다큐멘터리와 권은의 일기를 통해 이 모든 것이 연결되어 있음을, 그리고 자신도 이 숨결을 나누는 공동체의 일원임을 깨닫게 된다. 소설은 여기에서 끝나지만, 이미 공동체의 일원임을 깨달은 '나'의 인생이 달라질 것임은 자명하다. 보잘것없는 속물적 삶과 결별하는 강력한 윤리적 계기를 맞이했기 때문이다.

조해진은 「빛의 호위」에서 윤리가 평범한 일상에서 평범한 사람들에 의해 구현될 수 있음을 보여준다. 이를 한나 아렌트의 용어인 '악의 평범성'과 대비하여 '윤리의 평범성'이라 칭해보면 어떨까. 수백만의 유태인을 학살한 아돌프 아이히만이 악한 인물이 아니라 성실한 부역자였다는 점에서 현대의 악이 인간을 잉여적으로 만드는 시스템과 관련하여 출현하는 것이라면,[26] 인간을 도구화한 현대의 시스템을 벗어나 개별 인간의 실천 차원이자 선악 개념과 결별한 윤리 개념을 환기할 필요가 있다. 카메라 셔터를 누를 때마다 피사체 주변에 숨어 있던 빛들이 찾아들듯, 누구나 일상에서 실천할 수 있는 윤리 말이다. 동질성과 내재성을 원리로 한 기존의 공동체가 그에 속하지 않는 인간들을 배척해온 것이 그간의 역사였다면, 그에 속하지 않는 이방인의 디아스포라의 역사를 알고 그와 더불어 존재하는 불우한 실존들의 고통을 대면하고 '편위'함으로써 윤리를 실천할 수 있다. 이것이야말로 「빛의 호위」가 전달하는 윤리의 평범성이자 문학적 공동체의 구현일 것이다.

26 한나 아렌트, 『예루살렘의 아이히만: 악의 평범성에 대한 보고서』, 김선욱 옮김, 한길사, 2006, 38쪽.

## 3. 「씬짜오, 씬짜오」: 말 걸기의 발화 공동체

최은영의 소설이 "진부하고 미숙한데도 감동적"일 수 있는 이유는 "서사를 감싸고 있는 순하고 맑은 힘" 덕택이다.[27] "최은영의 소설은 '진실하다'라는 느낌을 주고 그렇기에 읽는 이의 마음을 움직인다."[28]는 적절한 평가가 말해주듯 그녀는 삶의 진실을 찾아내는 능력과 그것을 진실되게 한 편의 소설로 직조하는 힘을 가진 작가이다. 최은영의 작품들에는 하나같이 선량하고 속 깊은 인물들이 등장하는데, 그들은 삶이 갖는 아픔과 슬픔, 사람 사이의 이해 불/가능성에 관심이 많다. 그리고 「씬짜오, 씬짜오」는 본격적으로 디아스포라의 신산한 삶과 타인의 상처를 문제 삼는 작품이다.

「씬짜오, 씬짜오」는 1995년 독일의 소도시 플라우엔에서 당시 열세 살이었던 화자의 가족과 투이네 가족이 보낸 특별한 시간을 회상하는 것에서 시작된다. 돈을 벌기 위해 이주했을 것으로 추정되는 '나'의 가족은 완벽한 이방인이다. 낯선 그곳의 생활에서 베트남 호 아저씨네 가족의 따뜻한 환대는 큰 힘이 된다. 응웬 아줌마는 처음 이주했을 때의 어려움을 잘 기억하고 있기에 건조한 날씨에 적응하지 못하는 엄마에게 자신이 손수 만든 크림을 건넨다. 독일의 작은 도시의 이방인들은 주말마다 저녁을 함께 먹으며 서로에게 의지하는 듯하다. 나에게 우드스탁이라는 별명을 붙여주고 옆에서 까불거리던 투이는 진정으로 속 깊은 친구였으며, 예민하고 우울한 사람이었던 나의 엄마는 그것을 장점으로 바라보는 응웬 아줌마의 애정 속에서 환하게 빛났다. 서로를 증오하던

---

27 서영채, 「순하고 맑은 서사의 힘」(해설), 최은영, 『쇼코의 미소』, 문학동네, 2016, 276-277쪽.

28 신형철, 『제5회 젊은작가상 수상작품집』(심사평), 문학동네, 2014, 337쪽.

나의 부모조차도 투이네 식구의 무조건적인 환대와 호의, 그로 인해 이루어진 따뜻한 기분과 음식을 나눠 먹던 공기에 노출되었을 때는 서로를 보며 웃기도 하고 선선한 눈빛을 교환하기도 한다. 잠시 찾아온 지나친 행복을 마주한 유년의 화자는 "언젠가 이 시간을 그리워할지도 모른다"고 생각한다.

수업 시간에 '나'는 투이로부터 뜻밖의 이야기를 듣게 된다. 2차 세계대전 이후로는 대규모의 살상이 일어난 전쟁이 없었다는 독일인 선생님의 말에 엉겁결에 "아닌데요."라 대응한 투이는 베트남에서 전쟁으로 사람들이 많이 죽었으며, 자기 부모의 가족도 군인들에게 몰살당했고, 심지어 마을이 없어졌음을 알린다. 선생님은 투이에게 베트남전쟁에 대해 더 설명할 것을 요구하지만, 투이는 더 이상 말을 잇지 못한 채 함구한다. 반장이 베트남은 전쟁으로 미국을 이긴 유일한 나라라고 발표하고 선생님이 설명을 이어가지만, 교실에서 그 애를 앞에 두고 그런 식의 설명을 하는 건 '나'에게 뭔가 부당하게 여겨졌고, 그럼에도 아무 말도 하지 못한 기억으로 남는다. 교실 장면을 자세히 보자.

> 선생님은 반장의 말이 정확하다고 칭찬하고는 미국이 베트남전에 참전한 배경과 전쟁 과정에 대해 설명했다. 그리고 그 일이 미국 정부의 실책이었고, 미국으로서는 아무런 득도 보지 못한 전쟁이었다고 결론 내렸다. 투이가 말하고 싶었던 던 그런 게 아니었으리라고, 그 애를 앞에 두고 그런 식의 설명을 하는 건 가슴 아픈 일이라고 말하고 싶었지만 어쩐지 입을 열 수 없었던 기억이 난다. 투이는 분명 교실에 있었지만 그 순간만큼은 그곳에 없는 사람으로 취급된 것 같았다. 나는 등을 구부리고 앉아 있는 그 애의 뒷모습을 바라봤다. 너희들은 투이의 마음을 조금도 짐작하지 못

하겠지, 독일 애들에게 희미한 분노마저 느꼈던 기억도.[29]

위의 인용문은 다음의 두 가지를 암시한다. 하나는 "투이는 분명 교실에 있었지만 그 순간만큼은 그곳에 없는 사람으로 취급된 것 같았다."는 구절이 보여주듯, 말할 수 없는 서발턴으로서의 투이의 정체성이다. 투이는 역사시간에 베트남전쟁이 누락되는 순간 반사적으로 그에 맞서 전쟁이 있었음을, 수많은 피해자가 양산됐음을, 그리고 그들이 가까운 가족이었음에 대해 발화하나, 이후의 발화에서는 주체가 되지 못한다. 투이에게 베트남전쟁이란 승자가 누구인지에 대한 기록이나 몇 명의 사람이 죽고 손실액이 얼마인지 따위의 수치적 환산으로 설명될 수 없다. 베트남전쟁은 투이 부모님의 고향과 가족을 잃은 근원적 상실의 체험이며, 트라우마의 자리이다. 독일의 이방인으로 출생하고 성장해야 했던 투이에게 베트남전쟁은 논리적인 문장으로 발화되고 정리될 수 없는 무엇이다. 선생님이 요구하는 어떤 논리정연한 정리도 투이네 가족이 겪은 베트남전쟁을 정확하게 전달하지 못할 것이다. 그렇기에 독일(서양이자 외부)인의 시각에서 정리된 베트남전쟁은 그 전쟁의 희생자인 서발턴은 말할 수 없는 바로 그 지점을 보여준다.[30] 다른 하나는 독일의 그 교실에서 투이의 아픔에 근접한 유일한 사람이 바로 '나'였다는 점이다. 투이의 마음을 조금도 짐작하지 못할 독일 애들에게 "희미한 분노마저 느꼈던 기억"이 남아 있는 '나'는 투이와 같은 이방인의 정체성을 공유하고 있다.

---

29 최은영, 앞의 책, 77-78쪽.

30 가야트리 차크라보르티 스피박, 「서발턴은 말할 수 있는가?」, 로절린드 C. 모리스 엮음, 『서발턴은 말할 수 있는가?: 서발턴 개념의 역사에 관한 성찰들』, 태혜숙 옮김, 그린비, 2013, 78-79쪽.

두 가족의 저녁 식사 시간에 베트남전쟁의 화두는 나의 발화로 인해 계속 이어진다. 일본의 식민통치에 관한 이야기가 나오자, '나'는 한국의 학교에서 배운 바대로 "한국은 다른 나라를 침략한 적 없어요."라고 말하고, 결국 그로 인해 베트남전쟁에서 응웬 아줌마네 가족을 몰살한 군대가 한국 군인들이었음이 밝혀지게 된다. 그때 아줌마는 어머니와 아기였던 동생을 잃었다. 나의 아빠는 그 전쟁에서 용병으로 참가했던 스무 살 형을 잃었다. 비록 용병이었다 할지라도 아빠의 형이 응웬 아줌마의 가족을 학살했을 개연성이 성립된다. 그럼에도 나의 아빠가 가족을 잃었다는 사실이 동일하다 강조했을 때, 이미 끝난 일이라 단언했을 때, 응웬 아줌마는 그 사건을 겪지 않은 나의 상상을 불허하는 장소와 시간으로 되돌아갔고, 그날 밤 낯선 타지의 두 이방인 가족이 쌓아왔던 우정은 파국을 맞이한다.

두 가족의 우정이 깨어진 계기는 베트남전쟁이라는 역사적 사건이었다. 여기에서부터 관계의 문제는 나와 타인, 혹은 가족 간의 사적인 관계에서 공적, 역사적 관계로 나아간다. 정확히 말하자면 나아간다기보다 사적인 관계와 공적인 관계가 실타래처럼 얽혀 있고, 나는 나도 모르게 내가 거주하지 않았던 시공간의 타인과 관계 맺어져 있었음이 드러났다고 봐야 할 것이다. 개인은 필연적으로 타인과 세계와 연결되어 있다는 진리는 낯선 곳에서 우연한 관계를 맺은 두 가족이 연관되어 있는 베트남전쟁이라는 역사적 사건을 통해 드러났다. 여기에서 우리는 다음과 같은 것들을 발견할 수 있다.

우선 이 소설은 민족국가 단위의 내셔널리즘을 넘어설 것을 요구한다는 점이다. 가해자 한국과 피해자 베트남의 이분법적 구도를 설정하고 뒤늦은 사과를 해야 한다고 말하는 것이 아니다. 만약 국가적 단위가 중요했다면, 애초에 호 아저씨네가 한국인 가족에게 호의를 베풀 이유가 없었기 때문이다. 오히려 이 소설은 국가 단위의 동질성을 벗어나서 개인에 주목해야 함을 말한다. 상흔의 기억을 이야기하는 일은 시간이 필요하고, 어려우며, 완벽한 이해는 불가능하다. 고통스러운 체험이 갖는 공유 불가능성, 즉 단독성 때문이다.[31]

사건 외부에 있는 인간은 사건 내부의 일을 이해할 수 없다. 그러나 그렇기에 사건의 기억을 반드시 사건 외부의 사람들과 나누어 가져야 한다. 기억이 공유되지 않으면 없었던 일이 되어버리기 때문이다.[32] 소설에서처럼 2차 대전 이후로 대규모의 살상이 일어난 전쟁은 없었다거나 한국은 다른 나라를 침략한 적이 없다는 내셔널리즘에 입각한 역사 교육이 교실에서 이루어지지 않아야 하기 때문이다. 외부의 시점에서 과거 폭력적인 사건을 재현하려는 서사는 사건을 경험한 타자의 목소리를 억압하고 봉쇄하는 이데올로기적 효과를 낳음으로써 망각의 정치학을 수행한다는 점에서 위험하다.[33]

결국 두 가족이 영원히 멀어지고 만 저녁 자리를 되돌릴 수만 있다면, 아마도 이런 것이 필요했으리라. 국가 단위를 벗어나서 과거에 경험한 트라우마에서 자유로울 수 없는 단수성을 가진 한 개인에 대해 다른 개인이 안타까움을 갖는 것, 다 이해할 수 없어 미안함을 표하는 것, 진정한 이해는 불가능하지만 숨결을 나누는 것 말이다. 이렇게 내셔널리즘의 미망을 넘어서서 개인 차원에서 과거의 상흔은 이야기되고 기억되어야 한다는 것, 그것을 이 소설은 보여주고 있다.

소설이 보여주는 다른 하나는 외상 사건의 경험자는 평생 당시의 고통에서 자유롭지 못하고 평생 고통 받는다는 것, 그 고통의 단독성에 대

31 오카 마리, 앞의 책, 99쪽.

32 위의 책, 147쪽.

33 위의 책, 5쪽.

해 외부자는 그들의 고통을 절대 이해할 수 없다는 사실이다. 어린 나이에 학살당하는 가족을 마주했던 응웬 아줌마는 '슬프게 웃는' 사람으로 평생을 살아가게 되었다. "아줌마의 행복이라는 것이 슬픔과 너무 가까이 붙어 있는 것처럼" 보였던 것은 트라우마에서 벗어날 수 없는 체험자의 삶을 알려준다. 그들은 사건을 체험했고, 기억이 주체가 되어 체험자의 신체를 습격하므로 사건의 폭력을 지금도 계속하여 겪고 있기에 고통 받는다.[34] 따라서 다 이해할 수 있다는 오만을 경계하고 다만 고통의 역사가 있었다는 것을 잊지 않을 것임을 다짐할 때 윤리가 찾아진다. "아무것도 몰랐던 거, 미안해." 라고 작가는 화자의 입을 빌려 사과한다. 여기에서 타인의 고통에 대한 무지는 비윤리적이며, 그렇기에 상흔의 기억을 우리 모두 공유할 것이 요구된다. 수전 손택은 타인의 고통과 거리를 두려 하는 우리를 질책하고, 끊임없이 상기할 것을 요구한다. 우리의 부가 타인의 궁핍을 수반하는 식으로 우리가 타인의 고통과 연결되어 있을지도 모른다는 사실을 숙고하고,[35] 그들과 연결되어 있음을 자각하는 것에서 윤리의 실천은 시작된다. 투이의 가족과 나의 가족이 이제는 과거사가 된 베트남전쟁에 관련되어 있듯이, 과거와 현재, 역사와 개인은 연결되어 있다. 그리고 독일의 소도시에서 전혀 다른 민족적 배경을 가진 두 가족이 우연히 만나 우정을 나누었듯이, 한국과 베트남, 세계와 나는 연결되어 있다. 이 어려운 진리를 최은영은 자신의 소설에서 충분히 가능한 현실로 펼쳐놓음으로써 독자들의 이해를 도모한다.

'나'는 처음 호 아저씨네 초대를 받았을 때, 플라우엔을 떠날 때, 그리고 어머니의 죽음 이후 드디어 플라우엔을 다시 찾을 수 있게 되었을

34 위의 책, 49쪽.

35 수전 손택, 『타인의 고통』, 이재원 옮김, 이후, 2004, 154쪽.

때, "씬짜오"라고 발화한다. "씬짜오"는 베트남어로 '안녕'이라는 뜻이다. 처음에는 만남의 씬짜오, 두 번째는 헤어짐의 씬짜오, 그리고 소설의 마지막 장면에서 건네는 씬짜오는 진정한 환대의 씬짜오라 할 수 있겠다. 이때 이 소설의 제목과 세 차례의 발화 상황에서 '씬짜오'는 늘 '씬짜오, 씬짜오', 두 번 반복 발화되고 있음이 주목된다. 내가 '씬짜오'라 말하면, 상대방도 '씬짜오'라 응답한다. 내가 안부를 물으면, 상대도 안부를 묻고, 내가 상대를 환대하면, 상대도 나에게 환대를 보낸다. 이때 "씬짜오, 씬짜오"의 상황은 버틀러가 말하는 발화 공동체를 의미한다. 너 없이 나는 존재할 수 없으며, 나는 너와 함께 존재한다는 것, 나와 너는 서로를 향해 있는 존재이며, 우리라는 공동체의 일원임을 말이다.

버틀러에 의하면 인간은 자기 자신을 설명하는 가운데 존재한다.[36] 그리고 자기 자신을 설명한다는 상황은 늘 청자를 필요로 하기에 대화 상황에서 찾아지는 인간 존재란 둘 이상의 '공동-내-존재'가 된다. 말하고 듣는 상황에서 화자는 청자에게 자기 자신을 설명하고, 청자는 화자를 인정하고 사회에 자리를 내어준다.[37] 화자와 청자의 자리가 언제든 바뀔 수 있음은 자명하다. '나'의 가족을 초대한 투이네가 첫 만남에서 건넨 '씬짜오'가 먼저 정착한 이방인이 같은 처지의 또 다른 이방인에게 건넨 환대였다면, 마지막 장면에서 성인이 된 화자가 20년 만에 다시 만난 응웬 아줌마에게 건네는 '씬자오'는 타인의 고통이 갖는 단독성을 진

36 주디스 버틀러, 『윤리적 폭력 비판: 자기 자신을 설명하기』, 양효실 옮김, 인간사랑, 2013, 58-61쪽 참고.

37 김현경에 의하면 사람을 만드는 것은 타인(공동체의 구성원)의 인정이다. 환대란 타자에게 자리를 주는 것 또는 그의 자리를 인정하는 것, 그가 편안하게 '사람'을 연기할 수 있도록 돕는 것, 그리하여 그를 다시 한번 '사람'으로 만들어주는 것이다. 사람이 된다는 것은 사회 안에 자리를 갖는다는 것 외에 다른 게 아니기 때문이다(김현경, 『사람, 장소, 환대』, 문학과지성사, 2015, 193쪽).

정으로 이해하고 받아들이는 윤리적 주체의 진심 어린 환대에 해당할 것이다.

'나'는 왜 호 아저씨네 가족이 '나'의 가족에게 무조건적인 호의를 베풀었는지, 응웬 아줌마가 '슬프게 웃는' 사람이 되었는지, 투이가 제 나이 또래의 아이들에 비해 속이 깊을 수밖에 없었는지 이제 안다. 호 아저씨네가 행복한 사람들이었기에 나의 가족에서 호의를 베풀 수 있었던 게 아니라 오히려 상처받았기에 누구에게도 상처 주지 않으려 애썼던 것처럼, 환대는 자신의 상처와 존재의 유한성에서 시작되는 것이라고 소설은 말한다. 누구나 상처받을 수 있으며, 상처를 줄 수도 있다. 그리고 우리는 자신도 모르는 사이에 타인의 고통과 이미 연결되어 있다. 그렇기에 이 소설은 버림받은 상처를 딛고 서서 한결 성숙해진 화자가 이번에는 응웬 아줌마에게 먼저 손을 내미는 것으로 끝난다.

> 빨간 털모자를 쓴 작은 여자가 현관에서 나와 길 건너편에 섰다. 나는 벤치에서 일어나 길가로 걸어갔다. 우리는 작은 길을 사이에 두고 내내 서로를 바라보고만 있었다. 신호등이 파란불로 바뀌고 나는 길을 건넜다. 나는 아줌마의 눈에서 숨길 수 없는 충격을 봤다. 서른셋의 나는 그때의 엄마와 같은 사람이라고 해도 좋을 정도로 엄마를 빼닮아 있었으니까. 아줌마의 눈에서 나는 나와 함께 여기에 서 있는 엄마를 본다. 응웬 씨, 반갑게 이름 부르며 저쪽 길로 건너가는 엄마의 모습을. 씬짜오, 씬짜오. 우리는 몇 번이나 그 말을 반복한다. 다른 말은 모두 잊은 사람들처럼.[38]

인용된 소설의 마지막 구절은 화자의 내면적 성숙과 관계의 성숙을

38 최은영, 앞의 책, 92-93쪽.

알려준다. 20년 만에 다시 찾은 응웬 아줌마네 가족은 여전히 이방인으로서 플라우엔에 거주하고 있다는 것, 엄마의 손뜨개 선물인 빨간 털모자를 쓴 그녀의 모습에서 엄마와의 우정을 소중히 간직하고 있었다는 것, 이제 엄마의 나이가 되어 엄마를 빼닮은 '나'는 엄마의 외로움과 상처를 이해하고 환대하게 되었다는 것, 그렇기에 상처를 간직한 삶을 살던 응웬 아줌마가 엄마의 단수성을 알아보고 엄마를 향해 '외존(外存)'했다는 것을 화자는 깨닫게 된 것이다. 따라서 나에게서 엄마를 발견한 응웬 아줌마와 내가 몇 번이나 주고받는 '씬짜오, 씬짜오'는 진정한 환대로 구현된 우정의 공동체가 순간 현현한 것이리라.

## 4. '공동-내-존재'의 현현과 '편위(偏位)'의 윤리

지금까지 홀로코스트와 베트남전쟁이라는 어두운 역사로 인해 고통받는 디아스포라들과 그들의 고통을 대면하는 사람들의 관계를 다룬 작품을 살펴보았다. 제노사이드를 피해 유럽에서 미국으로 이주한 유대인의 삶, 전쟁으로 가족과 고향을 잃고 독일로 이주한 베트남 가족의 삶을 대면하고 사유하는 한국인 화자들이 있다. 단순히 한국문학의 지리적 공간이 확장되고 인종적 다양성이 확보되었다는 차원에서 한국문학의 세계화를 운운하는 것은 무의미하다. 20세기 전반의 양차 세계대전과 냉전아시아에서의 전쟁과 학살의 역사가 국가, 민족, 인종적 동질성과 내재성의 사유에 갇혀 이루어진 것이라면, 21세기의 한국문학은 여전히 외상 사건의 트라우마에 시달리며 고향을 잃고 이방인으로서 살아가는 개인들의 고통에 주목하고 공고한 집단주의의 경계를 벗어날 것을 요구한다.

조해진은 윤리가 보통 사람은 접근 불가능한 거대한 무엇이라기보다 평범한 사람들이 일상에서 실천할 수 있는 것이라 말한다. 어린 시절 권은의 존재를 환대한 '나'의 행위는 한동안 망각할 정도로 미미한 것이었지만, 결과적으로 죽음에 근접한 한 생명을 살리는 위대한 행위였음이 밝혀진다. 연인이었던 알마 마이어를 제노사이드로부터 숨겨주고 탈출시킨 장 베른은 세상의 기준에 의하면 별 볼일 없는 인생을 살았지만 결과적으로 그의 행위는 쓰레기 같은 전쟁에서 죽을 뻔했던 여성을 살린 위대한 일이었다. 작가가 "역사의 폭력에 맞서는 개인의 가치 있는 용기"라 표현했듯이 국가, 민족, 인종을 중심으로 이루어진 일체의 집단주의가 자행한 폭력에 맞서는 개인 차원의 대응에서 희망은 발견된다. 「빛의 호위」에서 사물에 깃들어 있는 빛처럼 평범한 개인이 일상에서 실천하는 윤리는 미약하고 찰나적이라 당장 큰 변화를 일으키지 못할지 모른다. 그러나 타인의 불행에 편위(偏位)하고 숨결을 나누는 사람들이 이루는 공동체가 있다는 사실을 알게 되고, 그리하여 공동체의 구성원이 늘어난다면 새로운 변화를 기대해볼 일이다.

최은영은 불행을 경험하고 상흔을 가진 사람들이 오히려 더욱 타자에게 호의를 베풀고 외존한다는 것에 대해 말한다. 응웬 아줌마네 가족이 '나'의 가족에게 건넨 환대가 주체의 상처와 존재의 유한성에서 비롯한 것이었듯이 시간이 흐른 뒤 성숙해진 화자는 버림 받은 상처를 딛고 응웬 아줌마에게 진심어린 환대를 행함으로써 숨결을 나누는 우정의 공동체를 이룬다. 「씬짜오, 씬짜오」는 동질성과 내재성의 원리에서 비롯한 집단주의의 광기가 빚어낸 학살이 국가 간 불가피한 분쟁이라는 설명으로 정당화될 수 없음을 지적하고, 여전히 외상 사건의 폭력성에 노출된 채 살아가는 사람들에게 망각의 정치학이 작동해온 비윤리성을 고발한다. 국가 단위의 폭력이 종결되었다 해도 외상 사건의 상흔은 개인에게 고스란히 남는다. 그렇기에 외부자는 경험자의 고통을 대면하여 겸허해야 하며, 폭력의 역사를 망각하지 않고 상기하고 타자의 불행(존재의 단수성)을 마주했을 때 외존(外存)을 이루어야 한다. 작가는 소설의 마지막 장면에서 응웬 아줌마를 진심으로 환대하는 화자를 보여줌으로써 독자에게 고통 받는 타인을 환대하고 함께 이루는 공동체의 일원이 될 것을 요청한다.

공통적으로 디아스포라의 고통 받는 삶에 주목하고 있는 두 젊은 작가의 소설은, 쉽게 말하자면 잃어버린 인간성을 되찾는 일, 생각해보면 당연하지만 그간 지켜지지 않은 사람들의 인권에 대한 것이다. 그리고 공동체와 윤리의 시각을 통해 다시 정리하면 이렇게 될 것이다. 두 작품은 공통적으로 누구나 이방인이 될 수 있으며 우리는 단수성을 공유하는 결핍의 실존들이라는 점에서 '공동-내-존재'임을 환기시킨다. 그렇기에 작품들은 우리로 하여금 고립된 개별적 존재에서 타인의 불행을 상기하고 외존(外存)하는 윤리적 주체들로 거듭날 것을 요청한다. 이처럼 최근의 한국문학은 일체의 집단적 경계를 넘어서는 탈경계 사유를 담아낸다. 그럼으로써 보편 인간들이 이루는 공동체를 향한 서사의 윤리를 실천하는 중이다.

# | 참고문헌 |

## 1부 글로컬 시대의 탈/경계 사유와 재현의 윤리

### 1. 기본자료

강영숙, 『리나』, 문학동네, 2006.

공선옥, 『유랑가족』, 실천문학사, 2005.

김사과, 『테러의 시』, 민음사, 2012.

김사과, 『0 이하의 날들』, 창비, 2015.

김소진, 「달개비꽃」, 『현대문학』 484, 1995.

김재영, 「코끼리」, 『코끼리』, 실천문학사, 2005.

김중미, 『거대한 뿌리』, 검둥소, 2006.

박범신, 『나마스테』, 한겨레출판, 2005.

박찬욱, 〈믿거나 말거나 찬드라의 경우〉, 국가인권위원회, 《여섯 개의 시선》, Wision, 2004.

서성란, 「파프리카」, 『올해의 문제소설』, 푸른사상, 2009.

이명랑, 『나의 이복형제들』, 실천문학사, 2004.

정도상, 『찔레꽃』, 창비, 2008.

천운영, 「알리의 줄넘기」, 『그녀의 눈물 사용법』, 창비, 2008.

천운영, 『잘 가라, 서커스』, 문학동네, 2005.
황석영, 『바리데기』, 창비, 2007.

## 2. 연구논저

고부응 엮음, 『탈식민주의: 이론과 쟁점』, 문학과지성사, 2003.
고인환, 「이방인 문학의 흐름과 방향성」, 『문학들』 13, 2008.
공임순, 「오이디푸스적 시선 속에 동요하는 글쓰기」, 서강여성문학연구회, 『한국문학과 모성성』, 태학사, 1998.
구견서, 「다문화주의의 이론적 체계」, 『현상과 인식』 90, 2003.
구모룡, 『지역문학과 주변부적 시각』, 신생, 2005.
김미영, 『혼성적 사회와 서사』, 제이엔씨, 2007.
김미현, 「가족, 천국보다 낯선 가족」, 『여성문학을 넘어서』, 민음사, 2002.
_____, 「육체의 글쓰기」, 이화어문학회, 『우리 문학의 여성성·남성성(현대문학편)』, 월인, 2001.
_____, 「분노의 문학과 정념기호학」, 『기호학 연구』 44, 2015.
김세령, 「2000년대 이후 한국 소설에 재현된 조선족 이주민」, 『우리문학연구』 37, 2012.
김연수, 「모두에게 복된 새해: 레이먼드 카버에게」, 『세계의 끝 여자친구』, 문학동네, 2009.
김영옥 외, 『국경을 넘는 아시아 여성들』, 이화여자대학교출판부, 2009.
김영찬, 「경계를 넘어서는 문학들」, 『현대소설연구』 40, 2009.
_____, 「앙팡 스키조」(해설), 김사과, 『영이』, 창비, 2010.
김예림, 「'경계'를 넘는 문학적 시선들」, 『문학풍경, 문화환경』, 문학과지성사, 2007.
김우창, 피에르 부르디외 외, 『경계를 넘어 글쓰기』, 민음사, 2001.

김윤정, 「디아스포라 여성의 타자적 정체성 연구」, 『세계한국어문학』 3, 2010.
김은하, 「탈북여성 디아스포라 재현의 성별 정치학」, 『한국문학논총』 55, 2010.
김재용, 『세계문학으로서의 아시아문학』, 글누림, 2012.
김태환, 「예외성의 철학: 조르조 아감벤의 『호모 사케르: 통치 권력과 벌거숭이 삶』」, 『문학과사회』 67, 2004.
김현, 「문학은 무엇을 할 수 있는가」, 『한국문학의 위상』, 문학과지성사, 1992.
김현경, 『사람, 장소, 환대』, 문학과지성사, 2015.
김현미, 「국제결혼의 전 지구적 젠더 정치학」, 『경제와 사회』 70, 2006.
_____, 『글로벌 시대의 문화번역』, 또하나의문화, 2005.
김형중·김정훈, 「다문화 교육의 방향과 문학교육의 효용성」, 『한국문학이론과 비평』 53, 2011.
김형중, 「'탈승화' 혹은 원한의 글쓰기」, 『문학과사회』 101, 2013.
나병철, 『탈식민주의와 근대문학』, 문예출판사, 2004.
류보선, 「하나이지 않은 그녀들」, 『잘 가라, 서커스』, 문학동네, 2005.
리쾨르, 폴, 『시간과 이야기 2: 허구 이야기에서의 형상화』, 김한식·이경래 옮김, 문학과지성사, 2000.
마르티니엘로, 마르코, 『현대사회와 다문화주의』, 윤진 옮김, 한울, 2002.
문재원, 「문학담론에서의 로컬리티 구성과 전략」, 『한국민족문화』 32, 2008
_____, 「이주의 서사와 로컬리티」, 『한국문학논총』 54, 2010.
문화관광부, 『이주민 공동체의 문화다양성에 대한 조사연구: 다문화지도제작』, 2007.
바디우, 알랭, 『윤리학』, 이종영 옮김, 동문선, 2001.

_________, 『철학을 위한 선언』, 서용순 옮김, 길, 2010.
바바, 호미, 『문화의 위치』, 나병철 옮김, 소명출판, 2002.
박진, 「박범신 장편소설 『나마스테』에 나타난 이주노동자의 재현 이미지와 국민국가의 문제」, 『현대문학이론연구』 40, 2010.
박경태, 「한국사회의 인종차별: 외국인노동자, 화교, 혼혈인」, 『역사비평』 48, 1999.
박성창, 「문학·국경·세계화」, 『글로컬 시대의 한국문학』, 민음사, 2009.
박홍순, 「다문화와 새로운 정체성: 포스트콜로니얼 시각을 중심으로」, 『한국에서의 다문화주의』, 한울아카데미, 2007.
버틀러, 주디스, 『젠더 트러블』, 조현준 옮김, 문학동네, 2008.
버틀러, 주디스·가야트리 스피박, 『누가 민족국가를 노래하는가』, 주해연 옮김, 산책자, 2008.
복도훈, 「연대의 환상, 적대의 현실」, 『문학동네』 49, 2006.
브룩스, 피터, 『플롯 찾아 읽기: 내러티브의 설계와 의도』, 박혜란 옮김, 강, 2011.
서용순, 「바디우의 '공산주의 가설': 진리와 주체의 정치」, 『포스트모더니즘 이후』 비평이론학교 발표집, 2011, 2, 10.
_____, 「인권 이데올로기와 불멸의 존재에의 권리」, 『문학과사회』 95호, 2011.
_____, 「탈경계의 주체성과 이방인의 문제」, 『인문연구』 57, 2009.
서희원, 「근대세계체제의 알레고리 혹은 가능성의 비극」, 박덕규·이성희 엮음, 『탈북 디아스포라』, 푸른사상, 2012.
소영현, 「포스트모던 서사시」(해설), 강영숙, 『리나』, 문학동네, 2006.
손택, 수전, 『타인의 고통』, 이재원 옮김, 이후, 2004.
송윤엽 외, 『브레히트의 연극이론』, 연극과인간, 2005.

송현호, 「「코끼리」에 나타난 이주 담론의 인문학적 연구」, 『현대소설연구』 42, 2009.
_____, 「다문화 사회의 서사 유형과 서사 전략에 관한 연구」, 『현대소설연구』 44, 2010.
_____, 「『잘 가라, 서커스』에 나타난 이주 담론 연구」, 『현대소설연구』 45, 2010.
스피박, 가야트리, 『경계선 넘기』, 문학이론연구회 옮김, 인간사랑, 2008.
아감벤, 조르조, 『호모 사케르』, 박진우 옮김, 새물결, 2008.
아렌트, 한나, 『전체주의의 기원』 1권, 이진우·박미애 옮김, 한길사, 2006.
아리스토텔레스, 『시학』, 로즐린 뒤퐁록·장 랄로 주해, 김한식 옮김, 펭귄클래식코리아, 2010.
아파두라이, 아르준, 『고삐 풀린 현대성』, 차원현·채호석·배개화 옮김, 현실문화연구, 2004.
양창렬, 「생명권력인가 생명정치적 주권권력인가: 푸코와 아감벤」, 『문학과사회』 75, 2006.
엄미옥, 「현대소설에 나타난 이주여성의 재현 양상」, 『여성문학연구』 29, 2013.
연남경, 「다문화소설과 여성의 몸 구현 양상」, 『한국문학이론과 비평』 48, 2010.
_____, 「여성이주소설의 기호학적 분석」, 『기호학 연구』 40, 2014.
오경석 외, 『한국에서의 다문화주의』, 한울, 2007.
오세은, 「90년대 여성소설에 나타난 불모성과 단절의식」, 서강여성문학연구회, 『한국문학과 모성성』, 태학사, 1998.
오윤호, 「디아스포라의 플롯: 2000년대 소설에 형상화된 다문화 사회의 외국인 이주자」, 『시학과 언어학』 17, 2009.

_____, 「외국인 이주자의 형상화와 우리 안의 타자담론」, 『현대문학이론연구』 40, 2010.
오창은, 「지구적 자본주의와 약소자들」, 『실천문학』 83, 2006.
우한용, 「21세기 한국사회의 다양성과 소설적 전망」, 『현대소설연구』 40, 2009.
월터스, 수잔나 D., 『이미지와 현실 사이의 여성들』, 김주현 외 옮김, 또하나의문화, 1999.
윤여탁, 「세계화 시대의 한국문학: 세계문학과 지역문학의 좌표」, 『국어국문학』 155, 2010.
이경재, 「2000년대 다문화 소설 연구: 한국인과 이주민의 관계양상을 중심으로」, 『한국현대문학연구』 40, 2013.
_____, 「21세기를 담아내는 세 가지 방식」, 『비등하는 역사, 결빙의 현실』, 푸른사상, 2013.
이덕화, 「탈북여성이주소설에 나타난 혼종적 정체성」, 『현대소설연구』 52, 2012.
이미림, 「2000년대 소설에 나타난 조선족 이주여성의 타자적 정체성」, 『현대소설연구』 48, 2011.
_____, 「2000년대 다문화소설에 나타난 이주노동자의 재현 양상」, 『우리문학연구』 35, 2012.
_____, 「다문화성장소설연구」, 『현대소설연구』 51, 2012.
_____, 「집시와 심청(바리)의 환생, 21세기 이주여성」, 『한중인문학연구』 35, 2012.
이진경, 「민족, 하위 제국주의, 초국가적 노동」, 『황해문화』 50, 2006.
임옥희, 『젠더의 조롱과 우울의 철학: 주디스 버틀러 읽기』, 여이연, 2006.
장성규, 「트랜스 내셔널의 징후들」, 『키워드로 읽는 2000년대 문학』, 작가와

비평, 2011.
장우진, 「영화적 시점의 역학」, 『현대영화연구』 2, 2006.
정은경, 『디아스포라 문학』, 이룸, 2007.
정혜경, 「2000년대 가족서사에 나타난 다문화주의의 딜레마」, 『현대소설연구』 40, 2009.
조규형, 「탈식민론과 몸」, 『탈식민주의 이론과 쟁점』, 문학과지성사, 2003.
주네트, 제라르, 『서사 담론』, 권택영 옮김, 교보문고, 1992.
지그문트 바우만, 『지구화, 야누스의 두 얼굴』, 김동택 옮김, 한길사, 2003.
채트먼, 시모어, 『이야기와 담론』, 한용환 옮김, 푸른사상, 2003.
최병우, 「한국현대소설에 나타난 이주의 인간학」, 『현대소설연구』 51, 2012.
킴리카, 윌, 「다문화주의」, 『현대 정치철학의 이해』, 장동진 외 옮김, 동명사, 2006.
토비아스, 로널드 B., 『인간의 마음을 사로잡는 스무 가지 플롯』, 김석만 옮김, 풀빛, 2007.
파농, 프란츠, 『검은 피부, 하얀 가면』, 이석호 옮김, 인간사랑, 1998.
허정, 「코시안과 한국문학」, 『실천문학』 83, 2006.
황정미, 「'이주의 여성화' 현상과 한국 내 결혼이주에 대한 이론적 고찰」, 『페미니즘연구』 9-2, 2009.
황호덕, 「넘은 것이 아니다: 국경과 문학」, 『문학동네』 49, 2006.

### 3. 통계자료

출입국·외국인정책 본부, 『2005년 출입국관리 통계연보』 (http://www.hikorea.go.kr/ptimg/moj_sts/2005/index.html.)
출입국·외국인정책 본부, 『2016년 출입국·외국인정책 통계연보』, 2016.

## 2부 이념의 시대, 경계지식인 최인훈과 불화의 윤리


### 1. 기본자료

김수영, 『김수영 전집 2: 산문』, 민음사, 2014.

최인훈, 「광장」, 『광장/구운몽』, 최인훈 전집 1, 문학과지성사, 1994.

_____, 「바다의 편지」, 『황해문화』 41, 2003.

_____, 『광장/구운몽』, 최인훈 전집 1, 문학과지성사, 2010.

_____, 『회색인』, 최인훈 전집 2, 문학과지성사, 2010.

_____, 『서유기』, 최인훈 전집 3, 문학과지성사, 2008.

_____, 『소설가 구보씨의 일일』, 최인훈 전집 4, 문학과지성사, 2009.

_____, 『크리스마스 캐럴/가면고』, 최인훈 전집 6, 문학과지성사, 2009.

_____, 『하늘의 다리/두만강』, 최인훈 전집 7, 문학과지성사, 2009.

_____, 『웃음소리』, 최인훈 전집 8, 문학과지성사, 2009.

_____, 『총독의 소리』, 최인훈 전집 9, 문학과지성사, 2009.

_____, 『유토피아의 꿈』, 최인훈 전집 11, 문학과지성사, 2010.

_____, 『문학과 이데올로기』, 최인훈 전집 12, 문학과지성사, 2009.

_____, 『길에 관한 명상』, 최인훈 전집 13, 문학과지성사, 2010.

_____, 『화두 1』, 최인훈 전집 14, 문학과지성사, 2008.

_____, 『화두 2』, 최인훈 전집 15, 문학과지성사, 2008.

### 2. 연구논저

강인철, 「한국 전쟁과 사회의식 및 문화의 변화」, 한국정신문화연구원 엮음, 『한국 전쟁과 사회 구조의 변화』, 백산서당, 1999.

공임순, 「1960-70년대 후진성 테제와 자립의 반/체제 언설들」, 『상허학보』 45, 2015.

공종구, 「최인훈의 단편소설」, 『현대소설연구』 34, 2007.
구재진, 「최인훈 소설에 나타난 '기억하기'와 탈식민성: 〈서유기〉를 중심으로」, 『한국현대문학연구』 15, 2004.
_____, 「최인훈 소설에 나타난 타자화 전략과 탈식민성: 〈총독의 소리〉를 중심으로」, 『한중인문학연구』 13, 2004.
_____, 「최인훈의 『태풍』에 대한 탈식민주의적 연구」, 『현대소설연구』 24, 2004.
권명아, 「죽음과의 입맞춤: 혁명과 간통, 사랑과 소유권」, 『문학과사회』 89, 2010.
권보드래, 「중립의 꿈, 1945-1968」, 『상허학보』 34, 2012.
권성우, 「1960년대 비평에 나타난 '현대성' 연구」, 『한국학보』, 1999.
_____, 「근대문학과의 대화를 통한 망명과 말년의 양식: 최인훈의 『화두』에 대해」, 『한민족문화연구』 45, 2014.
권성우, 「최인훈의 에세이에 나타난 문학론 연구」, 『한국문학이론과비평』 55, 2012.
권영민, 「정치적인 문학과 문학의 정치성: 〈총독의 소리〉를 중심으로」, 『작가세계』 4, 1990.
_____, 『한국현대문학사』, 민음사, 2002.
김동식, 「「총독의 소리」와 「주석의 소리」에 관한 몇 개의 주석」(해설), 『총독의 소리』, 문학과지성사, 2009.
김동춘, 『전쟁과 사회-우리에게 한국전쟁은 무엇이었나』, 돌베개, 2000.
김석, 『에크리-라캉으로 이끄는 마법의 문자들』, 살림, 2007.
김영삼, 「문학적 진리 공정의 가능성: '사건'과 4·19」, 『한국문학이론과비평』 63, 2014.
김영찬, 「최인훈 소설의 기원과 존재방식」, 『한국근대문학연구』, 2002.

_____, 「한국적 근대와 성찰의 난경(難境): 최인훈의 『크리스마스 캐럴』 연구」, 『반교어문연구』 29, 2010.

김윤식, 「'우리' 세대의 작가 최인훈: 어떤 세대의 자화상」, 『총독의 소리』 최인훈 전집 9, 문학과지성사, 2009.

_____, 「6·25전쟁문학: 세대론의 시각」, 『문학사와 비평』 1, 1991.

_____, 「최인훈론: 유죄 판결과 결백 증명의 내력」, 『세계의 문학』 여름호, 1994.

김윤식·정호웅, 『한국소설사』, 문학동네, 2000.

김인호, 「기억의 확장과 서사적 진실: 최인훈 소설 『서유기』와 『화두』를 중심으로」, 『국어국문학』 140, 2005.

김인호, 『해체와 저항의 서사: 최인훈과 그의 문학』, 문학과지성사, 2004.

김정배, 「미국, 유신, 그리고 냉전체제」, 『미국사연구』 38, 2013.

김진기, 「반공호국문학의 구조」, 『상허학보』 12, 2004.

김행숙·서동욱·심보선·신형철 좌담, 「감각적인 것과 정치적인 것 사이에서: 오늘날 시는 무엇을 할 수 있는가」, 『문학동네』 14, 2009.

김현·최인훈 대담, 「변동하는 시대의 예술가의 탐구」, 『신동아』 9월호, 1981.

김현, 「사랑의 재확인」(해설), 『광장/구운몽』 최인훈 전집 1, 문학과지성사, 2010.

김형중, 「문학, 사건, 혁명: 4·19와 한국문학」, 『국제어문』 49, 2010.

_____, 「문학과 정치 2009: '윤리'에 대한 단상들 2」, 『문학과사회』 87, 2009.

랑시에르, 자크, 『감성의 분할: 미학과 정치』, 오윤성 옮김, 도서출판b, 2008.

__________, 『문학의 정치』, 유재홍 옮김, 인간사랑, 2009.

__________, 『미학 안의 불편함』, 주형일 옮김, 인간사랑, 2008.

마이어스, 토니, 『누가 슬라보예 지젝을 미워하는가』, 박정수 옮김, 앨피, 2013.

방민호, 「현실을 바라보는 세 개의 논리」, 『비평의 도그마를 넘어』, 창작과비평사, 2000.

백낙청, 「서구문학의 영향과 수용: 그 부작용과 반작용」, 『신동아』 1월호, 1967.

_____, 「시민문학론」, 『민족문학과 세계문학 1』, 창비, 2011.

_____, 「현대시와 근대성, 그리고 대중의 삶」, 『창작과비평』 146, 2009.

백지은, 「"문학과 정치" 담론의 행방과 향방: 2000년대 중후반의 비평 담론을 중심으로」, 『비평문학』 36, 2010.

버틀러, 주디스, 『젠더 트러블』, 조현준 옮김, 문학동네, 2008.

블랑쇼, 모리스·장 뤽 낭시, 『밝힐 수 없는 공동체/마주한 공동체』, 박준상 옮김, 문학과지성사, 2005.

사이드, 에드워드 W., 『지식인의 표상』, 최유준 옮김, 마티, 2012.

서영채, 「최인훈 소설의 세대론적 특성과 소설사적 위상: 죄의식과 주체화」, 『한국현대문학연구』 37, 2012.

서은선, 「최인훈 소설 〈총독의 소리〉, 〈주석의 소리〉의 서술 형식 연구」, 『문창어문논집』 37, 2000.

서은주, 「소환되는 역사와 혁명의 기억: 최인훈과 이병주의 소설을 중심으로」, 『상허학보』 30, 2010.

_____, 「최인훈의 소설에 나타난 '방송의 소리' 형식 연구」, 『배달말』 30, 2002.

서중석, 『이승만의 정치 이데올로기』, 역사비평사, 2005.

신형철, 「가능한 불가능-최근 '시와 정치' 논의에 부쳐」, 『창작과비평』 147, 2010.

_____, 「정치적 진보주의와 미학적 보수주의」, 『창작과비평』 145, 2009.

알랭 바디우, 『윤리학』, 이종영 옮김, 동문선, 2001.

________, 『베케트에 대하여』, 서용순·임수현 옮김, 민음사, 2013.
양윤모, 「타자의 시선을 통한 현실의 이해: 최인훈의 『총독의 소리』 연구」, 『어문논집』 40, 1999.
양윤의, 「최인훈 소설의 정치적 상상력」, 『국제어문』 50, 2010.
연남경, 「기억의 문학적 재생」, 『한중인문학연구』 28, 2009.
_____, 『최인훈의 자기 반영적 글쓰기』, 혜안, 2012.
염무웅, 「상황과 자아」, 김병익·김현 외, 『최인훈』, 은애, 1979.
_____, 「풍속소설은 가능한가: 현대소설의 여건과 리얼리즘」, 『세대』, 1965 9월호.
유예현, 「최인훈 소설에 나타난 공포와 죄의식 연구」, 서울대학교 석사학위논문, 2016.
유임하, 「수난의식의 극복과 분단현실 인식의 방법적 전환: 60년대 초반 소설에 나타난 전쟁의식과 분단인식상」, 『인문사회과학연구』 창간호, 1998.
오카 마리, 『기억·서사』, 김병구 옮김, 소명출판, 2004.
이수명·신진숙·함돈균 좌담, 「2010 올해의 시를 말한다: 타자의 응시와 만나려는 새로운 기미들」, 『현대시』, 2010, 12월호.
이장욱, 「시, 정치, 그리고 성애학」, 『창작과비평』 145, 2009.
이정숙, 「6·25 전쟁 60년과 소설적 수용의 다변화, 그 심화와 확대」, 『현대소설연구』 45, 2010.
임태훈, 「'사운드스케이프 문화론'에 대한 시고」, 『반교어문논집』 38, 2014.
정영훈, 「최인훈 소설에 나타난 여성 인식」, 『한국근대문학연구』 7-1, 2006.
정한아, 「운동의 윤리와 캠페인의 모럴: '시와 정치' 논쟁에 대한 프래그머틱한 부기」, 『상허학보』 35, 2012.
조연정, 「무심코 그린 얼굴: '시'와 '정치'에 관한 단상」, 『문학수첩』 28, 2009.
진덕규, 「작가의 상상력과 현실」, 『세대』 1월호, 1977.

진은영, 『문학의 아토포스』, 그린비, 2014.
진형준 대담, 「기억을 찾아가는 소설의 길」, 『상상』 여름호, 1994.
질 들뢰즈·펠릭스 가타리, 『카프카: 소수적인 문학을 위하여』, 이진경 옮김, 동문선, 2001.
차미령, 「최인훈 소설에 나타난 정치성의 의미 연구」, 서울대 박사학위논문, 2010.
최인훈·진형준 대담, 「기억을 찾아가는 소설의 길」, 『상상』 여름호, 1994.
케네디, 발레리, 『오리엔탈리즘과 에드워드 사이드』, 김상률 옮김, 갈무리, 2011.
프로이트, 지크문트, 『정신분석 강의』 상, 임홍빈·홍혜경 옮김, 열린책들, 1997.
__________, 「슬픔과 우울증」, 『정신분석학의 근본 개념』, 윤희기·박찬부 옮김, 열린책들, 2014.
함돈균, 「잉여와 초과로 도래하는 시들: 과정으로서의 시 그리고 정치」, 『창작과비평』 148, 2009.
허병식, 「간첩의 시대」, 『한국문학연구』 46, 2014.

## 3부 디아스포라의 역사, 외상 사건과 기억의 윤리

### 1. 기본자료

김학철, 『격정시대』 상·중·하, 풀빛, 1988.
______, 『최후의 분대장』, 문학과지성사, 1995.
______, 『20세기의 신화』, 창작과비평사, 1996.
김유경, 『청춘연가』, 웅진지식하우스, 2012.

김혜숙, 『인간이고 싶다』, 에세이퍼블리싱, 2009.
이청준, 『신화를 삼킨 섬』 1·2권, 열림원, 2003.
조해진, 『로기완을 만났다』, 창비, 2011.
조해진, 「빛의 호위」, 『빛의 호위』, 창비, 2017.
최은영, 「씬짜오, 씬짜오」, 『쇼코의 미소』, 문학동네, 2016.
최진이, 『국경을 세 번 건넌 여자』, 북하우스, 2005.

## 2. 연구논저

강성현, 「제노사이드와 한국현대사」, 『역사연구』 18, 2008.
강영안, 『타인의 얼굴-레비나스의 철학』, 문학과지성사, 2008.
고명철, 「혁명성장소설의 공간, 민중적 국제연대 그리고 반식민주의: 김학철의 〈격정시대〉론」, 『반교어문연구』 22, 2007.
고봉준, 「윤리의 좌표」, 작가와비평 편집동인 엮음, 『키워드로 읽는 2000년대 문학』, 작가와비평, 2011.
고인환, 「이청준의 『신화를 삼킨 섬』에 나타난 탈식민성 연구」, 『한국언어문화』 29, 2006.
_____, 「중국 조선족 디아스포라 문학의 한 가능성: 김학철의 〈20세기의 신화〉에 나타난 작가의식을 중심으로」, 『한국문학논총』 55, 2010.
구재진, 「최인훈 소설에 나타난 공동체적 기억과 민족 담론」, 『어문학논총』, 26, 2007.
권귀숙, 「기억의 재구성 과정: 후체험 세대의 4·3」, 『한국사회학』 38-1, 2004.
권세영, 「소수집단 문학으로서의 북한 이탈 주민 창작 소설 연구」, 한중인문학회, 『한중인문학연구』 35, 2012.
_____, 「탈북 작가의 장편소설 연구」, 아주대학교 박사학위논문, 2015.

김경일 외, 『동아시아의 민족이산과 도시: 20세기 전반 만주의 조선인』, 역사비평사, 2004.

김기우, 「최인훈 『화두』의 구조와 예술론의 관계에 대한 연구」, 동국대학교 석사학위논문, 1998.

김동윤, 「4·3의 기억과 소설적 재현의 방식」, 『민주주의와 인권』 5-1, 2005.

김동춘, 『전쟁과 사회』, 돌베개, 2000.

김명인, 「어느 혁명적 낙관주의자의 초상: 김학철론」, 『창작과비평』 115, 2002.

김세령, 「탈북자 소재 한국 소설 연구」, 한국현대소설학회, 『현대소설연구』 53, 2013.

김열규, 「한국인의 원한론」, 『코리안이마고』 2, 한국라깡과현대정신분석학회, 1998.

김영범, 「알박스의 기억사회학 연구」, 대구대학교 사회과학연구소, 『사회과학연구』 6-3, 1999.

김윤식, 「유죄 판결과 결벽 증명의 내력」, 『작가와의 대화』, 문학동네, 1996.

______, 「제주도로 간 『당신들의 천국』—『신화를 삼킨 섬』론」, 『문학과사회』 84, 2008.

______, 「항일 빨치산문학의 기원: 김학철론」, 『실천문학』 12, 1988.

김은하, 「탈북여성 디아스포라 재현의 성별 정치학」, 한국문학회, 『한국문학논총』 55, 2010.

김인호, 「최인훈 소설에 나타난 주체성 연구」, 동국대학교 박사학위논문, 1999.

김종회 엮음, 『한민족문화권의 문학』 1권, 국학자료원, 2003.

________, 『한민족문화권의 문학』 2권, 국학자료원, 2006.

김창호, 「만주라는 하나의 공간과 한중 두 민족의 마주보기」, 『만주연구』 제7

집, 2007.
김학재, 「자유진영의 최전선에 선 국민」, 『한국현대생활문화사: 1950년대』, 창비, 2016.
김현경, 『사람, 장소, 환대』, 문학과지성사, 2015.
김형규, 「중국 조선족 소설 연구의 현황과 현재적 의의」, 『중국 조선족 문학의 탈식민주의 연구』 1권, 국학자료원, 2008.
김효석, 「탈북 디아스포라 소설의 현황과 가능성 고찰」, 중앙어문학회, 『어문논집』 57, 2014.
나병철, 『가족로망스와 성장소설: 반오이디푸스 문화론』, 문예, 2007.
낭시, 장 뤽, 『무위의 공동체』, 박준상 옮김, 인간사랑, 2010.
렐프, 에드워드, 『장소와 장소상실』, 김덕현·김현주·심승희 옮김, 논형, 2005.
류보선, 「진짜 증여의 힘」(해설), 한국현대소설학회 엮음, 『2014 올해의 문제 소설』, 푸른사상, 2014.
마리, 오카, 『기억·서사』, 김병구 옮김, 소명출판, 2004.
박준상, 「장-뤽 낭시와 공유, 소통에 대한 물음」, 『철학과 현실』 58, 2003.
박준상, 『바깥에서』, 그린비, 2014.
버틀러, 주디스, 『젠더 트러블』, 조현준 옮김, 문학동네, 2008.
_________, 『윤리적 폭력 비판: 자기 자신을 설명하기』, 양효실 옮김, 인간사랑, 2013.
복도훈, 「연대의 환상, 적대의 현실」, 『문학동네』 49, 2006.
변학수, 『문학적 기억의 탄생』, 열린책들, 2008.
블랑쇼, 모리스·장 뤽 낭시, 『밝힐 수 없는 공동체/마주한 공동체』, 박준상 옮김, 문학과지성사, 2005.
서경식, 『디아스포라 기행: 추방당한 자의 시선』, 김혜신 옮김, 돌베개, 2006.

서영채, 「순하고 맑은 서사의 힘」(해설), 최은영, 『쇼코의 미소』, 문학동네, 2016.

서중석, 『피해대중과 학살의 정치학』, 역사비평사, 1999.

설혜경, 「최인훈 소설에서의 기억의 문제」: 〈회색인〉과 〈서유기〉를 중심으로」, 『한국언어문화』 32, 2007.

손택, 수전, 『타인의 고통』, 이재원 옮김, 이후, 2004.

송현호, 「김학철의 〈격정시대〉에 나타난 탈식민주의 연구」, 『중국 조선족 문학의 탈식민주의 연구』 1권, 국학자료원, 2008.

송현호 외, 『중국 조선족 문학의 탈식민주의 연구』 2권, 국학자료원, 2009.

스피박, 가야트리 외, 『서발턴은 말할 수 있는가?: 서발턴 개념의 역사에 관한 성찰들』, 태혜숙 옮김, 그린비, 2013.

신형철, 『몰락의 에티카』, 문학동네, 2008.

_____, 『제5회 젊은작가상 수상작품집』(심사평), 문학동네, 2014.

아렌트, 한나, 『예루살렘의 아이히만: 악의 평범성에 대한 보고서』, 김선욱 옮김, 한길사, 2006.

아스만, 알라이다, 『기억의 공간』, 변학수 외 옮김, 경북대학교출판부, 2003.

오연경, 「백석 시의 '장소애'와 미적 토속성의 계보」, 『한국시학연구』 32호, 2012.

오윤호, 「디아스포라의 플롯: 2000년대 소설에 형상화된 다문화 사회의 외국인 이주자」, 시학과언어학회, 『시학과 언어학』 17, 2009.

유선무, 「숭고의 역사에서 트라우마의 역사로: 워즈워스의 『서곡』 읽기」, 영미문학연구회, 『안과 밖』 38, 2015.

윤정화, 「재일한인작가의 디아스포라 글쓰기 연구」, 이화여자대학교 박사학위논문, 2010.

이상갑, 『근대민족문학비평사론』, 소명출판, 2003.

이성희, 「탈북자의 고통과 그 치유적 가능성: 탈북 작가가 쓴 소설을 중심으로」, 부경대학교 인문사회과학연구소, 『인문사회과학연구』 16-4, 2015.
이연숙, 「콜라주의 소설, 〈바다의 편지〉」, 『최인훈, 흰 겉옷 검은 속살』, 한국학술정보, 2008.
이영미, 「현대소설교육에서의 또 하나의 다문화성: 탈북자 소설에 나타난 북한 문학정체성의 의미화에 관련하여」, 한국평화통일학회, 『평화학연구』 15-1, 2014.
이진경, 『노마디즘』 2, 휴머니스트, 2002.
이청준, 「나는 왜, 어떻게 소설을 써 왔나」, 『신화의 시대』, 물레, 2008.
이해영, 「1950-1960년대 중국 조선족 장편소설의 두 양상」, 『청년 김학철과 그의 시대』, 역락, 2006.
임옥희, 『타자로서의 서구: 가야트리 스피박의 포스트식민 이성 비판 읽기와 쓰기』, 현암사, 2012.
장예원, 「가장 쓸쓸하고 연약한 연대: 조해진론」, 2017 『세계일보』 신춘문예 평론부문 당선작.
정항균, 『므네모시네의 부활』, 뿌리와이파리, 2005.
정홍섭, 「학살의 기억과 진정한 평화의 염원」, 동국대학교 한국문학연구소 엮음, 『전쟁의 기억, 역사와 문학』 하, 월인, 2005.
조현준, 「주디스 버틀러의 정치 윤리학」, 경희대학교 인문학연구원, 『인문학연구』 24, 2013.
조해진, 「영원한 예의를 향해: 「빛의 호위」 작가노트」, 『제5회 젊은작가상 수상작품집』, 문학동네, 2014.
지젝, 슬라보예, 『부정적인 것과 함께 머물기』, 이성민 옮김, 도서출판b, 2007.
진형준 대담, 「기억을 찾아가는 소설의 길」, 『상상』 여름호, 1994.

최문규 외, 『기억과 망각』, 책세상, 2003.
최병우, 「중국 조선족 문학연구의 필요성과 방향」, 『중국 조선족 문학의 탈식민주의 연구』 1권, 국학자료원, 2008.
_____, 『조선족 소설의 틀과 결』, 국학자료원, 2012.
최호근, 『제노사이드: 학살과 은폐의 역사』, 책세상, 2005.
투안, 이-푸, 『공간과 장소』, 구동회·심승희 옮김, 대윤, 1995.
프로이트, 지크문트, 『정신분석학의 근본개념』, 윤희기·박찬부 옮김, 열린책들, 2003.
한기욱, 「떠도는 존재의 기억과 빛」(해설), 조해진, 『빛의 호위』, 창비, 2017.
한명환, 「중국 조선족 소설의 재인식과 역사체험」, 『국제어문』 44, 2008.
한순미, 「역사적 물음을 구조화하는 이미지의 위상학: 이청준의 『신화를 삼킨 섬』을 중심으로」, 『현대문학이론연구』 39, 2009.
허먼, 주디스, 『트라우마』, 최현정 옮김, 플래닛, 2007.
허병식, 「2000년대 한국소설에 나타난 다문화주의와 정체성 정치 비판」, 『다문화와 평화』 6-1, 2012.
현혜경, 「4·3과 굿의 재현」, 『민주주의와 인권』 5-1, 2005.
황루시, 「한국 무속의 특성」, 김열규 외, 『한국의 무속문화』, 박이정, 1998.
한국향토문화전자대전, '백조일손의 묘', (http://www.grandculture.net/).

# | 찾아보기 |

[ㅂ]



[ㅅ]

**[ㅇ]**



**[ㅈ]**

**[ㅊ]**



**[ㅋ]**

# 탈경계 사유와 서사의 윤리

## 한국문학과 이주

**펴낸날** 1판 1쇄 2017년 10월 31일
**지은이** 연남경
**펴낸이** 권은미
**펴낸곳** 이화여자대학교출판문화원
**주소** 서울특별시 서대문구 이화여대길 52(우03760)
**등록** 1954년 7월 6일 제9-61호
**전화** 02) 3277-2965(편집), 362-6076(마케팅)
**팩스** 02) 312-4312
**전자우편** press@ewha.ac.kr
**홈페이지** www.ewhapress.com
**책임편집** 양지하
**찍은곳** 한영문화사



ISBN 979-11-5890-249-0 93810
**값** 26,000원

* 잘못된 책은 바꾸어 드립니다.

이 도서의 국립중앙도서관 출판예정도서목록(CIP)은 서지정보유통지원시스템 홈페이지 (http://seoji.nl.go.kr)와 국가자료공동목록시스템(http://www.nl.go.kr/kolisnet)에서 이용하실 수 있습니다. (CIP제어번호: CIP2017026275)